HIMNOS A ŚIVA

Cantos de devoción
en el shaivismo de Cachemira

La *Śivastotrāvalī*
de Utpaladeva

HIMNOS A ŚIVA

Cantos de devoción
en el shaivismo de Cachemira

La *Śivastotrāvalī*
de Utpaladeva

Revelado por Swami Lakshmanjoo

Edición original por John Hughes

Traducido por Federico Oliveri

Edición bajo licencia de:

Lakshmanjoo Academy

Traducción de: Federico Oliveri.

Primera edición 2025

Impreso en los Estados Unidos de América

Para obtener información, diríjase a:
Lakshmanjoo Academy
https://www.lakshmanjooacademy.org

ISBN 978-1-947241-24-4 (paperback) (español)
ISBN 978-1-947241-23-7 (ebook) (español)

ISBN 978-1-5485395-7-3 (CreateSpace paperback) (inglés)
ISBN 978-0-9816228-3-5 (paperback) (inglés)
ISBN 978-0-9816228-6-6 (hardcover) (inglés)
ISBN 978-0-9837833-4-3 (ebook) (inglés)

Esta tarea está dedicada
a Swami Lakshmanjoo,
a quien le debemos todo.

Guía para la pronunciación del sánscrito transliterado

Esta lista de palabras es una referencia para pronunciar el sánscrito transliterado de manera aproximada.

a	mesa	*au*	causa
ā	par *(duración doble)*	*k*	cada
i	patio	*g*	gato
ī	frío *(duración doble)*	*ṅ*	tengo
u	jugo	*c*	chino
ū	uno *(duración doble)*	*j*	adyacente
ṛ	florido	*ñ*	caña
ṝ	sonriente	*y*	i
ḷ	alrededor	*r*	para
e	mesa	*ś, ṣ*	show
ai	traiga	*h*	*(aspiración suave)*
o	rosa		

Cuando una consonante tiene una *h* después, como en:
kh, gh, ch, jh, ṭh, ḍh, th, dh, ph, bh
debe pronunciarse la consonante y luego aspirar suavemente.

Cuando una letra tiene un punto debajo, como en:
ṛ, ṝ, ḷ, ṭ, ṭh, ḍ, ḍh, ṇ, ṣ
debe pronunciarse con la lengua curvada hacia arriba.

Cuando una palabra termina en *ḥ* debe aspirarse y repetirse suavemente la vocal anterior.

ÍNDICE

Introducción vii
Utpaladeva y la *Śivastotrāvalī* xi
Pratyabhijñā xv
Conclusión xx
Agradecimientos xxi
El autor xxiii

Śivastotrāvalī 1
Capítulo 1 El éxtasis de la devoción 3
Capítulo 2 Todo se encuentra en todo 19
Capítulo 3 Complacer al Señor con humildad 41
Capítulo 4 El apego por el Señor viene por sí mismo 57
Capítulo 5 El anhelo por la fuerza de la propia naturaleza 77
Capítulo 6 El despeje del camino 93
Capítulo 7 La conquista de la impotencia 99
Capítulo 8 El poder sobrenatural 109
Capítulo 9 La victoria de la libertad absoluta 121
Capítulo 10 La continuidad de la Conciencia de Dios se rompe 135
Capítulo 11 El anhelo por la cercanía de Dios 149
Capítulo 12 La revelación del secreto 163
Capítulo 13 En resumen... 185
Capítulo 14 Cantando la gloria del Señor Śiva 207
Capítulo 15 Cantando la gloria de la devoción 229
Capítulo 16 Incluso los obstáculos son un camino 241

Capítulo 17 El festival del juego divino 253
Capítulo 18 El himno revelador 273
Capítulo 19 Iluminando la existencia del Señor Śiva 289
Capítulo 20 Disfrutando el verdadero sabor interior 301

Apéndices 317
Índice de palabras sánscritas 345

INTRODUCCIÓN

"¡Toda la gloria sea para Ti, oh Señor Śiva, que eres el único festival en mi vida!"[1]

"¡Estoy loco por el amor del Señor Śiva!". Con estas palabras, el santo, filósofo y erudito de Cachemira, Swami Lakshmanjoo, saludó a dos buscadores que visitaban su *āśram* en la primavera de 1988. Las semillas de la locura divina de Swami Lakshmanjoo se pueden encontrar muchos años antes en los cautivadores versos de la *Śivastotrāvalī* (Himnos de devoción y alabanza al Señor Śiva) de Utpaladeva, el maestro *śaiva* medieval y exponente de la escuela Pratyabhijñā del shaivismo de Cachemira.

Podemos imaginar la escena. Son los tranquilos momentos anteriores al amanecer, antes de que el sol aparezca sobre las montañas al este del lago Dal,[2] el más hermoso de los lagos, con sus tranquilas aguas e interminables lechos de flores de loto que se abren ante el día. Allí, el joven Lakshmana[3] escuchó a su padre entonar unos versos sagrados durante su práctica devocional matutina. El joven adolescente quedó cautivado por esos cantos e imploró a su padre que le explicara el origen y el significado de esos maravillosos versos.

Su padre le dijo que los himnos provenían de un texto conocido como *Śivastotrāvalī* pero solo sabía cómo cantarlos, ignoraba su significado. Al escuchar esto, el joven Lakshmana rogó a su padre que encontrara a alguien que le enseñara para poder leer estos versos y comprender su significado.

En ese mismo momento se inició la búsqueda del maestro espiritual del joven Lakshmana y comenzó en el *āśram* de Swami Ram.

Swami Ram era reconocido por haber sido un maestro consumado y poderoso de la tradición del shaivismo de Cachemira. Había sido el sacerdote familiar de la familia de Lakshmana, pero cuando las semillas de la *Śivastotrāvalī* se plantaron en el corazón de Lakshmana y comenzó la búsqueda de su maestro, ya había dejado este mundo. Afortunadamente, Swami Ram había dejado muchos discípulos avanzados y dignos entre los cuales elegir para instruir al joven buscador en los textos *śaivas*.

Entonces le pidieron a un pariente de la familia que ayudara a encontrar un maestro adecuado. Este recomendó varios discípulos de Swami Ram, eruditos, de gran prestigio. Sin embargo, otros no estuvieron de acuerdo con estas recomendaciones y sugirieron al discípulo principal de Swami Ram, Swami Mahatabkak, quien, aunque no era reconocido como erudito, era muy apreciado por su logro espiritual interno.[4] Lakshmana aprobó esta recomendación y entonces se preguntó a Swami Mahatabkak si aceptaría al niño como su discípulo. Cuando indicó que estaba de acuerdo, se hicieron los arreglos para que Lakshmana comenzara sus estudios.

Con ofrendas auspiciosas cuidadosamente preparadas por su madre, Srimati Arnamali, el joven Lakshmana se dirigió una mañana temprano a Ram Ashram,[5] donde, a los pies de Swami Mahatabkak, comenzó su educación espiritual formal en la tradición oral ininterrumpida del shaivismo de Cachemira.

De esta manera, después de escuchar a su padre cantando esos mágicos sonidos matutinos, los encantadores versos de la

4 Quienes buscaban aparentemente no se habían dado cuenta de que Swami Ram ya había confiado la tutela del joven Lakshmana a Swami Mahatabkak cuando el niño tenía solo siete años.

5 El Shri Ram Trika Shaiva Ashram fue obsequiado a Swami Ram por el padre de Swami Lakshmanjoo alrededor de 1870. Fue aquí donde, durante veintidós años, Swami Ram realizó su *sādhanā* más intensa. El *āśram* está muy cerca de la residencia de los ancestros de Swami Lakshmanjoo. Hasta el día de hoy, el *āśram* resuena con la recitación de las escrituras *śaivas* y el canto de himnos devocionales de los devotos.

Śivastotrāvalī de Utpaladeva a orillas del lago Dal, comenzaron los años de estudio y disciplina espiritual del joven que se convertiría en uno de los maestros preeminentes de la misma tradición *śaiva* cachemir a la que había pertenecido el propio Utpaladeva.

Utpaladeva y la *Śivastotrāvalī*

Fue en estas mismas aguas del lago Dal donde nació la *Śivastotrāvalī*. Se dice que Utpaladeva pedía a sus discípulos que lo llevaran en un *shikara*[6] hasta el centro del lago y una vez allí, sin duda inspirado por el maravilloso entorno, improvisaba la composición de esos sublimes himnos de devoción y alabanza al Señor Śiva. Sus discípulos escribían mientras su maestro cantaba en éxtasis, y así nació la escritura que hoy conocemos como la *Śivastotrāvalī*[7] Swami Lakshmanjoo nos dice: "Escuché de mis maestros que él cantaba mientras deambulaba en un bote en el lago Dal. Estaba descansando; no podía sentarse porque estaba loco, ¡y esta locura era una locura perfecta!".[8]

Aunque ha sido compuesta hace más de mil años, todavía hoy la *Śivastotrāvalī* es recitada a diario en los hogares de los *paṇḍits* cachemires y por los devotos *śaivas* en todo el mundo. Incluso se la estudia en universidades alrededor del mundo y es considerada el mayor ejemplo de poesía devocional *śaiva* cachemir.

A lo largo de su vida, Swami Lakshmanjoo tuvo en la más alta estima a Utpaladeva y especialmente a su *Śivastotrāvalī*. Han pasado exactamente cincuenta años desde que Swami Lakshmanjoo publicó por primera vez, en 1964, una traducción al hindi, palabra

---

6 Un tipo de barco exclusivo de Cachemira que se utiliza para navegar por las aguas de los numerosos lagos de la región, ahora muy apreciado por los turistas que visitan Srinagar.
7 Solo los capítulos 13, 14 y 15 fueron compuestos como capítulos y titulados por el mismo Utpaladeva. Las estrofas restantes fueron recopiladas, divididas en capítulos y tituladas por sus discípulos.
8 De la introducción a la *Śivastotrāvalī* 13.

por palabra, de la *Śivastotrāvalī*, junto con el breve comentario[9] en sánscrito de Kṣemarāja.[10] En los años subsiguientes, Swami Lakshmanjoo registró una traducción de la *Śivastotrāvalī* en lengua cachemir. Aunque incompletas, estas grabaciones se pusieron a disposición del público y desde entonces se han vuelto muy queridas en los corazones de sus devotos de Cachemira.[11]

Swami Lakshmanjoo dominaba incluso los elementos más abstrusos de la filosofía *śaiva* de Cachemira. Contaba con una memoria casi fotográfica de los textos antiguos y un intelecto muy agudo para interpretar sus significados ocultos. Aun así, tenía a la *Śivastotrāvalī* en un lugar muy especial en su corazón. Desde los primeros días, cada vez que los devotos recitaban versos de la *Śivastotrāvalī*, o cada vez que él mismo cantaba esos versos o los comentaba, sus ojos se llenaban de lágrimas y su voz se ahogaba por la devoción. Por momentos era incapaz de hablar. Uno puede escuchar esto con claridad en la grabación que acompaña a este libro.

Al comentar el texto, los que escuchaban a menudo hacían preguntas sobre filosofía *śaiva*. Swami Lakshmanjoo respondía rápidamente: "No hables siempre de shaivismo. ¡Este es un texto devocional! En la devoción encuentras dos cosas: el maestro en lo alto y el devoto en el nivel inferior. El devoto tiene que sollozar, el devoto tiene que llorar. Cuando el llanto se detiene, eso es shaivismo. ¡Aquí no tenemos nada que ver con eso! Queremos percibir al Señor en la etapa de ser Señor y tenemos que imaginarnos como sus esclavos".[12]

Claramente, Swami Lakshmanjoo tenía una conexión muy pro-

---

9 *The Śivastotrāvalī of Utpaladevāchārya with the Sanskrit commentary of Kṣemarāja*, editado con comentarios en hindi por Rājānaka Lakṣmaṇa (Swami Lakshmanjoo) (Chowkhamba Sanskrit Series 15, Varanasi, 1964).

10 El discípulo principal de Abhinavagupta, Kṣemarāja, escribió lo que se considera el comentario más importante sobre la *Śivastotrāvalī*. Kṣemarāja también fue el autor del *Pratyabhijñāhṛdāyam*, una colección de veinte *sūtras* que contienen la esencia de la filosofía Pratyabhijñā.

11 *Shri Utpaladeva's Śivastotrāvalī*, grabación de audio de versos seleccionados en cachemir (Ishwar Ashram Trust, Nueva Delhi, 2009).

12 *Śivastotrāvalī* 13.14, comentario.

funda con este texto en particular y con su autor, tanto que, una vez, cuando se le preguntó acerca de una interpretación que no coincidía con la de Kṣemarāja, respondió tímidamente: "Puedo entrar en el corazón de Utpaladeva".[13]

Aunque Swami Lakshmanjoo veneraba todo el texto de la *Śivastotrāvalī*, ciertos himnos eran sus favoritos. Estos se encuentran en el capítulo trece conocido como *Saṁgraha Stotra*:[14]

saṅgraheṇa sukhaduḥkhalakṣaṇaṁ
māṁ prati sthitamidaṁ śṛṇu prabho ।
saukhyameṣa bhavatā samāgamaḥ
svāminā viraha eva duḥkhitā ।।1।।[15]

Oh Señor, por favor escucha la verdadera descripción de mi placer y mi dolor: la unión con Tu naturaleza es mi placer, y la separación de Ti, mi Maestro, es la causa de mi dolor.

dāsadhāmni viniyojito'pyahaṁ
svecchayaiva parameśvara tvayā ।
darśanena na kimasmi pātritaḥ
pādasaṁvāhanakarmaṇāpi vā ।।10।।[16]

Oh supremo Señor, aunque es por Tu voluntad que he sido colocado en la posición de ser Tu esclavo, ¿por qué ni siquiera entonces he sido calificado para tener Tu audiencia, Tu mirada o incluso el acto de tocar Tus pies?

śaktipātasamaye vicāraṇaṁ
prāptamīśa na karoṣi karhicit ।
adya māṁ prati kiṁāgataṁ yataḥ
svaprakāśanavidhau vilambase ।।11।।[17]

13 *Śivastotrāvalī* 13.19, comentario.
14 *Saṁgraha Stotra* significa "El himno que es la esencia de lo que debe ser conocido".
15 *Śivastotrāvalī* 13.1.
16 *Śivastotrāvalī* 13.10.
17 *Śivastotrāvalī* 13.11.

> Oh Señor independiente, en el momento de derramar Tu gracia sobre mí, deberías haber considerado si estaba calificado para esta gracia. Pero Tú nunca piensas de esta manera. Ahora que he recibido esta gracia, ¡estoy en un aprieto, ya que te demoras en revelar Tu naturaleza!

Para Swami Lakshmanjoo, como para Utpaladeva, la *bhakti*, devoción o "pasión por la conciencia de Dios" lo era todo.[18]

El mismo Utpaladeva cantó en la *Śivastotrāvalī*:

> En este sendero del Señor Śiva, *śivamārga*, que está lejos de todos los engaños, *amāye*, que es absolutamente puro y recto, no se necesita *yoga*, ni penitencias ni modo de adoración. Aquí la única necesidad es la devoción, una devoción pura. Si están realmente apegados a Ti, te encontrarán. Si no están apegados, pueden realizar *yoga*, pueden realizar penitencias y pueden realizar *pūjā*, pero aun así no podrán encontrarte. ¡La devoción, *bhakti*, es el único medio para encontrar Tu naturaleza![19]

Y:

> Oh Señor, Tú eres la naturaleza de todos y *sarvaś-cātmani rāgavān*, todos están apegados a su propia naturaleza, a su propio yo. Entonces, ese yo es, en el sentido real, Tu naturaleza. Por lo tanto, todos logran amarte automáticamente porque todos se aman a sí mismos. Así, la devoción a Ti es adquirida y lograda por todos. Pero hay una sola diferencia: *jānañjayejjanaḥ*, quien conoce esta realidad secreta es glorificado, los demás no.[20]

Otro:

---

18 La palabra *bhakti*, devoción, aparece más de cuatrocientas veces en los himnos de la *Śivastotrāvalī*.
19 *Śivastotrāvalī* 1.7.
20 *Śivastotrāvalī* 1.18.

> En este universo hay una enredadera brillante: es la enredadera de la devoción a Ti. Cuando esta enredadera ha florecido plenamente brinda frutos de todo tipo, desde los grandes poderes yóguicos hasta el gran poder de ser liberado de los repetidos nacimientos y muertes que es *mokṣa*, la liberación.[21]

Finalmente:

> Quiero volverme loco por la intensidad de la devoción a Ti. ¡Quiero esa locura! No quiero desapegarme ni gobernar este universo. No quiero el deseo de liberación. No quiero convertirme en tu adorador. Quiero conseguir esa locura. Quiero enloquecerme por la intensidad de mi amor por Ti.[22]

Pratyabhijñā

Los himnos sublimes de la *Śivastotrāvalī* no son simplemente las efusiones de un *śiva-bhakta* ardiente, de un devoto inspirado poéticamente. Incluso independientemente de la gran fama de su *Śivastotrāvalī*, Utpaladeva es uno de los máximos exponentes de la escuela Pratyabhijñā del shaivismo de Cachemira.

La escuela Pratyabhijñā floreció al comienzo de la era actual, conocida como *kali yuga*. Sin embargo, con el paso del tiempo quedó velada debido a que fue malinterpretada. Recién finalizando el siglo VIII Somānanda, el gran maestro *śaiva* cachemir, reintrodujo el sistema Pratyabhijñā en Cachemira.[23] [24] Utpaladeva fue el discípulo principal de Somānanda. El discípulo de Utpaladeva, Lakṣmaṇagupta, fue, a su vez, el maestro en el sistema Pratyabhijñā de Abhinavagupta, el preeminente maestro

---

21 *Śivastotrāvalī* 1.25.
22 *Śivastotrāvalī* 15.4.
23 Ver *Shaivismo de Cachemira, el supremo secreto*, capítulo 19.
24 Para hacerlo, Utpaladeva compuso la *Śivadṛṣṭi*. [N. del T. al castellano]

de la tradición *śaiva* cachemir.

Con respecto al sistema Pratyabhijñā, Swami Lakshmanjoo nos dice: "La palabra *pratyabhijñā* significa 'reconocer y darse cuenta espontáneamente una vez más de tu propio Ser'. Aquí, solo tienes que darte cuenta; no tienes que practicar. No hay *upāyas*[25] (medios) en el sistema Pratyabhijñā. Simplemente debes reconocer quién eres".

"Dondequiera que estés, ya sea que estés en el nivel del Ser supremo, en el nivel del *yoga* o en el nivel que es desagradable, puedes reconocer tu propia naturaleza en ese momento, sin moverte a ningún lado ni hacer nada".[26]

El entendimiento de Utpaladeva del sistema Pratyabhijñā era tan agudo que escribió dos breves comentarios sobre la *Śivadṛṣṭi* y luego sistematizó las enseñanzas bajo el nombre de *Pratyābhijnā* o "reconocimiento", tentando a todos con un "camino nuevo y fácil".[27] La misma *Īśvara-pratyabhijñā Kārikā* de Utpaladeva es considerada el texto más importante sobre Pratyabhijñā, pero sus conceptos eran tan elevados que el mismo Utpaladeva sintió la necesidad de escribir dos comentarios más sobre su propia *Kārikā*.[28]

Dos generaciones más tarde, Abhinavagupta se sentó a los pies del discípulo de Utpaladeva, Lakṣmaṇagupta, para estudiar la filosofía Pratyabhijñā. El mismo Abhinavagupta posteriormente escribió dos comentarios sobre las enseñanzas de Utpaladeva: la *Īśvara-pratyabhijñā Vimarśinī* y la *Īśvara-pratyabhijñā Vivṛti Vimarśinī*. Al final de esta última, Abhinavagupta resumió la importancia de este sistema en las siguientes palabras:

> Una persona puede sumergirse profundamente en algo mucho más temible que las aguas crecientes de un océano muy agitado, que son terribles debido a las llamas de su fuego interior lla-

25 Ver *Shaivismo de Cachemira, el supremo secreto*, capítulo 5.
26 Ver *Shaivismo de Cachemira, el supremo secreto*, capítulo 19.
27 Así llamado por el mismo Utpaladeva, también referido como tal por Abhinavagupta en su comentario posterior de la *Īśvara-pratyabhijñā*.
28 La *Īśvara-pratyabhijñā Vṛtti*, un breve comentario sobre la *Kārikā*, *Īśvara-pratyabhijñā Ṭīkā*, un comentario más detallado, que lamentablemente se ha perdido.

mado *vāḍavānala*, vastamente encendido por fuertes vendavales de vientos tormentosos en el momento de la disolución cósmica de toda la existencia sólida, pero es imposible que un pensador sondee las profundidades de la filosofía expresada en la *Īśvara-pratyabhijñā*. Solo el mismo Śiva es capaz de hacerlo.[29]

En sus escritos, Abhinavagupta demostró que, de hecho, este "camino nuevo y fácil" de Pratyabhijñā ya estaba contenido en los antiguos *śāstras* pero había estado oculto. Reconociendo el genio de Utpaladeva al revelar estos "secretos tántricos", Abhinavagupta se refirió nuevamente a sus enseñanzas en sus estrofas introductorias a la *Parātrīśikā Laghuvṛtti*.

sadāgamapravāheṣu bahūdhā vyākṛtaṁ trikam |
śrīmadutpaladevīyaṁ tantrasāraṁ tu varṇyate ||[30]

En el flujo de los *Tantras* ya he explicado la ciencia triple del shaivismo de varias maneras, pero aquí, *utpaladevīyam tantrasāram nirūpyate*, estoy explicando la esencia de todos los *Tantras* desde el punto de vista de Utpaladeva.

A lo largo de la *Śivastotrāvalī*, el mismo Utpaladeva enfatiza continuamente que el mundo objetivo en el que vivimos, con todos sus altibajos, no es un obstáculo para la realización de Dios. Después de todo, dice, es Dios quien ha expandido Su naturaleza y se ha convertido en el mundo objetivo. Por lo tanto, se nos dice en la primera estrofa de la *Śivadṛṣṭi* que incluso los obstáculos son "¡nada menos que Śiva!".

Utpaladeva nos dice una y otra vez que para el verdadero devoto, las pruebas y tribulaciones de la vida cotidiana pueden que-

29 *History of Kashmir Shaivism*, Dr. B. N. Pandit (Utpala Publications, Srinagar, Cachemira, 1990).
30 *Parātrīśikā Laghuvṛtti* con el comentario de Abhinavagupta, traducción y comentario de Swami Lakshmanjoo (grabación de audio original, archivos de la USF, Los Ángeles, 1982), estrofa 2.

dar sin resolver. Solo una cosa debe ser resuelta: la revelación de la naturaleza del Señor. "Si me revelas Tu naturaleza", dice, "¡todos esos estados desdichados se desvanecerán por sí mismos, automáticamente!".[31]

En realidad, para Utpaladeva, solo existe un obstáculo para esta realización: la duda que surge de la impureza de la mente. Pero ¿duda de qué? La duda de que todo lo que existe es Dios:

kharaniṣedhakhadāmṛtapūra-
occhalitadhautavikalpamalasya me ।
dalitadurjayasaṁśayavairiṇa-
stvadavalokanamastu nirantaram ।।[32]

Hay un deseo en mí, y ese deseo es que quisiera limpiar la impureza de mi mente. ¡Esta impureza, este estar lejos de Ti, es un abismo aterrador! Y este abismo no se puede llenar con tierra ordinaria, debe llenarse con el néctar de la Conciencia de Dios. Con la inundación del néctar de la conciencia de Dios, lavaría la impureza de mi mente y me liberaría del enemigo de la duda, la duda de Tu existencia en este universo.

Porque dudamos, siempre dudamos de la existencia de la conciencia de Dios. Decimos que Dios existe solo en Benares, en Haridwar; Dios no está aquí, Él aquí está ausente. Si esa duda se desvaneciera, esa duda me fuera quitada, entonces te percibiría siempre, continuamente, en todas partes, ¡no solo en un templo de Varanasi!

Abhinavagupta se hace eco de la misma comprensión en su obra mayor, *Tantrāloka*, cuando, refiriéndose a un verso de la *Śivastotrāvalī*, dice:

śaṅkayā jāyate glāniḥ śaṅkayā vighnabhājanam ।
uvācotpaladevaśca śrīmānasmadgurorguruḥ ।

---

31 *Śivastotrāvalī* 3.16.
32 Del comentario sobre la *Śivastotrāvalī* 18.19.

sarvāśaṅkāśaniṁ mārgaṁ numo māheśvaraṁ stuti | |[33]

La espiritualidad de uno es destruida por las dudas y uno se vuelve víctima de los obstáculos, *śaṅkayā vighna bhājanam*. Si tienes dudas, serás víctima de los obstáculos y tu vida espiritual será destruida por completo. Nuestro gran maestro[34] Utpaladeva también ha explicado lo mismo en su *Utpalastotrāvalī*.

sarvāśaṅkāśaniṁ sarvalakṣmīkālānalaṁ tathā |
sarvāmaṅgalyakpantaṁ mārgaṁ māheśvaraṁ namaḥ | |[35]

Me inclino ante el camino a través del cual se alcanza al Señor Śiva, *sarvā śaṅkāśaniṁ*, que es un rayo que destruye todas las dudas, y donde *sarvā alakṣī kālānalaṁ*, todas estas desgracias son reducidas a cenizas. Entonces, todas las dudas han desaparecido, todas las desgracias han terminado y *sarvā amaṅgalya kalpāntam*, *amaṅgala*, la ausencia de alegría es destruida. Me inclino ante ese camino del Señor Śiva.

Para Utpaladeva en la *Śivastotrāvalī*, el camino y su meta son siempre uno: pura devoción. Así, en el decimoquinto himno, concluye:

En este mundo encontrarás libros que lavarán tus tres *malas* (impurezas)[36]. Encontrarás personas que han dominado todas las escuelas de pensamiento y también encontrarás *yogīs*, pero solo encontrarás personas pacíficas en quienes son devotos a Ti. Los

33 Aquí, en la KSTS dice *tviti* mientras que Swami recita *stuti* (ver el *Tantrāloka of Abhinavagupta* (*chapters 1 to 18*), traducción y comentario de Swami Lakshmanjoo (grabación de audio original, archivos de la USF, Los Ángeles, 1972-1981), 12.24-25.
34 El maestro del maestro: Utpaladeva-Lakṣmaṇagupta-Abhinavagupta. [N. del T. al castellano]
35 *Śivastotrāvalī* 2.28.
36 *Āṇava mala*, *māyīya mala* y *kārma mala* (ver el Apéndice 15 y también *Shaivismo de Cachemira, el supremo secreto*, capítulo 7).

filósofos y los demás no son pacíficos. ¡En realidad, todo es una tontería! *Tvad bhaktāḥ eva kevalā tattvataḥ*, solo Tus devotos son *svasthā*, están situados en paz y apaciguados en paz.[37]

Conclusión

De esta manera, usando el hilo de la más alta filosofía Pratyabhijñā, Utpaladeva ha entretejido en la tela de la *Śivastotrāvalī* los conceptos más profundos del Pratyābhijñā, revistiendo mágicamente estos elevados conceptos con la prenda más simple de la devoción pura.

Utpaladeva deja absolutamente claro desde el principio que para el buscador sincero de la liberación, la devoción por Dios, y solo la devoción, es la única herramienta indispensable.

El mismo Utpaladeva compuso lo que sería el epitafio perfecto de su vida y obra cuando, al final del capítulo catorce, canta:

> Yo, Utpala, ¡me balanceo constantemente
> en la embriaguez de mi devoción por Ti!
> ¡Que toda la gloria sea para Ti, oh Señor Śiva,
> que eres el único festival de mi vida!
> ¡Gloria a Ti, gloria a Ti,
> gloria sin fin a Ti![38]

37 *Śivastotrāvalī* 15.1.
38 *Śivastotrāvalī* 14.23-24.

Agradecimientos

En primer lugar, me gustaría expresar mi agradecimiento a quienes hicieron posible el éxito de este proyecto, nuestro equipo de editores, mi hijo Viresh, mi esposa Denise y George Barselaar, quienes revisaron meticulosamente la transcripción haciendo adiciones y correcciones e incorporando numerosas anotaciones que citan a Swamiji de fuentes diversas. Quisiera agradecer a Stephen Benson quien editó cuidadosamente la transcripción original y agregó valiosas sugerencias para la edición del audio. Además, Michael Van Winkle, nuestro ingeniero de audio, empleó una serie de trucos y técnicas para pulir, aclarar y mejorar el audio original. Estoy particularmente agradecido a Claudia Dose por su trabajo incansable al escribir el texto en sánscrito y romanizado, y por darle el formato final a todo el texto de este libro. Quisiera agradecer a Mukti Parupudi por preparar el índice para esta publicación. También me gustaría agradecer a mi hija Shanna por ayudarnos a cumplir con los plazos de este trabajo. Todos demostraron ser invaluables en la preparación de los audios y la transcripción que acompaña a esta *Śivastotrāvalī*.

También me gustaría agradecer al Dr. Yajneshwar Shastri y su esposa, Dra. Sunanda Shastri, ambos eruditos sánscritos de renombre, por su inestimable ayuda en la verificación del sánscrito en este documento. Y finalmente, mi agradecimiento especial a Jody Weiss por su inspiración al reconfirmar la urgente necesidad de hacer que las enseñanzas de Swamiji sobre el shaivismo de Cachemira estén disponibles para todos los aspirantes sinceros lo antes posible.

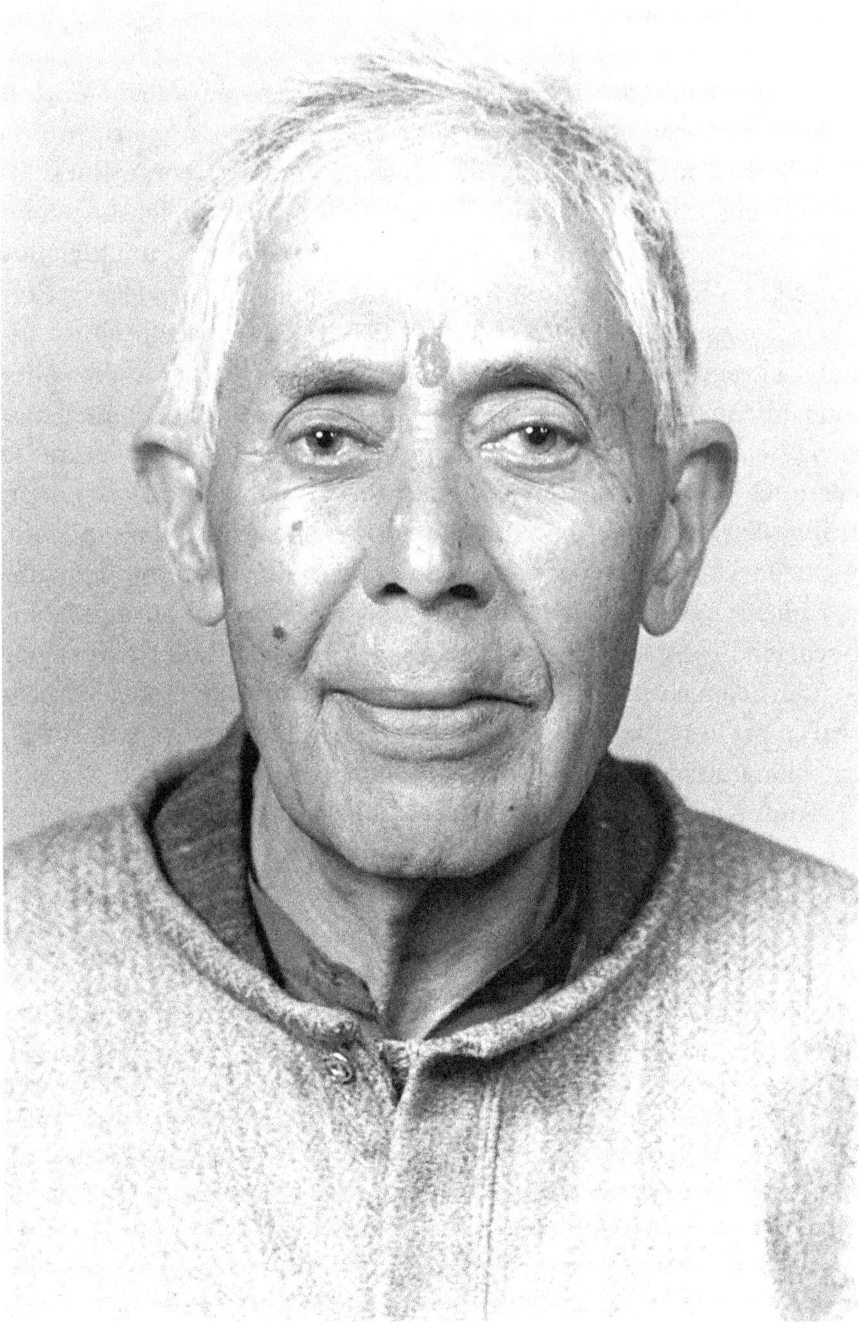

SWAMI LAKSHMANJOO
EL AUTOR

Swami Lakshmanjoo nació en Srinagar, Cachemira, el 9 de mayo de 1907. Fue el último y el más grande de una larga sucesión de santos y maestros de la tradición del shaivismo de Cachemira. Desde su primera infancia, Swamiji pasó su vida estudiando y practicando las enseñanzas de esta tradición única y sagrada. Contaba con una comprensión intelectual y espiritual completa de la filosofía y la práctica del shaivismo de Cachemira, fue un verdadero maestro en todos los aspectos.

Nació con memoria fotográfica; aprender siempre le fue fácil. Poseía un conocimiento completo del shaivismo de Cachemira y además contaba con un amplio conocimiento de los textos religiosos y filosóficos tradicionales de India. Cuando enseñaba, libremente hacía referencias a otros textos para aclarar, ampliar y fundamentar su enseñanza. Podía citar un texto completo con solo recordar las primeras palabras de la estrofa.

Con el tiempo, se propagó su reputación como filósofo erudito y adepto espiritual. Líderes espirituales y académicos viajaron de todas partes del mundo para recibir su bendición y hacerle preguntas acerca de diversos aspectos de la filosofía del shaivismo de Cachemira. Obtuvo renombre como un devoto del Señor Śiva y como un maestro consumado de la tradición no dual del shaivismo de Cachemira.

A lo largo de su vida, Swamiji enseñó a sus discípulos y devotos los caminos de la devoción y el conocimiento. Evitaba la fama y el reconocimiento y no buscó su propia gloria. Sabía que el shaivismo de Cachemira era una joya de lo más preciada y que por la gracia de Dios, aquellos que desearan el conocimiento supremo se sentirían atraídos por sus enseñanzas. Deseaba que el shaivismo de Cachemira fuera preservado y puesto a disposición de toda la humanidad.

En 1990, durante su estancia en Nepal, Swamiji tradujo los comentarios singulares de Abhinavagupta del *Paramārthasāra* y la *Bhagavad Gītā*. Durante su explicación del capítulo sexto de la *Bhagavad Gītā*, Swamiji dio una infrecuente visión de la plenitud y gloria de su propia experiencia:

> Yo continuaba tranquilamente con mi práctica y el *śaktipāta* (la gracia) vino abruptamente y lanzó toda su fuerza sobre mí. Fue *tīvra tīvra* (súper supremo) *śaktipāta*. Sucedió y yo renací. Me volví tan grande. No quiero alardear, pero esto es lo que sucedió. Renací. Y, debido a que tenía que convertirme en Bhairava, tuve que experimentar todos los estados de *yoga*. Y sucedió, todo sucedió. Tuve todas las experiencias; también *cidānanda*, también *jagadānanda*[39]. Todo pasó. No se pueden imaginar la manera en que actúa el *śaktipāta*[40].

El 27 de septiembre de 1991, Swami Lakshmanjoo dejó su cuerpo físico y alcanzó el *mahasamadhi*, la gran liberación.

39 *Cidānanda* y *jagadānanda* son las etapas finales de los siete estados de *tūrya*, también conocidos como los siete estados de *ānanda* (dicha). Ver *Shaivismo de Cachemira, el Supremo secreto*, capítulo 16.
40 *Bhagavad Gītā In the Light of Kashmir Shaivism*, DVD 6.3 (42:01). Para una explicación completa de *śaktipāta*, ver el apéndice A7.

HIMNOS A ŚIVA

Cantos de devoción en el shaivismo de Cachemira

CAPÍTULO 1
El éxtasis de la devoción
Bhaktivilāsākhyaṁ stotram

SWAMIJI: Ya saben que esta *Śivastotrāvalī* es la compilación de cánticos de Utpaladevācārya, fue comentada en sánscrito por Kṣemarāja, el discípulo de Abhinavagupta, y lo he traducido al hindi.[41]

Utpaladeva fue el *guru* del *guru* de Abhinavagupta.[42] No solo era shaivista, también tenía experiencia mística.[43] A veces se volvía loco por Dios. Por ser shaivista, a veces era reservado, pero también se volvía loco por estar demasiado apegado al Señor Śiva.

Ha entonado estos *stotras* (estrofas) en un barco en Cachemira. No fueron compilados por el mismo Utpaladeva sino por algún devoto suyo. Sus discípulos lo llevaban, él los cantó sin ningún orden o división en particular y luego algunos de sus devotos los compilaron.[44]

Ahora, este es el primer *stotra*, el primer *śloka*.

---

41 Ver el Apéndice 1.

42 El discípulo de Utpaladeva, Lakṣmaṇagupta, fue el maestro de Abhinavagupta en el sistema Pratyabhijñā. Utpaladeva fue considerado el principal exponente de este sistema, cuyo nombre deriva de su *Īśvara-pratyabhijñā Kārikā*, considerada el tratado filosófico más importante de esta escuela. Abhinavagupta luego escribió dos comentarios sobre la *Īśvara-pratyabhijñā Kārikā* de Utpaladeva. [Nota del editor].

43 Debido a la comprensión intelectual completa de Utpaladeva de la filosofía shaivista, Swamiji lo nombra como un "shaivista". Según el shaivismo de Cachemira, el conocimiento intelectual (*bauddha jñāna*) y el conocimiento espiritual (*pauruṣa jñāna*), es decir, la "experiencia mística", son requisitos para la liberación (*mokṣa*). [Nota del editor]

44 Swamiji dijo que, con la excepción de los capítulos trece, catorce y quince, los devotos de Utpaladeva compilaron las estrofas en capítulos y les dieron a estos capítulos sus títulos respectivos.

na dhyāyato na japataḥ svādyasyāvidhipūrvakam |
evameva śivābhāsastaṁ numo bhaktiśālinam ||1||

Me inclino ante el devoto que es glorificado con la devoción del Señor Śiva y para quien la aparición del Señor Śiva tiene lugar sin realizar ningún tipo de meditación o recitación. No recita un *mantra* para el Señor Śiva y no medita, pero incluso sin meditación, sin recitación, alcanza el estado en el que siente la unidad del Señor Śiva. Me inclino ante ese devoto.

No me inclino ante el devoto que medita y luego logra, o que recita y luego logra. Ese devoto está muy lejos de aquel otro devoto que alcanza al Señor Śiva sin hacer nada.

ātmā mama bhavadbhaktisudhāpānayuvā'pi san |
lokayātrārajorāgātpalitairiva dhūsaraḥ ||2||

De hecho, yo soy siempre joven por adoptar, por saborear, el néctar de Tu devoción. Siento que en el campo mundano soy mayor pero internamente soy joven. Externamente parezco viejo debido a que me esfuerzo en demasía en las actividades mundanas, pero soy siempre joven debido a que saboreo el néctar de Tu devoción.

labdhatvatsaṁpadāṁ bhaktimatāṁ tvatpuravāsinām |
sañcāro lokamārge'pi syāttayaiva vijṛmbhayā ||3||

Aunque soy viejo por estar en contacto con personas mundanas y actividades mundanas —siento que soy viejo, estoy agotado—, internamente, *labdha tvat saṁpadām*, para quienes han alcanzado la riqueza de Tu devoción[45], aquellos que son verdaderamente devotos de Ti y que residen en Tu reino, las actividades en los asuntos mundanos se vuelven una con la divinidad de la conciencia de Dios.

45 A lo largo del texto, Swamiji suele decir "Tu devoción", que significa "devoción por Ti", es decir, devoción por Dios. [Nota del editor]

sākṣādbhavanmaye nātha
sarvasmin bhuvanāntare |
kiṁ na bhaktimatāṁ kṣetraṁ mantraḥ
kvaiṣāṁ na siddhyati ||4||

Nātha, oh Señor, en realidad Tus devotos son aquellas personas para quienes todo el universo se ha vuelto uno con Tu conciencia de Dios y uno con Tu presencia, quienes sienten Tu presencia en cada parte de este campo mundano.

Para ellos, ¿qué lugar no es un templo? Para ellos un templo es un templo, pero un baño también es un templo divino; un lugar sucio y un lugar limpio son templos. Para ellos, en todas partes existe la posibilidad de alcanzar la conciencia de Dios. No solo pueden alcanzar la conciencia de Dios en un templo, sino también en el estado de esfuerzo del universo. En un templo obtienen la conciencia de Dios, pero también en los estados mundanos externos. Para ellos, no hay diferencia.

jayanti bhaktipīyūṣarasāsavavaronmadāḥ |
advitīyā api sadā tvaddvitīyā api prabho ||5||

Prabho, oh Señor, *bhaktipīyūṣa rasāsavavaronmadāḥ*, los devotos que se han vuelto locos por tomar el licor nectáreo de Tu devoción siempre son glorificados, siempre son divinos.

¿Conocen el "licor nectáreo de Tu devoción"? Es licor porque te enloquece, pero es licor nectáreo porque está lleno del néctar de la conciencia de Dios.

¿Dónde yace la locura en ellos? *Advitīyā api sadā*, están locos porque *advitīyā*, siempre se jactan de ser los únicos glorificados en este universo y siempre lloran por estar cerca de su Señor. Entonces, es locura. A veces dicen "Soy divino", a veces dicen "No soy nada". Tienen esta locura. Y estos locos devotos de Ti siempre son glorificados.

anantānandasindhoste nātha tattvaṁ vidanti te |
tādṛśā eva ye sāndrabhaktyānandarasāplutāḥ ||6||

Nātha, oh Señor, solo esas personas experimentan la realidad, la posición o el estado real de Tu océano de conciencia de Dios. ¿Quiénes? *Tādṛśā eva ye sāndrabhaktyānandarasāplutāḥ*, quienes están realmente empapados en el néctar del océano de la conciencia universal de Dios.

Este néctar es *ānanda* (dicha), el estado dichoso de la conciencia de Dios. El estado dichoso de la conciencia de Dios es realmente un océano y solo quienes están empapados de manera apropiada pueden experimentar la realidad de ese océano. Quienes deambulan por la orilla de ese océano no conocen la profundidad y la realidad de ese océano. Solo lo experimentan superficialmente.

tvamevātmeśa sarvasya sarvaścātmani rāgavān |
iti svabhāvasiddhāṁ tvadbhaktiṁ jānañjayejjanaḥ ||7||

Oh Señor, Tú eres la naturaleza de todos.

Sarvaścātmani rāgavān. Todo el mundo está apegado a su propia naturaleza, a su propio ser. Por ejemplo, te gustas a ti mismo, quieres vivir, no quieres preocuparte por nada. Todos hacen lo mismo, se aman a sí mismos. Y ese "a sí mismo" es, en el sentido real, Tu naturaleza, la naturaleza de Dios.

Entonces, todos automáticamente logran amarte a Ti. Todos Te aman porque se aman a sí mismos. De este modo, Tu devoción es adquirida y lograda por todos, por cada individuo. Pero hay una diferencia: *jānañjayejjanaḥ*, quien conoce esta realidad secreta es glorificado, los demás no.

nātha vedyakṣaye kena na dṛśyo'syekakaḥ sthitaḥ |
vedyavedakasaṁkṣobhe'pyasi bhaktaiḥ sudarśanaḥ ||8||

Oh mi Señor, es un hecho que Tú eres alcanzado cuando uno evita todas las actividades mundanas. Pero ¿qué grandeza hay en alcanzarte de esta manera? No hay ninguna grandeza en alcanzarte así.

La grandeza reside, *vedya* (*vedaka saṁkṣobhe*), en aquellos devotos que Te alcanzan, que Te experimentan, en cada acción del universo. Quienes te experimentan en las actividades de la vida diaria te conocen y te experimentan en el sentido real. *Vedya vedaka saṁkṣobhe*, en la agitación de *vedya* y *vedaka*, en el mundo objetivo y subjetivo, experimentan la naturaleza de la conciencia de Dios; y muy fácilmente, sin adoptar ningún medio (*upāyas*). Alcanzarte siguiendo medios, *sādhanā*, meditación, *yoga* y todo, es una patraña. Quienes Te alcanzan en la acción misma del universo mientras hacen todas las demás obras, te alcanzan, y muy fácilmente, sin hacer nada.

Esto es *śāmbhavopāya*.[46]

anantānandasarasī devī priyatamā yathā ।
aviyuktāsti te tadvadekā tvadbhaktirastu me ॥9॥

Ahora hay un problema para mí. Tú tienes a Tu *śakti* —Tu esposa, Pārvatī—, y le tienes cariño a Pārvatī porque es *ananta ānanda sarasī* ("glorificada con gozo y dicha ilimitados").

Le tienes cariño a Pārvatī. Pero tengo un problema. *Tadvad ekā tvad bhaktirastu me*, he adoptado una mujer para que Tú poseas: mi devoción por Ti. Debes considerar que mi devoción (*bhakti*) por Ti es otra dama. Pero mi devoción no es aceptada por Ti tanto como aceptas a Pārvatī cerca Tuyo. Mi devoción permanece lejos de Tu presencia. Esto es un problema para mí.

Quiero que esta dama, mi devoción por Ti, sea una Contigo, esté casada Contigo. Quiero ser devoto de Ti con continuidad, sin interrupción, para que acojas mi devoción, que aceptes mi devoción, que te encariñes con mi devoción. Pero no tienes afecto por mi devoción. Dedico mi tiempo a Ti pero Tú lo ignoras. Te amo pero no te importa. ¡Pārvatī Te ama muy poco y te preocupas tanto por eso (risas)! Tengo este problema.

---

46 Para una explicación de *upāyas*, ver el Apéndice 2.

Quiero que con esta dama, mi devoción, adoptes una conducta similar a la que tienes con Pārvatī.

sarva eva bhavallābha-
heturbhaktimatāṁ vibho ।
saṁvinmārgo'yamāhlāda-
duḥkhamohaistridhā sthitaḥ ।।10।।

El camino universal consta de tres caminos. Uno es la dicha, el camino dichoso; el camino de la tristeza (lo opuesto a la dicha) y el camino de la pereza, cuando quieres acostarte todo el día y dormir, *bas*[47], ir a la cama. Estos son los tres caminos de este universo.

A veces quieres ser devoto del Señor e ir al templo o a la iglesia. Este es el camino de la alegría. A veces quieres esforzarte, construir una casa y reparar tu automóvil. Este es el camino de la tristeza porque uno se cansa, queda exhausto. A veces quieres ir a la cama, acostarte con una almohadilla térmica en el pecho y roncar. Este es el camino de *moha* (ilusión); este es el camino de la pereza.

Estos son los tres caminos que existen en este universo; para Tus devotos, todos los caminos llevan hacia la conciencia de Dios. Puede ser pereza, puede ser tristeza, puede ser dicha. El camino dichoso lleva a Tu devoto a esa conciencia de Dios, el camino de la tristeza también lo lleva hacia la conciencia de Dios y el camino de la pereza también lo lleva hacia la conciencia de Dios.

bhavadbhaktyamṛtāsvādādbodhasya syātparāpi yā ।
daśā sā māṁ prati svāminnāsavasyeva śuktatā ।।11।।

¿Has probado este licor alguna vez?

Bhavat bhaktyamṛtāsvādād bodhasya syātparāpi yā daśā. Para mí, dejar de saborear el néctar de Tu devoción, *bodhasya syāt parāpi yā daśā*, y poseer el estado supremo de conocimiento

47 Swamiji usa la palabra hindi *bas* a menudo en todo el texto, que significa "suficiente" o "eso es todo". [Nota del editor]

shaivita, sabe tan mal como *āsavasyeva śuktatā*, como cuando el vino tiene sabor ácido o amargo. Sin devoción, el estado de conocimiento supremo de la conciencia de Dios me sabe amargo. Me gusta la devoción. Quiero estar siempre dedicado a Ti, quiero estar lleno de Tu devoción, sin importar si Tú apareces ante mí o no. Quiero llorar por Ti. Quiero Tu devoción, nada más. No quiero conocimiento si no tiene devoción.

bhavadbhaktimahāvidyā yeṣāmabhyāsamāgatā |
vidyāvidyobhayasyāpi ta ete tattvavedinaḥ ||12||

Solo quienes han experimentado el conocimiento supremo de Tu devoción tienen experiencia en discernir qué es conocimiento y qué es ausencia de conocimiento. Solo ellos pueden determinar qué es conocimiento real y qué no es conocimiento, es decir, qué es ignorancia.

āmūlādvāglatā seyaṁ kramavisphāraśālinī |
tvadbhaktisudhayā siktā tadrasāḍhyaphalāstu me ||13||

La expansión del estado universal de la vida realmente es como una enredadera (*latā*). *Āmūlāt vāk latā seyaṁ kramam*; esta *vāk latā*, las cuatro ramas de esta enredadera de sonido, de habla (*parā*, *paśyantī*, *madhyamā* y *vaikharī*), se expanden en este universo.

> *Parā* o *parāvāṇī* es la palabra suprema, sin diferenciación. Después está *paśyantī*, después *madhyamā* y después *vaikharī*.
>
> A veces estás establecido en la palabra suprema (*parā*) cuando estás en *samādhi*.[48]

48 "La palabra *parā* significa "supremo", *parā vāk* es el "habla suprema". Es ese sonido sin sonido que reside en tu propia Conciencia universal. Es el sonido supremo que no tiene sonido. Es la vida de los otros tres tipos de habla que comprenden el reino del habla (*paśyantī*, *madhyamā* y *vaikharī*) y, sin embargo, no está en este reino del habla". *Shaivismo de Cachemira, el supremo secreto*, capítulo 6.

A veces estás establecido en *paśyantī* cuando solo estás mirando y no hay ningún pensamiento en tu mente. A veces estás establecido en *paśyantī* cuando estás a punto de salir de *samādhi*.

Madhyamā es cuando estás mirando, cuando no hablas pero hablas con la mente, cuando solo piensas en tu mente y no actúas con tu cuerpo.

Vaikharī es cuando también hablas con palabras, con los labios; cuando también actúas con las extremidades. Este es el estado inferior del sonido. Este estado cuádruple de la palabra (es decir, del sonido) se expande en este universo.

Hay un único deseo en mí: que esta enredadera sea regada con el néctar de Tu devoción para que dé el fruto de Tu devoción. Si se la riega con devoción, su fruto tendrá el sabor de Tu devoción. Solo quiero experimentar Tu devoción en este mundo, en estos cuatro estados de la vida. Este es mi deseo.

śivo bhūtvā yajeteti bhakto bhūtveti kathyate ।
tvameva hi vapuḥ sāraṁ bhaktairadvayaśodhitam ।।14।।

En los *Vedas*, en los *Śiva Sūtras*, en todos esos libros sagrados, se dice que debes adorar al Señor Śiva después de convertirte en el mismo Señor Śiva. Solo cuando te conviertes en el Señor Śiva eres capaz de adorarlo. Siendo un individuo no puedes adorar al Ser universal. Esto está fuera de discusión. ¿Cómo puede un ser limitado entrar en contacto con un Ser ilimitado? Primero debes volverte ilimitado y luego podrás adorar a ese Ser ilimitado, Śiva.

Pero Tus devotos han corregido estas reglas. Han dicho *bhakto bhūtvā iti kathyate*, debes ser devoto del Señor Śiva: si estás lleno de devoción, puedes ponerte en contacto con Él. Si estás lleno de *Śiva bhāva*, el estado de Śiva, no puedes adorar a Śiva. Solo cuando estás dedicado devotamente a Śiva eres capaz de adorarlo. Solo puedes adorar a Śiva cuando estás lleno de devoción.

Esto es correcto. Esta es la comprensión correcta, porque *tvameva hi vapuḥ sāraṁ bhaktairadvaya śodhitam*, Tus devotos han aclarado lo que está bien y lo que está mal. Lo saben, lo han experimentado.

bhaktānāṁ bhavadadvaitasiddhyai kā nopapattayaḥ ।
tadasiddhyai nikṛṣṭānāṁ kāni nāvaranāṇi vā ।।15।।

Para quienes son Tus devotos, si quieren alcanzar el estado de conciencia de Dios, ¿cuál no es el camino? Incluso aunque se extravíen, eso también los conducirá a la conciencia de Dios. Ellos viajarán desde todos los rincones y alcanzarán la conciencia de Dios. Si van al cine, si disfrutan de bailar, al hacerlo también irán hacia la conciencia de Dios, porque son Tus devotos. Tus devotos nunca se desapegan de Ti, siempre están apegados a Ti. Si están haciendo el amor con una mujer, también entonces son dirigidos hacia la conciencia de Dios. Esta es la divinidad de Tus devotos.

Pero *nikṛṣṭānāṁ*, aquellos que no son Tus devotos, *kāni na āvarṇāni*, para ellos hay obstáculos en todas partes. Si hacen *sādhanā* se alejan de la conciencia de Dios. Si meditan concentrados de manera adecuada se alejan de la conciencia de Dios.

Por el contrario, si Tus devotos verdaderos no meditan en absoluto son llevados a la conciencia de Dios. Esta es la divinidad en Tus devotos.

kadācitkvāpi labhyo'si yogenetīśa vañcanā ।
anyathā sarvakakṣyāsu bhāsi bhaktimatāṁ katham ।।16।।

Oh Señor, si eres alcanzado por algún ejercicio de *yoga* en particular o por una meditación en particular, si eres alcanzado cuando un devoto es sentenciado a una cueva o a algún rincón apartado y no lucha con las actividades universales, esto es un engaño. En verdad, esto es engaño.[49]

---

49 "Cuando Tu existencia es encontrada y realizada en un momento particular y

Nunca alcanzarás la conciencia de Dios evitando las actividades del universo. Por el contrario, cuando estás ubicado en el universo y te entregas a las actividades universales, existe la posibilidad de alcanzar el estado de conciencia de Dios. Entonces parece que este universo no está separado del estado de conciencia de Dios. El universo es la manifestación real de la conciencia de Dios y la realidad de Su naturaleza. Si evitas la realidad de Su naturaleza, ¿cómo puedes alcanzar la conciencia de Dios? Entonces, es un engaño. Si vas a una cueva y evitas todas las actividades del universo, todas las actividades de la vida diaria y piensas que lograrás la conciencia de Dios, es un engaño, estás equivocado.

Anyathā sarvakakṣyāsu bhāsi bhaktimatāṁ. Hay devotos en este universo que se han vuelto uno Contigo existiendo en las actividades universales; yo los he experimentado.[50]

Entonces, debes encontrar la manera de alcanzar a Dios en la actividad del universo, no rehuyéndolo. Esto es shaivismo. La verdadera forma de percibirte a Ti es percibirte en todas las acciones de la vida.

pratyāhārādyasaṁspṛṣṭo viśeṣo'sti mahānayam ।
yogibhyo bhaktibhājāṁ yadvyutthāne'pi samāhitāḥ ।।17।।

Hay una gran diferencia entre los *yogīs* y Tus devotos. Los *yogīs* Te encuentran y se dan cuenta de Tu naturaleza al mantener el *pratyāhāra*[51], la meditación, etc. De lo contrario, no pueden realizar Tu naturaleza.

---

en un lugar particular, digamos [dentro del] corazón o entre las dos cejas, cuando Tú eres encontrado mediante la ejecución de algún *yoga* en particular, este encontrarte a Ti es solo un engaño o una mentira para el buscador. En realidad, de esta manera no te encuentran". *Śivastotrāvalī* de Utpaladeva, traducción y comentario de Swami Lakshmanjoo (grabación de audio adicional, archivos de la USF, Los Ángeles, 1980).

50 "Ellos perciben Tu presencia en cada una de las acciones del mundo. En las acciones mundanas también perciben Tu presencia". *Śivastotrāvalī* (grabación de audio adicional, archivos de la USF).

51 Retracción de los sentidos.

Pratyāhāra aquí significa traer todos tus movimientos de afuera hacia adentro, estar introvertido.

Por el contrario, Tus devotos *bhaktibhājām*, también en *vyutthāna*, cuando están afuera, en el mundo de la acción, también perciben Tu presencia allí.

na yogo na tapo nārcākramaḥ ko'pi praṇīyate ।
amāye śivamārge'smin bhaktirekā praśasyate ।।18।।

En este camino de *Śiva mārga*, en este camino del Señor Śiva, que está lejos de todo engaño, *amāye*, que es absolutamente puro y recto, no son necesarios el *yoga*, la penitencia ni la adoración. Aquí solo es necesaria la devoción, la devoción pura. Si están realmente apegados a Ti, te encontrarán. Si no están apegados a Ti pueden hacer *yoga*, pueden hacer penitencias y pueden hacer *pūjā*, pero no podrán encontrarte. La *bhakti*[52] es el único medio para encontrar Tu naturaleza. La pasión por la conciencia de Dios. *Bhakti* es pasión.

sarvato vilasadbhaktitejodhvastāvṛtermama ।
pratyakṣasarvabhāvasya cintānāmāpi naśyatu ।।19।।

Oh Señor, he percibido la verdadera naturaleza del universo en el sentido verdadero. *Pratyakṣa sarva bhāvasya*, he percibido con claridad todo el campo objetivo universal porque toda la ignorancia ha sido alejada por la luz de Tu devoción.

Ahora solo tengo una petición que pongo ante Ti: que también sean eliminados de mi mente los rastros de las impresiones de la dualidad. Todas las formas de percepción diferenciadas de "yo", "esto" y "aquello"; por ejemplo, percibir "esto es mío", "esto no es mío", "esto es verdad", "esto es falso", "esto es real", "esto es correcto", "esto es incorrecto".

Toda esta diferenciación debe desaparecer de mi mente. Los rastros de esto también deben ser eliminados. Este es mi pedido.

---

52 Fe, amor o devoción.

śiva ityekaśabdasya jihvāgre tiṣṭhataḥ sadā |
samastaviṣayāsvādo bhakteṣvevāsti ko'pyaho ||20||

Es una gran maravilla que al recitar solo el nombre de "Śiva", cuando este sonido "Śiva" yace en la punta de tu lengua, *jihvāgre vasataḥ sadā*, con continuidad, *samasta viṣayāsvādo bhakteṣvevāsti*, no realizas solamente el néctar de Su nombre: realizas el néctar de Su toque, de Su abrazo, de Su perfume, realizas todo el Señor Śiva.

Esta es la grandeza de Su nombre: que al recitar Su nombre, obtienes el néctar no solo de Su nombre, sino también de Su toque, de Su fragancia, Su todo. Quedas lleno de Su existencia real.

ALEXIS: Pero esta recitación de Su nombre no es en forma burda, ¿es la conciencia constante de *ahaṁbhāva*?

SWAMIJI: Sí, *ahaṁbhāva* (conciencia del yo).

ALEXIS: En realidad no se trata de "Śiva, Śiva, Śiva". Es la continuidad de la conciencia.

SWAMIJI: De esta manera también. Si pronuncias esta palabra "Śiva" con su significado, entonces te llevará a eso.

śāntakallolaśītācchasvādubhaktisudhāmbudhau |
alaukikarasāsvāde susthaiḥ ko nāma gaṇyate ||21||

Aquellos que están empeñados en saborear ese néctar único, que se sumergen en el océano del néctar de Tu devoción, que es dulce, que es fresco, que es *śīta*, frío, y *śāntakallola*, donde no hay olas vacilantes. Ellos sumergen su *ātman*, sumergen su ego en ese océano y se empeñan en saborear el néctar de esa dicha divina; *ko nāma gaṇyate*, para ellos, no queda nada por contar, no cuentan nada más. "Contar" significa que no sienten la necesidad de ir a ningún otro lugar. Su viaje ha terminado.

mādṛśaiḥ kim na carvyeta bhavadbhaktimahauṣadhiḥ |
tādṛśī bhagavanyasyā mokṣākhyo'nantaro rasaḥ ||22||

Bhagavan, oh Señor, aquellos que son como yo, *mādṛśaiḥ*, ¿por qué no deberían probar el néctar de la hierba de Tu devoción? Al probarlo no solo logran el sabor de esa devoción, también logran el sabor de la liberación. A la vez se vuelven *jīvan muktas*[53].

Mokṣa rasa, el *rasa*[54] de la liberación, está junto al *bhakti rasa*. Tan pronto como se logra *bhakti rasa*, al mismo tiempo también se logra *mokṣa rasa*, de forma simultánea. Entonces, ¿por qué las personas que son como yo no deberían apreciar y poseer esta hierba, esta dosis de Tu devoción?

tā eva paramarthyante sampadaḥ sadbhirīśa yāḥ ।
tvadbhaktirasasambhogavisrambhaparipoṣikāḥ ।।23।।

Īśa, oh Señor, esa riqueza solo es anhelada y deseada por esos santos. Esa riqueza produce y fortalece el fuego del deseo para abrazar ese *bhakti rasa*, Tu néctar de *bhakti*, Tu néctar de devoción.[55]

bhavadbhaktisudhāsārastaiḥ kimapyupalakṣitaḥ ।
ye na rāgādi paṅke'smiṁllipyante patitā api ।।24।।

Esos santos, aunque viven y permanecen en el campo de *rāga*[56] —la codicia, la ira, la lujuria, es decir, en el campo fangoso de *rāga*—...

Esto es solo fango. Cuando estás apegado a tu familia, a tu hijo, a tu esposo, a tu esposa, esto significa que te estás quedando en el lodo, en el campo fangoso del universo.

... Aunque ellos permanecen en el lodo, no están atrapados en él. Hacen estas acciones mundanas pero no están atrapados en ese lodo. Ellos han *upalakṣita*, han identificado y probado, han saboreado la lluvia fuerte e impulsora de Tu devoción.

53 Liberado mientras está en el cuerpo. [Nota del editor]
54 Sabor o néctar.
55 Swamiji explicó que *visrambha* significa *harṣa* (alegría).
56 Apego.

aṇimādiṣu mokṣānteṣvaṅgeṣveva phalābhidhā ।
bhavadbhaktervipakvāyā latāyā eva keṣucit ।।25।।

En este universo, solo hay una enredadera brillante ya crecida: la enredadera de Tu devoción. Cuando esta enredadera de Tu devoción está en plena floración, cuando ha florecido perfectamente, encuentras que brinda toda clase de frutos para ti... por ejemplo, desde los grandes poderes yóguicos hasta el gran poder de ser liberado de los repetidos nacimientos y muertes (*mokṣa*), *aṇimādiṣu mokṣānteṣu*, todos estos poderes surgen en esa enredadera de Tu devoción. Pero sobre todo produce la devoción: la devoción es predominante y los poderes yóguicos y *mokṣa* son *apradhāna*, son secundarios, menos importantes. ¿Cuáles son los frutos secundarios?

JOHN: Poder y *mokṣa.*

SWAMIJI: Estos *aṇimādiṣu mokṣānteṣu.* Él no reconoce a *mokṣa* como el fruto predominante de esta enredadera. El fruto predominante de esta enredadera es solo la devoción por el Señor.

rudraśaktisamāveśastatra nityaṁ pratiṣṭhitaḥ ।
sati tasmiṁśca cihnāni tasyaitāni vilakṣayet ।।
tatraitatprathamaṁ cihnāṁ rūdre bhaktiḥ suniścalā ।[57]

La primera señal de estar absorto en la conciencia de Dios es la devoción por el Señor, el apego por el Señor. Cuando estés apegado al Señor Śiva, no pienses en ningún otro poder. Todos los poderes vendrán. Todos los poderes son frutos secundarios de esta enredadera. Debes reconocer la enredadera de Tu devoción.[58]

57 *Mālinīvijaya Tantra*, 8. 10-11a.
58 "El maestro que ha recibido esta intensidad de gracia particular, que es conocida como *rūdra śakti-samāveśaḥ*, es llamado *rūdra śakti-samāviṣṭaḥ* porque ha entrado completamente en el trance de *rūdra śakti*, la energía de Śiva. Muestra cinco signos que pueden ser observados por otros. La primera señal es su intenso amor por el Señor Śiva". *Shaivismo de Cachemira, el supremo secreto*, capítulo 10.

citraṁ nisargato nātha duḥkhabījamidaṁ manaḥ ।
tvadbhaktirasasaṁsiktaṁ niḥśreyasamahāphalam ।।26।।

Nātha, oh deseado Señor, para mí es asombroso que, en realidad, por su naturaleza, esta mente es la semilla del dolor, la pena, la tristeza, el tormento, de todas las cosas malas. Todas las cosas malas son producidas por esta semilla. La mente es el pensamiento de esto y aquello, siempre, sin ningún propósito.

Pero esta semilla, cuando es regada con el *rasa* de Tu devoción, *niḥśreyasama*, otorga el fruto de la liberación última, la liberación final. Esto es asombroso. Esto es maravilloso de esta semilla.

Aquí termina el primer capítulo.

CAPÍTULO 2
Todo se encuentra en todo
Sarvātmaparibhāvanākhyaṁ dvitīyam stotram

El siguiente capítulo se llama *sarvātmaparibhāvanākhyaṁ*. *Sarvātmaparibhāvanākhyaṁ* significa "encuentras todo en todo; todo se encuentra en todo".

ALEXIS: *Sarvātma paribhāvana*, la contemplación de la penetración absoluta; *sarvātma*, todo como todo.

SWAMIJI: Sí.

agnīṣomaravibrahmaviṣṇusthāvarajaṅgama- |
svarūpa bahurūpāya namaḥ saṁvinmayāya te ||1||

Oh Señor, Tú eres el fuego, Tú eres la luna, Tú eres el sol.

"Tú eres el fuego" significa que Tú has poseído conciencia subjetiva. "Tú eres la luna" significa que Tú has poseído conciencia objetiva. "Tú eres el sol" significa que has poseído conciencia cognitiva.[59] Eres subjetivo, eres cognitivo y eres objetivo.

Brahmaviṣṇu, Tú eres Brahmā, Tú eres el creador. Tú eres Viṣṇu, también eres el protector.

Eres animado e inanimado, *jaḍa* y *cetana*.[60]

En realidad, eres universal. Me inclino ante Tu forma universal de Ti. En realidad, aunque eres universal, al mismo tiempo no eres universal: estás por encima de la universalidad, eres solo conciencia (*saṁvit mayāya*).

59 "*Soma* es la luna, *agni* es el fuego, *sūrya* es el sol. Indican estos tres: el individuo (luna), *śakti* (sol) y *śiva* (fuego)". *Parātrīśikā Vivaraṇa* con el comentario de Abhinavagupta, traducción y comentario de Swami Lakshmanjoo (grabaciones de audio originales, archivos de la USF, Los Ángeles, 1982-85).

60 *Jaḍa*: insensible, inconsciente; *cetana*: sintiente, consciente. [Nota del editor]

viśvendhanamahakṣārānulepaśucivarcase ।
mahānalāya bhavate viśvaikahaviṣe namaḥ ।।2।।

Oh Señor, me inclino ante el fuego supremo de Tu conciencia, que es *śucivarcase*, que es absolutamente glorificado por el puro *prakāśa* (luz pura) al absorber este universo en la nada, al quemar este universo hasta dejarlo sin sustancia, porque este es el gran fuego.

Él ha designado al Señor Śiva como el gran fuego, la gran morada del fuego, en la cual todo este universo ha sido destruido y reducido a cenizas. La palabra "cenizas" significa que son los últimos rastros de impresiones que quedan en su conciencia.

Cuando destruyes todo este universo a través de Tu camino de *bhakti*, a través de Tu camino de devoción, aunque destruyes el universo, quedan rastros de que hubo algún universo en un estado anterior. Pero absorbes las cenizas de esos rastros en Tu Ser de conciencia. Estos rastros también se desvanecen. *Anulepa śucivarcase*, por eso, Tu luz es glorificada por todas partes y este universo es una ofrenda en el fuego de la conciencia de Dios.

Se convierte en una ofrenda. No se ofrece una segunda vez en Ese fuego. Es solo una ofrenda, *svāhā*, un *svāhā* en Ese fuego.[61] En un *svāhā*, está terminado. Cuando ofreces esas ofrendas (*sāmagrī*)[62] en el fuego, recitas *svāhā*. Entonces, en un momento este universo se vuelve *svāhā*, una ofrenda.

Me inclino ante ese fuego supremo del Señor Śiva.

paramṛtasāndrāya śītalāya śivāgnaye ।
kasmaicidviśvasaṁploṣaviṣamāya namo'stu te ।।3।।

Me inclino ante el fuego supremo de la Conciencia de Dios, el fuego supremo del Señor Śiva (*śivāgnaye namaḥ*), que es *paramāmṛta sāndrāya*, cuyo fuego se refresca con el néctar supremo.

---

61 *Svāhā*: una exclamación utilizada al hacer oblaciones a los dioses. [Nota del editor]
62 *Sāmagrī*: ofrendas santificadas utilizadas en las ceremonias de fuego. [Nota del editor]

Este es un fuego fresco que refresca todo el sistema. Este fuego no quema. A la vez, es muy caliente porque *viśva saṁploṣa viṣamāya*, quema las percepciones diferenciadas del universo. Y, al mantenerte en el campo del estado nectáreo del Ser, refresca. Este fuego refresca y, al mismo tiempo, es caliente. Me inclino ante Ese fuego.

mahādevāya rudrāya śaṅkarāya śivāya te I
maheśvarāyāpi namaḥ kasmaicinmantramūrtaye I I4I I

Me inclino ante Mahādeva, me inclino ante Rūdra, me inclino ante Śaṅkara, me inclino ante Śiva, me inclino ante Maheśvara, me inclino ante ese ser único de Dios, la conciencia de Śiva.

Esto es *sarvātma paribhāvanā*,[63] de esta manera puedes ver que *sarvātma paribhāvanā*, Él se encuentra en todas partes.

namo nikṛttaniḥśeṣatrailokyavigaladvasā- I
vasekaviṣamāyāpi maṅgalāya śivāgnaye I I5I I

Me inclino ante *śiva agni*, el fuego de Śiva, que es *viṣama* (furioso, aterrador).

Śiva agni es aterrador. *Śiva agni* significa *śmaśāna agni*, donde se queman los cadáveres. Me inclino ante ese *śmaśāna agni*.

¿Qué cadáveres se queman allí? No los cadáveres de personas como en el *śmaśāna agni* corriente. Este es el *śmaśāna agni* donde *nikṛtta niḥśeṣa trailokya*, los tres mundos (el mundo de la vigilia, el mundo del estado de sueño y el mundo del sueño profundo, *bhāva*, *abhāva* y *atibhāva*) son cortados en pedazos y arrojados.

Cuando estos tres mundos son arrojados en ese *agni*, de ellos rezuma algo de tuétano. Este tuétano es las huellas de las impresiones que hubo una vigilia, un estado de sueño y un estado sin sueños.

---

63 *Sarvātma paribhāvanā* significa "la contemplación de la penetración absoluta". Este también es el título de este capítulo. [Nota del editor]

Cuando entras por primera vez en el estado *turya*, el cuarto estado, las huellas de esas impresiones permanecen en tu memoria: que antes hubo algo, la vigilia, el estado de sueño y el estado sin sueños. Pero ahora es solo *turya*; *turyānanda*, solo existe el estado dichoso de *turya*.[64]

Estas huellas también son *avaseka*, al final son ofrecidas en Ese fuego. Al ofrecerlas, se vuelve *viṣamāya* (aterrador), porque no puedes quedarte en los campos de *śmaśāna agni* en la medianoche. Si te pido que vayas a la medianoche y medites allí, te asustarás. De este modo, *śiva agni* es aterrador para quienes son propensos a las percepciones diferenciadas. A quienes no logran percepciones diferenciadas les da *maṅgala* (alegría, felicidad).

Este es el estado real de *śiva agni*. *Śiva agni* en un sentido es aterrador y, en otro, otorga alegría. Si logras concentrarte y situarte en la unidad de la conciencia de Dios, te dará *maṅgala*, te dará alegría. De lo contrario, es aterrador.

JOHN: ¿Este es el estado del que hablaste en los siete estados de *turya*, cuando escribiste que cuando sientes que te estás muriendo o que la casa se está cayendo?[65]

SWAMIJI: Sí, sucede así.

Al mismo tiempo, aquellos que son propensos a los placeres mundanos, no son satisfechos dirigiendo su atención hacia la conciencia de Dios: sienten que van a morir. Al principio, cuando empiezas a practicar esta meditación en la conciencia de Dios, sientes que te estás muriendo y que debes dejar esta meditación. Todavía no has llegado al punto en el que te asustarás. Ese momento llegará pronto. No debes tener miedo, debes persistir en la meditación. Después de eso, al final, obtendrás alegría absoluta.

JOHN: Entonces, ¿esto es entrar en pleno *turya* a través de los estos siete estados?

SWAMIJI: Sí.[66]

---

64 Para una explicación de *turya*, ver el Apéndice 3.

65 Ver *Shaivismo de Cachemira, el supremo secreto*, capítulo 16.

66 Ver *Shaivismo de Cachemira, el supremo secreto*, capítulo 16.

samastalakṣaṇāyoga eva yasyopalakṣaṇam ǀ
tasmai namo'stu devāya kasmaicidapi śambhave ǀǀ6ǀǀ

Me inclino ante el ser único del Señor Śiva, cuya señal de percibirlo es no percibirlo de ninguna manera.

Cuando no lo percibes de ninguna manera significa que lo has percibido. Si lo percibes de alguna manera en particular, significa que no lo has percibido.

JOHN: Como en el *samādhi*. Si lo percibes solo en el *samādhi*, entonces realmente no lo has percibido.

SWAMIJI: Sí, no Lo has percibido. Si no Lo percibes de ninguna manera, Lo has percibido. *Yasya mataṁ, tasya mataṁ, mataṁ yasya, na veda saḥ.*[67] Aquellos que Lo han percibido, no Lo han percibido; los que no Lo han percibido, Lo han percibido.

Porque si Él es percibido significa que estás lejos de Él, es decir, no estás asimilado en Lo percibido. Como lo has percibido, eres el perceptor; permaneces en la etapa de perceptor y Dios permanece en la etapa de percibido. Esto significa que la diferenciación no ha sido eliminada. No Lo has percibido de la manera correcta. Cuando Lo percibas de la manera correcta, Lo percibirás de tal manera que no Lo habrás percibido.

nāhaṁ manye suvedeti no na vedeti veda ca ǀ
ya nastadveda tadveda no na vedeti veda ca ǀǀ[68]

El discípulo responde a su maestro, *nāham veda suvedeti*, "Oh Maestro, no quiero decir que Lo haya percibido, ni tampoco quiero decir que no Lo haya percibido".

El que realmente Lo percibe no dice "Lo he percibido" ni tampoco dice "No Lo he percibido". ¿Qué dice entonces? *Bas*, él Lo percibe, eso es todo. Realmente Lo percibe y no dice nada. Si dice algo como "No Lo he percibido", no Lo ha percibido. Si dice que Lo ha

67 *Kena Upaniṣad*, 2. 3.
68 *Kena Upaniṣad*, 2. 2.

percibido, no Lo ha percibido. Cuando realmente Lo percibe, Lo percibe; en realidad Lo percibe y simplemente permanece en eso. Esta es la manera de percibir al Señor.

vedāgamaviruddhāya vedāgamavidhāyine |
vedāgamasatattvāya guhyāya svāmine namaḥ ||7||

Me inclino ante mi Maestro, quien está absolutamente en contra de la teoría de los *Vedas* y los *Tantras*. Me inclino ante Aquel que está a favor de los *Vedas* y los *Tantras*.

Me inclino ante Aquel que es en realidad la esencia de los *Vedas* y los *Tantras*. Me inclino ante Aquel que siempre está oculto, que siempre es el secreto de todo.

Él es la esencia de los *Vedas* y los *Āgamas*, Él está en contra de los *Vedas* y los *Tantras* y es el protector de los *Vedas* y los *Tantras*.

saṁsāraikanimittāya saṁsāraikavirodhine |
namaḥ saṁsārarūpāya niḥsaṁsārāya śambhave ||8||

Él es la única causa de esta rueda de repetidos nacimientos y muertes (*saṁsāra*), la rueda de este tormento universal. *Saṁsāraika virodhine*, el Señor Śiva es el único ser que se opone a este tormento. Él es la causa de este tormento y es opuesto a este tormento (*saṁsāraika virodhine*).

Namaḥ saṁsāra rūpāya. De hecho, Él es el tormento. Él no ha manifestado el tormento del universo: Él se ha convertido en el tormento del universo.

En realidad, Él está por encima de todo esto (*niḥsaṁsārāya śambhave*). Me inclino ante el Señor Śiva que es la única causa del tormento del universo, que es la única oposición al tormento del universo, que es la realidad de este tormento y que está más allá de este tormento. Me inclino ante ese Señor.

Es *sarvātma paribhāvana* ("Él es todo"). La completitud no viene por estar completo. Cuando estás realmente completo (*pūrṇa*) debes estar completo y también incompleto. Porque en la completitud, el estado de incompletitud queda a un lado. Entonces, no estás completo porque falta lo incompleto. Cuando estás tanto completo como incompleto, entonces estás completo. Esto es *sarvātma paribhāvanā*.

mūlāya madhyāyāgrāya mūlamadhyāgramūrtaye ।
kṣīṇāgramadhyamūlāya namaḥ pūrṇāya śaṁbhave ।।9।।

Me inclino ante el Señor Śiva que es totalmente completo (*pūrṇāya śāmbhave*).

Me inclino ante el Señor Śiva que se encuentra en la raíz de todo. Me inclino ante el Señor Śiva que se encuentra en *madhyāya*, en el centro de todo. Me inclino ante el Señor Śiva que se encuentra en la cima de todo.

Se le encontrará uno a uno en la raíz, en el centro y en la cima. Se le encontrará simultáneamente en la raíz, el centro y la cima.

Kṣiṇāgra madhya mūlāya. En realidad, no se encuentra en la raíz, no se encuentra en el centro, no se encuentra en la cima, porque es completo [risas]. Me inclino ante el Señor Śiva de este modo.

namaḥ sukṛtasaṁbhāravipākaḥ sakṛdapyasau ।
yasya nāmagrahaḥ tasmai durlabhāya śivāya te ।।10।।

Me inclino ante el Señor Śiva que *sukṛta saṁbhāra vipākaḥ sakṛt apyasau yasya nāmagrahaḥ*, cuando recitas Su nombre solo una vez en tu vida, *sukṛta saṁbhāra vipākaḥ*, es la señal de que todas tus virtudes han madurado.

Pero la forma de recitar es algo supremo. No es a través de la boca o la lengua. La recitación de Su nombre es a través de *ahaṁ*, entrando en la suprema conciencia de Dios. Esta es la verdadera manera de recitar Su nombre. Si recitas Su nombre de esta manera solo una vez en tu vida, todo estará resuelto; nada quedará sin resolver. Y, al mismo tiempo, esta es la forma de Su realización. Entonces, esto quiere decir que Él es muy fácil de alcanzar.

Pero Utpaladeva también dice *durlabhāya*, Él es muy difícil de alcanzar. Solo puede ser alcanzado por un milagro o por la gracia de tu maestro.

namaścarācarākāraparetanicayaiḥ sadā ।
krīḍate tubhyamekasmai cinmayāya kapāline ।।11।।

Me inclino ante el Señor Śiva que es el único *cinmaya*, el único Ser consciente, que se encuentra en todo el mundo inconsciente, es decir, en aquellos que son *pareta* (fantasmas). Algunos se mueven, otros no se mueven. Por ejemplo, este cuerpo se mueve. Él también juega en esto. Y algunas extremidades del cuerpo no se mueven. Allí también se le encuentra jugando.

En realidad, este cuerpo es absolutamente *jaḍa*, sin conciencia. La conciencia solo es mantenida por ese Ser. La conciencia está jugando en este y en todos los cuerpos. No solo en un cuerpo *cara* (móvil), también en un cuerpo *acara* (inmóvil), por ejemplo, en los árboles, en la hierba, en las montañas. ¡Por todas partes se le encuentra jugando!

Carācarākāra pareta nicayaiḥ, como el Señor Śiva, a quien se encuentra jugando con todos los *pretas*. Esos *pretas* lo rodean por todos lados. *Pretas* significa cadáveres, los fantasmas que no tienen conciencia. De la misma manera, todo este universo es solo el cuerpo de *pretas*. Y, en este universo, lo encontrarás jugando en cada movimiento. Me inclino ante el Señor Śiva que se mueve junto con estos *pretas* en este universo.

Kapāline, con calaveras. En todas partes hay calaveras. Aquí, en este cuerpo, lleva una calavera. Está jugando con esta calavera, con todas las calaveras.

ALEXIS: ¿Él es como el *kāpālika*?

SWAMIJI: Sí, un *kāpālika* en el mundo exterior.[69] Puedes ver en ese retrato del Señor Śiva que ha hecho una vasija (*kamaṇḍalu*)

69 Los *kāpālikas* son una clase de ascetas que llevan una vasija de agua hecha de un cráneo humano. [Nota del editor]

con el cráneo de Brahmā. Todos los *pretas* son calaveras y el Señor Śiva las lleva en todas las formas de vida.

Carācarākāra pareta nicayaiḥ sadā, krīḍate tubhyam ekasmai, Tú eres el único Ser consciente que juega en esta reunión de *pretas*.

māyāvine viśuddhāya guhyāya prakaṭātmane |
sūkṣmāya viśvarūpāya namaścitrāya śambhave | |12| |

Me inclino ante ese maravilloso ser del Señor Śiva que siempre es engañoso, que engaña a todos los seres, y que al mismo tiempo, es puro, directo.

Él es engañoso para quienes no se preocupan por verlo, por percibirlo a través de la meditación. Y a quienes les importa verlo, que son devotos de Él, que le rezan, que lo aman, que están apegados a Él, para aquellos Él es directo.

Él es engañoso para quienes se lo merecen. *Viśuddhāya*, y al mismo tiempo, Él es directo. *Guhyaya*, Él siempre está oculto; está escondido para quienes son dignos de eso, que se merecen que Él esté escondido para ellos. *Prakaṭātmane*, siempre está revelado para todos los devotos del Señor Śiva.

Sūkṣmāya, que es muy sutil; *viśvarūpāya*[70], que es muy grandioso. Sutil y grandioso. Me inclino ante el Señor Śiva quien lo es todo.

brahmendraviṣṇunirvyūḍhajagatsaṁhārakelaye |
āścaryakaraṇīyāya namaste sarvaśaktaye | |13| |

Oh Señor Śiva, me inclino ante Ti que eres todopoderoso (*sarva śaktaye*). Me inclino ante Ti que siempre posees todos los poderes y actúas de manera maravillosa (*āścaryakaraṇīyāya*).

¿Cómo actúa de manera maravillosa? Él lo explica en la primera mitad de este *śloka*.

70 "*Viśvarūpa* significa 'Yo soy universal'; soy fuego, soy agua, soy tierra, soy niño, soy niña, soy mujer, soy montaña, soy océano, soy cielo, soy todo". *Bhagavad Gītā in a Nutshell* (los *ślokas* finales de Abhinavagupta para cada capítulo), traducción y comentario de Swami Lakshmanjoo (archivos de la USF, Los Ángeles, 1978).

Cuando Brahmā crea este universo y Viṣṇu lo protege, y *nirvyūḍha*, cuando han creado y protegido este universo realmente con mucho dolor, con gran esfuerzo, *jagata saṁhāra kelaye*, simplemente, este es Tu juego. En un acto de tu juego, Tú destruyes todo este drama en un instante; en un movimiento de Tu acto, destruyes toda la esfera del universo.

Brahmendra viṣṇu nirvyūḍha. Nirvyūḍha significa "creado y protegido". *Brahmanā nirvyūḍham viṣṇunā pālitam. Brahmendra viṣṇu nirvyūḍha, jagat saṁhāra kelaye*, lo destruyes de inmediato. Este es Tu maravilloso acto. Y nadie tiene derecho a oponerse a Tu acto. No hay oposición. Está terminado, de una vez y para siempre. "Es mi voluntad" [risas].

taṭeṣveva paribhrāntaiḥ labdhāstāstā vibhūtayaḥ |
yasya tasmaiḥ namastubhyamagādhaharasindhave ||14||

Me inclino ante Ti, que eres *agādha* ("océano ilimitado de conciencia de Dios"), el océano ilimitado de Tu ser. Me inclino ante Ese océano ilimitado.

Cuando tiene lugar el ascenso de *kuṇḍalinī*, el centro del ascenso de *kuṇḍalinī*[71] en realidad es el estado de este océano del Señor Śiva. Las orillas de este océano son los ocho grandes poderes yóguicos. Estos poderes yóguicos se logran en el punto medio del camino de mantener el ascenso de *kuṇḍalinī*. En *prāṇa kuṇḍalinī* y también en *cit kuṇḍalinī*. Cuando *cit kuṇḍalinī* no se ha elevado en su plenitud, entonces logras poderes.

No es la etapa *sarvātītā*[72]. La etapa de lograr poderes yóguicos es *taṭa*; es realmente la "orilla" de este océano. Los que viajan por estas orillas no se sumergen en ese océano. Cuando se sumergen en ese océano, se van; su personalidad y su existencia han terminado porque están asimilados en Eso, se han vuelto uno con Eso.

---

71 Para una explicación de *kuṇḍalinī*, ver el Apéndice 4.

72 "Establecido en su propia naturaleza; *sarvātītā* (más allá de todo)". *Tantrāloka of Abhinavagupta*, traducción y comentario de Swami Lakshmanjoo (grabaciones de audio originales, archivos de USF, Los Ángeles, 1972-1981), 10.286.

Pisar las orillas del océano significa disfrutar de tu existencia en el goce de estos poderes yóguicos mundanos. Esa es la orilla de ese océano: los ocho grandes poderes yóguicos y su utilización. Por ejemplo, tu dolor de cabeza no desaparece con ningún medicamento, así que lo elimino con mi poder yóguico. Por lo tanto, estoy en esa orilla. No me he sumergido en Eso. Si me hubiera sumergido en Eso no podría curarte. No podría curar a nadie. ¿Cómo podría curar a alguien? Si te has sumergido en Eso, tu personalidad se ha terminado. Solo puedes curar cuando tu personalidad existe. Tu personalidad solo existe en las orillas. Cuando estás dentro de Eso, tu ser limitado está terminado.

māyāmayajagatsāndrapaṅkamadhyādhīvāsine ।
alepāya namaḥ śambhuśatapatrāya śobhine ।।15।।

Śobhine śambhu śatapatrāya namaḥ. Me inclino ante el Señor Śiva que parece un loto hermoso.

Utpaladeva ha calificado al Señor Śiva como un loto.

Māyāmaya jagatsāndra paṅka madhyādhivāsine, Él reside en medio del denso lodo del universo diferenciado y allí también es *alepāya*, no es tocado. El denso lodo de la percepción diferenciada del universo no le afecta en nada. Él está aparte de esto como un loto.[73] Me inclino ante Él.

maṅgalāya pavitrāya nidhaye bhūṣaṇātmane ।
priyāya paramārthāya sarvotkṛṣṭāya te namaḥ ।।16।।

Oh Señor, me inclino ante Ti, que siempre eres *maṅgala svarūpa*, y que eres *pavitrāya*, completamente puro.

Nidhaye, el tesoro del universo. *Bhūṣaṇatmane*, Él es el ornamento del universo. Oh Señor, me inclino ante Ti que eres *priyāya*,

73 "Al igual que esa hoja de loto, aunque permanece en el agua durante veinticuatro horas, no es tocada ni tiene su rastro. Los rastros no tocan la hoja de loto". *Bhagavad Gītā in the Light of Kashmir Shaivism* (con video original), Swami Lakshmanjoo, ed. John Hughes (Universal Shaiva Fellowship, Los Ángeles, 2013), 5.223.

muy querido para mí, *paramārthāya*, la verdadera esencia del universo, y *sarvotkṛṣṭāya*, que estás por encima de todo.

namaḥ satatabaddhāya nitya nirmuktibhāgine ।
bandhamokṣavihīnāya kasmaicidapi śambhave ।।17।।

Me inclino ante ese único Señor Śiva que siempre está atado en el mundo objetivo, *nitya nirmukti bhāgine*, y que siempre está totalmente liberado de estas ataduras. *Bandha mokṣa vihīnāya*, y, de hecho, que no tiene ataduras ni liberación. *Kasmaicit*, es por eso que Él es supremo, único (*apūrva*).

upahāsaikasāre'sminnetāvati jagattraye ।
tubhyamevādvitīyāya namo nityasukhāsine ।।18।।

Oh Señor, solo me inclino ante Ti, que estás en este universo, que es la esencia de *upahāsa*, que se ha convertido en la raíz de *upahāsa*, la raíz de la nada. ¿Qué quiere decir *upahāsa*?

ALEXIS: Es *tuccha*, algo que no tiene valor. Es una farsa.

SWAMIJI: "Farsa" es una buena palabra. Al final, encuentras que este mundo solo es una farsa. Al final, en este mundo no hay nada, ninguna sustancia, solo una farsa e irrealidad.[74]

En este universo, me inclino ante Ti, que eres la única persona que es *nitya sukhāsine*, que posee el cuerpo eterno de la dicha más elevada. *Prakāśānanda ghanatvāt*.[75]

---

74 "El *vedānta* sostiene que este universo es falso, irreal, que realmente no existe. Es solo la creación de la ilusión (*māyā*). Con respecto a este punto, el shaivismo de Cachemira argumenta que si el Señor Śiva es real, ¿cómo podría surgir una sustancia irreal de algo que es real? Si el Señor Śiva es real, entonces Su creación también es real. ¿Por qué debería decirse que el Señor Śiva es real y que Su creación es una ilusión (*māyā*)? El shaivismo de Cachemira explica que la existencia de este universo es tan real como la existencia del Señor Śiva. Como tal, es verdadero, real, puro y sólido. No hay nada en él que sea irreal". *Shaivismo de Cachemira, el supremo secreto*, capítulo 15.

75 Una denominación del Señor Śiva: luz concentrada (*ghana*) de conciencia (*cit prakāśa*) y dicha (*ānanda*). Para una explicación de *prakāśa*, ver el Apéndice 5.

dakṣiṇācārasārāya vāmācārābhilāṣiṇe ।
sarvācārāya śarvāya nirācārāya te namaḥ ।।19।।

Oh Señor, me inclino ante Ti que eres la esencia de *dakṣiṇācāra*. *Dakṣiṇācāra* es la escuela del shaivismo que es directa, donde no se recomienda poseer carne ni cosas ilícitas.

No solo eres esto: *vāma ācāra abhilāṣiṇe*, también procedes hacia *vāmācāra*, esa forma de pensar en la que nada está bien y nada está mal. De hecho, *nirācāra*, en Ti no hay *ācāra* (conducta particular). Oh Señor, me inclino ante Ti (*nirācārāya te namaḥ*).

ALEXIS: ¿*Dakṣiṇa* y *vāmā* en este sentido es *Bhairava tantras*[76]? También incluyen estos *makāras*[77] y *vāma* en ese sentido de adoración de *nityā sundarī*, esa división en el shaivismo.

SWAMIJI: Sí, eso también va.

JOHN: ¿"*Ācāra*" qué significa exactamente?

ALEXIS: Práctica.

SWAMIJI: Actuar. Sí, la práctica de *dakṣiṇācāra* es el proceso directo, sin actos prohibidos ni nada por el estilo. Y donde se prescriben esos procesos prohibidos, eso es *vāmācāra*. Y Él es *sarvācāra*, todos los procesos residen en Él. De hecho, no hay ningún proceso en absoluto. Él está por encima de estos procesos.

JOHN: *Sarvācāra*, ¿eso es Kula?[78]

SWAMIJI: *Sarvācāra* es todos los *ācāras*. Eso es el verdadero sistema Trika. El sistema Trika no prohíbe las cosas prohibidas y no acuerda con ellas... *na kiñcit pratiṣidhyate, na kiñcit vidhīyate*,[79] no hay nada malo ni nada correcto en el estado supremo de pensamiento del sistema Trika.[80]

---

76 *Tantras* monistas.

77 Los tres *makāras* (M) son *madya* (vino), *māṁsa* (carne) y *maithuna* (relaciones sexuales). [Nota del editor]

78 "El sistema Trika se compone de cuatro subsistemas: el sistema Pratyabhijñā, el sistema Kula, el sistema Krama y el sistema Spanda. Estos cuatro sistemas, que forman el pensamiento único del sistema Trika, aceptan y se basan en las mismas escrituras". *Shaivismo de Cachemira, el supremo secreto*, capítulo 19. Para más información sobre el sistema Kula y las "tres M", ver el Apéndice 6.

79 *Tantrāloka*, 4.117.

80 Para una explicación de "nada mal, nada bien", ver el Apéndice 7.

Me inclino ante Ti que posees todos estos sistemas.

yathā tathāpi yaḥ pūjyo yatratatrāpi yo'rcitaḥ |
yo'pi vā so'pi vā yo'sau devastasmai namo'stu te | |20| |

Me inclino ante Ti, oh Señor, que eres adorado en todas las formas de adoración, *yatra tatrāpi yo'rcitaḥ*, y que eres adorado en todos los lugares.

Él es adorado en un sentido real no solo en los templos, sino también en los mataderos o donde hay adulterio. Él no es adorado solo en templos o en salas de *pūjā*, no solo en mezquitas, templos o iglesias. Él es adorado en todas partes. Eso es *yatra tarāpi yo'rcitaḥ yo'pi vā so'pi vā yo'sau.*

Esa Personalidad que es adorada en todas partes —quienquiera que sea, puede ser el Señor Śiva, puede ser esa persona que es así (carnicero o adúltero)—, me inclino ante esa Persona. Él puede ser el Señor Śiva, Él puede ser Brahmā, Él puede ser mi amigo, me inclino ante Él. Significa: me inclino ante ese Ser que es universal.

mumukṣujanasevyāya sarvasantāpahāriṇe |
namo vitatalāvaṇyavārāya varadāya te | |21| |

Me inclino ante Ti, que otorgas bendiciones (*varadāya*) a Tus devotos y que eres *vitata lāvaṇya vārāya*, la encarnación de la belleza infinita.

La belleza infinita está allí. En ningún otro lugar se ve este tipo de belleza, solo en el Señor Śiva. Eso es *vitatalāvaṇya. Lāvaṇya* es "belleza, encanto"; *vārāya* significa "mucho".

Eres *mumukṣu jana sevyāya*, eres adorado por aquellos que tienen el deseo de ser liberados (*mumukṣujana*), *sarvasantāpa hāriṇe*, y eres el removedor de todos los dolores, tristezas y aflicciones.

sadā nirantarānandarasanirbharitākhila |
trilokāya namastubhyaṁ svāmine nityaparviṇe ||22||

Me inclino ante Ti, que eres mi Maestro, y que tienes festivales todos los días, a cada segundo, a cada momento. En tu reino siempre hay festivales.

No hay una cantidad limitada de festivales. Es *nitya parviṇe*, allí se realizan festivales a cada segundo.

JOHN: Esto significa aquel cuya vida entera es, a cada momento, un festival.

SWAMIJI: Cada momento es un festival, está lleno de festivales. Entonces, nunca hay tristeza. En Su reino, siempre aparece el gozo. Me inclino ante Ti.

Y me inclino ante Ti que eres *sadā nirantarānanda rasanirbharitākhila trilokāya*, que has llenado todo el universo triple con Tu ininterrumpido e ilimitado *ānanda rasa*.[81]

ALEXIS: ¿Aquí debemos considerar el "universo triple" en todos los sentidos posibles de tres?

SWAMIJI: Pensando de forma universal, el universo triple (*triloka*) es este universo (*bhūḥ loka*, *bhuvaḥ loka* y *svaḥ loka*).[82] Desde el punto de vista individual, *triloka* es vigilia (*jāgrat*), estado de sueño (*svapna*) y estado sin sueños (*suṣupti*). Estos son *trilokas*.

Tú has llenado estos tres mundos míos con la dicha de Tu conciencia. Mi vigilia está rebosante de Tu *ānanda*, Tu felicidad suprema, y también el estado de sueño y el estado sin sueños. Estoy lleno de esa dicha. *Nirantarānanda*, de manera ininterrumpida.

---

81 *Ānanda rasa*: néctar de dicha.

82 "*Bhūḥ* significa este [mundo], *bhuvaḥ* significa este *āntarikṣa lokaḥ* [el espacio intermedio entre el cielo y la tierra], y *svaḥ* es el *lokaḥ* de los cielos". *Stava Cintāmaṇi of Bhaṭṭanārāyaṇa*, traducción y comentario de Swami Lakshmanjoo (grabación de audio original, archivos de la USF, Los Ángeles, 1980-81).

sukhapradhānasaṁvedyasaṁbhogairbhajate ca yat |
tvāmeva tasmai ghorāya śaktivṛndāya te namaḥ ||23||

Oh Señor, no me inclino ante Ti, me inclino ante Tu clase de energías, Tus innumerables energías que Te adoran únicamente a Ti (*tvāmeva bhajate*) mediante los hermosos *śabda*, *sparśa*, *rūpa*, *rasa* y *gandha*.[83]

Te esfuerzas por tener cosas hermosas ante tus ojos, escuchar sonidos hermosos con tus oídos, oler el hermoso perfume de las flores con tu nariz y también quieres un hermoso tacto en tu piel. Entonces tus sentidos son las energías del Señor Śiva y están empeñados en llevar todas estas cosas hermosas hacia adentro y ofrecérselas al Señor Śiva, que reside en el corazón de uno. Me inclino ante estos cinco sentidos.

ALEXIS: ¿Tradujiste *ghorāya śakti vṛndāya* como *saṁhāra rūpatvāt*[84]?

SWAMIJI: No. *Ghorāya* significa *aghora rūpāya*. *Ghora śakti* significa no *ghoratarī*, no *ghora*: es *aghora*. Aquí es *upalakṣaṇa* (metáfora) para *aghora śaktis*.

Ghora es espantosa para los ignorantes. Para aquellos que no son ignorantes, que están apegados a Ti, a Tu devoción, no es espantosa; es *aghora*. Para Tus devotos, *ghora* es *aghora*.

Una clase de energía son las energías *aghora* que te llevan hacia adentro, la segunda clase son las energías *ghora* que te paralizan y la tercera clase son las energías *ghoratarī* que te derriban. Estas son las funciones de las tres energías del Señor Śiva.

Aquí implica que está tocando las energías de *aghora*. Pero estas energías *aghora* también son *ghora*, es decir, actúan como *ghora* para quienes son ignorantes, que no han entregado toda su vida al Señor Śiva. También son expulsados.

ALEXIS: ¿Pero entonces por qué dice "*ghorāya*"? ¿Y por qué Kṣemarāja, cuyo *parameṣṭhi guru* es Utpala[85], dice "*sarva*-

83 Hermoso sonido, tacto, forma, sabor y olor, respectivamente.
84 La destrucción o absorción de apariencias diferenciadas. [Nota del editor]
85 Utpaladeva fue el *parameṣṭhi guru* (el maestro del maestro del maestro) de

saṁhartre; tasmai ghorāya sarvasaṁhartre"?

SWAMIJI: *Sarvasaṁhartre*. Pero eso no funcionará. *Ghora* es *aghora śakti*, porque entonces todas tus energías son llevadas hacia el centro de la conciencia universal. Cuando reúnes todos los placeres de los cinco sentidos y los ofreces al Señor, en lugar de ser destruido en la percepción diferenciada del universo, eres llevado a la unidad de la conciencia de Dios. Entonces al final la función de *ghorāya* es como *aghorāya*.

munīnāmapyavijñeyaṁ bhaktisaṁbandhaceṣṭitāḥ ।
āliṅgantyapi yaṁ tasmai kasmaicidbhavate namaḥ ।।24।।

Los *munis* y *ṛṣis* que han descartado todos los placeres mundanos del universo y han dirigido su conciencia hacia la recitación y meditación del Señor Śiva, tampoco Te encuentran, oh Señor. Estás totalmente alejado de su percepción.

Pero quienes son Tus devotos, están apegados a Ti y Te aman, *bhakti saṁbandha ceṣṭitāḥ*, en su rutina diaria de vida, hacen todas las acciones mundanas, pero aun así te acogen, ¡oh Señor! Ellos, reunidos, te acogen y realizan todas las actividades del universo. Estos son verdaderos devotos.

Me inclino ante Ti, oh Señor. Tú eres querido para mí.

paramāmṛtakośāya paramāmṛtarāśaye ।
sarvapāramyapāramyaprāpyāya bhavate namaḥ ।।25।।

Me inclino ante Ti, oh Señor, que eres el tesoro del néctar supremo de la conciencia de Dios y que eres *paramāmṛta rāśaye*, el *rāśi*, la masa del néctar supremo, el tesoro del néctar supremo (*paramāmṛta kośāya*).

ALEXIS: Entonces, en primer lugar, Él es *viśvottīrṇa*[86] porque Él es el receptáculo de eso, y en segundo, Él es...

Kṣemarāja. Ver el Apéndice 8.
86 Trascendental.

SWAMIJI: *Viśvamaya*.[87]
ALEXIS: ... *viśvarūpa*.
SWAMIJI: Sí.

Sarva pāramya pāramya prāpyāya. Él solo es alcanzado en la etapa de la posición de *sarva pāramya pāramya*, el centro más elevado de todas las cimas. Él solo es alcanzado en el límite supremo del estado trascendental. Él es realizado cuando tus ojos, tus percepciones y tus cinco sentidos emprenden el viaje hasta ese fin y alcanzan ese punto trascendental supremo. Me inclino ante Ti.

En otras palabras, si lo traduces desde el punto de vista *śaiva*, *sarva pāramya* [*pāramya*] *prāpyāya*, Él se realiza en todas las acciones, en la fuente misma. Por ejemplo, percibes un objeto, estos anteojos. Antes de eso, percibes algo como anteojos, y antes de eso, percibes algún flujo de percepción donde no hay anteojos disponibles; al principio, solo existe la fuerza de salir. Eso es *sarva pāramya pāramya* [*prāpyāya*], la fuente de todas las percepciones.[88]

En la fuente de todas las percepciones, Tú eres observado, Tú eres alcanzado, mi Señor. Me inclino ante Ti.

Esto es *śāmbhavopāya*[89] en el estado de *parā visarga*.[90]

mahāmantramayaṁ naumi rūpaṁ te svacchaśītalam |
apūrvāmodasubhagaṁ parāmṛtarasolvaṇam ||26||

Me inclino ante Tu forma (*te rūpaṁ naumi*) que es *mahāmantra mayaṁ*, llena del *mantra* supremo, llena de suprema conciencia del yo, que es solo conciencia del yo universal; me inclino ante Ti, cuya forma es *svacchaśītalam*, siempre transparente, siempre refrescante (*śītalam*, *ṭhaṇḍa*[91]).

ALEXIS: En esa metáfora, ¿es fresca debido al néctar creativo?

SWAMIJI: No, es refrescante porque no hay preocupaciones.

---

87 Uno con el universo.
88 Para una explicación de *nirvikalpa*, ver el Apéndice 9.
89 Para una explicación de los *upāyas*, ver el Apéndice 2.
90 Para una explicación de *parā visarga*, ver el Apéndice 10.
91 "Frío" en hindi.

Las preocupaciones mundanas crean fuego en ti y te quemas con esas aflicciones. Por ejemplo, quiero hacer el amor con una chica y ella se niega, entonces me quemo con el fuego del deseo... "Ay, no me ha aceptado. ¿Qué puedo hacer?".

Todos los fuegos se apagan en Tu presencia, cuando Tú estás presente. Oh Señor, cuando estás presente, estos fuegos no tienen oportunidad de surgir. Entonces es *śītala*, refresca. Dirígete hacia el Señor Śiva y todo se resolverá.

ALEXIS: Ese fuego fresco. Y *svaccha* porque es el reflector universal.

SWAMIJI: Transparente, sí. Todo el universo se refleja en Su ser. Porque percibimos este universo por separado, pero si pudiéramos ir a la profundidad de esta percepción, llegaríamos a la conclusión de que todo este universo es solo un reflejo en el espejo de la conciencia de Dios. Debes sentir que el Señor Śiva está presente en todas partes, en todos los seres de este mundo.

Además es *apūrvāmoda subhagaṁ*, es fragante con el aroma único de la conciencia de Dios. Y *parāmṛtara-solvaṇam*, está lleno de néctar supremo.

ALEXIS: *Ulvana*, es vigoroso con eso.

SWAMIJI: Sí. El universo se nutre de *parama amṛta rasa*[92] (nutrido, *vardhitam*).

svātantryāmṛtapūrṇatvadaikyakhyātimahāpaṭe ।
citraṁ nāstyeva yatreśa tannaumi tava śāsanam ।।27।।

Oh Señor, me inclino ante Tu *śāsanam*, ante Tu *śāstra*, ante Tu orden espiritual en el que nada está escrito (*citraṁ nāstyeva*, nada está escrito). Es solo una hoja en blanco, un formulario en blanco del Señor Śiva. Y esta orden está escrita en *svātantrya amṛtapūrṇa tvadaikyakhyāti*, en la percepción de Tu Ser, Tu estado trascendental, que está lleno del néctar de la independencia.[93]

---

92 Néctar supremo de la conciencia de Dios.
93 Para una explicación de *svātantrya śakti*, ver el Apéndice 11.

Tu *svarūpa* está lleno del néctar de la independencia, que es la hoja en la que Tú has escrito las órdenes, y en esa hoja no hay nada escrito. Me inclino ante esa hoja Tuya.

ALEXIS: *Citraṁ nāstyeva,* el gran lienzo en donde no hay imagen.

SWAMIJI: Significa que todo este universo, aunque es percibido de manera diferenciada (este es Sanderson, esta es Denise, este es Pṛthvīnath, este es John, esta es la Sra. Jah, este es Swamiji), en realidad no hay nada, no hay *citram*[94]. Es solo conciencia universal, nada más. Aunque esta es una imagen, esto es un texto, esta es una orden escrita del Señor Śiva, en realidad no está escrita en absoluto. Es solo papel en blanco. Si comprendes la posición del universo en profundidad, solo brilla el vacío en todas partes.

De acuerdo con el punto de vista *śaiva*, Utpaladeva une esta imagen, que aunque es una imagen, para nosotros parece inscripta en la conciencia. Pero si vas a la raíz de esta imagen, nada está escrito; no hay nada, no hay variedad. Es solo una hoja en blanco que es percibida cuando entras en ese estado trascendental de la conciencia de Dios. Percibirás que no hay nada; este universo es solo Dios.

sarvāśaṅkāśaniṁ sarvā-lakṣmīkālānalaṁ tathā ।
sarvāmaṅgalyakapāntaṁ mārgaṁ māheśvaraṁ numaḥ ।।28।।

Me inclino ante el camino del Señor Śiva, la avenida por la cual se puede alcanzar al Señor Śiva. Me inclino ante el camino del Señor Śiva que es *sarvāśaṅkāśaniṁ*, que es el rayo que destruye todas las dudas. Las destroza. *Sarva alakṣmī kālānalaṁ*, y para todo *alakṣmī* (*alakṣmī* significa *daridhratā*), para todas las desgracias, este camino del Señor Śiva actúa como *kālāgnirudra*, el gran fuego que reduce a cenizas todas las desgracias.

Todas las dudas se van y todas las desgracias se acaban cuando pisas el camino del Señor Śiva.

94 Diferenciación.

Sarvā amaṁgalya kalpāntaṁ, donde *amaṅgala* (ausencia de alegría) es *kalpānta*, es solo destrucción, la forma de destruir toda ausencia de alegría.

Entonces llega la alegría. Me inclino ante ese camino del Señor Śiva.

jaya deva namo namo'stu te sakalaṁ
viśvamidaṁ tavāśritam ।
jagatam parameśvaro bhavan
paramekaḥ śaraṇāgato'smi te ।।29।।

¡Oh Señor, sé victorioso! ¡Jayadeva! ¡Oh Señor, sé victorioso! *Namo namo'stu te*, me inclino ante Ti una y otra vez. *Sakalaṁ viśvaṁidaṁ tavāśritam*, todo este mundo depende de Ti. *Jagatāṁ parameśvaraḥ bhavān*, Tú eres el Maestro de los tres mundos. Soy la única persona que ha venido y tomado Tu refugio.

¿*Bas*?

Paramekaḥ śaraṇamāgato'smi, aquí termina el capítulo de Tu explicación.[95]

¡*Bas*!

95 "Tu explicación" en el sentido de explicar cómo *sarvātmaparibhāvanākhyaṁ*, el Señor Śiva se encuentra en todas partes. [Nota del editor]

CAPÍTULO 3
Complacer al Señor con humildad
Praṇaya prasādākhyaṁ tṛtīyaṁ stotram

SWAMIJI: Este capítulo se llama *Praṇaya prasādākhyaṁ tṛtīyaṁ stotram*. El significado de *praṇaya prasāda* es simplemente intentar complacer a Dios de varias maneras; sin furia, de diferentes maneras con reverencia, intentas agradar al Señor con humildad. Es *praṇayah prasāda*, "por favor, por favor, por favor".

sadasattvena bhāvānāṁ yuktā yā dvitayī gatiḥ ।
tāmullaṅghya tritīyasmai namaścitrāya śambhave ।।1।।

Me inclino ante el maravilloso Señor Śiva.

Citraya significa "maravilloso, magnífico" Señor Śiva.

En realidad, *sadasattvena bhāvānāṁ yuktā yā dvitayī gatiḥ*, el proceso del universo tiene dos aspectos, el universo se mueve de dos maneras. Un universo es el de la existencia y el otro universo es el de la no existencia.

El universo existente, todo este mundo objetivo, es *nīla pītādi*[96], y el universo inexistente es el imaginario, cuando imaginas cosas, por ejemplo, "tendré esto", "tendré todo aquello", etc.

Lo inexistente también existe porque mientras percibas algo en tu propia mente, entonces existe. En el estado de sueño creo cosas que son inexistentes. En el estado de sueño el mundo es inexistente, pero allí viajo en un automóvil que es mi imaginación, la carretera por la que el automóvil circula es mi imaginación y adonde se dirige también es mi imaginación. Creo este

96 Lit., azul, amarillo, etc. Es decir, el universo existente se compone de objetos de percepción diferenciados. [Nota del editor]

universo con mi imaginación y ese es el "universo inexistente". Eso se encuentra en el estado de sueño.[97] Los borrachos también crean esos mundos propios. Y los enamorados, que siempre están ciegos.

Este universo existente es la creación de Dios y el universo inexistente es la creación del ser individual, en sus propias mentes. Y la creación de Dios es el mundo *sat* (existente) y esta creación del individuo es un mundo *asat* (inexistente).

Tvāṁ ullaṅghya, cuando cruzas estos dos mundos (el mundo existente y el mundo inexistente) obtienes el ingreso al tercer mundo, la tercera manera del mundo que está más allá de las cosas existentes y las cosas inexistentes. Eso es *sat asat bhāva rahitam, sat asat bhāva atītam*. Ese es el Señor Śiva.

ALEXIS: Este "existente" y "no existente" también se puede tomar de manera lógica. En la naturaleza de *vikalpa*, cuando digo, "esto es una vasija", aunque eso es simplemente positivo desde el punto de vista de la conciencia, para hacer esa concepción, tengo que tener la negación en mi mente, "esto no es una vasija". *Apohana śakti*.

SWAMIJI: Eso también es correcto, sí. *Apohana śakti* también es el mundo inexistente.[98]

ALEXIS: Entonces, desde ese punto de vista no discursivo, no es ni *sat* (existente) ni *asat* (inexistente).

SWAMIJI: Sí. Pero Tú estás por encima de eso.

ALEXIS: Como un perceptor.

SWAMIJI: No eres *sat* ni *asat*. Ese es el estado que no se puede describir. Es maravilloso (*citraya śambhave*). Me inclino ante ese estado de Śiva.

---

97 "La explicación principal del estado de sueño es, cuando estás soñando, cuando estás en el mundo de ese estado de sueño, cuando te ponen en ese mundo del estado de sueño, ese mundo no es experimentado por ninguna otra persona. Es tu propio mundo personal". *Tantrāloka*, 10.251 (archivos USF).

98 *Apohana* significa razonamiento-discernimiento, eliminación-olvido. [Nota del editor]

āsurarṣijanādasminnasvatantre jagatraye ।
svatantrāste svatantrasya ye tavaivānujīvinaḥ ॥2॥

De hecho, en este universo triple todos son dependientes (*asvātantrya*), sin independencia (*svātantrya*). ¡Es dependiente! Todo el cuerpo de los tres mundos depende de esto o aquello.[99]

En este triple mundo dependiente solo Tus *sevaks*, tus devotos, son independientes, *te svātantrya ye tava svatantrasya anujīvinaḥ*, solo quienes son seguidores de Ti que eres la personificación absoluta de la independencia.

Desde el *devaṛṣijana*[100] hasta esta tierra, todos son dependientes de una cosa u otra. En este mundo completamente dependiente, solo son independientes quienes Te sirven a Ti, que eres independiente. Porque el Señor Śiva es la única encarnación de la independencia y quienes adoran al Señor Śiva se vuelven independientes.

aśeṣaviśvakhacitabhavadvapuranusmṛtiḥ ।
yeṣāṁ bhavarujāmekaṁ bheṣajaṁ te sukhāsinaḥ ॥3॥

Aquellos que poseen solo una dosis de medicina para librarte del universo de diferencias, *bhava roga*...

Bhava roga significa "la enfermedad que no se puede curar con ninguna medicina". Es la enfermedad del universo. Percibir de manera diferenciada es la enfermedad de la que no puedes librarte de ninguna manera, excepto que hay una medicina que alivia este problema.

¿Qué problema? *Bhinnavedyatā*, la enfermedad de percibir de manera diferenciada en este universo es nuestra mayor enfermedad.

... y aquellas personas que poseen esta medicina... *Aśeṣa viśva khacita bhavadvapur anusmṛtiḥ*. Solo memorizar sus mentes hacia Tu *svarūpa*, Tu ser de conciencia de Dios, que está lleno de universalidad, donde existe todo el universo. De hecho, todo este

---

99 Ver la doctrina budista de *pratītyasamutpāda*, origen dependiente. [Nota del editor]

100 Raza (*jana*) de santos-sabios celestiales (*devaṛṣi*). [Nota del editor]

universo existe en la conciencia de Dios, y poner la memoria en esa conciencia de Dios es la medicina para eliminar esta enfermedad.

"Memoria", *anusmṛti*, aquí significa flujo ininterrumpido de meditación. Esto es *śāktopāya*.[101]

sitātapatraṁ yasyenduḥ svaprabhāparipūritaḥ |
cāmaraṁ svardhunīsrotaḥ sa ekaḥ parameśvaraḥ ||4||

Solo Él es el Señor Śiva, solo Él es el verdadero Maestro del universo (*sa ekaḥ parameśvaraḥ*), *sitātapatraṁ yasyendu*, quien usa la luna como sombrilla y *cāmaraṁ svardhunīsrotaḥ*, la Vía Láctea como ventilador eléctrico (*cāmaraṁ*[102]).

Sitātapatraṁ yasyendu svaprabhā paripūritaḥ. Ahora, el segundo significado.

Desde el punto de vista *śaiva*, el estado objetivo universal se llama *indu* o *soma* (luna). En ese *soma*, en ese mundo objetivo, tienes que inyectar *svaprakāśa*, tu propia conciencia de Dios.

Cuando este estado objetivo universal es infundido por tu conciencia de Dios, el *soma* poseerá otra formación, se convertirá en la morada del néctar. Y *cāmaraṁ svardhunīsrotaḥ* (*svardhunīsrotaḥ* significa "el surgimiento de *kuṇḍalinī*"), el surgimiento de *kuṇḍalinī* funciona como *cāmara*.

Para Él, que ha obtenido el surgimiento de *kuṇḍalinī* como *cāmara*, como un ventilador eléctrico, y para quien este mundo objetivo universal, que ya está inyectado con conciencia de Dios, es una sombrilla, *sa ekaḥ parameśvaraḥ*, Él es el verdadero Señor, Él es el verdadero Maestro. No hay otro Señor Śiva.

ALEXIS: Entonces, aquí, *parabīja* es *udāra*; esto es *para bījodāra*[103]. Este *indu* es *sa-kāra*, este *svardhunī srota* es *au-kāra*, y *sa ekaḥ parameśvara es visargaḥ* [*aḥ*].[104]

SWAMIJI: [risas] Sí, también puedes considerarlo de esa manera.

---

101 Para una explicación de los *upāyas*, ver el Apéndice 2.
102 Mosqueador, especie de abanico para ahuyentar las moscas.
103 El surgimiento de *sauḥ* (*sa+au+aḥ*).
104 Para una explicación del *mantra sauḥ*, ver el Apéndice 12.

prakāśāṁ śītalāmekāṁ śuddhāṁ śaśikalāmiva ।
dṛśaṁ vitara me nātha kāmapyamṛtavāhinīm ।।5।।

Oh deseado Señor (*Nātha*), lanza Tu mirada bondadosa sobre mí (*dṛśaṁ vitara me*), esa mirada que es *prakāśām*, llena de luz, *śītalām*, que está llena de frescura —y con solo una mirada, solo quiero una mirada de Ti— y que siempre está completamente purificada (*śuddhām*) como *śaśikalām*, como el rayo de la luna, el *kalā* de la luna. Lanza sobre mí esa mirada, oh Señor, que es *kāmapi*, que es única, y *amṛtavāhinī*, que derramará torrentes de néctar sobre mí.

ALEXIS: *Unmīlanā krama.*

SWAMIJI: Es *unmīlanā*, sí.[105]

tvaccidānandajaladheścyutāḥ saṁvittivipruṣaḥ ।
imāḥ kathaṁ me bhagavannāmṛtāsvādasundarāḥ ।।6।।

El comentario de Kṣemarāja de este *śloka*[106] no está siendo digerido por mí.

Utpaladeva dice: "*Tvad cidānanda jaladheścyutāḥ saṁvittivipruṣaḥ imāḥ*, todo este universo en realidad es *tvad cidānanda jaladheh saṁvittivipruṣaḥ*, es gotas que han salido del océano de Tu ser que es la encarnación de *cit* (conciencia) y *ānanda* (dicha).

Del cuerpo de la encarnación de *cidānanda rasa*[107], todo este universo es creado por unas pocas gotas que han salido de ese océano de conciencia de Dios. *Kathaṁ me bhagavan na amṛtāsvāda*

105 "*Unmīlanā samādhi* se experimenta en *turyātīta* y *nimīlanā samādhi* se experimenta en *turya*. Esta es la diferencia entre *turya* y *turyātīta*. *Nimīlanā samādhi* significa absorción de la conciencia universal; cuando la conciencia universal está absorbida en tu naturaleza, eso es *turya*. Cuando la conciencia universal se expande por todas partes, eso es *turyātīta* [es decir, *unmīlanā samādhi*]". *Tantrāloka* (archivos USF) 10.288. Para una explicación de *turya* y *turyātīta*, ver el Apéndice 3 y para más información sobre *unmīlanā* y *nimīlanā samādhi*, el Apéndice 17.

106 Es decir, Swamiji no está de acuerdo con el comentario de Kṣemarāja sobre este *śloka*. [Nota del editor]

107 El néctar (*rasa*) de la conciencia (*cit*) y la dicha (*ānanda*).

sundarāḥ, ¿por qué no pruebo estas gotas, ese néctar de la conciencia de Dios? ¿Por qué aquí ese néctar de la conciencia de Dios está ausente para mí? ¿Por qué no tengo la conciencia de Dios? ¿Por qué no encuentro la conciencia de Dios aquí?".

Pero Kṣemarāja lo ha comentado de otra manera. Ha comentado que, en realidad, todo este universo es gotas que han salido de ese centro, de ese océano universal de la conciencia de Dios. Y Utpaladeva está diciendo "*Kathaṁ me bhagavan na amṛta*, ¿cómo puede ser que este universo no se vuelva nectáreo para mí? ¡Ya es nectáreo para mí!". Pero este no es el significado. Utpaladeva quiere que este universo se vuelva nectáreo con la conciencia de Dios porque él no percibe el estado nectáreo de este universo.

Su devoción es el deseo de que eso se vuelva nectáreo, pero aquí el comentarista ignora este deseo.

tvayi rāgarase nātha na magnaṁ hṛdayaṁ prabho |
yeṣāmahṛdayā eva te'vajñāspadamīdṛśāḥ ||7||

Oh Maestro, aquellos cuya mente no se ha sumergido en el néctar de Tu devoción, *ahṛdaya eva te*, no tienen mente. Desde mi punto de vista, no tienen mente. Esas personas son absolutamente sin mente. *Avajñāspadamīdṛśāḥ*, esas personas son absolutamente *avajñāspadam*, a ser desechadas, como piedras ordinarias.

prabhuṇā bhavatā yasya jātaṁ hṛdayamelanam |
prābhavīṇāṁ vibhūtīnāṁ paramekaḥ sa bhājanam ||8||

Oh Maestro, solo quien ha logrado la unidad de corazón Contigo es digno de disfrutar el néctar de Tu estado de conciencia de Dios. El néctar de Tu glorioso estado es saboreado solo por él.

Hṛdayamelanam significa "lo que sea que pienses, yo pienso lo mismo". Es identidad en el corazón. El estado de ser esclavo de un amo no es una broma. Este estado debe ser tal que tu amo no debe tener que pedirte que hagas tal o cual cosa. Debes saber lo que él piensa y debes hacer eso. Esta es la posición real de ser un esclavo. Esa es la unidad de *hṛdaya* (corazón). Lo que sea que tu maestro piense, ese pensamiento debe venir a tu mente. Por ejemplo, ese maestro piensa en un momento para beber té, en otro momento para comer pastel, en otro momento para tomar *kaṭahal*[108], y así sucesivamente. No deberías darle la molestia de pedir estas cosas. Antes de eso, debes actuar de acuerdo a su elección. Su elección debe ser conocida por ti, entonces eres su esclavo. De lo contrario, eres un *coolie*[109] contratado.

harṣāṇāmatha śokānāṁ sarveṣāṁ plāvakaḥ samam |
bhavaddhyānāmṛtāpūro nimnānimnabhuvāmiva ||9||

Oh Señor, meditar en Ti es la inundación del néctar que fluye (*bhavat dhyāna amṛtāpūra*), la gran inundación del néctar de Tu meditación es *harṣāṇāmatha śokānāṁ sarveṣaṁ plā vakaḥ samam*, inunda al mismo nivel, todas las alegrías y todas las penas, tal como *nimnānimna bhuvāmiva*, tal como en una gran inundación las tierras altas y bajas son inundadas por el mismo río. La inundación iguala el suelo.

De la misma manera, la inundación del néctar de Tu meditación mantiene en el mismo nivel todas las alegrías y todas las penas, todos los tormentos (*bhavat dhyāna*; *dhyāna* es meditación, contemplación).

ALEXIS: ¿*Dhyānam* aquí se usa en el sentido más alto de *samāveśa*[110] o simplemente en el sentido más bajo de contemplación burda?

SWAMIJI: No, en el sentido superior.[111]

---

108 Yaca.

109 Un trabajador no calificado.

110 Trance o absorción.

111 "Aquel que experimenta el estado de absorción (*samāveśa*) de *krama mudrā* experimenta que todo este universo se derrite en la nada en el gran cielo de la conciencia de Dios (*cid-gagana*). Aunque abre los ojos y percibe que todo se está derritiendo en ese estado, cuando se esfuerza por salir de ese estado, se vuelve muy difícil para él. Como es muy difícil para nosotros entrar en ese estado, de la misma manera es muy difícil para ese *yogī* salir de él". *Self Realization in Kashmir Shaivism: the Oral Teachings of Swami Lakshmanjoo*, ed. John Hughes (State University of New York Press, Albany, 1995), 5.114. Para una explicación de *krama*

keva na syāddaśā teṣāṁ sukhasambhāranirbharā |
yeṣāmātmādhikeneśa na kvāpi virahastvayā | | 10 | |

Īśa, oh Señor, para las personas excepcionales entre estos seres humanos, para quienes *ātmādhikena tayā na kvāpi virahaḥ*, Tú eres más que sus propias vidas, más que su propia existencia en este universo; para estas personas, todos los estados de sus vidas están llenos de excesiva alegría. *Teṣāṁ sukha sambhāradaśā kā eva na syāt*, constantemente, para ellos, todos los estados de su día a día están llenos de excesiva alegría, nunca se ponen tristes. Para quienes Tú eres más que sus vidas y *na kvāpī virahastvayā*, no permanecen alejados de Ti, de Tu conciencia, todos los estados de su vida están siempre llenos de excesiva alegría.

garjāmi bata nṛtyāmi pūrṇā mama manorathāḥ |
svāmī mamaiṣa ghaṭito yattvamatyantarocanaḥ | | 11 | |

Atyanta rocanaḥ, eres siempre el más querido para mí, Te amo, anhelo Tu presencia. Como has venido y estás siempre conmigo eres *ghaṭita*, alcanzado, resuelto. Llegar a Ti era el único problema en mi vida y está resuelto. Por lo tanto, *garjāmi*, ahora emitiré un profundo sonido atronador con alegría (*garjāmi*) y *bata nṛtyāmi* (*nṛtyāmi* significa "danzaré").

No se trata de una danza ordinaria. "Danza" significa *nṛti*. La raíz verbal de *nṛti* es *nṛti gātra vikṣepe*, destrozaré (*nṛti gātra vikṣepe*) todas las limitaciones de mi cuerpo porque ahora Tú estás resuelto, porque Tú eras el único a quien anhelaba.

nānyadvedyaṁ kriyā yatra nānyo yogo vidā ca yat |
jñānaṁ syāt kintu viśvaikapūrṇā cittvaṁ vijṛmbhate | | 12 | |

Donde no hay otro objeto de percepción, donde no hay otra acción, donde no hay otra práctica de *yoga*, donde no hay otra forma

---

mudrā, ver el Apéndice 13.

de pensar y donde no hay otro conocimiento que el conocimiento de Tu propia naturaleza, allí solo el reino de la conciencia es glorificado, brilla por todos lados. Todo este mundo diferenciado se convierte en una única ofrenda en Ese fuego de la conciencia. En un *svāhā*[112], toda esta percepción diferenciada del mundo se acaba.

ALEXIS: *Pūrṇā* es *pūrṇā āhuti*.

SWAMIJI: *Pūrṇāhuti*, sí.[113]

durjayānāmanantānāṁ duḥkhānāṁ sahasaiva te I
hastātpalāyitā yeṣāṁ vāci śaśvacchivadhvaniḥ I I 13 I I

Aquellas personas en cuya boca este sonido de "Śiva" reside eternamente, quienes recitan el *mantra* de "Śiva" sin interrupción, han escapado de las garras de los ilimitados e incontrolables *duḥkha* (los tormentos del universo). Los tormentos del universo son innumerables, incontrolables e invencibles, y aquellos en cuya boca fluye continuamente este *Śiva dhvani*[114] se han escapado en un instante, de repente.

Cuando pronuncias el sonido de "Śiva" con su significado en *vaikharī vāci*[115] también te llevará a esa conciencia de Dios. Aquí predomina *parāmarśa*. *Śivādhvani* significa entrada en Śiva en el sentido real.[116]

---

112 Cada ofrenda en el fuego del sacrificio (*havan*) se concluye tradicionalmente con la recitación de la palabra *svāhā*, que significa "salve", "salve a", o "que una bendición descanse sobre". [Nota del editor]

113 El *pūrṇāhuti* (lit., "oblación completa") es la culminación de la ceremonia *havan*. Se dice que contiene la esencia completa y el propósito del *havan* dentro de él. [Nota del editor]

114 El sonido de Śiva.

115 *Vaikharī* es el nivel burdo del habla. Swamiji explica los niveles del habla en su comentario en el capítulo 1, estrofa 13.

116 *Parāmarśa* es un sinónimo de *vimarśa*, autoconciencia reflexiva. "Es el *parāmarśa* de la plenitud del Ser. Donde hay *parāmarśa* de la plenitud del Ser, no se trata del surgimiento de *idaṁ* (esto-ismo) o *ahaṁ* (yo-ismo)... y por lo tanto se lo nombra como *ahaṁ* de esa manera". *Tantrāloka*, 3.203 (archivos USF).

uttamaḥ puruṣo'nyo'sti yuṣmaccheṣaviśeṣitaḥ |
tvaṁ mahāpuruṣastveko niḥśeṣapuruṣāśrayaḥ ||14||

En este mundo de acción, gramaticalmente existen tres personas: primera persona, segunda persona y tercera persona. La primera persona indica "yo", la segunda persona indica "tú" y la tercera persona indica "él". *Uttamaḥ puruṣo*, se admite en este mundo de acciones que cuando tres personas hacen algún trabajo juntas, no dicen "yo estoy trabajando juntos, ella está trabajando juntos y ella está trabajando juntos". ¿Qué dicen? "¡Estamos trabajando!". Desde el punto de vista gramatical, la primera persona predomina sobre estas tres personas. La primera persona manda. Entonces, atribuimos la primera persona a estas tres personas, es decir, a él, a ti y a mí. Decimos "estamos leyendo". De la misma manera, *uttamaḥ puruṣa*, esta primera persona es *anya*, más suprema que *yuṣmat śeṣaviśeṣitaḥ*, que la segunda persona y la tercera persona.

Pero, oh Señor, Tú no eres primera persona, segunda persona ni tercera persona. ¡Eres *mahā puruṣa*! Porque eres la vida de estas tres personas, *tvaṁ mahāpurusaḥ tu eka niḥśeṣa puruṣāśrayaḥ*, porque eres la base de todas estas tres personas. Las tres personas fluyen en esta manifestación gracias a Ti.

jayanti te jagadvandyā dāsāste jagatāṁ vibho |
saṁsārārṇava evaiṣa yeṣāṁ krīḍāmahāsaraḥ ||15||

Jagatāṁ vibho, oh Señor de los tres mundos, quienes son Tus esclavos son victoriosos. Son Tus esclavos, pero al mismo tiempo son respetados en todo el universo. Todos los respetan porque son Tus esclavos.

En Cachemira se dice, "*yus khoci tasa tamisa khoci ālama*, el que se postra ante el Señor Śiva se postra ante el universo entero". Todos se refugian en él porque él se ha refugiado en ese Ser supremo, el creador del universo.

Aunque son Tus esclavos, *jagat vandyā*, son respetados en todo el universo. *Yeṣāṁ eṣa saṁsāra arṇava eva*, para quienes este gran océano del universo, el gran océano de tormento, tristeza y altibajos de este universo es *krīḍāmahāsaraḥ*, simplemente aparece como disfrute, tal como disfrutas en una piscina, por ejemplo, cuando vas a nadar en Naginbagh[117].

āsatāṁ tāvadanyāni dainyānīha bhavajjuṣām ।
tvameva prakaṭībhūyā ityanenaiva lajjyate ।।16।।

Para quienes son Tus devotos y se han refugiado en Tu Ser, que para ellos los estados infelices y dolores queden sin resolver (*tāvad anyāni dainyānīha*).

Hay tantos dolores y condiciones infelices. Por ejemplo, quiero una esposa, pero no la consigo; quiero dinero, pero no lo consigo; quiero un carro, pero no lo tengo; quiero tranquilidad, pero no la consigo.

Que por el momento queden sin resolver. Oh Señor, no voy a solucionar los estados infelices de este universo. Solo quiero resolver una cosa y eso es todo para mí. Es decir, *tvameva prakaṭībhūyā*, revélame Tu naturaleza. Solo quiero Tu presencia ante mí. Si Tú me revelas Tu naturaleza, *ityanenanaiva*, todos los estados infelices se desvanecerán por sí mismos, automáticamente. Entonces, el único problema, para mí, es... ¿cuál es ese problema?

DEVOTO: Ser uno con ese Señor.

SWAMIJI: No ser uno con ese Señor. No hables siempre de shaivismo [risas]. Este es un libro devocional.[118]

---

117 Un lago cerca de Srinagar, Cachemira. [Nota del editor]

118 La devoción o *bhakti* implica dualidad y el shaivismo de Cachemira enseña un monismo intransigente. Sin embargo, Swamiji dice que "*bhakti* es cuando ves que todos los objetos son el encanto de la propia conciencia". *Bhagavad Gītā in the Light of Kashmir Shaivism*, 4.203.

matparaṁ nāsti tatrāpi jāpako'smi tadaikyataḥ |
tattvena japa ityakṣamālayā diśasi kvacit | | 17 | |

Oh Señor, hay una pintura de Tu forma en el mercado.

Has visto esa imagen donde el Señor está sentado con las piernas cruzadas, los ojos cerrados, moviendo las cuentas [haciendo *japa*] y pensando en otra cosa. La imagen muestra al Señor Śiva en la posición de *samādhi*, con los ojos cerrados y pensando en algo superior a Su ser. El Señor Śiva parece estar adorando a alguna otra deidad.

Pero Utpaladeva dice, *matparaṁ nāsti*. Moviendo esas cuentas, *akṣa-mālā*, en ese *kvacit*, en algunas pinturas Tuyas, nos revelas que "*matparaṁ nāsti*, no hay otro ser superior que Yo (*matparaṁ nāsti*), pero todavía recito el *mantra* de otra cosa".

Entonces, la recitación del *mantra* no es recitar un *mantra* para otros señores. Debes recitar el *mantra* para tu propio Ser. El Señor Śiva está diciendo, "Estoy recitando el *mantra* para mi propia naturaleza. No me estoy dirigiendo hacia algún otro ser superior. No hay un ser superior porque *matparaṁ nāsti*, no hay otro ser superior que Yo. *Tatrāpi jāpako'smi*, incluso entonces, recito un *mantra*".

De hecho, la recitación del *mantra* significa recitar el *mantra* para revelar tu propio Ser.

Tattvena japa iti akṣamālayā diśasi. Esto es lo que enseñas en esa fotografía Tuya, que debes recitar el *mantra* para tu propio Ser; debes reconocer tu propia naturaleza. No debes desviarte hacia los otros *devatās* (dioses).

sato'vaśyaṁ paramasatsacca tasmātparaṁ prabho |
tvaṁ cāsatassataścānyastenāsi sadasanmayaḥ | | 18 | |

Prabho, oh Maestro, *sato'vaśyaṁ paramasat*, es un hecho que una cosa existente es absolutamente diferente de un objeto inexistente. *Sat* (existencia) es distinto de *asat* (no existencia), *sato avaśyaṁ paraṁ asat, sat ca tasmāt paraṁ prabho. Tvaṁ cāsatassataścānya*, pero Tú eres otra cosa. No eres existente ni inexistente. Ni existes ni no existes. *Tvaṁ cāsatassataścānya*, Tú estás más allá de la existencia y la no existencia.

Pero nuestro Señor Śiva del shaivismo es tanto existente como no existente, porque la manifestación completa del Señor Śiva se debe a que Él es completo y no completo. El que solamente es completo y no es también incompleto, no es completo; él está incompleto porque lo incompleto no está presente. Cuando hay tanto completitud como incompletitud, esto es completo, esto es la plenitud. Esto es *mahā sattā*[119].

Sato aveśyam paraṁ asat. *Asat*, una cosa inexistente es distinta de una cosa existente. *Sat ca tasmātparaṁ prabho*, y esta cosa existente es distinta de una cosa inexistente.

Tvaṁ ca asata sataśca anya, Tú estás más allá de estas cosas existentes e inexistentes. *Tenāsi sadasanmayaḥ*, por eso eres ambos; estás existiendo y también no existiendo.

sahasrasūryakiraṇādhikaśuddhaprakāśavān ।
api tvaṁ sarvabhuvanavyāpako'pi na dṛśyase ।।19।।

Aunque, oh Señor, Tú eres más brillante y resplandeciente (*adhika śuddha prakāśavān*) que *sahasra sūryakiraṇā*, que el ascenso simultáneo de los rayos de mil soles —imagínense mil soles que han salido y cuántos rayos brillantes producirán—; aunque eres más brillante y te revelas vívidamente en todos los rincones de este universo, y *api tvaṁ sarva bhuvanavyāpako'si*, aunque has impregnado todo este universo (el universo existente y el universo inexistente)...

¿Saben qué es el universo existente? El universo existente es esto.[120] ¿Qué es el universo inexistente? El mundo imaginario.

... aunque Tú has impregnado ambos mundos, el mundo existente y el mundo inexistente, *tathāpi na dṛśyase*, para mí es

---

119 Ser Absoluto.
120 El mundo objetivo, que es común a todos los sujetos. [Nota del editor]

maravilloso cómo es que no se te ve en ninguna parte. Nadie puede percibirte en este universo. Te has mantenido absolutamente en secreto.

ALEXIS: Utpala sugiere la razón en la primera línea: *śuddha prakāśavān*, porque Ese *prakāśa* es absolutamente puro, absolutamente universal.[121]

SWAMIJI: Sí, porque no puede ser un objeto. Aquel que es absolutamente puro, puramente subjetivo, jamás se convertirá en objeto de nadie. Nunca será revelado porque es el revelador. Él lo ve todo.

Vijñātāramare kena vijānīyāt[122], el conocedor no puede ser conocido. El conocedor los conoce a todos, pero nadie conoce al conocedor. El conocedor es la Cosa. Esta es la encarnación del conocimiento.

jaḍe jagati cidrūpaḥ kila vedye'pi vedakaḥ I
vibhurmite ca yenāsi tena sarvottamo bhavān I I20I I

Oh Señor, como eres *jaḍe jagati*, en el mundo inconsciente estás lleno de conciencia. *Jaḍe jagati cidrūpaḥ*, en el mundo inconsciente, estás lleno de conciencia y de percatación. En el mundo no consciente, eres consciente.

Kila vedye'pi vedakaḥ, en el mundo de la objetividad, Tú eres el conocedor. Eres el conocedor en el mundo de lo conocido. *Kila vedye'pi vedakaḥ*, en el mundo objetivo, Tú eres el sujeto.

Vibhurmite ca yenāsi, como eres omnipresente en la limitación —en el mundo de la limitación, eres ilimitado—, *tena sarvottamo bhavān*, así que eres el ser más grande y más elevado que existe en este universo.

---

121 Para una explicación de *prakāśa*, la luz de la conciencia, ver el Apéndice 5.
122 *Bṛhadāraṇyaka Upaniṣad*.

alamākranditairanyairiyadeva puraḥ prabhoḥ ।
tīvraṁ viraumi yannātha muhyāmyevaṁ vidannapi ।।21।।

Siempre estoy llorando por alcanzar Tu naturaleza. Siempre estoy lleno de lamentos por alcanzarte. Siempre estoy angustiado a causa de Tu separación.

Que los otros lamentos, sollozos o llantos amargos, *ākranditaiḥ*, que permanezcan intactos, que sean ignorados. No quiero tocarlos. *Alamākranditairanyairiyadeva puraḥ prabhoḥ*, quiero llorar amargamente ante Ti solo con este propósito: *tīvraṁ viraumi yat nātha*, oh Señor, *muhyāmyevaṁ vidannapi*, aunque sé alcanzarte, aunque sé retenerte, por el momento te dejo a un lado y me voy hacia los placeres mundanos. Por esto quiero llorar amargamente ante Ti, es decir, por qué lo hago. No debería haberlo hecho. Solo debí haber buscado Tu presencia en todas partes.

Alam ākranditair anyaiḥ, que los otros lamentos y llantos ante Ti permanezcan intactos. Solo por esto mismo lloro de todo corazón, que aunque sé tenerte, aunque sé poseerte, al mismo tiempo, reniego de Ti y voy tras los placeres mundanos. ¡Por esto, voy a llorar amargamente ante Ti! ¡Lloraré! ¡Estoy abatido! ¡Acabaré con mi vida delante de Ti!

Este *stotra* ha terminado.

CAPÍTULO 4
El apego por el Señor viene por sí mismo
Surasodbalākhyāṁ caturthaṁ stotram

SWAMIJI: *Surasodbalākhyāṁ caturthaṁ stotram.* Este es el cuarto capítulo. Se llama *surasa-udbala*, que significa que *rasa*, el apego por el Señor, viene por sí mismo. No viene por adoptar alguna práctica. Simplemente viene. Si llega, eso es todo, terminado.

JOHN: ¿Y si no viene?

SWAMIJI: No puedes hacer que llegue.

DENISE: Por medio de la acción pura, pensamientos puros, por la meditación.

SWAMIJI: No por la meditación. Es la gracia divina la que hace que fluya en ti, y la gracia tampoco depende de tu acción, buena o mala. Si haces buenas acciones, no es seguro que obtendrás gracia. Si haces malas acciones, no es seguro que no obtendrás gracia. Puedes obtener gracia en cualquier lugar, cuando Él así lo desee.

DEVOTO: En otras palabras, ¿uno es elegido para recibir gracia? ¿Hay como una predestinación?

SWAMIJI: El destino se debe a los *karmas*; el destino tiene lugar debido a tus acciones pasadas. La gracia no tiene nada que ver con tus acciones. ¡Simplemente viene! Esto se llama *haṭha śaktipāta*, la gracia que hace que vayas aunque no estés de acuerdo, no estés dispuesto, no estés preparado, aun así te llevará. Esto es *haṭha śaktipāta*. Te lleva allí a la fuerza incluso si no quieres. Es *tīvra tīvra śaktipāta.*[123]

---

123 "El primer y más alto nivel de gracia se llama *tīvra tīvra śaktipāta. Tīvra tīvra śaktipāta* significa "gracia supersuprema". Cuando el Señor Śiva otorga la gracia supersuprema a alguien, esa persona se reconoce perfectamente a sí misma. Él conoce su verdadera naturaleza completamente y a la perfección". *Shaivismo de Cachemira, el supremo secreto*, capítulo 10.

JOHN: Con este *haṭha śaktipāta*, una persona puede recibir esta gracia y no dejar su cuerpo.

SWAMIJI: No, *haṭha śaktipāta* se refiere a todos los *śaktipātas*, a los veintisiete.[124]

Cuando llega esta gracia, no puedes evitarlo. Después, no puedes hacer nada. No te interesa ninguna otra cosa. Por eso estos *yogīs* se han vuelto hacia esa conciencia.

capalamasi yadapi manasa tatrāpi ślāghyase yato bhajase ।
śaraṇānāmapi śaraṇaṁ tribhuvanagurumambikākāntam ।।1।।

Él llama a su mente: "Oh mente mía (*mānasa*), *capalamasi yadapi*, aunque eres inestable, aunque eres inquieta, *tatrāpi ślāghyase*, incluso entonces eres glorificada porque, a veces, cuando diriges tu naturaleza hacia el recuerdo del Señor Śiva, lo haces con todo tu corazón. Entonces, eres glorificada, eres victoriosa. Eres victoriosa porque *tribhuvanagurum*, porque logras la cercanía del Maestro de los tres mundos".

El Señor Śiva, *tribhuvanagurum*, el Maestro de los tres mundos. *Jāgrat*, *svapna* y *suṣupti*; el mundo de la vigilia, el mundo del estado de sueño y el mundo del estado sin sueños. ¿Sabes cuál es la señal de ser un maestro de los tres mundos?

Primero tienes que dominar los otros dos mundos. Al principio tienes que dominar el estado de sueño. Cualquier cosa que sueñes, este sueño debe ocurrir de acuerdo a tu elección, no de acuerdo a la elección de la *niyati śakti*[125] del Señor Śiva. Esto es *svapna svātantrya*[126]. Si *svapna svātantrya* tiene lugar, sueñas lo

124 *Ibid.*, capítulo 10.
125 *Niyati* es uno de los cinco *kañcukas* (coberturas) que confina al alma individual a un lugar, tiempo o situación en particular. "La función de *niyati tattva* es dar la impresión a *puruṣa* de que está residiendo en un lugar particular y no en todos los lugares. Estás residiendo en Cachemira. No reside simultáneamente en Australia o Canadá. Esta es la limitación que causa *niyati tattva* a *puruṣa*, que uno reside en un lugar particular y no en todas partes". *Shaivismo de Cachemira, el supremo secreto*, capítulo 1.
126 "El mundo independiente del estado de ensueño". *Shiva Sutras, el despertar supremo*, Swami Lakshmanjoo, ed. John Hughes (Universal Shaiva Fellowship,

que deseas soñar. Este *svapna svātantrya*[127] significa que tienes dominio sobre el estado de sueño.

También debes lograr el dominio sobre el sueño profundo sin sueños (*suṣupti*). Entonces, el estado de sueño profundo está bajo tu control y puedes convertirte en un maestro de la vigilia (*jāgrat*).

Ser maestro del sueño profundo es que, mientras permanezcas en *suṣupti*, serás consciente de que "estoy en *suṣupti*, en paz". Eso es *vijñānākala*.[128] Cuando hayas logrado el dominio sobre estos dos estados, el soñar y el sueño profundo, podrás obtener el dominio sobre la vigilia. Una vez que hayas obtenido dominio sobre la vigilia, entonces serás el Señor Śiva. Tú eres el mismo Señor Śiva.

Primero viene el dominio en *svapna* (estado de sueño), luego el dominio en *suṣupti* (sueño sin sueños), luego el dominio en vigilia (*jāgrat*).

Y porque tú (mi mente) en verdad eres inquieta —siempre te desvías, aquí y allá—, aun así eres victoriosa porque a veces recuerdas al Señor de los señores que es el Maestro de los tres mundos, de los tres estados.

Śaraṇānāmapiśaraṇam, quien es el refugio de todos los refugios. *Tribhuvanaguram*, quien es el Maestro de los tres mundos. *Ambikā kāntam*, querido por Pārvatī, abrazado por *parā śakti*, la *śakti* suprema, Pārvatī.[129]

Los Ángeles, 2002), 19.1.61.

127 "El *svapna svātantrya* perfecto es cuando ves al Señor Śiva existiendo ante ti". *Spanda Kārikā of Vasugupta with the nirṇaya (commentary) of Kṣemarāja*, traducción y comentario de Swami Lakshmanjoo (grabación de audio original, archivos de la USF, Los Ángeles, 1975), 3.2.

128 Para una explicación de los siete perceptores, ver el Apéndice 14. Ver también *Shaivismo de Cachemira, el supremo secreto*, capítulo 9.

129 La energía suprema del Señor Śiva también se conoce como *svātantrya śakti*, Su energía de libertad absoluta. Para una explicación de *svātantrya*, ver el Apéndice 11.

ullaṅghya vividhadaivata-sopānakramamupeyaśivacaraṇān ।
āśrityāpyadharatarāṁ bhūmiṁ nādyāpi citramujjhāmi ।।2।।

Oh Señor, para mí este es el gran tormento. La gran historia del tormento es *ullaṅghya vividhasopānakramam*, he dado todos los pasos de las prácticas yóguicas, todas las *sādhanās*, y he llegado al límite supremo y superior del estado sin pasos (*ullaṅghya vividhasopānakramam*). Y no solo eso: he alcanzado *upeyaśivacaraṇānāśrityāpi*, también he tocado los pies de loto del Señor Śiva. Pero para mí todavía existe el gran tormento que es *adharatarāṁ bhūmiṁ nādyāpi citramujjhāmi*, voy una y otra vez detrás de los placeres mundanos sensoriales. Esta es la gran historia de mi tormento en este universo. Por lo tanto, tengo una solicitud:

prakaṭaya nijamadhvānaṁ sthagayatarāmakhilalokacaritāni ।
yāvadbhavāmi bhagavaṁ-stava sapadi sadodito dāsaḥ ।।3।।

Bhagavan, oh Señor, oh Maestro, *prakaṭaya nijamadhvānaṁ*, mantén abiertos Tus caminos, Tus avenidas, para mí. No te pido que los mantengas siempre abiertos; solo por el momento, siempre que yo los atraviese y alcance Tus pies (*prakaṭaya nijamadhvānaṁ*). Y, al mismo tiempo, *sthagayatarām akhila lokacaritāni*, cierra todas las puertas del mundo del tormento, el mundo de la percepción diferenciada, el mundo del anhelo de los placeres sensuales. Mantenlos cerrados por el momento, *yāvad bhavāmi bhagavan*, mientras me convierto en Tu esclavo. Hasta entonces, tienes que hacer estas dos cosas por mí.

¿Cuáles son estas dos cosas?

Mantener Tus avenidas ampliamente abiertas para no ser estorbado al pasar. A la derecha, a la izquierda, aparecen tantos obstáculos (*loka caritāni*), obstáculos del anhelo, de ir tras los placeres mundanos.

Porque de vez en cuando, en este universo estoy confundido. Aunque he desarrollado deseo y devoción por el Señor Śiva, al mismo tiempo, del otro lado también aparece una figura atractiva, una fragancia atractiva, un sabor atractivo, para que mi atención se desvíe hacia los placeres mundanos.

Mantén esas puertas cerradas por el momento, oh Señor, mientras pueda alcanzar Tus pies de loto (*yāvadbhavāmi*). Pero no quiero decir "mientras": por favor, haz posible que llegue a Tus pies de loto ahora. Quiero servirte de todo corazón. Este es mi único deseo, el único placer para mí. No deseo. Placer.

śiva śiva śambho śaṅkara śaraṇāgatavatsalāśu kuru karuṇām |
tava caraṇakamalayugala-
smaraṇaparasya hi sampado'dūre ||4||

Oh Señor Śiva, oh Śambho, oh Śaṅkara, oh Tú que eres amado por aquellos que han buscado Tu refugio (*śaraṇāgatavatsala*), *āśu kuru karuṇām*, mantén Tu *karuṇā* (*dayā*), mantén Tu gracia sobre mí de manera rápida. No dudes en bendecirme pronto y ahora, *āśukuru karuṇām*, porque si no, seré bendecido automáticamente porque tengo tanto anhelo de obtener bendiciones de Ti que no puedo quedarme sin ellas. ¡No puedo vivir sin Tu gracia! Entonces, si quieres mantener Tu honor y prestigio, debes bendecirme tan pronto como puedas. De lo contrario, seré bendecido naturalmente. ¡Seré bendecido porque lo anhelo tanto!

No hay otra salida porque *tava caraṇa kamala yugala smara ṇaparasya*, estoy empeñado en recordar Tu naturaleza y recitar Tu *mantra*. He desviado toda mi atención hacia Tu forma divina. *Sampado udūre*, porque las glorias de estar Contigo están muy cerca de mí, así que eres Tú quien decide si lo harás Tú mismo o será automáticamente.

tāvakāṅghrikamalāsanalīnā ye yathārūci jagadracayanti |
te viriñcimadhikāramalenā-liptamasvavaśamīśa hasanti ||5||

¿Saben cómo funciona Brahmā? Brahmā crea. No puede proteger, no puede destruir, no puede ocultar y no puede revelar. Él solo crea, su trabajo es crear el universo.

Brahmā reside en el loto del ombligo de Viṣṇu. ¿Han oído esto? Viṣṇu está dormido, tumbado sobre las mil cabezas de Śeṣanāga[130]; un loto sale del ombligo de Viṣṇu y, en el momento de la creación, Brahmā aparece en ese loto y crea todo el universo. Esta es nuestra tradición. Por eso Brahmā se llama *kamala āsana* ("cuyo asiento es un loto").

Dirigiéndose a Śiva, Utpaladeva dice, "también hay otros Brahmās que residen en los lotos de Tus pies", los pies de loto de Śiva.

Īśa, oh Señor, *tāvaka āṅghri kamalāsanalīnā ye*, estos Brahmās, *yathārūci jagat racayanti*, no solo crean el universo: crean el universo, protegen el universo, destruyen el universo, ocultan su naturaleza y revelan su naturaleza a las personas. Los Brahmās que residen en Tus pies de loto hacen las cinco acciones como Śiva.

Te viriñcim adhikāra malānāliptam asvavaśam, y ese Brahmā que solo está dedicado a crear no puede proteger, no puede destruir, no puede revelar y no puede ocultar.

Los Brahmās que residen en Tus pies de loto, ellos *hananti*, abusan de ese otro Brahmā. Piensan que ese Brahmā no vale nada. Que solo puede crear. Y solo puede crear de acuerdo con los *karmas*. Y los Brahmās que residen en Tus pies de loto crean con su libre albedrío, no con los *karmas*. Esta es la diferencia entre aquellos Brahmās y este Brahmā.

tvatprakāśavapuṣo na vibhinnaṁ
kiṁcana prabhavati pratibhātum |
tatsadaiva bhagavan parilabdho 'sīśvara
prakṛtito'pi vidūraḥ ||6||

Oh Señor, nada puede existir si está separado de Tu forma encantadora de *cit* (toda conciencia, todo conocimiento y toda dicha). Si algo está separado de ese ser Tuyo, *kiṁcana prabhavati*

130 Tradicionalmente se representa al Señor Viṣṇu acostado en el lecho de una serpiente de mil cabezas llamada Śeṣanāga. [Nota del editor]

pratibhātum, no puede existir. Entonces, todo lo que existe es uno con ese ser de Tu conciencia.

Tat sadaiva bhagavan parilabdho. No me preocupa pensar que no te he alcanzado. Ya te he alcanzado, dondequiera que estés. Estás en todas partes, así que ya te he alcanzado. Aunque internamente estás lejos de mí, no te veo, pero aun así estoy Contigo.

Dice, "desde el punto de vista de esta filosofía, es obvio que estoy Contigo porque nada existe que esté separado de Ti. Todo está Contigo, todo está unido a Ti, así también yo estoy unido a Ti. Yo también te he alcanzado. Entonces, no me preocupa ese logro. Pero aun así, estás lejos de mí".

¡Es una locura!

pādapaṅkajarasaṁ tava kecid
bhedaparyuṣitavṛttimupetāḥ ।
kecanāpi rasayanti tu sadyo
bhātamakṣatavapurdvayaśūnyam ।।7।।

Tus devotos son de dos tipos. *Pādapankañjarasam*, aquellos que beben el néctar de Tus pies de loto de a sorbos, por ejemplo, toman un sorbo, luego hablan, luego otro sorbo, luego hacen alguna otra cosa, luego otro sorbo... sucesivamente. El néctar que proviene de Tus pies de loto no es tan fresco si lo toman sucesivamente.

Pero algunos devotos Tuyos beben ese néctar *kecanāpi rasayanti sadyo bhātam akṣatavapur dvaya śūnyam*, comienzan a beberlo y lo beben para siempre. Nunca se separan de beber ese néctar. Esas son personas realmente piadosas.

JOHN: Quienes beben a veces son personas que lo recuerdan de vez en cuando, cuando van a los templos o cuando...

SWAMIJI: ... van a la fábrica [risas] y luego vienen en la noche y beben Ese néctar, y luego duermen, tienen sexo, se levantan y beben néctar, toman té y beben néctar, almuerzan y beben néctar. Este tipo de bebida no es tan fresca. La frescura solo vendrá cuando lo bebas por completo, ¡*bas*! No hagas ningún otro trabajo, solo sigue bebiendo. Ese néctar permanece siempre fresco para ellos.

nātha vidyudiva bhāti vibhāte
yā kadācana mamāmṛtadigdhā ।
sa yadi sthirataraiva bhavettat
pūjito'si vidhivatkimutānyat ।।8।।

Nātha, oh Maestro, Tu brillante forma que está empapada del supremo néctar de la alegría y el éxtasis aparece ante mí. Y Esa forma, empapada de néctar, aparece ante mí muy pocas veces.

Oh Maestro, ahora quisiera percibir Esa formación que está empapada de ese néctar supremo. *Sā yadi sthirataraiva bhavet*, si Esa forma permaneciera establecida por algún tiempo más, no solo como un relámpago, el relámpago de las nubes...

Aparece ante mí como un relámpago, solo en un destello, *bas*, luego termina. Me gustaría percibirla no de esa manera sino en forma estacionaria, por un minuto más, *sā yadi sthiratarairva bhavet* (*taraiva* significa solo "por un rato más"). No solo por un segundo. Digamos, por diez segundos.

... entonces, ¿qué haría yo? *Tat pūjito'si vidhivat kimutānyat*, entonces te adoraría, oh Señor. Sería capaz de adorarte. Actualmente, cuando voy a adorarte, mi percepción de ti se acabó [risas]. Cuando veo Tu forma es como un relámpago; quiero adorarla y ha desaparecido. ¿Cómo puedo adorarte? Si permaneciera por algún tiempo más, entonces podría adorarte, oh Señor.

¡Así que hazlo! *Kimutānyat*, ¿qué hay en hacer eso por mí? No es mucho trabajo para Ti. Podrías hacerlo muy fácilmente.

sarvamasyaparamasti na kiṁcid
vastvavastu yadi veti mahatyā ।
prajñayā vyavasito'tra yathaiva
tvaṁ tathaiva bhava suprakaṭo me ।।9।।

De hecho, desde el punto de vista shaivita, Tú estás en todas partes (*sarvamasi*). Esto es cien por ciento real. Y Tú resides en todos los objetos. Siempre estás ahí. *Na kiṁcit*, no existe nada excepto Tú. Esto es un hecho discutido y probado en el shaivismo. *Prajñayā vyavasthito'tra yathaiva*, y he notado, he concluido que esto es real, que estás en todas partes, que eres todo, que resides en cada uno de los objetos. Pero ¿por qué no apareces ante mí de esta manera? Me gustaría que aparecieras así. Es solo teoría. Teóricamente lo entiendo pero debes aparecer en la práctica. Eso es lo que anhelo.

Ahora, Tú dirías, "Sal de este lugar. No te quiero". A veces estarás preocupado porque siempre estoy detrás de ti, siempre te estoy molestando.

svecchayaiva bhagavannijamārge
kāritaḥ padamahaṁ prabhuṇaiva ।
tatkathaṁ janavadeva carāmi
tvatpadocitamavaimi na kiṁcit ।।10।।

Svecchayaiva bhagavannijamārge, nunca te he dicho que me pongas en el camino de Tu morada espiritual. Nunca te pedí que me llevaras por el camino Tuyo. ¡Tú mismo lo has hecho! *Kāritaḥ padamahaṁ prabhuṇaiva*, me has puesto en el camino y ahora te niegas a aparecer.

Tat kathaṁ janavadeva carāmi, si he sido puesto y llevado por el camino Tuyo, ¿por qué actúo como la gente ordinaria y mundana? ¿Por qué no me sumerjo en el encanto de Tu gloria, lleno de conciencia y dicha? ¿Por qué?

ko'pi deva hṛdi teṣu tāvako jṛmbhate subhagabhāvaḥ uttamaḥ ।
tvatkathāmbudanınādacātakā yena
te'pi subhagīkṛtāściram ।।11।।

Esta es Tu grandeza, oh Señor, oh Maestro: que en los corazones de esos benditos devotos Tuyos se percibe la pureza de Tu devoción. Aunque están lejos de Tu conciencia, cuando alguna persona expone ante ellos Tu pureza, Tu dicha y ellos escuchan... los devotos que tienen buenos corazones, solo por escuchar obtienen el ingreso a la conciencia de Dios de inmediato. Tal es la pureza de su corazón.

Yena tepi subhagākṛtāściram. Con solo explicar los caminos de la conciencia de Dios a estos devotos benditos, con solo escuchar los caminos de la conciencia de Dios, ellos ingresan a la conciencia de Dios. Tal es la pureza de corazón que han alcanzado.

tvajjuṣāṁ tvayi kayāpi līlayā
rāga eṣa paripoṣamāgataḥ ।
yadviyogabhuvi saṅkathā tathā
saṁsmṛtiḥ phalati saṁgamotsavam ।।12।।

Tvajjuṣām, en esos devotos Tuyos, *kayāpi līlayā*, por Tu divina gracia, el *rāga*, el apego por Ti, es tan intenso. Esto no ocurre por sus acciones ni por su práctica continua de *yoga* sino por Tu gracia.

Solo la gracia puede llevarte a la conciencia de Dios. No son tus acciones. La acción siempre es limitada. La acción realizada por el alma limitada siempre será limitada. ¿Cómo puede una acción limitada llevarte a la morada ilimitada de la verdad? Para alcanzar la morada ilimitada de la verdad necesitas gracia ilimitada, y vendrá: será divina, será de tu maestro. ¿Quién es tu maestro? El Señor Śiva.

Tvajjuṣāṁ tvayi kayāpi līlayā. Por esa suprema *līlā*, por ese supremo juego Tuyo...

Es Tu juego que Tú puedas otorgar gracia. No tienes que hacer nada. Cuando induces gracia sobre alguien no necesitas dinero o trabajadores. Es solo un juego. Si quisieras, podrías hacerlo ahora.

... así que, cuando brindas esa gracia a alguna persona, *rāga eṣa paripoṣamāgataḥ*, después se apegan mucho a Ti. Quedan apegados a Ti con tanta intensidad que, aunque están lejos de Ti, aunque no están en *samādhi*, cuando están hablando, caminando, riendo o mientras están haciendo tareas domésticas, si alguien les recuerda al Señor Śiva, ¡ingresan en la conciencia de Dios de inmediato! En ese mismo momento entran en ese camino. Esta es la grandeza del apego que se crea en su corazón por Tu gracia divina.

yo vicitrarasasekavardhitaḥ
śaṅkareti śataśo'pyudīritaḥ |
śabda āviśati tiryagāśaye-ṣvapyayaṁ
navanavaprayojanaḥ | | 13 | |

Cuando este sonido, este sonido "Śiva" es recitado cien veces —"Śaṅkara, Śaṅkara, Śaṅkara, Śaṅkara...", así, cien veces—, este sonido *āviśati tiryagāśayeṣu*, este sonido entra en el corazón del reino animal...

El reino animal son los animales y las personas que son como animales: los tontos, quienes tienen un entendimiento bestial. Ellos también residen en el reino animal.

... y este sonido, este sonido de "Śiva", este "Śaṅkara", cuando es recitado cien veces y entra en esos corazones como de animales, en esos corazones también crea beneficios y deleite siempre frescos y renovados. Entonces, encuentran que algo nuevo y alegre ha sido aplicado en sus corazones. Ellos también sentirán esa alegría. Algo les ha sucedido. Esta es la grandeza de este sonido "Śiva".

te jayanti mukhamaṇḍale bhraman
asti yeṣu niyataṁ śivadhvaniḥ |
yaḥ śaśīvaprasṛto'mṛtāśayāt svādu
saṁsravati cāmṛtaṁ param | | 14 | |

Aquellas personas en cuyos labios este sonido "Śiva" reside las veinticuatro horas del día, mientras caminan, hacen todo, hablan, se bañan, comen, beben, meditan, no meditan, y sienten que este sonido aparece siempre en sus labios, son glorificados. ¿Qué puedo decirles? *Te jayanti*, son glorificados, son victoriosos, siempre.

¿Cuál es la grandeza de ese sonido? *Yaḥ śaśīva prasṛta-amṛtā'śayāt*, cuando pronuncias ese sonido de "Śiva" solo una vez, sientes que ha volado desde la morada del néctar, como *śaśīva*, como la luz de la luna que ha venido de la morada del néctar y alivia tu corazón. Estás en calma. Cuando miras la luna te sientes cómodo, en paz. De la misma manera, ese sonido, cuando es pronunciado una sola vez, sientes que ha salido, que ha volado, de esa morada de néctar y te salpica y te baña con ese néctar en plenitud.

Próximo. Estos *ślokas* son dos en uno.

parisamāptamivogramidaṁ jagad
vigalito'viralo manaso malaḥ |
tadapi nāsti bhavatpuragopurārgala-
kavāṭavighaṭṭanamaṇvapi ||15||

Oh Señor, todo este universo de percepción diferenciada —por ejemplo, él es Bruce Hughes, él es John Hughes, etc.—,este mundo de percepción diferenciada ha llegado totalmente a su final. Para mí, es un hecho. Siento que la percepción diferenciada se acabó para siempre. Así que ya nada aplica a eso. *Vigalito'viralo manaso malaḥ*, y la sutil impureza interna de *āṇava mala* también está terminada para mí. También se acaba el modo de percepción diferenciada.[131]

¡Entonces, Tú debes aparecer ante mí! Es ahora porque la percepción diferenciada y *āṇava mala* ya no existen. Ahora no tengo ninguna impureza. *Kārma mala* y *māyīya mala* han desaparecido. Hubo algunas impresiones de *āṇava mala*, pero también se hicieron añicos. Ahora, espero Tu aparición ante mí. ¡*Tadapi*, ni siquiera entonces, *nāsti bhavatpurargalakavāṭavighaṭṭanamaṇva pi*, la puerta exterior de Tu reino no se abre ni un poco! No se abre ni siquiera ligeramente. Ni siquiera una grieta.

¿Qué pasa? Estoy confundido. ¿Qué me ha pasado? He hecho todo. He superado muchas cosas. La percepción diferenciada ha desaparecido, la impureza también se ha acabado, pero todavía no tengo esperanza de entrar en ese Reino Tuyo porque no hay ni una pequeña grieta en la puerta exterior.

131 "En el ser ignorante existen tres impurezas. ¿Cuáles son? *Āṇava mala*, *māyīya mala* y *kārma mala*. *Kārma mala* tiene relación con nuestras actividades, *māyīya mala* tiene relación con nuestras impresiones, *āṇava mala* tiene relación con nuestro ser, la ignorancia del Ser". *Parātrīśikā Vivaraṇa* (archivos de la USF). Para una explicación más detallada de los *malas* (impurezas), ver el Apéndice 15.

Estos *ślokas* son así. No hay filosofía en esto, ya ves. *Satataphullabhavan*... es solo un grito, una crisis.

satataphullabhavanmukhapaṅkajo-
daravilokanalālasacetasaḥ ।
kimapi tatkuru natha managiva
sphurasi yena mamābhimukhasthitiḥ ।।16।।

Oh Señor, solo tengo un deseo. Mi mente solo anhela *bhavad mukha paṅkaja udara vilokana*, ver la profundidad de Tu boca, la profundidad de Tu rostro; solo ver y entrar en la profundidad de Tu rostro. Ese rostro que es *satataphulla*, que siempre está floreciendo, no como los lotos que solo florecen durante el día y de noche están cerrados: Tu *mukha* (rostro) es un loto que florece de día y de noche. Solo tengo este anhelo en mi mente: ver el centro de ese loto, solo para seguir observando la profundidad del loto de Tu rostro.

Este anhelo está siempre presente. ¡Haz algo por mí! *Kimapi tat kuru*, haz algo, de alguna manera, a cualquier precio. Hazlo. Oh Maestro, *manāgiva*, para Ti no es demasiado. Es solo un juego. Puedes hacerlo en un momento de tu juego, *sphurasi yena mamābhimukhasthitiḥ*, en el que podrías aparecer siempre ante mí, cara a cara. Esta es mi ambición.

tvad'vibhedamateraparaṁ nu kiṁ
sukhamihāsti vibhūtirathāparā ।
tadiha tāvakadāsajanasya kiṁ
kupathameti manaḥ parihṛtya tām ।।17।।

Es un hecho, oh Señor, que cuando *tvad abhedamateḥ*, cuando la percepción concluyente de la unidad en todas partes (*abheda*) aparece en la mente, ¿qué otro placer podría tener? ¿Qué otro placer o qué otra gloria mayor que eso? Para él, esa es la mejor gloria y el mejor placer: la unidad. Tu unidad. Percibir la unidad de Tu naturaleza es el verdadero placer, es la verdadera gloria.

Si ya lo sé, gracias a mi maestro, ¿por qué entonces a veces recurro al sexo, a otros placeres mundanos, a veces me apego a otras cosas, por ejemplo, *tzamin*[132] (panir)? ¿Por qué? No debería ocurrir. *Kupatham eti manaḥ*, mi mente se desvía, *pariḥrityatām*, deja a un lado el encanto de la unidad de Tu naturaleza y va hacia otros placeres del mundo. ¿Por qué sucede? No debería pasar pero me pasa a mí.

kṣaṇamapīha na tāvakadāsatāṁ
prati bhaveyamahaṁ kila bhājanam ǀ
bhavadabhedarasāsavamādarād-
aviratāṁ rasayeyamahaṁ na cet ǀǀ18ǀǀ

Si no hubiera probado el néctar de Tus gloriosos pies de loto, *abheda rasam*, la unidad de ese *rasa* con gran honor, con gran amor, con cariño y con continuidad, si no hubiera hecho eso, ¿qué hubiera ocurrido conmigo?

Kṣaṇamapīha na tāvaka dāsatām, entonces no habría estado destinado a convertirme en Tu esclavo ni por un segundo, tal como me he convertido. Ahora me he convertido en Tu esclavo por un segundo o dos segundos cada veinticuatro horas. Es suficiente para mí, es grandioso. De esta manera soy feliz.

Dicho de otra manera, no Te veo en absoluto pero me he convertido en Tu esclavo. Para mí es grandioso, es un gran consuelo. Y se debe a mi comportamiento anterior: que he probado el néctar de Tu unidad con respeto, con honor y amor, y con continuidad. Si no hubiera hecho este esfuerzo, no habría podido convertirme en Tu esclavo ni por un segundo (*kṣaṇamapi*). Pero, por un segundo, soy Tu esclavo. Por ejemplo, a veces, por un minuto, te veo una vez en doce meses. Es suficiente. Eso es grandioso para mí. Eso me regocija y me embriaga para toda la vida.

Si experimentas el estado de Śiva una vez, solo un instante, por un segundo, esa alegría te empapará toda tu vida. Quedarás empapado. Siempre estarás intoxicado. ¡Es tan alegre!

---

132 Plato de queso de Cachemira (*panir*).

ERNIE: Entonces, ¿por eso llora todo el tiempo?

SWAMIJI: No puede ser de otro modo, para él sería imposible no llorar. Porque, tan pronto como recuerda la posición de ser esclavo de Dios, se empapa de ese placer y debe llorar, debe volverse loco por eso. A veces dice: "¡Estoy loco, pero qué afortunado soy! Me he convertido...".

JOHN: Por lo menos he tenido uno... por lo menos he tenido algo...

DENISE: Pero incluso cuando estás empapado, quieres más. ¿Quieres estar más empapado?

SWAMIJI: Sí [risas].

DENISE: Entonces, se vuelve peor y peor a medida que avanzas.

SWAMIJI: Peor y peor [risas].

DENISE: Y no mejora [risas].

SWAMIJI: Empeorar es dulce.

na kila paśyati satyamayaṁ jana-
    stava vapurdvayadṛṣṭimalīmasaḥ |
tadapi sarvavidāśritavatsalaḥ
    kimidamāraṭitaṁ na śṛṇoṣi me ||19||

Es verdad. Lo confieso, mi Señor, que las personas mundanas (*ayaṁ janaḥ*, estas personas) se entregan a los placeres mundanos, *dvaya dṛṣṭi malīmasaḥ*, y se vuelven impuros porque siempre residen en el campo de la percepción diferenciada de las alegrías mundanas. ¡Es verdad!

Entonces, para ellos no es posible verte porque se mantienen alejados de la conciencia de Dios al estar apegados a los placeres mundanos y las percepciones diferenciadas. Es verdad. Creo en esto.

Pero, *tadapi*, incluso entonces lo sabes todo. Conoces la situación de cada una de las almas en este mundo. Tú también me conoces, en qué situación estoy viviendo. *Tadapi sarvavid*, Tú lo sabes todo. *Āśritavatsalaḥ*, y Tú eres el protector de aquellos que se han rendido a Ti (*āśritavatsalaḥ*, aquellos que se han rendido a Ti), con una entrega incondicional. Los proteges. Es verdad.

Kimidamāraṭitam, mi llanto por el deseo de estar Contigo, ¿adónde va? ¿En qué pozo cae? No entra en Tu oído. No escuchas mis gritos. ¿Adónde va este grito, esta angustia, *chaṭapaṭī*? Cae en algún pozo y se desvanece. No te alcanza. Por eso lloro.

Debes saber que yo no soy como quienes se entregan a los placeres mundanos. Es comprensible que ellos estén separados de Ti. Pero en mi caso no lo es. Siempre te anhelo. No tengo otro más que Tú. Tú eres todo para mí y aun así este grito no te alcanza. ¿Qué debo hacer?

¡*Bas*, estas son solo locuras! *Bas*, ahí termina esta historia. La historia comienza en un *śloka* y termina en este *śloka*, esto es la locura de amar a Dios.

smarasi nātha kadācidapīhitaṁ
viṣayasaukhyamathāpi mayārthitam |
satatameva bhavadvapurīkṣaṇā-
mṛtamabhīṣṭamalaṁ mama dehi tat ||20||

Smarasi nātha kadācidapīhitaṁ. Mi Señor, recuerda, solo piensa y profundiza en pensamientos y acciones anteriores míos, y mira si hubo algún momento en que haya anhelado y ansiado placeres mundanos. ¡No encontrarás ningún momento así! Siempre he estado pidiendo Tu amor, Tu cercanía. Quiero ingresar en Ti. No tengo nada más. No siento el sabor de este mundo. No siento nada, solo a Ti.

Samarasi nātha kadācidapīhitam. Te lo prometo: si hubo un momento en el cual haya jugado, actuado o anhelado placeres mundanos, entonces muy bien, ¡no me veas en absoluto, descártame! Siempre he anhelado Tu cercanía. No he anhelado nada más. Entonces, *mama dehi tat*, dame Tu cercanía, nada más. No quiero nada más.

kila yadaiva śivādhvani tāvake
kṛtapado'smi maheśa tavecchayā |
śubhaśatānyuditāni tadaiva me
kimaparaṁ mṛgaye bhavataḥ prabho ||21||

Prabho, oh Maestro, *yadaiva tāvake śivādhvani*, oh Maestro, oh mi Señor (*maheśvara* significa "Oh mi Señor"; *prabho* significa "Oh mi Maestro"), he sido hecho para pisar el camino de Tu néctar supremo, el camino de Tu morada (*śivādhvani*, el camino de *śiva bhāva*), no he pisado Ese camino por mí mismo. *Tavecchayā*, era Tu deseo que yo pisara Ese camino.

Desde ese mismo momento, oh Señor, debes comprender que *śubhaśatānyuditāni tadaiva me*; desde ese mismo momento, miles y *lakhs*[133] de glorias han surgido en mi naturaleza. *Kimaparaṁ mṛgaye bhavataḥ*, ¿por qué debería pedir algo más, oh mi Señor? Solo pido por Ti. Te quiero a ti y nada más. Tan pronto como, por Tu propia voluntad, entré en el camino de Tu supremo *śiva bhāva*, desde ese mismo momento, miles y cientos de glorias han surgido en mi naturaleza. ¿Por qué debería anhelar otras cosas además de Ti? Te anhelo solo a Ti. Te quiero a Ti y nada más. ¡*Bas*!

yatra so'stamayameti vivasvāṁś-
candramaḥ prabhṛtibhiḥ saha sarvaiḥ ।
kāpi sā vijayate śivarātriḥ
svaprabhāprasarabhāsvararūpā ।।22।।

La etapa, la morada de Tu residencia nectárea, donde *astamayameti vivasvān*, el funcionamiento del sol se detiene por completo...

JOHN: ¿Qué significa "sol" aquí?

SWAMIJI: La luz del sol no tiene nada que ver aquí. Es la luz del sol atenuada.

JOHN: ¿La luz del sol no significa en términos de *pramātṛ*, *prameya*, *pramāṇa*?[134]

SWAMIJI: Sí, sí. El significado externo de la luz del sol es la luz del sol. El significado interno es cuando la exhalación se ha detenido.

133 Un *lakh* es igual a cien mil.
134 Fuego (*pramātṛ*, sujeto), luna (*prameya*, objeto) y sol (*pramāṇa*, cognición). [Nota del editor]

... *candrama prabhṛtibhiḥ saha sarvaiḥ*, y donde la luz de la luna (la respiración entrante) también ha llegado a su fin, *prabhṛtibhiḥ saha sarvaiḥ*, y todas las nociones de pensamiento también se han detenido por completo...

JOACHIM: Cualquier actividad de pensamiento.

SWAMIJI: Otras cosas aparte de la espiritualidad, aparte del Señor Śiva. Esos pensamientos también han terminado y la respiración que entra y la respiración que sale también se han detenido.

... y todas las nociones de la mente se han detenido, eso es el Śivarātri supremo. Este Śivarātri es glorificado.

El que ocurre en el decimocuarto día de la mitad oscura del mes *phālguna*[135] es el Śivarātri externo. El Śivarātri interno es el surgimiento de *cidānanda*, el surgimiento de la conciencia de Dios. Porque el surgimiento de la conciencia de Dios nunca tendrá lugar a menos que haya cesación de la inhalación y la exhalación, y si hay tantas nociones y pensamientos residiendo en tu mente. Śivarātri solo tiene lugar cuando estos tres terminan por completo: la respiración que entra, la respiración que sale y todos los pensamientos.[136]

DENISE: ¿Ese es el verdadero matrimonio de Śiva y Pārvatī?

SWAMIJI: Sí.

Svaprabhāprasara bhāsvara rūpa, y Śivarātri brilla con Su propia gloria. No es percibido por alguna otra luz. Es glorificado por Su propia luz.

Este es su entendimiento. Él no se lo dice al Señor Śiva, se lo dice a sí mismo, que este es el glorioso Śivarātri.

Ahora, él se dirige al Señor Śiva.

---

135 Febrero-marzo.

136 "Porque el aliento es la causa del pensamiento; la respiración produce pensamientos... Este movimiento de la respiración creará pensamientos solo cuando sepa que nadie lo observa". *Bhagavadgītārthasaṁgraha of Abhinavagupta*, traducción y comentario de Swami Lakshmanjoo (grabación de audio original, archivos de USF, Los Ángeles, 1978), 16.1.

apyupārjitamahaṁ triṣu loke-
ṣvādhipatyamamareśvara manye ।
nīrasaṁ tadakhilaṁ bhavadaṅghri-
sparśanāmṛtarasena vihīnam ।।23।।

Amareśvara, oh Dios de todos los dioses (*amareśvara* significa "quien es el Dios, el maestro, de todos los dioses"), incluso si alcanzo y poseo un reino en los tres mundos, todo ese reino me parece una basura y sin sabor.

JOHN: ¿Cuáles son los tres mundos?

SWAMIJI: Hay tres mundos: *bhūḥ*, *bhuvaḥ* y *svaḥ* (*bhūrloka*, *bhuvarloka* y *svarloka*). Este es un mundo (*bhūrloka*, tierra); donde hay estrellas, lunas, es otro mundo (*bhuvarloka*); y por encima de eso, está el cielo, que es el tercer mundo (*svarloka*).

Si me convierto en gobernante de los tres mundos, pero estoy desapegado —*bhavat aṅghri sparśanā amṛtarasena*—, privado de estar cerca de Ti o sin el toque de Tu *aṅghri sparśa* (*aṅghri sparśa* significa "el toque de Tus pies de loto"), todo ese reino me parece insípido y me preocupa. No quiero tener ese reino. La cercanía de Tus pies de loto es todo para mí. No quiero nada más.

Ahora, tengo otro problema:

bata nātha dṛḍho'yamātmabandho
bhavadakhyātimayastvayaiva klṛptaḥ ।
yadayaṁ prathamānameva me tvām-
avadhīrya ślathate na leśato'pi ।।24।।

Nātha, oh mi Maestro, esta es mi mayor preocupación. ¡*Dṛḍho'yamātmabandha*, esta atadura de *mala* (impureza) es tan fuerte![137] Y esta atadura de impureza *bhavad akhyātimaya stvayaiva klṛptaḥ*, es creada por Ti, mi Señor. Tú has creado esta impureza y es tan fuerte que *ayam prathamānameva me tvām*, aunque apareces ante mí, brillas ante mí, aun así, esta atadura

137 Para una explicación de *malas*, ver el Apéndice 15.

no se afloja. No le importa que hayas aparecido; ¡a esta impureza no le importas! Esta atadura es tan fuerte que incluso te falta el respeto. Podrías haberla hecho añicos, pero no: ante Ti no se hace añicos. La atadura de esta impureza en mí es tan fuerte. Apareces ante mí y todavía aprieta.

mahatāmamareśa pūjyamāno-
'pyaniśaṁ tiṣṭhasi pūjakaikarūpaḥ ।
bahirantarapīha dṛśyamānaḥ sphurasi
draṣṭṛśarīra eva śaśvat ।।25।।

Oh Dios de dioses, cuando eres adorado por grandes almas, hay algo en Tu naturaleza que es único. Cuando las grandes almas te adoran, tomas el asiento del adorador, no del adorado. Allí, Tú eres el adorador, no el adorado.

Bahirantarapīha dṛśyamānaḥ, si los grandes *yogīs* Te perciben interna y externamente de manera muy vívida, allí también permaneces como el perceptor, no como el percibido.

Esto es shaivismo. Aquí él ha tocado el shaivismo.

Ahí, Tú eres el que percibe, no lo percibido. Aunque te perciben en su corazón en el momento del *samādhi*, en realidad no eres percibido, eres el perceptor. Cuando te adoran y eres adorado, en realidad no eres adorado, eres el adorador.

CAPÍTULO 5
El anhelo por la fuerza de la propia naturaleza
Svabalanideśanākhyaṁ pañcamaṁ stotram

tvatpādapadmasamparkamātrasaṁbhogasaṅginam ।
galepādikayā nātha māṁ svaveśma praveśaya ।।1।।

Oh, Maestro, *tvatpādapadma samparkamātra saṁbhoga-saṅginam*, siempre estoy apegado a Tus pies de loto. No tengo otra debilidad en este mundo excepto que quiero estar cerca de Tus pies de loto.

Pero el problema es que no puedo llegar allí. ¿Cómo podría llegar? ¿Cómo podría la individualidad entrar en la universalidad? La conciencia individual nunca puede alcanzar a la conciencia universal. Entonces, para mí no hay esperanza de llegar allí y estar cerca de Tus pies de loto.

Por lo tanto, tengo un pedido. Debes cumplirlo, mi Señor: *galepadikayā nātha māṁ svaveśma praveśaya*, arrástrame a Tu morada independientemente de mis deseos. Es decir, si no lo quiero, si no tengo fuerzas para ir allí, aun así Tú debes llevarme allí de una vez. Porque no puedo ir yo mismo. Solo tengo ansias de llegar allí.

Soy impotente. No puedo alcanzar ese poder pero lo anhelo. Pero tengo apego por eso, por estar cerca de los pies de loto del Señor Śiva. Entonces te pido: "¡Señor, arrástrame allí!".

bhavatpādāmbujarajorājirañjitamūrdhajaḥ ।
apārarabhasārabdhanartanaḥ syāmahaṁ kadā ।।2।।

¿Cuándo me llegará ese glorioso día, mi Señor, cuando *bhavatpādāmbujarajo rājirañjitamūrdhajaḥ*, estaré Contigo, permaneceré Contigo y con Tus pies de loto? Tomaré Tus pies de loto, los sostendré y quitaré el polvo de Tus pies de loto, y ese polvo lo aplicaré en mi cabeza y en mi cabello con todo mi corazón. Y *apārarabhasaḥ*, me embriagaré en plenitud y danzaré. Cuando llegue ese glorioso día danzaré todo el tiempo.

tvadekanātho bhagavanniyadevārthaye sadā ।
tvadantarvasatirmūko bhaveyaṁ mānyathā buddhaḥ ।।3।।

Solo tengo un maestro y ese eres Tú (*tvadekanātha*). No tengo nada. No conozco a nadie más. Te conozco a ti. Eres mi amo. ¡Eres todo para mi! Eres mi esposa, eres mi esposo, eres mi padre, eres mi madre, ¡eres mi todo! Eres mi agregado. ¡Eres todo para mí!

Entonces, *iyadevārthaye sadā*, oh Señor, solo anhelo esto: *tvadantarvasatirmūko*, que yo sea un estúpido, pero resida en Ti. Que la gente me llame idiota y yo resida en Ti. *Mānyathā buddhaḥ*, no me gusta la sabiduría si llega estando lejos de Ti. No quiero esa sabiduría. Quiero esta estupidez, pero estar Contigo.

aho sudhānidhe svāminn aho mṛṣṭa trilocana ।
aho svādo virūpākṣetyeva nṛtyeyamāraṭan ।।4।।

¡Deseo danzar! Deseo danzar de todo corazón y cantar con voz clara.

Aho sudhānidheḥ, oh mi Señor, Tú eres *sudhānidheḥ*, para mí eres el océano de néctar. *Svāmin*, Tú eres mi maestro. *Aho mṛṣṭaḥ*, eres delicioso (*mṛṣṭa* significa "de buen sabor"). *Trilocana*, tienes tres ojos. *Aho svādo*, oh mi Maestro, eres dulce, dulce en tus palabras, dulce en tu acción, compasivo. Siempre eres dulce conmigo. *Virūpākṣa*, tienes un tercer ojo. Y, así, siempre lloraré, cantaré Tu gloria y danzaré.

tvatpādapadmasaṁsparśaparimīlitalocanaḥ |
vijṛmbheya bhavadbhaktimadirāmadaghūrṇitaḥ ||5||

Quisiera beber y saborear el licor de Tu devoción[138], y por esa devoción, *ghūrṇitaḥ*, me gustaría embriagarme, y luego, *tvatpādapadmasaṁsparśaḥ*, estaría cerca de Tus pies de loto. Y por el toque de Tus pies de loto, *parimīlitalocanaḥ*, mis ojos se cerrarían y quedaría embriagado veinticuatro horas al día. Así lo deseo.

Cuando pruebe el licor de esa devoción, por ese licor me embriagaré, y por la embriaguez estaré cerca de Tus pies de loto. Entonces, no habrá otro pensamiento en mí excepto Tus pies de loto y todos mis órganos se cerrarán.

Porque cuando saboreas algo así, algo que es así de sabroso, simplemente cierras los ojos. Esto es lo que quiere.

cittabhūbhṛdbhuvi vibho vaseyaṁ kvāpi yatra sā |
nirantaratvatpralāpamayī vṛttirmahārasā ||6||

Oh Señor, quisiera una cosa: quisiera residir en ese lugar aislado de la montaña de la mente, en la cima de la montaña, donde no llegan otros pensamientos. Allí me gustaría residir.

¿Qué me gustaría hacer allí? Solo llorar por Tu cercanía, *nirantara tvat pralāpamayī*, *tvatpralāpamayī*, solo llorar por Ti. Y si ya hubiera alcanzado Tu cercanía, aun así querría llorar por Ti. Quisiera llorar y llorar y llorar por siempre. Esta es mi ambición, para mí sería encantador.

yatra devīsametastvamāsaudhādā ca gopurāt |
bahurūpaḥ sthitastasminvāstavyaḥ syāmahaṁ puro ||7||

Oh Señor, deseo que Tú aparezcas ante mí junto con Tu Pārvatī desde el *samādhi* hasta las actividades mundanas. No solo donde

138 Es decir, la devoción de Utpaladeva por el Señor Śiva.

resides junto con Tu mitad, Pārvatī, en el lugar apartado del *samādhi*, el lugar apartado de Tu morada de la conciencia de Dios. No, desde ese punto hasta *ā ca gopurāt*, hasta el punto de *vaikharī*[139], hasta el punto de las actividades mundanas.

Bahurūpa sthitaḥ, y cualquier cosa con la que me encuentre... por ejemplo, si veo a Ernie al costado del camino, me gustaría ver a Dios en Ernie. Me gustaría ver a Dios en Denise. Me gustaría ver a Dios en el camino. Me gustaría ver a Dios en un automóvil. Me gustaría verte en todas partes junto con Tu Pārvatī.

Esto es pasar del estado interno al estado externo. *Jagadananda.*[140]

samullasantu bhagavan bhavadbhānumarīcayaḥ ।
vikasatveṣa yāvanme hṛtpadmaḥ pūjanāya te ।।8।।

Quiero molestarte, no para siempre, solo por un período considerable de tiempo. Quiero molestarte, *samullasantu bhagavan*, oh Señor, *bhavad bhānu marīcayaḥ*, Tú eres el sol, Tú brillas como el sol. Continúa derramando esos rayos de Tu sol sobre mí. No sobre mí: sobre mi corazón; no sobre mi corazón: sobre el loto de mi corazón. Hay un loto en mi corazón y el loto se ha marchitado; no está floreciente. Mi corazón de loto quiere que los rayos de Ti, de Tu sol, lo penetren hasta que *yāvat me hṛtpadmaḥ vikasatu*, haya florecido bien. *Bas*, después de eso, puedes retirar Tus rayos. Pero primero que florezca, porque no es para mí. Esto es para Ti, porque si estuviera florecido, ofrecería mi corazón a Tus pies de loto.

Utpaladeva piensa en Él como el sol y quiere que Sus rayos penetren en su loto en el corazón. Ese sol es sobrenatural, es el Señor Śiva.

---

139 *Vaikharī* es el nivel más burdo del habla. Swamiji explica los niveles del habla en su comentario en el Capítulo 1, verso 13.
140 Lit., "regocijando al mundo". Para una explicación de *jagadānanda*, ver el Apéndice 16.

prasīda bhagavan yena tvatpade patitaṁ sadā ।
mano me tattadāsvādya kṣīvediva galediva ।।9।।

Oh Señor, que estés complacido conmigo. Y así, ¿qué pasará? *Tvatpade patitaṁ sadā*, mi mente estará siempre a Tus pies de loto. Que estés complacido con mi mente, y cuando Tu placer, Tu alegría, penetren en mi mente, *tattadāsvādya*, mi mente experimentará muchos estados sobrenaturales del ser, mi mente se intoxicará, y mi mente se disolverá en algún Ser supremo. Entonces, que estés complacido con mi mente.

praharṣādvātha śokādvā yadi kuḍyādghaṭādapi ।
bāhyādathāntarādbhāvātprakaṭībhava me prabho ।।10।।

¡Oh mi Maestro, aparece ante mí! No me importa si apareces en la felicidad. Si soy feliz y Tú apareces ante mí, muy bien. Si estoy en crisis y Tú apareces ante mí, muy bien. ¡Que yo esté siempre en crisis, pero aparece ante mí! *Śokādvā*, si estoy profundamente afligido, si he perdido a todos mis parientes y amigos, me rechazan todos y Tú apareces ante mí, muy bien. *Praharṣādvātha śokādvā yadi kuḍyād*, si apareces desde una pared, muy bien; *ghaṭādapi*, si apareces desde una vasija, muy bien; *bāhyāt*, si apareces desde afuera, muy bien; *antarādbhāvāt*, si apareces desde adentro, muy bien.

¡Aparece ante mí! No quiero nada más. No tengo ataduras en cuanto a cómo apareces. Aparece ante mí en el placer, en el dolor, de todas las maneras. Si estoy en crisis y apareces ante mí, esa crisis será un néctar para mí.

bahirapyantarapi tatsyandamānaṁ sadāstu me ।
bhavatpādāmbujasparśāmṛtamatyantaśītalam ।।11।।

Bhavatpāda ambuja sparśa amṛtam. El néctar que surge del toque de Tus divinos pies de loto es *atyanta śītalam*, calma y refresca. ¡Oh, Señor, *bahirapyantarapi tat syandamānaṁ sadāstu me*, que el néctar divino siempre fluya por fuera y por dentro de mí!

Deseo estar apegado al toque de Tus divinos pies de loto, porque eso produce ese néctar que refresca y calma. Que ese néctar fluya veinticuatro horas al día hacia mí, por fuera y por dentro. "Afuera" significa en las actividades mundanas; "adentro" significa también en el *samādhi*, en el momento de la meditación. En *unmīlanā* y *nimīlanā samādhi*, ambos.[141]

tvatpādasaṁsparśasudhāsaraso'ntarnimajjanam ।
ko'pyeṣa sarvasambhogalaṅghī bhogo'stu me sadā ।।12।।

Me gustaría tener siempre el disfrute único, el placer único, de ahogarme, *nimajjanam*, en el estanque, *saras*, en el lago de néctar que se llena con el toque de Tus pies de loto. El toque de Tus pies de loto es néctar y este lago está lleno de ese néctar. Si me ahogara en ese lago, no sería realmente ahogarme. No moriría.

Ko'pyeṣa sarvasambhoga laṅghī bhoga. Este disfrute es único y supera a todos los otros disfrutes del mundo. *Sarvasambhogalaṅghī*, deseo tener este disfrute veinticuatro horas al día, siempre.

niveditamupādatsva rāgādi bhagavanmayā ।
ādāya cāmṛtīkṛtya bhuṅkṣva bhaktajanaiḥ samam ।।13।।

Oh Señor, he venido a Ti. Estoy a Tus pies. Tengo un regalo para ti. ¿Lo aceptarías?

Este presente es todo lo que he logrado hasta este punto de mi vida. Ahora lo he reunido solo para ofrecerlo a Tus pies. Este es un gran regalo para Ti, si lo aceptas: el anhelo de los placeres mundanos.

Hasta este punto en mi vida he anhelado placeres mundanos. Desde mi nacimiento hasta el punto en que estoy presente ante Ti, solo he acumulado estos anhelos. Y ahora los he recogido y quiero ofrecerlos ante Ti, a Tus pies.

---

141 Para una explicación de *unmīlanā* y *nimīlanā samādhi*, ver el Apéndice 17.

Ādāya cāmṛtīkṛtya, no quiero que los guardes para Ti porque no los necesitas [risas]. Me gustaría que los poseyeras por algún tiempo, *amṛtīkṛya*, y los "nectarizaras" con Tu conciencia de Dios. "Nectariza" estos anhelos de disfrute mundano, *bhuṅkṣva bhaktajanaḥ samam*, toma una cucharada de los disfrutes y distribúyela entre Tus devotos. Entonces también los tomaremos.

No quiero tener placeres mundanos en la aridez. Deseo tenerlos cuando estén "nectarizados" con Tu conciencia de Dios. Así no harían ningún daño, no dudaría en tenerlos. Los disfrutaría. Y también, reparte una o dos cucharadas entre nosotros.

JOHN: Cuando dice "nectarizar" quiere decir entrar en *jagadānanda*, tener esa conciencia en todas estas acciones.

SWAMIJI: Sí, esto es *jagadānanda*. Eso es lo que él desea.

aśeṣabhavanāhāranityatṛptaḥ sukhāsanam ।
svāmin gṛhāṇa dāseṣu prasādālokanakṣaṇam ।।14।।

Oh Señor, puede que digas "No puedo atenderte tan pronto". Oh Señor, puede que digas que tienes tanto que hacer, que tienes asuntos mundanos, tantas cosas que ajustar, pero, de hecho, ya lo has hecho todo, *aśeṣabhuvanāhāranityatṛptaḥ*, porque Tú siempre estás lleno. Tu estómago siempre está lleno porque todo este universo es Tu propio alimento. Ya lo posees. *Sukhāsanam*, ahora estás sentado en paz. Entonces, ¿cuál es el problema en escuchar mi pedido?

Los grandes reyes, sentados en su trono, atienden las demandas de la gente una a una porque no tienen tiempo de hacer todo. El rey te dirá "Ven mañana". A otro le dirá "Ven dentro de ocho días", "Ven en un mes. Me ocuparé de tus asuntos".

Pero para Ti no hay nada. Has terminado tus tareas. Por ejemplo, ya has comido. Esto es *jagadānanda*. Siempre estás lleno de *jagadānanda* y has hecho todas tus actividades. *Aśeṣabhuvana āhāranityatṛptaḥ*, siempre estás lleno, *sukhāsanam*, y estás sentado en paz.

Dāseṣu prāsāda alokanakṣaṇam gṛhāṇa. Ahora, Tú debes desviar Tu atención hacia nosotros porque Tú estás lleno, Tú has hecho todo lo que debía ser hecho. Ahora escucha nuestros pedidos.

antarbhakticamatkāracarvaṇāmīlitekṣaṇāḥ ।
namo mahyaṁ śivāyeti pūjayan syāṁ tṛṇānyapi ॥15॥

Oh Señor, me gustaría tener ese estado supremo, *antar bhakti camatkāra carvaṇa āmīlitekṣaṇā*, experimentar la alegría interna de la conciencia de Dios, la alegría interna de Tu cercanía. Y, al experimentar esa alegría interna, todos mis órganos se cerrarían (*mīlitekṣanā*) y *namo mahyaṁ śivāyeti*, las postraciones serían ante mi propio Ser. Quisiera postrarme ante mi propia naturaleza, estaría adorando hasta las briznas de hierba de este universo. Quisiera adorarlo todo.

JOHN: Pide que primero le haga conocer su propia naturaleza, adorarla y desplegarla, y luego le gustaría salir y adorarlo todo en esa luz.

SWAMIJI: Sí. Adorarlo todo. Por ejemplo, cuando mire a John, no mirará a John, mirará a su propia naturaleza. Cuando pruebe un poco de queso, no probará queso, probará el néctar divino de la conciencia de Dios. En todos y cada uno de los actos de la vida diaria, percibirá la conciencia de Dios.

api labdhabhavadbhāvaḥ svātmollāsamayaṁ jagat ।
paśyan bhaktirasābhogairbhaveyamaviyojitaḥ ॥16॥

Cuando ese glorioso día llegue (*api* significa "cuando ese glorioso día venga a mí"), *svātma ullāsam ayaṁ jagat paśyan*, percibiré todo este universo como el resultado de la gloria de mi propia naturaleza, *bhakti rasā bhogair bhaveyam aviyojitaḥ*, y me volveré uno con el éxtasis de *bhaktirasa*, el éxtasis de probar el néctar de la devoción. Cuando ese día llegue a mí, seré uno saboreando el éxtasis de Tu devoción.

ākāṅkṣaṇīyamaparaṁ yena nātha na vidyate ।
tava tenādvitīyasya yuktaṁ yatparipūrṇatā ।।17।।

Oh Señor, los *śāstras* (escrituras) sostienen que Tú siempre estás lleno. Creo que es un hecho porque *ākāṅkṣaṇīyam aparaṁ*, quien no tiene nada que hacer, nada que buscar, nada que conseguir, nada que lograr, está lleno.

Y como no tienes nada que lograr, no deseas nada porque lo posees todo. Si hay ansias de dinero, ya está allí. Si hay ansia por un automóvil, ya está ahí. Lo has poseído todo, así que no hay nada que anhelar.

Si este es el camino, si esta es la teoría en relación Contigo, oh Señor, entonces Tú eres la única persona que está llena de plenitud exacta y real.

hasyate nṛtyate yatra rāgadveṣādi bhujyate ।
pīyate bhaktipīyūṣarasastatprāpnuyāṁ padam ।।18।।

Oh Señor, me gustaría alcanzar ese estado de ser donde *hasyate*, donde siempre estás lleno de risa, *nṛtyati*, siempre bailas, *rāgadveṣādi bhujyate*, siempre comes el anhelo de los placeres mundanos. "*At*" significa disminuir; "comer los placeres mundanos" significa disminuir los placeres mundanos.

También en el mundo exterior, el verdadero disfrute radica en comer, bailar y reír.

Nṛtyate significa cuando hay danza. Cuando siempre te ríes, cuando bailas, cuando comes muchas variedades de alimentos y cuando bebes, estas cuatro cosas te completan: cuando bailas, bailar está ahí, reír está ahí, comer todas las variedades de comida está ahí y beber whisky escocés por un valor de quinientas rupias la botella [risas].

El otro significado es *hasyate*. *Hasyate* significa cuando te ríes de la gente mundana y piensas, "¿Qué están haciendo? Pierden el tiempo yendo de aquí para allá. Esta actividad es falsa". Te ríes de ellos.

Nṛtyate. *Nṛtyate* significa *nṛti gātra vikṣepe* (esta es la raíz verbal de *nṛti*). *Gatra vikṣepe* significa "destrozas todas tus extremidades", todos los adjuntos de tu cuerpo. Cuando todos los apegos, los apegos corporales (p. ej., el apego corporal es con Viresh, con John, con tu maestro, con todo lo que te rodea, con la casa, con el automóvil, con la natación, estas son tus extremidades), cuando todas estas extremidades se rompen en pedazos, eso es *nṛtyate*, eso es bailar de verdad.

Rāgadveṣādi bhujyate, y ¿qué es "comer"? Comer variedad es absorber apego, amor, odio. Todas estas cosas, cuando son absorbidas, cuando son consumidas por dentro, en la conciencia de Dios, eso es "comer".

Pīyate bhaktipīyūṣa rasaḥ. *Pīyate* significa "beber", pero no whisky escocés. *Bhaktipīyūṣa rasa*, solo cuando estás apegado a tu naturaleza divina es beber de verdad.

Deseo alcanzar ese estado de ser. ¿Cuándo alcanzaré ese estado?

tattadapūrvāmodatvaccintākusumavāsanā dṛḍhatām ।
etu mama manasi yāvannaśyatu durvāsanāgandhaḥ ।।19।।

Oh Maestro, en el espacio de mi mente siempre hay un mal olor. Y este "mal olor" significa *durvāsanā*, diversos pensamientos, diversos deseos de la vida. Por ejemplo, me gustaría ir allí, me gustaría hacer esto o aquello, nadar, ir al cine, música, todo. Y todos estos deseos han creado un mal olor infernal en mi mente.

Dice que es *durvāsanā gandha*. *Durvāsanā gandha* significa "en mi mente hay un mal olor infernal".

Deseo que este olor sea eliminado, pero no está en mi poder. Oh Señor, *tattad apurvāmoda tvaccintā kusuma vāsanā*, solo hay una manera de deshacerme de él: recordando siempre Tus pies de loto. Intento hacerlo. Siempre recuerdo Tus pies de loto porque crean *apūrva āmoda*, una fragancia divina. De Tus pies de loto brota una fragancia divina. Y cuando recuerdas esos pies de loto, allí está la fragancia divina.

Pero la fragancia divina en mi mente va y viene, no se establece firmemente en mi mente. Tan pronto como se va, nuevamente surge este mal olor en mi mente y ha creado un infierno, me ahoga. ¿Qué puedo hacer? ¿Cómo puedo deshacerme de él?

Te pido un favor, oh mi Señor: establece el recuerdo de Tus pies de loto, la fragancia de Tus pies de loto. Si permanece establecido y firme durante, digamos, dos o tres horas, este mal olor será eliminado. Este es mi deseo.

kva nu rāgādiṣu rāgaḥ kva ca haracaraṇāmbujeṣu rāgitvam ।
itthaṁ virodharasikaṁ
bodhaya hitamamara me hṛdayam ।।20।।

Amara, oh divino Señor, conozco mi mente. Es *virodharasikaṁ*: a veces a mi mente le gusta involucrarse en el disfrute de los placeres mundanos y otras veces quiere meditar. A veces en mi mente surge el deseo de meditar con concentración, con todo el corazón. Otras veces en mi mente aparece ir tras los placeres mundanos. Pero son el Polo Norte y el Polo Sur. Estas dos cosas no se encuentran.

El Polo Norte es estar apegado a Tus pies de loto. El apego a los placeres mundanos es el Polo Sur. Entonces, mi mente es *virodharasikam*, mi mente está apegada a dos cosas opuestas.

Oh mi Señor, entrena a mi mente para que no haga estas maldades. No puedo enseñarle a mi mente: está fuera de mis posibilidades. Mi mente siempre es así. Entonces, *amara*, oh Ser inmortal, enseña a mi mente a apegarse a un solo punto, a no ir en dos direcciones opuestas. Porque no es divertido en un momento estar apegado a la conciencia de Dios y en el momento siguiente ser degradado con el apego por los placeres mundanos.

Dilshad[142] se va a casar. Estar apegado a Dios y estar apegado a Dilshad, dos cosas opuestas, no debería suceder en mi mente. Si estoy apegado a Dios, él debe pensar, mi mente debe pensar, ¡que estés apegado a Dios! ¡Recuerda a Dios! Dios es el único ser supremo en el universo y por encima del universo. No deberías apegarte en dos direcciones.

---

142 Una niña del pueblo local de Swamiji.

vicaranyogadaśāsvapi viṣayavyāvṛttivartamano'pi ।
tvaccintāmadirāmadataralīkṛtahṛdaya eva syām ।।21।।

Vicaran yoga daśāsvapi. Estoy empeñado en privar a mi mente del apego hacia los placeres mundanos y también estoy deambulando por los estados de *yoga*; es cierto, estoy haciéndolo, pero esta lucha no me gusta.

Tvat cintāmadirāmadataralī kṛta hṛdaya eva syām. Deseo embriagarme únicamente con el anhelo de estar apegado a Tus pies de loto. Es el único deseo que debe permanecer. No me gustan los estados de *yoga*.

Pero no me agradan el fastidio de retirar los pensamientos mundanos de mi mente ni tampoco el otro: entrar en los estados de experiencias del *yoga*. A veces, cuando se experimentan estos estados, surge el *mūlādhāra cakra*[143], surge el *cakra* en el ombligo, el *cakra* en el corazón, el *cakra* en *kaṇṭha* (la garganta) o el *cakra* en *bhrūmadhya*[144]. Esto es una cosa. Y otra cosa diferente es retirar tu energía de los placeres mundanos y enfocar tu mente en un punto de la conciencia de Dios.

Hago estas dos cosas, es verdad, pero no hay felicidad en ellas. Deseo recordar estar apegado a Tus pies de loto las veinticuatro horas del día. ¡Ese es mi único deseo! No quiero lograr nada más. Solo recordar siempre Tus pies de loto, la cercanía de Tus pies de loto, ser uno con ellos, estar loco por Sus pies de loto.

Solo quiere tener eso, no los estados de *yoga*.

JOHN: O *siddhis*...

SWAMIJI: No quiero estar aquietado y propagar por el mundo que soy un *yogī* poderoso. Yo solo quiero morir en la cercanía de Tus pies de loto.

---

143 El *cakra mūlādhāra* está ubicado cerca del recto.
144 *Bhrūmadhya*: entre las dos cejas.

vāci manomatiṣu tathā śarīraceṣṭāsu karaṇaracitāsu ।
sarvatra sarvadā me puraḥsaro bhavatu bhaktirasaḥ ।।22।।

Oh Señor, quisiera tener esta única cosa: quisiera poseer sin esfuerzo el néctar de Tu devoción en todas estas actividades: en el habla, en la mente, en el intelecto, en las actividades del cuerpo y en las actividades de los órganos.

Vāci mano matiṣu śarīra ceṣṭāṣu karaṇa racitāsu. Cuando hablo (*vāci* significa "cuando hablo con otros"), *mano*, cuando mi mente funciona (cuando está pensando en las cosas del mundo), *matiṣu*, cuando mi intelecto confirma qué hacer y qué no hacer, *tathā śarīraceṣṭāsu*, y en las actividades del cuerpo, y *karaṇaracitāsu*, en las actividades de los órganos (*śabda*, *sparśa*, *rūpa*, *rasa* y *gandha*: al ver, al tocar, al escuchar), en todas estas actividades, deseo tener siempre el *rasa* (*rasa* significa "el néctar de Tu devoción").

Puraḥ saraḥ significa "fácil de alcanzar, fácil de lograr, sin lucha". Por ejemplo, cuando tu mente está en tener esta estilográfica y, en ese mismo momento, te la ofrezco. Es logrado fácilmente, sin anhelo, sin luchar. Eso es *puraḥ saraḥ*.

śivaśivaśiveti nāmani tava niravadhi
nātha japyamāne'smin ।
āsvādayan bhaveyaṁ kamapi
maharasasamapunaruktam ।।23।।

Nātha, oh mi Maestro, quisiera tener esta única cosa. Me gustaría recitar Tu nombre, "Śiva, Śiva", *niravadhi* (*niravadhi* significa "sin fin") sin interrupción, continuamente.

Deseo recitar solo este mantra, "Śiva", en todo momento.

Deseo experimentar internamente el néctar supremo de esa cosa única, que no puedo describir porque está más allá de mi explicación. No puedo describir lo que ocurrirá cuando recite Tu nombre, "Śiva, Śiva", continuamente, siempre.

sphuradanantacidātmakaviṣṭape
parinipītasamastajaḍādhvani ।
agaṇitāparacinmayagaṇḍike
pravicareyamahaṁ bhavato'rcitā ।।24।।

Oh Señor, quisiera vivir en el país, *sphurad ananta cidātmaka viṣṭape*, que está lleno de innumerables chozas de conciencia de Dios. Si entras en una choza encontrarás la conciencia de Dios. En otra choza, encontrarás la conciencia de Dios. En otra choza, estará lleno de conciencia de Dios. En todas partes no hay más que conciencia de Dios.

Me gustaría vivir en ese país y andar todos los días por aquí y por allá. Dondequiera que vaya, encontraré una pequeña choza llena de conciencia de Dios; en todas partes encontraría conciencia de Dios (eso es *ananta cidātmaka viṣṭape*). *Ananta*, me gustaría tener innumerables chozas.

"Innumerable" significa, por ejemplo, si hablara con Ernie, no hablaría con Ernie: ingresaría en una choza de la conciencia de Dios. Si hablara con otra persona, eso haría que ingrese en otra choza.

Entonces, en todas partes, haga lo que haga, ya sea *śabda*, *sparśa* (oler, tocar), haga lo que haga en mi vida mundana, deseo sentir solo las chozas de la conciencia de Dios. *Sphurad ananta cidātmaka viṣṭape.*

Y *parinipīta samasta jaḍādhvani*, esas chozas serían productoras de la fuerza de la conciencia.

Él desea, anhela, saborear el néctar de esa conciencia de Dios con conciencia. Y la conciencia también saldría de esas chozas.

Parinipīta samasta jaḍa adhvani. La opacidad estaría totalmente ausente en todos los sentidos. En todos los caminos de la vida, la opacidad desaparecería para mí.

Agaṇita pracinmaye gaṇḍike. Y me gustaría visitar otro país que no sea el país de la conciencia de Dios pero no podría encontrarlo. Solo encontraría el país de la conciencia de Dios, no existiría ningún otro país. Quisiera tener algo así. Y, en ese país, deambular, vivir y brillar.

Esta práctica es de *śāktopāya*.[145].

svavapuṣi sphuṭabhāsinī śāśvate
sthitikṛte na kamapyupayujyate ।
iti matiḥ sudṛḍhā bhavatāt paraṁ
mama bhavaccaraṇābjarajaḥ śuceḥ ।।25।।

Es un hecho que Tu naturaleza, *sphuṭa bhāsini*, cuando aparece claramente a alguien, y *śāśvate* (*śāśvate* significa "esta aparición está establecida"), cuando la aparición está firmemente establecida, confirmada, y cuando tú también estás establecido en esa conciencia de Dios, *na kim api upayujyate*, entonces no queda nada por hacer. Una vez que estás establecido en la conciencia de Dios, ¿qué queda por hacer? Nada. Esto es correcto.

Iti matiḥ, en mí existe esta comprensión. Pero, aunque tengo este entendimiento, a veces hago el amor, a veces voy en un *shikara*[146] por placer, a veces voy a cenar o a almorzar. Esto implica que no estoy realmente establecido en esa comprensión.

Esta comprensión ya existe en mí pero no es *dṛḍha*, no está confirmada, no está establecida. ¡Que se establezca, mi Señor! No por mis cualidades: no las tengo. No es debido a mí. *Bhavat caraṇa ambuja rasaḥ śuceḥ*, porque pienso en Tus pies, eso me hace apto. No tengo cualidades, es cierto, y no merezco este logro, pero lo merezco porque estoy purificado por la cercanía de Tus pies de loto.

kimapi nātha kadācana cetasi sphurati
tadbhavadaṅghritalaspṛśam ।
galati yatra samastamidaṁ sudhā-
sarasi viśvamidaṁ diśa me sadā ।।26।।

Nātha, oh mi Maestro, *bhavat aṅghritala spṛśam*, en las mentes de las almas afortunadas que residen cerca de Tus pies de loto

145 Para una explicación de los *upāyas*, ver el Apéndice 2.
146 Un tipo de bote pequeño usado en Cachemira. [Nota del editor]

pasa algo que no puedo explicar. Algo único les sucede en sus mentes: algo fluye. Y, por ese fluir, *galati yatra samastamidaṁ sudhā sarasi*, todas las preocupaciones del mundo se hacen añicos y se disuelven en ese océano supremo de néctar. Dame eso, por favor. Quisiera lograr eso.

Bas, aquí termina este capítulo.

CAPÍTULO 6
El despeje del camino
Adhvavisphuraṇākhyaṁ ṣaṣṭham stotram

Adhva visphuram significa, si estoy pisando Tu camino para alcanzarte, para entrar en Tu reino, que los sucesos que sean una perturbación sean eliminados.

En este *stotra* solo hay locura.

Adhva visphuraṇākhyaṁ ṣaṣṭhaṁ stotram. Quiere que su camino esté limpio (*adhva visphuraṇ*). *Adhva visphuraṇa* significa que quiere el camino se despeje para que el andar sea agradable.

kṣaṇamātramapīśāna viyuktasya tvayā mama ।
nibiḍaṁ tapyamānasya sadā bhūyā dṛśaḥ padam ।।1।।

Īśāna, oh Señor, *mama tvayā viyuktasya*, cuando me separo de Tu Ser, *kṣaṇamātram api*, aunque sea por un segundo, *nibiḍaṁ tapyamānasya*, en ese mismo momento se enciende el fuego de la tristeza.

Sadā bhūyāḥ dṛśaḥ padam. Así que vale la pena que Tú, mi Señor, permanezcas siempre ante mí. Porque, cuando estoy lejos de Tu Ser, aunque sea por un momento, me quemo con el fuego de la tristeza. *Sadā bhūyā dṛśaḥ padam*, quédate siempre frente a mí.

viyogasare saṁsare priyeṇa prabhuṇā tvayā ।
aviyuktaḥ sadaiva syāṁ jagatāpi viyojitaḥ ।।2।।

Es un hecho que la esencia de este mundo (*saṁsāre*) es *viyogasāre*, al final hay separación. En el universo hay separación. Te separas de tus parientes y amigos. Al final, la separación ocurrirá. Todo el mundo va a estar separado.

JOHN: "Separado" implica la muerte.

SWAMIJI: Sí. No hay contacto después.

Esta es la esencia del mundo, pero no tengo apego por mis parientes y amigos. No me importa si soy separado de ellos. Pero tengo apego por Ti, mi Señor. *Priyeṇa prabhuṇā tvayā*, Tú eres lo único para mí. Eres la personalidad que deseo y anhelo.

Aviyuktaḥ sadaiva syāṁ jagatāpi viyojitaḥ. No me importa si al final soy separado de mis parientes y amigos. Pero quisiera ser inseparable de Ti. Desearía ser uno Contigo, siempre. Este es mi ferviente deseo.

kāyavāṅmanasairyatra yāmi sarvaṁ tvameva tat |
ityeṣa paramārtho'pi paripūrṇo'stu me sadā ||3||

Ityeṣa paramārtho'pi. Esta es la verdadera ciencia de nuestra filosofía, *yatra yāmi*, que dondequiera que vaya a través del cuerpo, del habla o de la mente, dondequiera que me mueva (*kāya* significa "a través del cuerpo", *vāṅ* significa "a través del habla", *manasaiḥ* significa "a través de la mente"), *sarvaṁ tvameva tat*, ese lugar es siempre uno Contigo. *Sarvaṁ tvameva tat*, dondequiera que me mude, esa casa es una Contigo. Allí no estoy lejos de Tu presencia.

Dondequiera que vaya mi cuerpo, dondequiera que vaya mi palabra, lo que sea que piense mi mente, esa es Tu naturaleza, ese es Tu Ser divino. Esta es la realidad de nuestra filosofía. *Ityeṣa paramārtho'pi*, esta es la realidad. *Paripūrṇo'stu me sadā*, pero no obtengo satisfacción. Entiendo que esto es cierto, pero no aparece en la práctica. Quisiera que esto aparezca de forma práctica.

nirvikalpo mahānandapūrṇo yadvadbhavāṁstathā ।
bhavatstutikarī bhūyādanurūpaiva vāṅmama ।।4।।

Oh Señor, Tú eres *nirvikalpa*, Tú no tienes *vikalpas*.[147] *Mahānanda pūrṇa*, Tú estás lleno de éxtasis supremo. Esta es la realidad de Tu naturaleza. Eres *nirvikalpa* y estás siempre lleno de éxtasis supremo.

Yo soy Tu cantor, yo canto Tu gloria. Pero quisiera que todo lo que cante, toda gloria que Te cante, que sea así. No debe encogerse. No debo cantar Tu gloria de forma encogida. Debo cantar Tu gloria tal como eres. Tú eres *nirvikalpa* y mi canto también debe ser *nirvikalpa*. Y Tú eres *mahānanda pūrṇa*, estás lleno de éxtasis, y mi canto también debe estar lleno de éxtasis. Esto es lo que anhelo.

bhavadāveśataḥ paśyan bhāvaṁ bhāvaṁ bhavanmayam ।
vicareyaṁ nirākāṅkṣaḥ praharṣaparipūritaḥ ।।5।।

Paripūritaḥ, quisiera una cosa, *bas*. Así como un espíritu entra en alguien y esa persona se convierte en uno con el espíritu, habla como el espíritu; de la misma manera, quiero que entres en mi cuerpo. Mi Señor, *bhavadāveśataḥ*, cuando entres en mi cuerpo, en mi ser, ¿qué sucederá en mi percepción? Mi percepción será absolutamente diferente de lo que era antes.

Bhāvaṁ bhāvaṁ bhavan mayaṁ paśyan. Quisiera percibir todos los objetos como uno Contigo. Y *vicareyaṁ nirākāṅkṣaḥ*, deambular por este mundo, *nirākāṅkṣaḥ*, sin ningún deseo y lleno de alegría suprema. Este es mi deseo.

bhagavanbhavataḥ pūrṇaṁ paśyeyamakhilaṁ jagat ।
tāvataivāsmi santuṣṭastato na parikhidyase ।।6।।

Bhagavan, oh Señor, hay un deseo en mí que siempre golpetea en el fondo de mi conciencia: quisiera percibir todo este universo

147 Para una explicación de *nirvikalpa*, ver el Apéndice 9.

lleno de Tu conciencia suprema. *Tāvataivāsmi santuṣṭaḥ*, esa es mi ambición, y se cumplirá. Te lo juro, mi Señor, luego no te molestaré más, no te pediré más cosas. Esto es lo único que pido, de una vez y para siempre: déjame ver todo este universo como uno Contigo y estaré satisfecho. Después ya no te molestaré más.

vilīyamānāstvayyeva vyomni meghalavā iva ।
bhāvā vībhantu me śaśvatkramanairmalyagāminaḥ ।।7।।

Que yo sienta este mundo objetivo, este universo de objetividad, como nubes que yacen en el éter de Tu conciencia de Dios. Así como hay montones de nubes en el cielo, de la misma manera, quisiera sentir este mundo universal como masas de nubes en el cielo de la conciencia de Dios.

Vilīyamānā, así como las nubes se desvanecen poco a poco y después solo queda el cielo azul, y las nubes ya no existen, de la misma manera, aparecería este universo para mí. *Bhāvā vibhāntu me śaśvat krama nairmalya gāminaḥ*, y al final este mundo objetivo se purificará y se volverá uno Contigo. Que yo lo sienta de esta manera.

svaprabhāprasaradhvastāparyantadhvāntasantatiḥ ।
santataṁ bhātu me ko'pi bhavamadhyādbhavanmaṇiḥ ।।8।।

Svaprabhā prasara, oh Señor, tengo el deseo de cuándo *dhvasta aparyanta dhvānta santatiḥ*, todas las capas (*santatiḥ*) de las tinieblas de mi ignorancia se desvanecerán por el flujo refulgente de la luz de Tu conciencia, por siempre. *Bhātu me ko'pi bhavamadhyād bhavanmaṇiḥ*, y encontraré, en la acción misma de este universo, una gran joya universal de Tu formación. Esa joya universal aparecerá ante mí en el universo, no separado de él.

kāṁ bhūmikāṁ nādhiśeṣe kiṁ tatsyādyanna te vapuḥ ।
śrāntastenāprayāsena sarvatastvāmavāpnuyām ।।9।।

Oh Señor, ¿cuál es la etapa que Tú no posees? Todas las etapas son poseídas por Ti. *Kiṁ tat syāt yanna*, y ¿cuál formación no es Tuya? Todas las formaciones son poseídas por Ti. Todas las formas de Ti son Tuyas.

Ahora estoy realmente exhausto porque no puedo encontrarte (*śrāntas*, exhausto). Entonces, *tena aprayāsena sarvatas tvām avāpnuyām*, deja que perciba la presencia de Tu conciencia, de Tu Ser, en mi propia casa, en mi propia habitación. No quiero vagar y vagar e intentar descubrirte. Porque Tú estás en todas partes, Tu aparición es posible en cualquier lugar. Entonces, ¿por qué no apareces en mi habitación?

Ahora está realmente cansado, exhausto. No quiere buscarlo.

bhavadaṅgaparisvaṅga sambhogaḥ svecchayaiva me ।
ghaṭatāmiyati prāpte kiṁ nātha na jitaṁ mayā ।।10।।

Nātha, oh Maestro, solo por mi voluntad[148], no por acción, solo cuando lo deseo, *bhavadaṅga parisvaṅga saṁbhogaḥ*, que la alegría de estar abrazado Contigo aparezca automáticamente. No quiero abrazarte. ¡Tú debes abrazarme a mí! Esto es lo que deseo. *Bhavat aṅga pariṣvaṅga saṁbhogaḥ svecchayaiva me ghaṭatām*, no abrazar, sino ser abrazado. Debo ser abrazado por Ti.[149]

Iyati prāpte, cuando esto sea hecho, cuando esto aparezca ante mí, *kiṁ nātha na jitaṁ mayā*, lo habré conquistado todo en este mundo (*kiṁ nātha na jitam*, lo habré conquistado todo). Todo lo que pueda ser conquistado, lo habré conquistado por Tu abrazo.

---

148 *Śāmbhavopāya* o *icchopāya*, el camino (*upāya*) de la voluntad. Para una explicación de los *upāyas*, ver el Apéndice 2.

149 "La práctica y la meditación infructuosas están bajo el control de ustedes. La meditación y la concentración fructíferas están bajo Su control. Cuando meditas por algún tiempo y tu mente no está concentrada, significa que has puesto tu propio esfuerzo: la gracia no está presente. Cuando meditas y te enfocas automáticamente, debes saber que es por Su gracia que eres empujado hacia adentro". *Tantrāloka*, 13.109 (archivos USF).

"Una vez que eres abrazado por Él, no hay problemas en tu meditación". *Ibid*, 15.77.

prakaṭībhava nānyābhiḥ prārthanābhiḥ kadarthanāḥ ǀ
kurmaste nātha tāmyantastvāmeva mṛgayāmahe ǀ ǀ11ǀ ǀ

¡Oh Maestro, aparece ante mí! ¡Ahora, aparece ante mí! *Nānyābhiḥ prārthanābhiḥ kadarthanāḥ te kurmaḥ*, nunca pediré nada más mientras viva. Solo pido que Tú te me aparezcas.

Tāmyantaḥ, yo soy *tāmyantaḥ* (*tāmyantaḥ* significa "el que anhela y desea en exceso"), estoy anhelando y deseando en exceso.

Por ejemplo, cuando ambos están muy enamorados y están muy lejos el uno del otro, digamos a veinte mil millas de distancia, y quieren encontrarse, ¿qué sucede en sus mentes? Eso es *tāmyantaḥ*, avidez, anhelo, deseo de encontrarse.

Nosotros poseemos este anhelo. Te deseamos solo a Ti y nada más. Entonces, debes aparecer ante nosotros. No te pediré otras cosas. Te lo prometo. Nunca pediré nada más. Solo te pido una cosa: aparece ante mí, eso es todo.

CAPÍTULO 7
La conquista de la impotencia
Vidhuravijaya nāmadheyaṁ saptamaṁ stotram

Este *stotra* se llama *Vidhura vijaya nāmadheyam*. "*Vidhura*" significa que quiere conquistar la impotencia. La impotencia se debe a la separación del Señor. *Vidhura* significa *vyākulatā*.[150] Cuando quieras no hacer caso de tu mente y no lo logres, recita los siguientes dos o tres *ślokas* y tu mente se enfocará en ese punto en paz. Quieres romper la atmósfera sin paz de tu mente. Ese es el objetivo de este *stotra*.

tvayyānandasarasvati samarasatāmetya nātha mama cetaḥ ।
pariharatu sakṛdiyantaṁ bhedādhīnaṁ mahānartham ।।1।।

Oh mi Maestro (*nātha* significa "Oh mi Maestro"), *mama cetaḥ*, quisiera que mi mente (*mama cetaḥ*) actuara de este modo.

Tvayi ānanda sarasvati samarasatāmeti. Primero, mi mente debe zambullirse en el lago de Tu conciencia.

Luego, *pariharatu sakṛdiyantaṁ bhedādhīnaṁ mahānartham*, esta mente mía debería dejar de lado todos los altibajos de la dualidad para siempre: cuando se sumerja, los altibajos de las percepciones duales del mundo serán descartados. Mi mente desechará por completo la percepción diferenciada (*bheda*). Quisiera esto.

150 Alguien que está desconcertado, confundido, perplejo o preocupado. [Nota del editor]

etanmama na tvidamiti rāgadveṣādinigaḍadṛḍhamūle ǀ
nātha bhavanmayataikya-pratyayaparaśuḥ patatvantaḥ ǀ ǀ2ǀ ǀ

Oh mi Maestro, hay otro problema en mí. Es "esto es mío" (*etan mama*), "esto es mi propiedad" y "*na tu idam*, esto no es mío".

Por ejemplo, dices, "Viresh es mío y el hijo de Jyoti no es mío" (*etan mama na tu idaṁ iti*). Es *rāga dveṣa* (*rāga* significa "apego"; *dveṣa* significa "desapego"). Estás desapegado del hijo de Jyoti; estás apegado a Viresh. Es *rāga dveṣa*, es esclavitud. En realidad, estar desapegado de una forma y estar apegado de una forma, ambos son servidumbre.

Este apego y desapego es una gran atadura que está atada alrededor de mi mente. Oh mi Maestro, yo quisiera *bhavan mayataikya pratyayaparaśuḥ patatvantaḥ*, el *pratyaya paraśuḥ*, la percepción de percibir la conciencia de Dios en ambos (por ejemplo, del lado de Viresh y del otro). Deja caer el hacha de la unidad de la conciencia de Dios y corta esta cadena que aprieta, córtala en pedazos, para que este *pratyaya* obtenga su unificación.[151]

JOHN: Entonces, en realidad ves que todo es tuyo o nada es tuyo... ¿cuál es? ¿Ambos?

SWAMIJI: No. O percibes que todo es mío o percibes que nada es mío [risas]. De una sola manera. No debes percibir "Esto es mío y esto no es mío". Por ejemplo, todo es mío o nada es mío.

JOHN: Este no es el punto de vista de *saṇnyāsi* de que "renuncio a todo". Esta es la percepción real.

SWAMIJI: Sí.

JOHN: Pero el *yogī* aún sería dueño de sus cosas, ¿no es así? ¿No tendría su propia navaja de afeitar? ¿Él diría: "Esta es mi navaja de afeitar"?

SWAMIJI: No, mientras perciba que "Esta es mi navaja", esta es suya. Esto es apego. Esto es estar lejos de la conciencia de Dios.

ERNIE: Entonces, el mejor punto de vista es "Todo es mío".

---

151 La firme convicción o certeza (*pratyaya*) de que la conciencia de Dios está igualmente presente en todas las cosas. [Nota del editor]

SWAMIJI: "Todo es mío o nada es mío. Solo lo uso. No es mío. Simplemente lo uso, no me importa".

JOHN: Por lo tanto, aún puedes poseer cosas sin estar apegado a ellas. Puedes ser dueño de algo...

SWAMIJI: Sí. Un shaivita puede poseer.

JOHN: ... sin estar apegado a ello.

SWAMIJI: Sí, tal como lo hago yo [risas].

DEVOTOS: [risas]

ERNIE: ¿Cuál es su actitud cuando siente "Todo es mío"?

SWAMIJI: O "Nada es mío".

ERNIE: Pero, "Cuando nada es mío", simplemente lo usa.

SWAMIJI: Sí.

ERNIE: Pero, cuando todo es suyo...

DENISE: ¿Entonces él también usa las cosas de los demás?

SWAMIJI: No. Él siente que si te afeitas, también es mi afeitado, de una manera universal.

galatu vikalpakalaṅkāvalī samullasatu hṛdi nirargalatā |
bhagavannananandarasa-plutāstu me cinmayī mūrtiḥ ||3||

Bhagavan, oh Señor, que *vikalpa kalaṅkāvalī galatu*, que *kalaṅkāvalī* (*kalaṅkāvalī*, la cadena de la oscuridad de las percepciones diferenciadas), que la cadena de la oscuridad de las percepciones diferenciadas se destruya por completo.

Samallastu hṛdaye nirargalatā. Que *nirargalatā* (ilimitación, libertad universal), que la libertad universal se eleve en mi corazón, que siempre florezca.

Oh mi Señor, que *ānandarasaplutāstu me cinmayī mūrtiḥ*, que mi individualidad se empape con el *rasa* de la dicha de la conciencia de Dios.

Aquí desea estas tres cosas.

Lo primero es que se elimine *vikalpa kalaṅkavalī*, la negra oscuridad de la percepción diferenciada. Luego, en mi corazón debe florecer *nirargalatā*, la libertad desde todos lados. Y luego, mi individualidad debe empaparse en la conciencia universal de Dios.

JOHN: "Libertad en el corazón", ¿es la experiencia de que mi voluntad es la voluntad de Dios? ¿Que todo lo que hago es la voluntad de Dios?

SWAMIJI: Sí, la voluntad de Dios. Pase lo que pase es divino.

BRUCE H: ¿Estas cosas suceden de manera sucesiva (*krama*)?

SWAMIJI: No, estas tres cosas deben suceder simultáneamente. No es sucesivo (*krama*).

Rāgādimaya... hay un problema más:

rāgādimayabhavandaka-luṭhitaṁ
tvadbhaktibhāvanāmbikā taistaiḥ ।
āpyāyayatu rasairmāṁ pravṛddhapakṣo
yathā bhavāmi khagaḥ ।।4।।

Soy como el huevo de un pájaro. *Tul*[152]. Externamente, este huevo está hecho por el huevo universal. Soy un huevo en el universo, y la cáscara de ese huevo está hecha con la sustancia del apego y el desapego (*rāga* y *dveṣa*), deseo e ira (*kāma* y *krodha*), codicia e ilusión (*lobha* y *moha*), todas estas cosas diferenciadas del universo.

Utpaladeva está hablando de sí mismo.

Y dentro de ese huevo, *luṭhitam* (*luṭhitam* significa "voy aquí y allá"), me muevo de aquí para allá porque, cuando rueda, la sustancia dentro también se mueve. Quiere decir, a veces nazco, soy niño, soy joven, soy viejo, muero; y luego otra vez el nacimiento, la niñez, la juventud, la vejez y la muerte. Así me muevo, siempre dentro de este huevo.

Tengo un problema, aquí en este huevo: estoy enredado. *Tvad bhakti bhāvanāmbikā*, quisiera que este huevo tuviera una madre pájaro. Y esta madre pájaro es Tu apego, la devoción por Ti. Eso solucionará mi problema.

Tvat bhakti bhāvanāmbikā, esta madre de Tu devoción debe venir y empollar este huevo, disparando cálidas y delicadas chispas de sentimientos de devoción en la cáscara, calentando el huevo con esas

152 "Huevo" en cachemir. [Nota del editor]

chispas. Así *pravṛdha pakṣo yathā*, me convertiré en un pájaro, saldré de esta cáscara y volaré en el cielo de la conciencia de Dios.

tvaccaraṇabhāvanāmṛta-rasasārāsvādanaipuṇaṁ labhatām I
cittamidaṁ niḥśeṣita-viṣayaviṣāsaṅgavāsanāvadhi me I I5I I

Hay otro problema en mí. Ese problema es que *tvat caraṇa bhāvana amṛta rasasārāsvāda naipuṇaṁ*. Hay una cosa que hacer en este mundo. *Tvat caraṇa bhāvana amṛta*, saborear el néctar de recordar Tus pies de loto. Pero no conozco la técnica para saborearlo, cómo hacerlo. ¡Enséñame esta técnica! (*Naipuṇam* significa "el truco de comprender esta técnica").

Yo no, pero mi mente ignora esta técnica. Que le sea enseñada a mi mente, no solo hoy, sino también *cittam idaṁ niḥśeṣāta viṣayaviṣa vāsanā saṅga avadhiḥ*, hasta el punto en que, en mi mente, todos los diferentes apegos por los placeres mundanos sean destruidos para siempre. Hasta ese punto, Tú tienes que enseñarme.

Tvadbhaktitapanadhīdhiti... hay otro problema. *Tvadbhakti tapana*... ¡en mí hay un mundo de problemas!

tvadbhaktitapanadhīdhiti-
saṁsparśavaśānmamaiṣa dūrataram I
cetomaṇirvimuñcatu rāgādikataptavahnikaṇān I I6I I

En realidad, mi mente es como *sūryakānta*, una lupa. Los rayos del sol la atraviesan y la sustancia debajo se quema.

Mi mente es así. *Cetomaṇiḥ*, mi mente es una lupa. Pero, el cielo de mi mente siempre está nublado; no hay rayos de sol. Así, no quemará nada. *Cetomaṇiḥ*, que la lupa de mi mente sea penetrada por *tvad bhakti tapanadhīdhiti saṁsparśavaśāt*, sea penetrada por los rayos del sol de Tu devoción.

No es el sol celeste, sino el sol del apego a Dios.

Que el sol de tu devoción siga produciendo rayos continuamente, sin la turbación de nubes en medio, para que mi mente, que es una lupa, queme todos los apegos y desapegos, placeres y dolor del mundo.

Estos dolores, tristezas, placeres, felicidad y apegos se quemarán por completo y serán arrojados en esos *tambaris*, chispas y serán eliminadas. Pero, hasta que la lupa de mi mente cumpla con esta función, hasta entonces, Tu sol de devoción debe seguir produciendo rayos para que lo queme.

Ahora, otro problema [risas]. Presentarte este problema es una locura, pero aun así, es un problema para mí.

tasminpade bhavantaṁ satatamupaślokayeyamatyuccaiḥ |
harihharyaśvaviriñcā api yatra bahiḥ pratīkṣante ||7||

Quisiera residir en ese punto de divinidad (*tasmin pade bhavantam*) y *satatam upaśloka yeyaṁ atyuccaiḥ*, y cantar Tu gloria afuera de la morada de la conciencia de Dios.

No afuera. Adentro. Dios está sentado aquí, estoy frente a Dios y canto Su gloria; y canto en voz alta para que todos los demás escuchen desde afuera que estoy cantando Su gloria en la intimidad. Nadie está conmigo.

Quiero cantar esa gloria de Ti en Tu presencia en el escenario donde *hariharyaśvaviriñcā*, donde Indra, Nārāyaṇa y todos los dioses y diosas están esperando afuera. Ellos escuchan mi llanto desde adentro, quedan impresionados y se preguntan, "¿Quién es esa persona tan importante que está adentro, cantando la gloria de Dios?". Este es mi problema, mi deseo.

Esto es solo para impresionarlos, porque es tan devoto. Dice, "Quiero convertirme en Tu único devoto". Incluso más que los dioses. Donde a esos dioses no se les permite entrar, allí quisiera cantar Tu gloria.

Tasmin pade bhavantaṁ satatam upaśloke. Cantaría Tu gloria en canciones. *Hariharyaśva viriñcā* (*hari* significa Nārāyaṇa, *haryaśva* significa Indra, *viriñcā* significa Brahmā), *yatra bahiḥ pratīkṣante*, ellos están esperando afuera. No es posible que entren. Este es mi problema, debe ser resuelto.

bhaktimadajanitavibhrama-vaśena
paśyeyamavikalaṁ karaṇaiḥ ।
śivamayamakhilaṁ lokaṁ
kriyāśca pūjāmayī sakalāḥ ।।8।।

Hay otro problema: quiero volverme loco. ¡Quiero volverme absolutamente loco! Loco por Tu devoción, *bhaktimada* (*bhaktimada* es locura por Tu amor). *Bhaktimada janita vibhramavaśena*, y, por esa locura, debo sentir de una manera absolutamente diferente de los demás (*vibhramavaśena*).

Porque los locos no ven las cosas como son. Si está intoxicado, sentirá que este pequeño objeto es una gran montaña de mil millas de altura. O sentirá la montaña como una olla pequeña. Así perciben los locos.

Quiero volverme loco así, loco por saborear el néctar de Tu devoción. *Bhaktimada janita vibhrama*, y mi punto de percepción cambiará por completo.

¿Qué percibiré entonces?

Śivamayaṁ akhilaṁ lokaṁ, si veo a dos personas discutiendo, peleándose sobre asuntos mundanos, no sentiré eso: sentiré que están peleando por alcanzar la conciencia de Dios. Si alguien está teniendo relaciones sexuales con otra persona, encontraré que está entrando en el estado de divinidad. Me sentiré así porque me habría vuelto loco por Tu devoción. Pase lo que pase en el mundo exterior, sentiré que todo es divino.

JOHN: Lleno de Śiva, lleno de Dios.

SWAMIJI: Si, *Śivamayaṁ akhilaṁ lokaṁ*.

Y *kriyāśca*, también sentiré que todas las acciones, sean buenas o malas, son solo Tu adoración y nada más.

Otro problema (el último):

mamakamanogṛhīta-tvadbhaktikulāṅganāṇimādisutān |
sūtvā subaddhamūlā mameti buddhiṁ dṛḍhīkurutām ||9||

Mi mente es como un joven que tiene *gṛhīta*, ha poseído *tvad bhakti kulāṅganā*, una esposa, que es Tu devoción. Tu devoción es una joven hermosa y mi mente la ha poseído.

Pero aunque mi mente está casada con esta esposa, el problema es que ella se descarría, no se queda conmigo. Ella sale todo el tiempo, va aquí y allá. A veces le pregunto a mi asistente, "¿Dónde está mi esposa?". Me responde, "Señor, ella salió y no dijo adónde iba". Y me quedo esperando, perdiendo el tiempo por mi esposa. Tengo este problema. Ella no se enfoca.

Pero llegué a la conclusión de que este problema se debe a que ella no tiene ocupaciones, es decir, hijos. Si los tuviera, se quedaría siempre en casa. Entonces, que tenga ocupaciones, que son *aṇimādi sutān* (*aṇimā*, *mahimā*, *laghimā*... los ocho grandes poderes deben ser producidos por esta esposa).

Tu devoción, la esposa, debe producir estos ocho hijos. ¿Adónde va a ir después? Ella se quedará siempre conmigo. *Subaddhamūlāṁ mameti buddhiṁ dṛḍhīkurutām*, ella se enredará en casa y dirá: "Oh, mi hijo está aquí y otro hijo está afuera", y ella lo buscará, lo traerá adentro y permanecerá siempre conmigo.

Los hijos son los ocho poderes yóguicos. Has estado practicando todas estas técnicas mías. Si no logras algunos poderes yóguicos, siempre serás perezoso en la meditación. Por ejemplo, meditas y logras algo interiormente, entonces obtienes vigor para practicar por más y más tiempo; le das más tiempo a tu práctica.

Que ella produzca esos ocho poderes es alentador para ella, ella a su vez me alentará a mí y permanecerá conmigo siempre. Aquí termina nuestra lección.

No se deben buscar los ocho poderes yóguicos. Deben venir.

Los ocho poderes yóguicos se clasifican en dos. Hay ocho poderes yóguicos piadosos y otros ocho poderes yóguicos que son mundanos. Utpaladeva no señala los ocho poderes mundanos.[153]

Atra abhedasārā eva aṇimādayaḥ abhipretāḥ, estos son los ocho grandes poderes divinos, no esos otros poderes que enredan a un *yogī*.[154]

153 Los ocho poderes mundanos son: *aṇimā* (el poder de hacer que el propio cuerpo sea extremadamente pequeño), *mahimā* (el poder de hacer que el propio cuerpo sea infinitamente grande), *garima* (el poder de volverse infinitamente pesado), *laghimā* (el poder de volverse ingrávido), *prāpti* (el poder de estar en cualquier lugar), *prākāmya* (el poder de lograr cualquier deseo), *īśtva* (el poder de poseer soberanía absoluta) y *vaśitva* (el poder de subyugar). [Nota del editor]
154 Para una explicación de los enredos de los poderes yóguicos, ver el Apéndice 18.

CAPÍTULO 8
El poder sobrenatural
Alaukikodbalanākhyamaṣṭamaṁ stotram

yaḥ prasādalava īśvarasthito yā
ca bhaktiriva māmupeyuṣī ।
tau parasparasamanvitau kadā
tādṛśe vapuṣi rūḍhimeṣyataḥ ।।1।।

Oh Señor, *yaḥ prasādalava īśvaraḥ sthitaḥ*. Una cosa es *lava*, que significa "gotas de néctar de las bendiciones del Señor Śiva".

Yā ca bhaktiriva māmupeyuṣī. También hay otra cosa que reside en mí: el apego por Ti, *bhakti*, la devoción por Ti. Mi devoción por Ti es considerable: dedico todo mi tiempo a recordarte. Esto existe en mí (*mam upeyuṣı bhaktiriva*).

No es verdadera devoción. Es solo una supuesta devoción, porque si fuera devoción verdadera, habría producido el fruto de la devoción. Este fruto es Tu cercanía. Mientras Tu cercanía no me haya sucedido y la devoción esté allí solo supuestamente, entonces solo es una devoción nominal.

Esta devoción nominal que reside en mí y la gracia que reside en Ti, ¿cuándo llegará el momento dorado en que las dos se unan? Yo ofreceré mi devoción y Tú continuarás derramando gracia sobre mí, a la vez, *tādṛśe vapuṣi rūḍhim-eṣyataḥ*, y se establecerá en mí. ¡Quisiera esto! No me gusta la devoción nominal, en la que dedico todo mi tiempo a Ti y no pasa nada.

Esto es lo que Utpaladeva desea.

tvatprabhutvaparicarvaṇajanmā ko'pyudetu paritoṣaraso'ntaḥ ।
sarvakālamiha me paramastu jñānayogamahimādi vidūre ।।2।।

Tvat prabhutva paricarvaṇa janmā ko'pi udetu paritoṣa raso antaḥ sarvakāla. Paritoṣa rasaḥ, que este *rasa* (el sabor de la satisfacción real) surja siempre en mí; cuando esté realmente satisfecho, me llenaré de esa satisfacción.

¿Qué es esa satisfacción? *Tvat prabhutva paricarvaṇa janmā*: tengo un maestro y es el Señor Śiva. Que esta satisfacción resida siempre en mí.

Quisiera saborear esta percepción, el estado de percepción de "¡Mi amo es el Señor Śiva!". *Bas*, quisiera que este sabor resida siempre en mí.

Jñana yoga mahimadi vidure. Saber de shaivismo, saber de *vedānta*, *trika*, todas estas filosofías, o hacer meditación, hacer *prāṇāyāma*, el control de la respiración, etc.; que permanezcan lejos de mí. Solo deseo este *rasa* en mí: tengo un maestro y es el Señor Śiva.

lokavadbhavatu me viṣayeṣu sphīta eva bhagavanparitarṣaḥ ।
kevalaṁ tava śarīratayaitān lokayeyamahamastavikalpaḥ ।।3।।

Bhagavan, oh Señor, no quiero que los anhelos por los placeres mundanos sean descartados de mí. Que este estado de anhelo por los objetos mundanos permanezca en mí. No quiero que desaparezcan por completo.

Que estos *viṣayeṣu paritarṣaḥ* —*viṣayeṣu* (en estos objetos mundanos), *paritarsaḥ* (sabor, disfrute, deseo)—, que ese deseo permanezca en mí. Pero que suceda una cosa: *kevalaṁ tava śarīratayaitān lokayeyam*, que perciba que estos deseos mundanos son uno Contigo.

Estas cosas se vuelven una en el Señor Śiva.

ALEXIS: Esto es realmente *pañcadaśavidyā*.[155]

SWAMIJI: Sí.

155 La ciencia de la elevación que cuenta con quince aspectos. Véase *Shaivismo de Cachemira, el supremo secreto*, capítulo 9.

dehabhūmiṣu tathā manasi tvaṁ
prāṇavartmani ca bhedamupete |
saṁvidaḥ pathiṣu teṣu ca tena
svātmanā mama bhava sphuṭarūpaḥ ||4||

Oh Señor, hay cuatro secciones de estados. Una sección es *deha pramātṛ bhāva*, cuando resides en la vigilia (*jāgrat*). Otra sección es cuando resides en el mundo del pensamiento, *svapna* (el estado de sueño). Otro es el mundo del *prāṇa*, cuando resides en un sueño sin sueños.

Deha-bhūmi es el estado de vigilia, *manasi* es el estado de soñar, *prāṇa vartmani* es *suṣupti*, el estado de no soñar, y *saṁvidaḥ pathiṣu* es *turya*[156], el camino de la percepción real.

Prāṇavartmani ca bhedamupete, que permanezca uno Contigo en estas cuatro secciones. No quiero que la unidad solo brille en *turya*, el camino de la conciencia. Que la unidad Contigo permanezca en mi vigilia, en mi estado de sueño, en mi estado sin sueños y en *turya*.

nijanijeṣu padeṣu patantvimāḥ
karaṇavṛttaya ullasitā mama |
kṣaṇamapīśa manāgapi maiva
bhūttvadavibhedarasakṣatisāhasam ||5||

Oh Señor, que mis órganos trabajen en sus sentidos. No quiero apartarlos de los placeres sensuales. Que fluyan, *patantu*, sobre sus objetos sensuales, porque la naturaleza de todos los órganos es fluir. La naturaleza de los órganos es *ullasitā*[157].

Que hagan eso. No estoy en contra de que ocurra. Solo hay un problema: *kṣaṇamapīsa manāgapi maiva bhūta tvadavibheda-rasakṣatisāhasam*, en cada momento, mientras los órganos funcionan, debe brillar la unidad de Tu conciencia de Dios.

156 Para una explicación de *turya*, ver el Apéndice 3.
157 Surgiendo, levantándose, apareciendo.

Y si deja de brillar aunque sea por un momento, que yo pierda todo mi coraje. Esto es lo que quiero. Si estoy lejos de Tu unidad aunque sea por un segundo, debo perder mi coraje para alcanzar la unidad Contigo. Que yo pierda mi valor, es decir, que yo no crea "No debo preocuparme. Dentro de un rato tendré la unidad con Dios". No, no debo tener tanto coraje.

Ni siquiera la centésima parte de un momento debe ser sin Tu unidad. Si es sin eso, debo perder mi coraje, no debo ser valiente. No debo controlar mis sentidos, mi temperamento. Debo perderlo todo.

ALEXIS: Entonces, él dice, que fluyan, siempre que ni siquiera por un momento haya ese *sāhasam* en el sentido de ultraje, el ultraje de perder por un momento la dicha de la unión Contigo.

SWAMIJI: Que no haya el coraje de estar lejos de Ti ni siquiera por un segundo.

JOHN: Si eso ocurre durante un segundo, deberías estar indignado. Completamente angustiado.

ALEXIS: Sorprendido, *sāhasa.*

SWAMIJI: Conmocionado, sí.

ALEXIS: Que no haya, ni por un momento, el impacto de romper esa dicha, *rasakṣati.*

SWAMIJI: Sí.

JOHN: Sin pensar que, "Bueno, esto no importa porque recuperaré la unidad dentro de cinco minutos". No debería suceder.

SWAMIJI: No debería suceder. Debo recibir un gran susto y morir en ese mismo momento; debo perder mi cuerpo, debo perderlo todo, aunque se rompa solo un segundo o una centésima de segundo. La unidad Contigo debe continuar durante el disfrute de los placeres mundanos.

laghumasṛṇasitāchaśītalaṁ
bhavadāveśavaśena bhāvayan |
vapurakhilapadārthapaddhater-
vyavahārānativartayeya tān ||6||

Akhila padārtha paddhateḥ vapur bhāvayan. Debo percibir todas las formaciones de todo el mundo objetivo de esta manera: *laghu* (muy ligera), *masṛṇa* (muy suave), *sita* (absolutamente blanca), *acha* (muy pura), *śītalaṁ* (refrescante).

Bhavad āveśa vaśena, cuando obtengo entrada en Tu Ser durante el disfrute de las sensaciones mundanas, debo entrar en Tu naturaleza. La entrada en Tu naturaleza es suave, es ligera, es blanca, es pura y es refrescante. Refresca todo tu cuerpo, tu mente y *akhila padārtha paddhateḥ vapur*, las formaciones de todos los objetos mundanos deben permanecer así (refrescantes, suaves, todo), porque entrarán en Tu conciencia de Dios. *Tān vyavahārānativartayeya*, y me desharé de todas las percepciones diferenciadas del mundo.

vikasatu svavapurbhavadātmakaṁ
samupayāntu jaganti mamāṅgatām |
vrajatu sarvamidaṁ dvayavalgitaṁ
smṛtipathopagame'pyanupākhyatām ||7||

Que mi conciencia individual brille en el *svarūpa*[158] de Tu conciencia universal.

Samullasantu [*samupayāntu*] *jaganti mamāṅgatām*. Que todo este universo, los tres mundos[159], se conviertan en las partes y en las partículas de mi cuerpo universal. *Vrajatu sarvaṁ idaṁ dvayavalgitaṁ*, y *dvayavalgitaṁ*, la expansión de la percepción diferenciada que tuvo lugar antes de esta experiencia...

ALEXIS: *Valgitaṁ* literalmente es...

SWAMIJI: *Vikasa*[160].

ALEXIS: ... “danzando y saltando”. *Valgita*.

SWAMIJI: Sí, danza, expansión.

---

158 *Svarūpa* significa literalmente “propia forma” o “forma”, pero Swamiji generalmente traduce *svarūpa* como “la naturaleza de uno”, es decir, la naturaleza de la conciencia. [Nota del editor]

159 “Este es un mundo (*bhūrloka*, tierra); donde hay estrellas, lunas, hay otro mundo (*bhuvarloka*) y encima de eso, está el cielo. Ese es el tercer mundo (*svarloka*)”. Véase el capítulo 4, estrofa 23.

160 Expansión.

... la expansión de la percepción diferenciada que tuvo lugar antes de esta percepción...

¿Qué percepción?

JOHN: La percepción de que "Yo soy este universo, mi cuerpo universal".

SWAMIJI: Sí. Esa experiencia residía en el pasado. Ya existía.

... que esa percepción dualista no permanezca en mi recuerdo. *Smṛtipatha upagame api anupākhyatām*. Esta percepción dualista me aterroriza tanto que no quiero recordar que hubo una percepción dualista. Este recuerdo también debe desaparecer. No debo pensar en ello.

JOHN: ¿Es la percepción *anupāya*[161] que una vez que experimentas "Yo fui esto, yo soy esto, siempre lo fui...", entonces todo el recuerdo se va y siempre recuerdas que siempre fuiste Eso?

SWAMIJI: Sí.[162]

samudiyādapi tādṛśatāvakā-nanavilokaparāmṛtasamplavaḥ I
mama ghaṭeta yathā bhavadadvayā-
prathanaghoradarīparipūraṇam I I8I I

Tādṛśa tāvaka ānana viloka parāmṛta samplavaḥ. Que el gran diluvio del néctar supremo me inunde. Y esta inundación es *tāvaka ānana viloka*, solo ver Tu rostro. Cada vez que veo Tu rostro, ese néctar me inunda.

ALEXIS: ¿Rostro aquí es la energía?

SWAMIJI: *Cit śakti*, *ānanda śakti*, *icchā śakti*, *jñāna śakti* y *kriyā śakti* es "rostro". *Pañca mukha*.[163]

---

161 "La palabra "*anupāya*" significa "no *upāya*". En *anupāya*, el aspirante solo tiene que observar que no se debe hacer nada, ser como es. Si estás hablando, sigue hablando. Si estás sentado, sigue sentado. No hagas nada, solo reside en tu ser. Esta es la naturaleza de *anupāya*". *Shaivismo de Cachemira, el supremo secreto*, cap. 5.

162 "Cuando percibe la realización de la conciencia de Dios, percibe "¡Oh, yo también lo percibía antes!". Este recuerdo viene a él en el mismo momento de darse cuenta de que "Ya existía conmigo". En el momento de la realización, comprende que, también en el momento de la ignorancia, estaba percibiendo Eso". *Tantrāloka*, 13.17 (archivos USF).

163 Las cinco caras/energías del Señor Śiva son: conciencia, dicha, voluntad,

Cuando perciba Tu rostro divino, que me inundará, recibiré ese diluvio. Que ese *rasa* de néctar me inunde. *Samudiyāt api*, ¿llegará esa inundación alguna vez durante mi vida?

Él está preguntando si se inundará en algún momento. No me refiero a ahora. Si en algún momento esta inundación tuviera lugar en mí, entonces *bhavad advaya aprathana ghoradarī paripūrṇam ghaṭeta*, entonces *advaya aprathana ghoradarī*, la separación de estar lejos de Ti, que ha creado un gran abismo... por Tu separación he creado estas heridas. Quisiera que las heridas se llenen con ese néctar.

Por ejemplo, hay una herida terrible. Si esta herida se prolonga, se convierte en un abismo. Esta herida se hace más y más profunda, más y más profunda y se convierte en un abismo, y entonces no tiene cura.

ALEXIS: Se trata del terrible abismo de percibir la ausencia de unidad dentro de ti.

SWAMIJI: Sí, *advaya aprathana*. La falta de manifestación de la unidad ha creado esas heridas en mí. Que las heridas se llenen con ese néctar para que cicatricen.

api kadācana tāvakasaṅgamā-
mṛtakaṇācchuraṇena tanīyasā |
sakalalokasukheṣu parāṅmukho na
bhavitasmyubhayacyuta eva kim ||9||

Oh Señor, la cercanía de Tu conciencia, de ese néctar divino, tiene lugar en mi mente muy pocas veces, no todos los días. *Tāvakasaṅgama amṛta kaṇa ācchuraṇena*, ser empapado o rociado por el néctar divino de la cercanía de Tu conciencia es *tanīyasā*, ese rocío también es solo una pequeña llovizna. Y eso también es *kadācana*, ocurre muy rara vez, no todos los días.

En el primer momento en que experimento la llovizna de ese néctar, ya he perdido la atracción por todas las emociones mundanas.

---

conocimiento y acción, respectivamente. [Nota del editor]

Sakala loka sukheṣu parāṅmukhaḥ, me he alejado total y absolutamente del anhelo de los placeres mundanos. Por lo tanto, no tengo ningún interés en ellos.

Es un hecho: no tengo ningún interés en los placeres mundanos, pero en su lugar debe haber algo más. En su lugar, debe venir nuevamente esa llovizna, pero no viene.

Ahora hay temor en mi mente. *Sakala loka sukheṣu parāṅmukhaḥ*, me he alejado de todos los placeres mundanos en el momento en que tuvo lugar la primera llovizna de ese néctar.

En realidad, la cercanía de la conciencia de Dios es un néctar tan denso que pierdes todo gusto por los placeres mundanos en ese mismo momento.

Sakalaloka sukheṣu parāṅmukhaḥ, na bhavitāsmyubhayacyuta eva kim. En mi mente está el temor de que pueda quedar privado de ambas cosas: de la conciencia de Dios (el néctar divino de la conciencia de Dios ya no existirá para mí en absoluto) y del disfrute de los placeres mundanos. Pero eso no debería suceder. No debo quedar privado de ambas cosas. Este es mi temor.

Na bhavitā api significa "¿No será que seré privado de ambos?".

Existe la posibilidad de que sea privado de ambos. Me arruinaría para siempre. "¿No me arruinaré?". Esto es lo que pregunta. "¿No quedaré arruinado en ambos lados?".

satatameva bhavaccaraṇāmbujā-
karacarasya hi haṁsavarasya me ।
upari mūlatalādapi cāntarā-
dupanamatvaja bhaktimṛṇālikā ।।10।।

De hecho, soy como ese cisne. Soy *haṁsavara* (*haṁsavara* significa "como un cisne").

Un cisne siempre reside y nada en los lagos de lotos. Su ambición es encontrar el *nadru* en la raíz del loto.[164] El *nadru* es su objeto deseado, es su alimento. Quiere esta comida.

164 *Nadru* es el rizoma comestible de la planta de loto. [Nota del editor]

Soy como ese cisne y nado, deambulo, resido, no en el lago donde hay *nadrus* burdos, sino *bhavaccaraṇa ambuja ākara carasya hola haṁsavarasya*, resido en el *ākara*, en el lago de Tus pies de loto. Soy un *haṁsa* de este tipo. Y debo conseguir ese *nadru* allí. No quiero Tus pies de loto porque sean lotos: quiero encontrar el *nadru* de donde crecen estos lotos.

Estos lotos crecen desde la raíz. La raíz de Tus pies de loto es Tu devoción, el intenso amor por Ti. Esos pies de loto crecerán cuando haya un amor intenso por Tus pies de loto; eso es el *nadru*.

Entonces, *upari*, no quiero bucear hasta el fondo, encontrar *nadru* y comérmelo.

Tu intensa devoción debe aparecerme, no en el lugar de la raíz, sino en el lugar del loto (*upari* significa "en la superficie superior de esa planta"; *upari*, en el espacio de la raíz), *mūlatalādapi ca*, y en el centro también. Debo conseguir *nadru* en todas partes.

Nadru es tu devoción. Tu devoción debe aparecer ante Tus pies de loto, en el centro de Tus pies de loto y en la raíz de Tus pies de loto. Solo debo observar devoción. No quiero ver el loto sin devoción. Tus pies de loto deben aparecerme con devoción, en todas partes.

upayāntu vibho samastavastūnyapi
cintāviṣayaṁ dṛśaḥ padaṁ ca |
mama darśanacintanaprakāśā-
mṛtasārāṇi paraṁ parisphurantu ||11||

Vibho, oh mi Maestro, no quiero descartar las impresiones, pensamientos y deseos de este mundo objetivo, o no percibirlo. Que lo perciba. Que los pensamientos vengan. Que este mundo objetivo permanezca presente ante mí veinticuatro horas al día. No quiero descartarlo.

Pero, *darśana cintana prakāśa amṛta sārāṇi* [*paraṁ*] *parisphurantu*, este mundo objetivo, la apariencia de este mundo objetivo y el estado de utilización de este mundo objetivo, deben volverse para mí, deben aparecer para mí, como *prakāśanāmṛta*, como el resplandor de Tu *svarūpa*, esa divinidad, ese sabor. El sabor y el brillo de Tu *svarūpa* deben aparecer para mí en todos los actos de este universo. Esto es lo que quiero.

parameśvara teṣu teṣu kṛcchre-
ṣvapi nāmopanamatsvahaṁ bhaveyam ।
na paraṁ gatabhīstvadaṅgasaṅgād-
upajātādhikasammado'pi yāvat ।।12।।

Oh Señor Śiva, *teṣu teṣu kṛcchreṣu api nāma upanamatsu*, que todas las crisis caigan solo sobre mí. Las crisis del mundo, las depresiones, las ruinas, las cosas desastrosas del mundo, que caigan sobre mí. Les doy la bienvenida. Pero, *tvad aṅga saṅga*, debo estar abrazado Contigo. Mi cuerpo debe estar abrazado Contigo.

Que todo eso me aplaste. *Teṣu teṣu kṛcchreṣu api nāma upanamatsu*, esos *kṛcchra* (*kṛcchra* significa los acontecimientos, que son cosas insoportables, desastrosas), déjalos... les doy la bienvenida. Que caigan sobre mí. Que mi yo se empape en eso.

Que no quede *gatabhī* (*gatabhī* significa "sin miedo") solo en esos estados. *Tvat aṅga saṅgāt*, cuando esté en Tus brazos, no solo seré intrépido, *upajātādhika sammada api yāvat*, también me intoxicaré con esos desastrosos flujos que llegan a mí. Los amaré. Les daré la bienvenida. Que esas cosas nefastas caigan sobre mí, que me ataquen. Les doy la bienvenida.

bhavadātmani viśvamumbhitaṁ yad
bhavataivāpi bahiḥ prakāśyate tat ।
iti yaddṛḍhaniścayopajuṣṭaṁ tadidānīṁ
sphutameva bhāsatām ।।13।।

Desde el punto de vista filosófico, he comprendido que todo este universo es uno Contigo. *Bhavad ātmani viśvam umbhitam*, todo este universo está tejido en Tu conciencia. Eso es un hecho para mí. Y lo leo en todos los libros espirituales. Al mismo tiempo, *bahiḥ prakāśyate*, quien es plenamente consciente siente eso, siente esa forma del universo. Pero esta es mi conclusión solo en cuanto a mi comprensión intelectual. ¡Quisiera experimentarlo! Permite que lo experimente. Dame la capacidad de experimentar esto de una manera práctica. Eso es todo. *Tadidānīm sphuṭameva bhāsatām*, que experimente esta forma de la posición real del universo. Déjame experimentarlo en la manifestación.

CAPÍTULO 9
La victoria de la libertad absoluta
Svātantrya vijayākhyaṁ navamaṁ stotram

Svātantrya vijayākhyaṁ: nada está en las manos del devoto, pero el devoto quiere poseerlo todo, quiere todo el poder.

kadā navarasārdrārdra sambhogāsvādanotsukam
pravarteta vihāyānyan mama tvatsparśane manaḥ ||1||

Oh Señor, cuando llegue a mí ese momento, cuando *navasārdrārdra sambhoga āsvādana utsukam*, cuando *mama manaḥ* (mi mente), que es *navasārdrārdra sambhoga āsvādana utsukam*...

Mi mente ya es así. Mi mente es aficionada a *navarasa ārdrārdra sambhoga*, a disfrutar el sabor siempre nuevo del néctar de la devoción del Señor, de la cercanía de la conciencia de Dios.

La calificación de mi mente es esta: a mi mente le gusta saborear ese *rasa* que siempre es nuevo (*navarasa*) y *ārdra ārdra bhāva*, que siempre es húmedo, que no es seco; no hay sequedad en ese *rasa*.

Es el *rasa* del amor a la conciencia de Dios. El apego a Dios crea este *rasa* fresco.

ALEXIS: Entonces, *utsukam* significa "anhelo". No en el sentido de que está familiarizado con él, sino como un amante que está separado, tiene *autsukyam*, anhela ese sabor.

SWAMIJI: Sí, anhelo.

Esta es la posición de mi mente. Pero nunca consigo esa alegría. *Svātantryam vijayākhyam*, quiero poseer ese *svātantrya*[165].

165 Para una explicación de *svātantrya*, ver el Apéndice 11.

Pravarteta vihāyānyan mama tvat sparśane. Ese *rasa* solo vendrá cuando *tvat sparśane*, cuando toque Tu cuerpo espiritual. ¿Cuándo mi mente tocará tu cuerpo? Porque a mi mente le gusta el anhelo de alcanzar y saborear el *rasa* de Tu devoción. Y esa devoción solo vendrá por Tu toque. Quiero abrazarte, ese abrazo me dará la alegría de saborear ese *rasa.*

¿Cuándo llegará ese momento? ¿Cuándo llegará ese día, cuándo dejaré todas las otras actividades del mundo y me concentraré solo en ese punto, abrazarte y saborear el néctar de la cercanía de la devoción? ¿Cuándo llegará ese día para mí? Dímelo.

tvadekaraktastvatpādapūjāmātramahādhanaḥ |
kadā sākṣātkariṣyāmi bhavantamayamutsukaḥ ||2||

Tvadekaraktaḥ. Yo soy *utsukaḥ.* "Yo soy" significa que yo soy (*aham*) *utsukaḥ*, alguien a quien le gusta o que anhela.

Siempre estoy apegado a Ti (*tvad eka raktaḥ*). *Tvad pāda pūjā mātra mahādhanaḥ*, y solo poseo la riqueza de adorarte. No tengo otra riqueza, ningún otro saldo en el banco. Esta es mi cualificación. Solo tengo una riqueza: Tu adoración. Quiero adorarte. Eso es lo que quiero poseer. Y *tvad eka raktaḥ*, no tengo apego por otras cosas excepto por Ti (*tvad eka raktaḥ*).

Kadā sākṣāt kariṣyāmi bhavantam. Entonces, ¿cuándo te veré? ¿Cuándo llegará el día en que te veré, te percibiré, te reconoceré? Dime cuándo será ese día.

gāḍhānurāgavaśato nirapekṣībhūtamānaso'smi kadā |
paṭapaṭiti vighaṭitākhilamahārgalastvāmupaiṣyāmi ||3||

¿Cuándo me llegará el día? Este *stotra* es siempre "cuándo", pregunta cuándo llegará el día.

Gāḍha anurāgavaśataḥ nirapekṣībhūta mānasaḥ kadā asmi. Cuando llegará el día en que, por la intensidad de mi amor por Ti, *gāḍha anurāgavaśataḥ*, por la intensidad, la densidad de Tu amor...*

ALEXIS: "Tu amor" significa amor por Ti.

SWAMIJI: Sí. Porque yo Te amo. Tú no me amas. Yo Te amo.

ṣṛṇu deva prārthaneyaṁ nātha tavāhaṁ namāma kena |[166]
sāmudro hi taraṅgāḥ kvacana samudro na tāraṅgaḥ | |[167]

Oh Señor, solo escucha una palabra mía: *śṛṇu deva prārthaneyaṁ nātha tavāham*, soy tuyo, *na māmakena aham*, Tú no eres mío. ¿Cómo?

Sāmudro hi taraṅgāḥ, la marea pertenece al océano, el océano no pertenece a la marea. Esto es lo que dice.

*... *gāḍha anurāgavaśataḥ nirapekṣībhūta mānasaḥ*, ¿cuándo llegará el día en que *gāḍha anurāgavaśataḥ*, por la intensidad de mi amor y apego por Ti, *nirapekṣībhūtamānasaḥ*, mi mente abandonará todos los demás pensamientos?

Y *paṭa paṭiti vighaṭita mahārgalaḥ*, me convertiré en un ser tal que, cuando esté en mi presencia esa gran puerta que está cerrada entre Tú y yo, entre Tu residencia y yo (hay una puerta, yo estoy afuera y Tú estás adentro), por mi mera presencia, porque yo contaría con esa cualificación...

¿Con qué cualificación? Con la intensidad de Tu devoción y la exclusión de todas las otras ansiedades, apegos y pensamientos.

... debido a esa cualificación, este *argala*, esta puerta con cerrojo y barrotes, se romperá en pedazos, *tvāmupaiṣyāmi*, y te abrazaré adentro. ¿Cuándo llegará ese día?

ALEXIS: ¿Él la romperá?

SWAMIJI: No, se romperá por sí misma debido a la presencia de Utpaladeva.

ALEXIS: *Vighaṭitākhilamahārgala* es *bahuvrīhi*.[168]

---

166 Fuente desconocida.

167 Del *Ṣaṭpadī Stotra* de Śaṅkara. Este *stotra* comienza con la siguiente línea: *satyapi bhedāpaga me nātha tavāham na māmakī na stvaṁ*.

168 Literalmente significa "mucho arroz", un compuesto *bahuvrīhi* significa un referente por la especificación de una cualidad particular. [Nota del editor]

SWAMIJI: Sí.

Porque *mahārgalaḥ ahaṁ*, por mi presencia, esta puerta cerrada se romperá en pedazos y *tvāmupaiṣyāmi*, Te sentarás en mi regazo.

ALEXIS: Entonces, *paṭa paṭiti* es el sonido al romperse.

SWAMIJI: El sonido de la rotura.

svasaṁvitsārahṛdayādhiṣṭhānāḥ sarvadevatāḥ ।
kadā nātha vaśīkuryāṁ bhavadbhaktiprabhāvataḥ ।।4।।

Todos mis *devatās, sva saṁvit sāra hṛdaya adhiṣṭānāḥ sarvadevatāḥ*, todas las deidades que son orgánicas[169] —mis ojos, mis oídos, mi nariz, mi garganta, mi lengua, mi cuerpo, mi piel— en realidad *sva saṁvit sara hṛdaya adhiṣṭhānāḥ*, residen en la propia conciencia, sobre la base de la conciencia de Dios.[170]

¿Cuándo me llegará el día en que, por la gloria de Tu devoción, todos estos órganos estén bajo control? La intensa devoción por Ti será la causa de controlar todos mis órganos. ¿Cuándo me llegará el día?

kadā me syātvibho bhūri bhaktyānandarasotsavaḥ ।
yadālokasukhānandī pṛthaṅnāmāpi lapsyate ।।5।।

Vibho, oh Señor, ¿cuándo me llegará el día en que *bhūri bhaktyānanda rasotsavaḥ*, poseeré *utsavaḥ*, el intenso festival de la bendición de Tu devoción?

En mí tendrá lugar la gran fiesta. Obtener Tu devoción es el único festival que me importa.

---

169 Perteneciente o relativo a los órganos. [Nota del editor]

170 "Sus órganos son dioses. *Karaṇeśvaryo devatā*, tus órganos corporales son todos *devas*. *Rahasyaśāstraprasiddhaḥ*, se los denominada así en el libro shaivista *Rahasya Śāstra*. *Tā anena karmaṇā tarpayat*, debes alimentar tus órganos con estos *karmas*, dándoles buena comida, buen sabor, buen disfrute, *ghī*, *paratha*, *palau* (arroz frito), todo lo que sea adecuado para tus órganos. Aliméntalos con cosas deliciosas. Dales comida deliciosa". *Bhagavad Gītā in the Light of Kashmir Shaivism*, 3.11.

"Tus propios órganos son tus maestros. Ellos te dirigirán hacia la conciencia de Dios. Esos son tus maestros". *Ibid*. 4.34.

Quiero preguntarte, *yadāloka sukhānandī pṛthak nāmāpi lapsyate*, ¿cuándo podré ingresar en *prathamābhāsa*, en la Conciencia de Dios universal, *loka sukha ānandī*?

Prathamābhāsa significa "la aparición de la conciencia de Dios en la objetividad universal".[171]

ALEXIS: En este momento *ālocana*[172].

SWAMIJI: Sí.

Pṛthak nāmāpi lapsyate, y cuando los nombres, las formas y los discursos diferenciados también desaparezcan para siempre.

ALEXIS: Entonces, ¿esa conciencia de Dios está fluyendo desde ese primer momento de percepción como de una fuente?

SWAMIJI: Sí, el primer momento-fuente. Eso es *nirvikalpa*.[173]

īśvaramabhayamudāraṁ pūrṇamakāraṇamapahnutātmānam |
sahasābhijñāya kadā svāmijanaṁ lajjayiṣyāmi ||6||

Señor Śiva, Tú que eres el Señor Śiva eres *abhaya*, no tienes miedo. *Udāram*, eres extravagante, gastas a tu manera. No le preguntas a nadie, por ejemplo, "¿debería gastar esta cantidad?". *Īśvaram abhayam udāram*, la intrepidez está Contigo y *udāram*, la extravagancia está en Ti. *Pūrṇam*, y eres *pūrṇa*, siempre estás lleno, nada falta en Ti. *Akāraṇam*, y no tienes padre ni madre. Has venido del sexo incorrecto.[174] Por eso has recibido tantas descalificaciones. Eres "descalificado" porque no tienes miedo, no le temes a nadie, y *udāram*, eres extravagante. Esto también es una descalificación.[175]

Pūrṇam, que siempre estés lleno es una desgracia para mí, porque no aceptas nada. *Akāraṇam*, y Tú no tienes padre ni madre.

---

171 "Este punto de partida (*prathamābhāsa*) se encuentra justo al comienzo de cualquier percepción o pensamiento, antes de que se haya determinado". *Vijñāna Bhairava, The Manual for Self Realization*, Swami Lakshmanjoo, ed. John Hughes, (Universal Shaiva Fellowship, Los Ángeles, 2007), Introducción, xxvi.

172 En este caso, "*ālocana* se refiere a la primera sensación de cualquier percepción antes de que alcance el estado de conocimiento". *Ibid*., 92, fn138.

173 Para una explicación de *nirvikalpa*, ver el Apéndice 9.

174 *Akāraṇa* literalmente significa "sin causa".

175 Es decir, el Señor Śiva está "descalificado" del reino de los simples mortales. [Nota del editor]

Apahnuta, yo sé que por eso Te has mantenido oculto, porque no eres digno de ser conocido debido a estas descalificaciones.

Ahora, hay un anhelo en mí. ¿Cuándo me llegará ese día *sahasā abhijñāya*, en que te percibiré en un instante? *Śvamijanam*, percibiré que eres mi Maestro, *lajjayiṣyāmi*, Te llevaré en un carro y todos Te verán en todas partes. Te avergonzarás. Te avergonzaré, en todas partes.

Svāmijanam significa "mi Maestro".

Te avergonzaré, mi Maestro. Todos dirán, "¡Oh, este es ese Uno libertino y extravagante! ¡Este Uno no tiene padre ni madre!".

Significa que, en el fondo de su conciencia, Utpaladeva tiene el pensamiento de que todos deben percibir a Dios.

ERNIE: Pero ¿no es algo ofensivo para decirle a Dios?

SWAMIJI: Todo está bien porque se dice a través del amor. *Bhaktiviṣe na kaścit doṣaḥ*, dondequiera que haya devoción y amor, puedes decir cualquier cosa. Está bien. ¡También puedes matar a tu maestro! Tantos devotos han golpeado con sus zapatos en la cabeza de *iṣṭadevās*[176] por amor.

Una vez, un maestro le había dicho a su discípulo que golpeara con sus zapatos al Señor Śiva —al *śivaliṅga*— en la cabeza once veces todos los días. Esta era su *pūjā*, su adoración, su *sādhanā*.

Una vez, vino un diluvio. Todo estaba inundado y el *liṅga* estaba bajo el agua. No podía llegar hasta allí, pero se zambulló en el agua, llegó al lugar donde estaba el *liṅga* y lo golpeó con sus zapatos. Y, en ese mismo momento, el Señor Śiva se le apareció y le mostró Su verdadera forma divina.

Hay tantas formas de devoción.

kadā kāmapi tāṁ nātha tava vallabhatāmiyām |
yayā māṁ prati na kvāpi yuktaṁ te syātpalāyitum ||7||

176 Una deidad tutelar elegida, un dios favorito, uno particularmente adorado. [Nota del editor]

¡Muy bien, deja todo a un lado! ¡No vengas hasta mí! Pero tengo una sola petición. Quisiera poseer un amor intenso por Ti, un amor extremo por Ti. ¿Cuándo surgirá en mí este estado? ¿Cuándo llegará el día en que tendré tal amor extremo por Ti, por el cual (*yayā*, por el cual) *māṁ prati na kvāpi yuktaṁ*, no habrá manera de que Te escondas de mí? Por la intensidad de mi amor, ya no habrá excusas para que Te escondas de mí. La intensidad de mi amor hará que permanezcas siempre frente a mí. ¿Cuándo llegará ese día?

tattvato'śeṣajantūnāṁ bhavatpūjāmayātmanām |
dṛṣṭyānumoditarasāplāvitaḥ syāṁ kadā vibho ||8||

Vibho, oh Señor, de hecho (*tattvato* significa "de hecho"), *aśeṣajantunāṁ bhavat pūjā mayātmanām*, sin saberlo o con conocimiento de causa, ¡todos te adoran!

Si alguien está insultando a otra persona, en realidad no está insultando a nadie: solo te está adorando. Si alguien está teniendo sexo, te está adorando. Si alguien está peleando con otro, te está adorando. De hecho, en el sentido real, esta es Tu adoración. Todo lo que se haga es Tu adoración. *Aśeṣa jantūnāṁ*, todos, *tattvataḥ*, de hecho, *bhavat pūjā mayātmanām*, solo te adoran.

Dṛṣṭyā anumodita rasa. Ahora, tengo un problema, ¿cuándo llegará el momento en que realmente sentiré que en todas partes solo se está haciendo Tu adoración? Lo sentiré claramente y *anumoditarasā*, confirmaré en mi mente que realmente el Señor está siendo adorado en todas partes. *Plāvitaḥ syāṁ kadā*, ¿cuándo llegará el día en que me inundará el gozo de que solo el Señor es adorado en todas partes? Lo que sea que se esté haciendo, es solo Tu adoración.

Esto es lo que él quiere saber: ¿cuándo llegará el día en que me inundará la alegría de la confirmación de que solo se está adoptando Tu *pūjā*?[177] Me volveré *rasena āplāvitaḥ syām*, inundado por ese

---

177 *Anumodanam* significa "confirmado".

rasa. Ese diluvio vendrá y *bas*, ¡arrójame en ese gozo! La confirmación de que, sea lo que sea, solo se está realizando Tu adoración.

Jñānasya paramā bhūmir... ¿Por qué te ríes?

JOHN: Nuestro shaivismo es genial.

jñānasya paramā bhūmiryogasya paramā daśā ।
tvadbhaktiryā vibho karhi pūrṇā me syāttadarthitā ।।9।।

SWAMIJI: *Vibho*, oh Señor, oh omnipresente Señor, realmente Tu devoción es el estado supremo del conocimiento y el estado supremo del *yoga*. Solo Tu amor.[178]

Y ese amor, *karhi*, ¿cuándo llegará el día en que *pūrṇā me syāt tadarthitā*, ese amor brillará y ocurrirá y *tadarthitā* (*tadarthitā* significa "el anhelo por ese amor") se cumplirá? ¿Cuándo llegará ese día? *Tadarthitā pūrṇā syāt*, el anhelo del amor que es el estado supremo del conocimiento, el estado supremo del *yoga*. ¿Cuándo llegará el día en que el anhelo de este amor se consuma en mí?

sahasaivāsādya kadā gāḍhamavaṣṭabhyaharṣavivaso'ham ।
tvaccaraṇavaranidhānaṁ sarvasya prakaṭayiṣyāmi ।।10।।

Tengo otro problema. *Tvat caraṇa vara nidhānam*, el tesoro de Tus pies divinos (el tesoro del estado supremo)...

ALEXIS: *Svātantrya*.

SWAMIJI: *Svātantrya*.[179]

... el tesoro supremo de Tus pies divinos, realmente nunca es conocido de manera sucesiva.

Nunca se lo conoce de manera sucesiva, como cuando sabes que tu cuenta en el banco tiene 2000 rupias, luego 3000, 4000, luego cinco, seis, siete, ocho, nueve, luego un *lakh*, dos *lakhs*, tres *lakhs*. En este caso hay un logro sucesivo. Una acumulación.

---

178 Es decir, el amor a Dios.

179 Para una explicación de *svātantrya*, ver el Apéndice 11.

Pero en el campo espiritual de Tu ciencia, conocer el tesoro de Tus pies no es sucesivo. Cuando se lo conoce, se lo conoce solo una vez.

Sahasaiva, entonces, ¿cuándo llegará el día en que de repente (*sahasaiva* significa "de repente") conoceré el tesoro de Tus divinos pies y *gāḍhamavaṣṭambhya*, lo abrazaré conmigo? ¡Guardaré este tesoro con mi propia naturaleza, *gāḍhamavaṣṭambhya*, y entonces esa alegría suprema fluirá en mí! ¡No sabré qué hacer con eso, cómo manejarlo! *Sarvasya prakaṭayiṣyāmi*, distribuiré este tesoro por todo el mundo. ¿Cuándo llegará ese día?

Su ambición es que todos conozcan este tesoro.

paritaḥ prasaracchuddhatvadālokamayaḥ kadā |
syāṁ yatheśa na kiñcinme māyācchāyābilaṁ bhavet ||11||

Īśa, oh Señor, cuando llegará el día en que *paritaḥ prasarat śuddha tvad ālokamayaḥ syāṁ*, Tu luz estará tan inundada en mí que me convertiré en uno con la luz de Tu conciencia, por cuya luz, *na kiñcit me māyāt chāyā bilaṁ bhavet*, no habrá rastros de ninguna oscuridad de ilusión. ¿Cuándo llegará ese día?

ātmasātkṛtaniḥśeṣamaṇḍalo nirvyapekṣakaḥ |
kadā bhaveyaṁ bhagavaṁstvadbhaktagaṇanāyakaḥ ||12||

Oh Señor, Oh *Bhagavan*, *ātmasāt kṛta niḥśeṣa maṇḍalaḥ*, me gustaría alcanzar el estado en el que me una con toda la conciencia universal, con todo el universo. Esta conciencia universal se unirá a mí; estaré unido con la conciencia universal.

Y entonces, *kadā bhaveyaṁ bhagavan*, oh Señor, cuando llegue ese día, seré el líder de todos Tus devotos, los guiaré hacia Tu morada. "¡Vamos! ¡Ven por aquí! Yo te mostraré. Yo te guiaré". ¡Quiero convertirme en el líder de todos Tus devotos! ¿Cuándo llegará ese día?

nātha lokābhimānānāmapūrvaṁ tvaṁ nibandhanam ।
mahābhimānaḥ karhi syāṁ tvadbhaktirasapūritaḥ ।।13।।

Este yo-ismo, este ego, que se encuentra en este universo, la sensación de ego viene de Ti. De hecho, esta sensación de ego que se encuentra en todos los individuos, ha salido volando de Ti. Eres Tú quien ha producido este ego en todos los seres. Pero no quiero ese ego. *Mahābhimānaḥ karhi syāṁ*, quisiera el ego de la conciencia del Yo universal. ¿Cuándo llegará el día en que alcanzaré el ego de conciencia del Yo universal y cuando estaré *bhakti rasa puritah*, empapado en el *rasa* de Tu devoción?

aśeṣaviṣayāśūnyaśrīsamāśleṣasusthitaḥ ।
śayīyamiva śītāṅghrikuśeśayayuge kadā ।।14।।

Hay un problema en mi vida. *Aśeṣa viṣaya aśūnya śrī samāśleṣasusthitaḥ*, *śītāṅghri kuśeśayayuge*, Tus dos pies, que son muy refrescantes, *aṅghri*, son como dos lotos, me gustaría dormir sobre ellos. ¿Cuándo llegará el día en que dormiré sobre estos dos lotos, habiendo ya abrazado a la mujer que es la encarnación de la liberación? Porque cuando me acueste sobre estos pies de loto Tuyos, estaré liberado.

Abrazaré a esa hermosa joven, Lakṣmī, la diosa de la riqueza espiritual, en el lecho de Tus pies de loto. Este lecho no está privado de los placeres mundanos (*aśeṣa viṣaya aśūnya*).

bhaktyāsavasamṛddhāyāstvatpūjābhogasampadaḥ ।
kadā pāraṁ gamiṣyāmi bhaviṣyāmi kadā kṛtī ।।15।।

Bhaktyāsava smṛddhāyāḥ tvat pūjā bhoga sampadaḥ. Tu devoción, Tu adoración, es la gran riqueza, es realmente el gran tesoro. Disfrutar del tesoro de tu devoción, de tu adoración.

Esa adoración es *smṛddhāyā*, surge, *bhaktyāsava*, al tomar el licor de estar apegado a Ti. Tomo el licor, quedo unido a Ti, y por el apego surge el licor, surge el gozo de adorarte. ¿Cuándo llegará el día en que alcanzaré el punto final de esa adoración? ¿Cuándo llegará el día en que se cumplirán todos mis deseos?

ānandabāṣpapūraskhalitaparibhrāntagadgadākrandaḥ ।
hāsollāsitavadanastvatsparśarasaṁ kadāpsyāmi ।।16।।

¿Cuándo brillará en mí el *rasa* de Tu *sparśa*, de Tu abrazo? ¿Cuándo disfrutaré esta fragancia, la dulzura de Tu abrazo (*tvat sparśa rasaṁ*)? *Kadāpsyāmi*, ¿cuándo lo lograré?

Ahora, él piensa en lo que sucederá en ese momento.

Será *ānanda bāṣpa pūrṇa*, las lágrimas rodarán por mis mejillas con gran alegría, *skhalita*, y no podré percibir a nadie frente a mí porque las lágrimas oscurecerán mi visión (*skhalita*), y estaré *paribhrānta* (*paribhrānta* significa "intoxicado") y *gadgadākrandaḥ* [Swamiji hace el sonido de un sollozo].

Sollozaré. *Hāsollāsa*, y al mismo tiempo me reiré a carcajadas. Las lágrimas rodarán por mis mejillas y yo estaré *skhalita* e intoxicado. ¿Cuándo llegará ese día?

paśujanasamānāvṛttāmavadhūya daśāmimāṁ kadā śambho ।
āsvādayeya tāvakabhaktocitamātmano rūpaṁ ।।17।।

Śambho, ¡oh Señor Śiva, realmente es vergonzoso! No solo para mí, también es vergonzoso para Ti. Es vergonzoso porque Tú sabes que soy Tu devoto y aun así, *paśujana samāna vṛttām dasśām*, soy como los demás, como las personas ignorantes, deambulo de puerta en puerta como una persona mundana ordinaria.

Paśujana samāna vṛttām imām daśām. No debería poseer este estado degradado, lo poseo por Tu negligencia. Debido a que soy tu devoto, no se ve bien que tenga este estado.

Así que, ¿cuándo llegará el día en que dejaré de lado este estado degradado (*avadhūya* significa "dejaré de lado") y *āsvādayeya tāvaka bhaktocitam*, disfrutaré la realidad del néctar de Tu cercanía que se espera de tus devotos? Tus devotos deben tenerlo.

labdhāṇimādisiddhirvigalitasakalopatāpasantrāsaḥ ।
tvadbhaktirasāyanapānakrīḍāniṣṭhaḥ kadāsīya ।।18।।

¿Cuándo llegará el día, mi Señor, en que posea, en que haya alcanzado, los ocho poderes yóguicos, *vigalita sakala upatāpa santrāsaḥ*, y todo *upatāpa* (tormento) y *trāsaḥ* (miedo), todo tormento y pavor se desvanecerán, *tvad bhakti rasāyana pāna krīḍāniṣṭhaḥ*? Y yo jugaré, alegre, al beber el néctar de Tu devoción. *Kadāsīya*, ¿cuándo me llegará este estado?

ALEXIS: *Rasāyana* es eso que da vida eterna.

SWAMIJI: Sí.

nātha kadā sa tathāvidha ākrando me samuccared vāci ।
yat samanantarameva sphurati purastāvakī mūrtiḥ ।।19।।

Oh mi querido *nātha*, oh mi querido Señor, ¿cuándo llegará el día en que clamaré, solo en una palabra, "¡Oh mi Señor! ¡Oh mi Señor!"? ¿Cuándo llegará el día en que produciré un solo clamor, de tal manera que no tendrás excusa para ignorarme, y Tú solo aparecerás delante de mí en ese mismo momento en que lloro? Al instante, Tu *mūrti*, Tu hermosa forma y hermoso cuerpo, aparecerán frente a mí debido a ese único grito. ¿Cuándo proferiré ese grito? ¿Cuándo llegará el día en que pronunciaré tal grito, *samantarameva sphurati puraḥ*, que no tendrás excusa para esconderte?

gāḍhagāḍhabhavadaṅghrisarojā-
liṅganavyasanatatparacetāḥ ।
vastvavastvidamayatnata eva tvāṁ
kadā samavalokayitāsmi ।।20।।

Hay un deseo en mí, mi Señor. *Gāḍha gāḍha bhavat aṅghri saroja āliṅgana vyasana tatparacetāḥ*, me gustaría estar en esta posición, *gāḍha gāḍha bhavat aṅghri saroja*, abrazar con fuerza Tus pies de loto. No solo abrazarlos una vez, *vyasana tat paracetāḥ*, abrazarlos y continuar abrazándolos una y otra vez (*vyasana tat*). ¿Cuándo llegará ese día?

Entonces, ¿qué será de mí?

Vastu avastu idam ayatnata eva. Aunque no existes, aunque existes —puedes existir o puedes no existir—, con esta acción te alcanzaré. ¿Cuándo llegará el día en que abrazaré Tus pies de esta manera? Los abrazaré, luego desconectaré los abrazos, y luego nuevamente los abrazaré, y abrazaré, y abrazaré... y después moriré.

CAPÍTULO 10
La continuidad de la conciencia de Dios se rompe
Avitchedabhaṅgākhyaṁ daśamaṁ stotram

SWAMIJI: El décimo *stotra* se llama *avicchedabhaṅga*, que significa que siente que la continuidad de la conciencia de Dios no está establecida, se rompe de vez en cuando. En este *stotra* él llora por esa continuidad.

na soḍhavyamavaśyaṁ te jagadekaprabhoridam ।
māheśvarāśca lokānāmitareṣāṁ samāśca yat ।।1।।

Jagadeka prabhor. Oh, Tú eres el único Señor de este universo, ¿cómo toleras que Tus esclavos (Tus devotos) residan en el mismo nivel que las personas mundanas? No debería suceder que Tus devotos caminen por el mismo camino en el que se encuentran las personas ordinarias. ¿Cómo lo toleras? No debes tolerarlo.

ye sadaivānurāgeṇa bhavatpādānugāminaḥ ।
yatra tatra gatā bhogāṁste kāṁścid upabhuñjate ।।2।।

Señor, quienes siempre siguen con gran amor y afecto el camino por el que viajan Tus pies de loto, *yatra tatra gatāḥ*, no importa si están situados en alguna posición particular, en algún estado mundano, *te kāṁcit bhogān upabhuñjate*, disfrutan de un *camatkāra* supremo, un gusto espiritual supremo. Entonces, no se preocupan por eso.[180]

---

180 Es decir, no les preocupa estar en estados mundanos porque en realidad obtienen disfrute espiritual de ellos. [Nota del editor]

bhartā kālāntako yatra bhavāṁstatra kuto rujaḥ ।
tatra cetarabhogāśā kā lakṣmīryatra tāvakī ।।3।।

El Señor Śiva es el destructor del señor de la muerte. Ha matado al señor de la muerte. *Kāla* significa el señor de la muerte.

Si *kālāntakaḥ*, el destructor del señor de la muerte, permanece en el fondo, ayudando, *tatra kuto rujaḥ*, ¿existe la posibilidad de que aparezca alguna enfermedad? Ninguna enfermedad aparecerá si Él esté protegiendo.

Tatra ca itara bhogāśā kā lakṣmīḥ yatra tāvakī. Yatra tāvakī lakṣmīḥ, donde está Tu Lakṣmī (Lakṣmī significa la diosa de la riqueza), no hay posibilidad de desear ningún otro disfrute. ¡Ahí terminan todos los placeres! Porque todos los placeres mundanos no son nada ante eso.

kṣaṇamātrasukhenāpi vibhuryenāsi labhyase ।
tadaiva sarvaḥ kālo'sya tvadānandena pūryate ।।4।।

Kṣaṇamātra sukhenāpi vibhur yenāsi labhyase. Cuando Tú, Señor, eres alcanzado por alguna persona, aunque solo sea por medio segundo; si ese destello de alegría supersexual[181] surge durante *kṣaṇa*...

Kṣaṇa significa...

GANJOO: Momentáneo.

ALEXIS: Instantáneo.

SWAMIJI: ... el lapso de tiempo de cinco respiraciones.

... solo por ese tiempo, si alguien experimenta la alegría supersexual de Tu *svarūpa*, Tu existencia, *tadaiva sarvaḥ kālo 'sya tva*, no importa si no logra esa alegría hasta el momento de su muerte: aun así, todo el lapso de tiempo de su vida queda llena de la embriaguez de esa alegría, para toda su vida. Esta es la grandeza de ese gozo. Esta alegría permanece para siempre, hasta su muerte.

181 En la actividad sexual ordinaria, uno experimenta una sola gota de la dicha de la conciencia de Dios. Aquí, experimentando la naturaleza del Señor (*svarūpa*) en un solo destello, el devoto siente la embriaguez de ese gozo supersexual de la conciencia de Dios por el resto de su vida. [Nota del editor]

ānandarasabinduste candramā galito bhuvi ।
sūryastathā te prasṛtaḥ saṁhārī tejasaḥ kaṇaḥ ।।5।।

baliṁ yāmastritīyāya netrayāsmai tava prabho ।
alaukikasya kasyāpi māhātmyasyaikalakṣmaṇe ।।6।।

La luna que brilla en el cielo es solo una gota del néctar de Tu dicha espiritual. Es solo una gota que brilla... la luna es tan agradable y relajante para todos, aunque en la sustancia de la luna solo ha entrado una gota de esa alegría supersexual.

Y *sūryastathā te prasṛtaḥ saṁhārī tejasaḥ kaṇaḥ*, el sol que brilla en el cielo es solo una chispa de Tu *prakāśa*, una chispa de Tu luz destructiva, y cuánta luz ardiente produce.

Ese *tejas* (luz) es destructivo porque si lo miras te quedas ciego.

ALEXIS: Pero también en el sentido de que *sūrya* es la retracción, ¿no es así?

JOHN: Destruye la individualidad y da universalidad.

SWAMIJI: Sí.

Pero yo, Utpaladeva, dejo de lado las dos sustancias de este *prakāśa*. No estoy interesado en ellos. Una, la luna, está llena de alegría, y el otro, el sol, está lleno de luz destructiva.

Candramā (la luna) representa Tu ojo izquierdo y *sūrya* (el sol) representa Tu ojo derecho. No tengo nada que ver con estos dos ojos Tuyos que brillan en este mundo.

Hay un tercer ojo que está situado entre Tus dos cejas. Ese es el ojo de *agni* (el fuego), *pramātṛ bhāva*[182]. Quiero ofrecer mi todo a eso.

En cachemir hay una palabra apropiada para *baliṁ yāmaḥ*: *balāya lāgun*, simplemente deshacerse de todo, sacrificar todo sin reservas.

Quiero hacerle eso a Tu tercer ojo. Y es *alaukika*, está más allá del universo, por encima del universo, y tiene una gloria grandiosa: la señal de esa gloria está allí (*lakṣmaṇe* significa "señal").

---

182 *Pramātṛ bhāva* (estado subjetivo, fuego), *pramāṇa bhāva* (estado cognitivo, sol), y *prameya bhāva* (estado objetivo, luna). [Nota del editor]

tenaiva dṛṣṭo'si bhavaddarśanādyo'tihṛṣyati |
kathañcidyasya vā harṣaḥ ko'pi tena tvamīkṣitaḥ ||7||

En el sentido real, te ha percibido y te ha visto quien, al verte, se vuelve *atihṛṣyati* (*atihṛṣyati* significa "su alegría no tendrá límites"). Su alegría será ilimitada.

Cuando percibes la conciencia de Dios no se lo relatas a tu maestro de esta manera: "Oh maestro, hoy por tu gracia he visto la conciencia de Dios y fue muy agradable. Era muy hermoso". Esta no es la manera de experimentar Eso.

Cuando lo experimentas no puedes relatar nada. Solo llorarás delante de tu maestro sin poder decir ni una palabra. Estarás tan lleno de alegría que no podrás pronunciar una palabra. Solo llorarás delante de él. Esta es la señal de que realmente has percibido la conciencia de Dios. Si dices "lo he percibido, era muy bonito", es un fraude.

DENISE: Porque entonces es una experiencia limitada.

SWAMIJI: Sí.

Entonces, *bhavaddarśanāt yo atihṛṣyati*, quien se vuelve *atihṛṣyati* (*atihṛṣyati* significa "su alegría es tan densa que no puede explicar nada"), *tenaiva dṛṣto'si*, de hecho, te ha percibido. *Kathañcidyasya vā harṣaḥ*, y ese gozo no llega solo por meditar en Eso. *Kathañcit*, *bas*, de alguna manera, esa alegría viene solo por la gracia de Dios, por *śaktipāta*. Así que te ha visto a ti, en realidad te ha visto a ti, a nadie más.

yeṣāṁ prasanno'si prabho yairlabdhaṁ hṛdayaṁ tava |
ākṛṣya tvatpurattaistu bāhyamābhyantarīkṛtam ||8||

Vibho[183], oh Señor, con quien estás realmente complacido, *yairlabdhaṁ hṛdayaṁ tava*, y aquellos que han alcanzado y percibido Tu corazón interno, solo ellos han extraído todo este universo

183 En su recitación de este verso, Swamiji canta *prabho* en lugar de *vibho*. Las dos palabras tienen el mismo significado. En la publicación de Swamiji sánscrito-hindi, aparece *vibho*. [Nota del editor]

de Tu naturaleza de conciencia de Dios y luego lo han empapado de nuevo en la conciencia de Dios. Ellos lo han hecho. Han extraído este universo del estado de conciencia de Dios y luego lo han vuelto a unir con la conciencia de Dios.

Esta dualidad no proviene de la dualidad, proviene de la unidad. De la unidad han extraído esta dualidad y luego, nuevamente, han unido la dualidad con la unidad.

Con quienes estás complacido y aquellos que realmente han percibido Tu esencia, ellos lo han hecho.

tvadṛte nikhilaṁ viśvaṁ samadṛgyātamīkṣyatām ।
īśvaraḥ punaretasya tvameko viṣamekṣaṇaḥ ।।9।।

Excepto Tú, todos perciben este universo de una manera dualista, con dos ojos. Pero solo Tú percibes este universo con un ojo, solo con el tercer ojo, de manera monista. Esta es la diferencia (*viṣamekṣaṇaḥ*).[184]

āstāṁ bhavatprabhāveṇa vinā sattaiva nāsti yat ।
tvaddūṣaṇakathā yeṣāṁ tvadṛte nopapadyate ।।10।।

Bhavat prabhāveṇa vinā sattaiva nāsti yat. Es un hecho que sin Tu existencia, sin la aparición de Tu gloria, nada puede existir en este universo. Si este micrófono existe, existe solo por Tu gloria. Tu gloria está ahí, entonces existe.

Pero *tvaddūṣaṇa kathā yeṣāṁ tvadṛte nopapdyate*, hay quienes niegan Tu existencia —*cārvāka*, los ateos—. La negación de Tu existencia no puede explicarse sin Tu existencia. Si niegan Tu existencia, esa explicación que niega no puede existir sin Tu existencia. Necesitan Tu existencia para negarte, para decir, "no hay Dios". Decir "no hay Dios" solo existirá si hay Dios.[185]

---

184 La diferencia de percepción. [Nota del editor]

185 "Si dices que Dios no existe, te pregunto, ¿quién dice que Dios no existe? Es Dios el que dice que Dios no existe. Entonces es Dios mismo quien está tratando de probar que Él no existe. ¿Por qué? Porque esa persona que refuta la existen-

bāhyāntarāntarāyālīkevale cetasi sthitiḥ ।
tvayi cetsyānmama vibho kimanyadupayujyate ।।11।।

Oh Señor, *vibho*, si mi mente se establece en Tu Ser y toma la posición de estar desapegada de la universalidad exterior (el universo exterior), el universo interior y el universo vacío, entonces el universo exterior, el universo interior y el universo vacío no existirán en mi mente.[186] Mi mente estará absolutamente alejada de estos tres universos.

Arthāt[187], el universo exterior, el universo introvertido y el universo vacío no existirán en mi mente. Y si en esa mente Tú prevaleces, Tu existencia brilla, se establece, *kimanyadupayujyate*, ¿entonces qué necesito? ¡No necesito nada! Mis necesidades están satisfechas.

anye bhramanti bhagavannātmanyevātiduḥsthitāḥ ।
anye bhramanti bhagavannātmanyevātisusthitāḥ ।।12।।

La palabra *bhramanti* tiene dos significados. Primero significa aquellos que simplemente pierden el tiempo yendo de aquí para allá. En segundo lugar, *bhramanti* significa *vikasanti*, aquellos que disfrutan.

Porque, oh Señor, *na ātmani eva ati duḥsthitāḥ*, están situados en ese ser que en realidad no es Dios. Entonces, *ati duḥsthitā*, permanecen allí *ati duḥsthitā*, con la mente siempre dispersa.

Anye, y algunas personas brillan, son glorificadas, *na ātmanyeva*, *bhagavan*, oh Señor, *ātmanyeva ātisusthitāḥ*, porque están establecidos en su propia naturaleza.[188]

---

cia del Señor Śiva, por su mismo intento de refutar Su existencia, prueba Su existencia. Esto se debe a que la persona que hace la pregunta es el Señor Śiva, quien existe incluso antes de que surja la pregunta de Su existencia". *Self Realization in Kashmir Shaivism*, 3.58.

186 *Jāgrat* (vigilia), *svapna* (soñar) y *suṣupti* (dormir sin soñar), respectivamente. [Nota del editor]

187 *Arthāt*: según el estado del caso, según las circunstancias, de hecho. [Nota del editor]

188 Las dos líneas de este verso contienen un sutil juego de palabras entre las dos posibles lecturas de *bhagavan na ātmani* y *bhagavan ātmani*. [Nota del editor]

apītvāpi bhavadbhaktisudhāmanavalokya ca ।
tvāmapīśa tvatsamācāramātrātsiddhyanti jantavaḥ ।।13।।

Oh Señor, *bhavad bhakti sudhām apītvāpi*, hay quienes no han probado el néctar de Tu devoción y *anavalokya ca tvām*, no han experimentado el estado de Tu conciencia de Dios, pero aun así, *tvat samācāramātrā*, al escuchar Tu nombre del mundo exterior, ¡obtienen el ingreso en la conciencia de Dios!

Hay quienes, sin entrar en la conciencia de Dios y sin adoptar la devoción por Ti, no han probado el néctar de Tu devoción y no han entrado en el estado de conciencia de Dios, pero aun así, son tan buenos y están tan cerca de Ti que al escuchar Tu único nombre desde afuera, de los labios de alguien, obtienen el ingreso. ¡Son maravillosos!

JOHN: ¿No hay requisitos previos de devoción ni nada para recibirlo? ¡Todo es gracia!

SWAMIJI: No [afirmativo].

bhṛtyā vayaṁ tava vibho tena trijagatāṁ yathā ।
bibharṣyātmānamevaṁ te bharttavyā vayamapyalam ।।14।।

Oh Señor, no hay duda de que somos esclavos. *Tena*, entonces, *trijagatāṁ yathā bibharṣi...*

Bhṛtya significa "esclavos". *Bhṛtya* no significa "sirviente pagado" sino un sirviente no remunerado, alguien completamente sostenido por un maestro.

ALEXIS: *Tasmai dīyate sarvaṁ*.

SWAMIJI: *Hāṁ*[189]. *Dhāryate poṣyate ca. Dhāryate poṣyate*, aquel a quien un maestro cuida en todos los aspectos y quien no tiene otro sostén que su maestro, es un *bhṛtya*. Entonces es un esclavo.

JOHN: Depende completamente de su amo.

SWAMIJI: Sí. No necesita dinero. Solo necesita el sostén de su amo.

189 "Sí" en hindi.

Nosotros somos Tus *bhṛtya*, somos Tus esclavos. Y, como es obvio que Tú te ocupas de estos tres mundos, considerándolos como Tus *bhṛtya*, de la misma manera, es Tu deber cuidar de nosotros y ver que no necesitemos nada. Tienes que satisfacer y completar nuestras necesidades. Tienes que hacerlo porque eres nuestro maestro.

parānandāmṛtamaye dṛṣṭe'pi jagadātmani ।
tvayi sparśarase'tyantataramutkaṇṭhito'smi te ।।15।।

Oh Señor, aunque te he visto y he experimentado el estado de Tu ser, que está lleno del supremo néctar de la dicha, en mi mente todavía hay cierta necesidad de abrazarte. Solo quiero abrazarte. Este cosquilleo siempre está en el fondo de mi deseo (*icchā śakti*).

Bas, es esto: Te he visto, Te he experimentado, pero quiero abrazarte.

ALEXIS: *Jagadātmani*, ¿dónde entra esto?

SWAMIJI: *Tvayi*.

ALEXIS: *Tvayi jagadātmani sparśa rase.*

SWAMIJI: No, es en ambos sentidos: *tvayi jagadātmani parānandāmṛtamaye dṛṣṭe'pi*.

ALEXIS: No es que te haya visto en forma *uttīrṇā*, es decir, en forma *viśvottīrṇa* (trascendente), ahora deseo abrazarte en el mundo.

SWAMIJI: Sí.

deva duḥkhānyaśeṣāṇi yāni saṁsāriṇāmapi ।
dhṛtyākhyabhavadīyātmayutānyāyānti sahyatām ।।16।।

Oh Señor, *saṁsāriṇām api yāni aśeṣāni duḥkhāni*, los tormentos, dolores, penas y tristezas en este universo, vienen y todos las toleran. La causa de esta tolerancia es solo Tu cercanía. Estás cerca de ellos, por eso lo toleran. De lo contrario, nadie toleraría ninguna tristeza o tormento en este universo.

JOHN: ¿Cómo lo hace tolerable?

DENISE: ¿Porque también lo hace dulce?

SWAMIJI: Porque Él siempre es dulce, ¡Él es dulce en todos los sentidos [risas]! Sí, tienes razón.

JOHN: Pero él está hablando de todos, ¿no?

SWAMIJI: Todas las personas.

ALEXIS: Entonces, incluso la persona que no ama a Dios, cuando está en un dolor extremo, siente cierto apego a la conciencia del yo.

SWAMIJI: Sí. Es la conciencia del yo que existe en ellos.

ALEXIS: La devoción universal.

SWAMIJI: Sí.

sarvajñe sarvaśaktau ca tvayyeva sati cinmaye |
sarvathāpyasato nātha yuktāsya jagataḥ prathā ||17||

De hecho, la existencia del universo es *sarvathā api asataḥ*, no existente. La existencia del universo es falsa, es irreal, ¡no debería existir!

¿Por qué existe? Estos anteojos no deberían existir. ¿Por qué existen?

Solo existe *sarvajñe sarvaśaktau ca tvayyeva sati*, cuando Tú estás allí. Cuando Tu existencia está ahí brillando, entonces existe. La existencia del universo inexistente que aspira a ser, solo es posible cuando Tú estás brillando. Entonces, porque estás brillando, todo está bien [risas].

JOHN: ¿Por qué dice que este universo no debería existir?

SWAMIJI: Porque la dualidad no existe. La dualidad solo existe cuando la no dualidad está brillando. La no dualidad brilla en la dualidad.

ALEXIS: No tiene sentido imaginar que el mundo depende simplemente del tiempo, el espacio y la forma.[190]

SWAMIJI: No, no tiene sentido. Eso es shaivismo.

---

190 "Los tres (tiempo, espacio y forma) son solo la gloria de Dios. No existen a su manera [es decir, de forma independiente]". *Tantrāloka*, 11.105 (archivos USF).

tvatprāṇitāḥ sphurantīme guṇā loṣṭopamā api ।
nṛtyanti pavanoddhūtāḥ kārpāsapicavo yathā ।।18।।

yadi nātha guṇeṣvātmābhimano na bhavettataḥ ।
kena hīyeta jagatastvadekātmatayā prathā ।।19।।

Oh Señor, *ime guṇā*, los cinco sentidos de acción y los cinco sentidos de cognición, en realidad son *loṣṭopamā api*, como una piedra. No tienen vida. Son como *loṣṭa* (*loṣṭa* significa "bola de tierra"), solo una bola muerta de tierra. Pero, *tvatprāṇita*, cuando inyectas Tu conciencia en ellos, *sphuranti*, actúan.

Sphuranti, svaṁ svaṁ kāryaṁ kurvanti. Sphuranti significa "brillan, vibran, lo hacen todo".

Los ojos son como esa bola de barro, es decir, muertos. Cuando inyectas Tu conciencia de Dios en los ojos, ellos perciben todas las formas. De la misma manera, todos los órganos actúan cuando son inyectados con Tu conciencia de Dios. Entonces, *nṛtyanti*, bailan como *pavanoddhūtāḥ kārpāsa picavaḥ*, pequeñas partículas de algodón (pelusas) que se mueven aquí y allá en el éter por la fuerza del viento. Tú eres ese viento.

ALEXIS: ¿*Picava*?

SWAMIJI: *Picavaḥ* significa *leśāḥ*, partículas, pequeñas partículas de esas fibras de algodón.

De la misma manera, *yadi nātha guṇeṣu ātmābhimāno na bhavet*, si en estos diez órganos no hubiera una adaptación de la conciencia de Dios, ¿quién descendería del estado de conciencia de Dios? ¡Nadie! Todo el mundo quedaría siempre asido de la conciencia de Dios. Nadie vendría en esta existencia universal.

Tenemos diez órganos (cinco órganos de acción y cinco órganos de cognición) y disfrutamos de la vida mundana. Nadie aceptaría disfrutar de la vida mundana si la conciencia de Dios no se hubiera ajustado también en este estado. A nadie le importaría este universo. La alegría proviene de esa conciencia del yo.

ALEXIS: *Virodhābhāsa*, aparente contradicción. Porque Dios establece esa identidad propia en esos órganos. Entonces piensan,

"¡este soy yo!".

SWAMIJI: Sí.

Y así, la conciencia de Dios está ahí. Si no hubieran encontrado la conciencia de Dios en este estado de vida, nadie habría descendido a este estado de vida. Todo el mundo habría permanecido en la conciencia de Dios, siempre. Pero también encuentran Tu presencia allí, así que disfrutan.

JOHN: Entonces, ¿esa presencia está en la forma de "Estoy disfrutando"?

ALEXIS: *Ātmābhimānaḥ*.

SWAMIJI: Sí, *ātmābhimānaḥ, na bhavet*.

Kena hīyeta jagatas tvadekātmatayā prathā. ¿Quién abandonaría el estado de espiritualidad de conciencia de Dios? Nadie, pero todos lo han abandonado porque han descubierto que la conciencia de Dios también está aquí.[191]

JOHN: Esto es shaivismo.

SWAMIJI: Sí [risas].

ALEXIS: Esto no es *vedānta*.

vandyāste'pi mahīyāṁsaḥ pralayopagatā api |
tvatkopapāvakasparśāpūtā ye parameśvaraḥ ||20||

Oh *parameśvaraḥ*, oh Señor, Rāvaṇa, Yama (el señor de la muerte) y Kāma (el señor del amor) fueron asesinados por Dios. Aun así, como Tu cercanía estaba allí, son dignos de nuestras salutaciones. Tú peleaste con ellos con Tus manos, Tus manos divinas los tocaron, entonces, son divinos.

ALEXIS: El amor es divino. *Kāma*.

SWAMIJI: Absolutamente.

191 En el estado de vida mundana, *saṁsāra*. [Nota del editor]

mahāprakāśavapuṣi vispaṣṭe bhavati sthite ।
sarvato'pīśa tatkasmāttamasi prasarāmyaham ।।21।।

Es un hecho que Tu existencia se encuentra en todas partes, *mahā-prakāśa vapuṣi*, porque es toda luz, toda conciencia, en todas partes. Pero, aunque yo también la encuentro en todas partes, ¿por qué de vez en cuando deambulo en la oscuridad? ¿Cuál es la causa de que yo exista en la densa oscuridad?

avibhāgo bhavāneva svarūpamamṛtaṁ mama ।
tathāpi martyadharmāṇāmahamevaikamāspadam ।।22।।

En realidad, eres universal, estás en todas partes y mi cuerpo es uno con Tu cuerpo 'nectarizado'. Pero aun así, me asombra por qué soy dado a todos los problemas mortales. Por ejemplo, tengo dolor de cabeza, tengo problemas nasales, tengo forúnculos, tengo todas las tristezas. Todas las penas vienen a mí. Esto me asombra.

maheśvareti yasyāsti nāmakaṁ vāgvibhūṣaṇam ।
praṇāmāṅkaśca śirasi sa evaikaḥ prabhāvitaḥ ।।23।।

La persona cuya lengua es glorificada con Tu nombre, cuya lengua siempre recita Tu nombre, *maheśvara iti yasa asti nāmakam*, "Oh Señor", "Oh Maheśvara", "Oh Bhagavān", "Oh Dios", "Oh Śiva", "Oh querido", y *praṇāmāṅkaśca śirasi*, y la señal en la frente de inclinarse en la tierra ante Ti, solo ellos son verdaderamente afortunados.

Cuando se inclinan ante mí y hacen *praṇāma*[192], esa señal, ese polvo, está en sus rodillas. Pero cuando te inclinas ante tu maestro ese polvo debe quedar en tu frente.

sadāsacca bhavāneva yena tenāprayāsataḥ ।
svarasenaiva bhagavaṁstathā siddhiḥ kathaṁ na me ।।24

192 Reverencia.

Oh Señor, es un hecho que Tú existes en los objetos existentes y que Tú existes en los objetos inexistentes. Tú existes en los objetos que están completamente iluminados y Tú existes en los objetos que están en la oscuridad. Estás en la luz y estás en la oscuridad.

Entonces, ¿por qué no te percibo sin esfuerzo? Si es un hecho que estás en todas partes, en las cosas existentes y las inexistentes, ¿por qué no percibo Tu estado sin esfuerzo? ¿Por qué debo esforzarme por percibirte? Estás en todas partes, así que debes brillar en todas partes para mí. Tengo este problema.

śivadāsaḥ śivaikātmā kiṁ yannāsādayetsukham ।
tarpyo'smi devamukhyānām api yenāmṛtāsavaiḥ ।।25।।

Soy un esclavo del Señor Śiva. Es un hecho. Solo soy Su esclavo. ¡No soy solo un esclavo, yo mismo soy Śiva, *śivaikātmā* [risas]! *Kiṁ yat nā sādayet sukham*, y la persona que se ha vuelto así, disfrutará de todo tipo de placeres, de todo tipo de dicha. Entonces, es un hecho que *deva mukhyānāma*, los cinco grandes señores tienen que venir y entregarse a mí.

Los cinco señores de las cinco grandes acciones: creación, protección, destrucción, ocultación y revelación. El señor creador es Brahmā, el señor protector es Nārāyaṇa, el señor destructor es Rudra, el señor ocultador es Īśvara y el señor revelador es Sadāśiva. *Pañca kāraṇa*. Estos cinco *kāraṇas*, cinco grandes señores, tienen que venir ante mí y entregarse a. No saben quién soy.

DENISE: Se está volviendo más audaz, ¿no?

SWAMIJI: [riendo] Sí, en algunos momentos.

DENISE: Se vuelve más y más fuerte.

SWAMIJI: *Amṛtāsavaiḥ*, por los licores que están llenos de divino *amṛta*, de néctar divino.

JOHN: ¿Cómo encaja eso en esta estrofa?

SWAMIJI: ¡Tienen que adorarme con néctar divino! ¡Están obligados a adorarme!

hṛnnābhyorantarālasthaḥ prāṇināṁ pittavigrahaḥ ।
grasase tvaṁ mahāvahniḥ sarvaṁ sthāvarajaṅgamam ।।26।।

Oh Señor, Tú te has convertido en el fuego que existe en el centro del vientre de todos los seres y allí comes lo que se mueve y lo que no se mueve. ¡Te lo comes todo! Todo va a ese fuego y es digerido por Ti.

Por ejemplo, tienes que comer desperdicios. ¿Cómo comes desperdicios, Tú, Señor Śiva? Tomando la forma de un perro. Bebes néctar, bebes leche, tomando la forma de un bebé. Comes carne tomando la forma de tigres, leones, bestias... en realidad, los que comen carne son bestias.

CAPÍTULO 11
El anhelo por la cercanía de Dios
Autsukyaviśvasitanāmaikādaśaṁ stotram

ERNIE: Swamiji, ¿por qué dijo "Estoy en la oscuridad" y luego, en la siguiente estrofa, dijo "Yo soy el Señor Śiva"?

SWAMIJI: [risas] Porque se sentía así. Tenía este estado enloquecido de espiritualidad. De pronto, él es polvo; de pronto, él es el Señor mismo [risas].

ALEXIS: Estas estrofas fueron producidas una a una en diferentes momentos de su experiencia espiritual y luego alguien más los recopiló.

SWAMIJI: Sí. Él mismo ha recopilado *Saṁgraha Stotra*, *Bhakti stotra* y *Jaya stotra*.

BRUCE P: Swamiji, él preguntó que dado que todo lo que existe y lo que no existe son el Señor Śiva, ¿por qué tiene que esforzarse para percibirlo? Lo preguntó pero no hay respuesta.

SWAMIJI: No llega ninguna respuesta. Es tonto, no dice nada.

JOHN: ¿Puede decirnos la respuesta, señor?

SWAMIJI: Porque en realidad no lo siente así. Hasta que no lo sienta así, esa percepción no llegará. Si realmente sientes que el Señor Śiva siempre está, también en las cosas inexistentes, brillará como tal.

Este *stotra* se denomina *Autsukyaviśvasitanāmaikādaśaṁ stotram*. *Autsukya* significa "deseo, anhelo de la cercanía de Dios"; y *viśvasita*, "consuelo, no te preocupes". Esto viene de antes. "No te preocupes, vendrá".

jagadidamatha vā suhṛdo bandhujano
va na bhavati mama kimapi ||
tvaṁ punaretatsarvaṁ yadā
tadā ko'paro me'stu ||1||

En este universo nada es mío; en realidad, no tengo a nadie en este mundo. No tengo universo, no tengo bebé, ni Viresh, ni John, nada pertenece a mí. No me preocupa nada ni nadie aquí en este universo.

Tú eres mi John, eres mi Viresh, eres mi todo; eres mi maestro, eres mi todo; eres mi marido, eres mi todo. *Tvaṁ punaretatsarvaṁ*, Tú estás en su lugar para mí.

Yadā tadā ko'paro me astu. Tú siempre eres mi todo, no solo en este momento de intenso deseo de Tu cercanía. Eres mi esposo, eres mi amigo, eres mi hijo, eres mi todo. No tengo otro que Tú.

svāminmaheśvarastvaṁ sākṣātsarvaṁ jagattvameveti |
vastveva siddhimetviti yācñā tatrāpi yācñaiva ||2||

Oh mi Maestro, Tú eres el Señor de los señores. Es un hecho. *Sākṣāt sarvaṁ jagattvameveti*, todo este universo es solo uno Contigo. ¿Por qué debería pedirte alguna cosa? ¡Dámelo todo! No quiero una cosa [risas]. ¡Dámelo todo! Eres Maheśvara, eres el Señor de los señores. Todo surgirá de Ti. ¿Por qué debo pedirte algo en particular? Nunca lo haré.

JOHN: ¿"Todo" significa ser uno con la conciencia universal?

SWAMIJI: Sí.

ALEXIS: Y una cosa en particular es, por ejemplo, "Por favor, mi hijo necesita un mejor trabajo".

SWAMIJI: No pediré estas cosas.

JOHN: Entonces, cuando le pides a tu maestro que te dé tu propia naturaleza, le estás pidiendo todo, ¿no es así?

SWAMIJI: Sí.

tribhuvanādhipatitvamapīha yat-
tṛṇamiva pratibhāti bhavajjuṣaḥ ।
kimiva tasya phalaṁ śubhakarmaṇo
bhavati nātha bhavatsmaraṇādṛte ।।3।।

Nātha, oh Maestro, *tribhuvanādhi pati tvam api*, en este mundo, el reino de los tres mundos se les aparece a Tus devotos, a Tus *bhavat juṣaḥ*, a Tus adoradores; se les aparece como una brizna de hierba seca y descuidada. Entonces, *tasya śubhakarmaṇaḥ*, quien siempre está realizando la acción divina, Tu adoración, ¿qué otro disfrute tendrá excepto Tu recuerdo (*bhavat smaranādṛte*)?

ALEXIS: No hay otro *phalam*, no hay otra recompensa para él que recordarte.

SWAMIJI: Solo para recordarlo, *bas*, solo disfruta eso. *Tasya*, ese devoto que es *śubhakarmi* (*śubhakarmi* significa "quien hace la acción divina de adorarte"), ¿qué fruto poseerá? Solo él poseerá el fruto de recordarte.

yena naiva bhavato'sti vibhinnaṁ
kiñcañāpi jagatāṁ prabhavaśca ।
tvadvijṛmbhitamato'dbhutakarma-
svapyudeti na tava stutibandhaḥ ।।4।।

Es un hecho que *bhavataḥ vibhinnaṁ kiñcana na asti*, no hay nada fuera de Tu *svarūpa*, no hay nada que exista sin Ti. Solo Tú existes en este mundo y nada más. Y *jagatāṁ prabhavaśca tvad vijṛmbhitam*, los cinco controladores de este universo: creadores, protectores, destructores, ocultadores y reveladores (Brahmā, Viṣṇu, Rudra, Īśvara y Sadāśiva), esos grandes dioses también son *tvatvijṛmbhitam*, retoños de Tu divinidad. Ellos son solo chispas de Tu divinidad.

Entonces, *adbhuta karmasu api tava*. *Tava adbhuta karmasu*, hagas lo que hagas, sea cual sea la gran cosa que estés haciendo, no hay razón para cantar Tu gloria, porque has hecho algo maravilloso. Nada es maravilloso para Ti.

¿Lo han entendido?

¡Nada es maravilloso para Ti! ¡Todo es muy fácil para ti! Porque esta expansión Tuya, las chispas de Tu divinidad se encuentran en estos cinco grandes dioses que se ocupan de todo este universo. Entonces, *adbhuta karmasu api*, en Tus actos sorprendentes, se supone que no debemos cantar glorias a Ti, que Tú has hecho tal y tal cosa, que Tú estás haciendo milagros. Es Tu naturaleza hacerlo. No es algo nuevo para Ti.

Creo que han entendido.

tvanmayo'smi bhavadarcananiṣṭhaḥ
sarvadāhamiti cāpyavirāmam ।
bhavayannapi vibho svarasena
svapnogo'pi na tathā kiṁiva syām ।।5।।

Oh Señor, tengo un problema. ¡Nunca hay un momento en que no te adore con todo mi corazón! *Tvanmayo'smi*, ¡siempre estoy Contigo! Siempre estoy pensando en ti, siempre te estoy poseyendo. *Iti capi avirāmambhavayannapi*, percibo en este universo que te estoy adorando como mi amadísimo Señor.

Oh Señor, aun así tengo un problema. Si hago todo esto, ¿por qué cuando me voy a dormir sueño con otras cosas? Esto no debería suceder. Siempre estoy adorándote desde las cuatro de la mañana hasta tarde a las doce, después descanso un poco y sueño estos sueños que no tienen que ver con Tu adoración... ¡esto no debería pasarme! También debo adorarte en el estado de sueño. Este es mi problema.

ye[193] *manāgapi bhavaccaraṇābjod-*
bhūtasaurabhalavena vimṛṣṭāḥ ।
teṣu visramiva bhāti samastaṁ
bhogajātamamarairapi mṛgyam ।।6।।

193 Swamiji corrigió *yena* ya que, por error, en su publicación en hindi y sánscrito aparece *ye*. [Nota del editor]

Quienes han entrado en contacto con *bhavat caraṇābja udbhūta saurabhalavena*, con solo una pequeña partícula de la fragancia del polen que ha salido de Tus pies de loto, quienes son *manāgapi*, apenas ligeramente *vimṣṭaḥ*, tocados por ese polen (*vimṛṣṭaḥ* significa "recién tocado"), a esas personas, *teṣu visramiva bhāti samastaṁ bhogajātam*, todo el disfrute encontrado *amaraiḥ*, encontrado por los dioses en el cielo, les aparece como *visram* (*visram* significa "que tiene mal olor"). Al pensar en ese disfrute se tapan la nariz. No pueden mirarlo.

Quienes han recibido el más mínimo toque de una partícula del polen de Tus pies de loto piensan que los otros placeres son insípidos.

hṛdi[194] *te na tu vidyate'nyadanyad-*
vacane karmaṇi cānyadeva śaṁbho ।
paramārthasato'pyanugraho vā
yadi vā nigraha eka eva kāryaḥ ।।7।।

Ves que soy un hombre sencillo: yo no engaño y Tú lo sabes. Tú también debes ser así. Pero, ¡a veces parece que eres un fraude! Porque *hṛdi te na tu vidyate*, no es un engaño cuando todas tus acciones también existen en tu mente; *hṛdi te*, lo mismo debe existir en tu palabra. Cualquier cosa que exista en tu mente, lo mismo debe existir en tu palabra y en tu acción.

Pero siento que en Tu mente tienes la idea de hacer algo más con respecto a Tus devotos. Externamente dices "Lo haré", pero internamente piensas "No lo haré". *Vacane*, y en la acción, haces otra cosa.

No debería suceder que la resolución en Tu mente sea una cosa, en el habla sea otra cosa y en la acción sea otra cosa.

Tal como hice con la Madre Alice cuando le dije que iría a América. Esta no es la manera de ser sincero, es un engaño.

Paramārtha sato, Señor, soy un hombre sencillo. También debes actuar así. *Anugraho vā*, si no vas a elevarme, entonces patéame

194 Swamiji corrigió *hṛti* para que diga *hṛdi*. [Nota del editor]

hacia abajo, ¡pero de una vez por todas! *Anug raho vā nigrahaḥ*, si Tú me elevas, muy bien; pero di eso en Tu mente, di eso en Tu habla y haz eso en Tu acción. No tengas contradicciones.

No juegues conmigo. Dime con franqueza: "No lo haré. Te voy a echar". Eso es todo. Me sentaré en algún rincón y después me arrepentiré toda mi vida. Pero Tú me dices "Lo haré, lo haré mañana, lo haré pasado mañana", aunque internamente Tú no quieres hacerlo en absoluto. Internamente te vas por otro rumbo.

Yadi vā nigraḥ eka eva, haz una cosa: *anugraḥ* o *nigraḥ*, ¡elévame o destrúyeme!

mūḍho'smi duḥkhakalito'smi jarādidoṣa-
bhīto'smi śaktirahito'smi tavāśrito'smi ।
śaṁbho tathā kalaya śīghramupaimi yena
sarvottamāṁ dhuramapojjhitaduḥkhamargaḥ ।।8।।

Oh Señor, soy estúpido. En realidad, soy tonto. No sé cómo hablar Contigo (*mūḍho'smi*). Verás, estoy *duḥkha kalito'smi*, estoy abrumado por la tristeza. Siempre estoy triste. Es un hecho que soy tonto y estoy triste.

Jarādidoṣa bhīto'smi, tengo miedo de los dolores de este universo: las enfermedades, la vejez y la muerte.

Śakti rahita, nada está en mi poder. No tengo un remedio para estas cosas. Soy tonto y este embotamiento no desaparecerá aunque me esfuerce. Estoy abrumado por las tristezas, los dolores, el tormento, pero no puedo librarme de ella. *Jārādi doṣaḥ*, tengo miedo de estas tres cosas: la vejez, las enfermedades y la muerte.

Śakti rahito'smi, no tengo poder, nada está en mi poder. *Tavāśrita*, he tomado Tu apoyo, ¡tengo que hacerlo! *Śambho tathā kalaya*, entonces, actúa de modo que, *tathā kalaya* (*tathā kalaya* significa "haz de este modo"), *śīghramupaimi yena*, logre rápidamente (*śīghram*, instantáneamente), logre *sarvottamāṁ paraṁ*, el más elevado y grandioso estado del ser, *apojjhita duḥkha mārgaḥ*, que es libre de todos los tormentos, donde no hay tormento en absoluto. ¡Hazlo!

tvatkarṇadeśamadhiśayya mahārghabhāvam-
ākranditani mama tucchatarāṇi yānti ।
vaṁśāntarālapatitāni jalaikadeśa-
khaṇḍāni mauktikamaṇitvamivodvahanti ।।9।।

Oh Señor, *vaṁśāntarāla patitajalaikadesa khaṇḍāni*, cuando hay una suave lluvia las gotas caen en los huecos del bambú.

Los bambúes son quemados por *dāvānala*, un incendio forestal. Quedan algunos *ḍaṇṭhalas*, tocones, de bambúes, y en esos huecos caen las gotas de lluvia. Después de un tiempo se convierten en joyas, se vuelven perlas.

Vaṁśāntaralapatitāni jalaikadeśa khaṇḍāni, pero esta agua no tiene ningún valor en sí misma, se vuelve valiosa cuando cae en el espacio hueco de los bambúes quemados y toman la forma de perlas.

Lo mismo ocurre con mi llanto, con mi tormento, y siempre lloro por tu cercanía. Mi llanto para conseguir Tu cercanía es inútil porque *tucchatarāṇi*, no tiene valor. Pero este grito, este sonido, llega al hueco de Tus oídos, *mahārghabhāvaṁ yānti*, y se vuelve valioso, se vuelve precioso.

Mauktika maṇitvamiva, así como las gotas de agua en los bambúes se vuelven perlas y joyas, de la misma manera mi llanto inútil se vuelve valioso y da el fruto de *mukta*, *muktātmā* (*muktātmā* significa "me libero").

kimiva ca labhyate bata na tairapi nātha janaiḥ
kṣaṇamapi kaitavādapi ca ye tava nāmni ratāḥ ।
śiśiramayūkhaśekhara tathā kuru yena mama
kṣatamaraṇo'ṇimādikamupaimi yathā vibhavam ।।10।।

Nātha, oh Señor, *kimiva ca labhyate vata na tairapi nātha janaiḥ*, ¡ellos pueden lograrlo todo! Lograrán lo posible y lo imposible. *Kṣaṇamapi kaitavādi api ca ye tava*, ellos, quienes han desviado sus mentes hacia Tu recuerdo, no con devoción, sino con engaño, solo para complacerte.

Quienes recitan Tu nombre de manera fraudulenta, quienes engañan Contigo, también logran lo más grande.

DENISE: ¿Por qué lo harían? ¿Por qué recitarían el nombre de Dios?

SWAMIJI: Por ganar dinero. No recitan el nombre de Dios desde el fondo del corazón. Si recitaran el nombre de Dios desde el centro de sus corazones, habrían entrado en la conciencia de Dios.

Pero Tu nombre es tan grande que ellos también lo logran todo. *Kimiva na labhayate vata na tairapi nātha janaiḥ*. Ellos también logran cosas tremendas y valiosas.

Kṣaṇamapi, solo por un momento, *kaitavāt api*, incluso como un engaño, *ye tava nāmni ratāḥ*, quienes se entregan a Tu nombre, Te recuerdan recitando *oṁ gluṁ gaṁ gaṇapataye namaḥ, gaṁ gaṇapataye namaḥ...*

Desde la antigüedad, Cachemira fue llamada Ṛṣibher, el lugar de *ṛṣis* (videntes) y santos. "Huerto de *ṛṣis*". Uno de estos *ṛṣis* estaba sentado en un lugar y otro fue a verlo. Suspiró y dijo: "*Oṁ namaḥ śivāya*". ¿Qué había en ello? No había nada. Simplemente recitó *Oṁ namaḥ śivāya*, no por engaño.

El otro santo dijo, "¿No puedes digerir este *Oṁ namaḥ śivāya* en tu interior? ¿Por qué lo recitas exteriormente? Digiérelo dentro de ti. No lo tires afuera".

DENISE: ¿Pero al recitarlo no obtienen fruto?

SWAMIJI: Su nombre es tan grande que ellos también obtienen fruto.[195]

ALEXIS: Pero la gente dice *Oṁ namaḥ śivāya* cada vez que se sientan y gimen.

SWAMIJI: ¡Ese no es el camino correcto! Solo debes decir *Oṁ namaḥ śivāya* cuando estés sentado en un rincón apartado, en tu habitación. No debes decir *Oṁ namaḥ śivāya* en público. Pero si lo dices en público, *Oṁ namaḥ śivāya* también dará fruto. Aunque esta recitación externa no obtendrá mayor recompensa.

195 Para una discusión sobre la eficacia del *mantra*, ver el Apéndice 19.

Śiśiramayūkhaśekhara. Tu frente está embellecida con la luna creciente. *Tāthā kuru*, haz algo por mí por lo cual *yena kṣatamaraṇa*, me libraré de la vejez, las enfermedades y la muerte, y *aṇimādikamupaimi yathā vibhavam*, alcanzaré los ocho poderes yóguicos internos.[196]

śambho śarva śaśāṅkaśekhara śiva tryakṣākṣamālādhara
śrīmannugrakapālalāñchana lasadbhīmatriśūlāyudha ।
kāruṇyāmbundhe trilokaracanāśīlograśaktyātmaka
śrīkaṇṭhāśu vināśayāśubhabharānādhatsva
siddhiṁ parām ।।11।।

¡Oh Señor Śiva! ¡Oh destructor de todo el universo! ¡*Saśāṅka-śekhara*, oh poseedor de la luna creciente en Tu frente! ¡Oh Śiva! ¡Oh Śiva! *Tryakṣa*, ¡oh poseedor de los tres ojos! *Akṣamālā dharaḥ*, ¡oh, poseedor de las cuentas (*japa mālā*)! *Śrīman*, ¡oh poseedor de la riqueza de la liberación! ¡*Ugra kapāla lāñchana*, oh poseedor del aterrador *kapāla* (cráneo)!

¿Sabes de quién es la calavera?

ALEXIS: De Brahmā. Llena de la sangre de Viṣṇu.

SWAMIJI: Sí.

¡*Lasadbhīmatriśūlāyudha*, Él que tiene el aterrador *triśūla* en Su mano! ¡*Kāruṇyāmbunidhe*, que es el océano de la compasión, el océano de *dayā*! *Triloka racanā śīla*, y que tiene energías aterradoras.

JOHN: ¿Él tiene la capacidad de sostener los tres mundos?

SWAMIJI: De ordenar los tres mundos.

ALEXIS: *Prameya*, *pramāṇa* y *pramātṛ*.[197]

SWAMIJI: *Pramātṛ* también.

Śrīkaṇṭha, oh Śrikaṇṭhanātha (todo esto es un llamado[198]), *āśu vināśaya aśubha bharān*, por favor destruye todos los tormentos

196 Para una explicación de los poderes yóguicos, ver el Apéndice 18.
197 *Pramātṛ bhāva* (estado subjetivo), *pramāṇa bhāva* (estado cognitivo) y *prameya bhāva* (estado objetivo). [Nota del editor]
198 Śrikaṇṭhanātha es una forma del Señor Śiva. [Nota de los editores]

(*aśubha bharān*, la carga de los tormentos, la carga de la crisis) que existen en mí, *ādhatsva siddhiṁ parām*, y por favor concédeme Tu divinidad de la conciencia de Dios.

ALEXIS: El último *siddhi, siddhiṁ parām*.

SWAMIJI: Sí, *parām* (supremo).

JOHN: La divinidad de la conciencia de Dios. ¿Qué está haciendo con la cabeza de Brahmā?

SWAMIJI: Simplemente aterrorizando a los demás. Él tiene tal y tal poder. *Hariṁ śūlaḥ protaḥ*, y con *triśūla*, ha *protam* (atravesado) a Nārāyaṇa.[199] El Señor Śiva es como un niño loco.

DENISE: ¿Lo es realmente?

SWAMIJI: Sí, a Él no le importa nada. *Unnata Bhairava* [risas][200]. Pero Él es tan compasivo, tan amoroso, tan hermoso, ¡tan brillante!

tatkiṁ nātha bhavenna yatra bhagavannirmātṛtāmaśnute
bhāvaḥ syātkimu tasya cetanavato nāśāsti yaṁ śaṅkaraḥ ।
itthaṁ te parameśvarākṣatamāhāśakteḥ sadā saṁśritaḥ saṁsāre'tra
nirantarādhividhuraḥ kliśyāmyahaṁ kevalam ।।12।।

Nātha, oh Señor, *tat kiṁ bhavet, yatra bhagavān nirmātṛtām na aśnute*, ¿cuál es el objeto del cual Tú no eres el creador? Tú lo creas todo en este universo. Y *bhāvaḥ syāt kimu tasya cetanavato nāśāsti yaṁ śaṅkaraḥ*, ¿y cuál es el objeto que no está gobernado por Ti, Śaṅkara?

Itthaṁ te parameśvara akṣata mahā śakteḥ sadā saṁśritaḥ. De esta manera, me he refugiado en Ti que posees todo el eterno poder sin fin.

Así, es vergonzoso para Ti, no para mí, que en este mundo yo esté abrumado y atormentado con *ādhi* (*ādhi* significa enfermedades mentales). Continuamente, las enfermedades mentales me

199 Se dice que el cráneo de Brahmā está lleno de la sangre de Nārāyaṇa (Viṣṇu). [Nota del editor]
200 *Unnata* significa figurativamente "alto, elevado, eminente, sublime, grande, noble". [Nota del editor].

atormentan. Este es mi estado. Este es el fruto de refugiarme en Ti. *Kliśyāmi aham*, solo me convierto en objeto del dolor y la tristeza. No experimento ninguna alegría en este mundo. Este es el fruto de entregarte todo a Ti y refugiarme en Ti.

¡Y Tú eres el más grande! Tienes el poder más elevado. Tu poder es interminable, y de todo objeto que exista en este mundo, Tú eres el creador y lo gobiernas. Entonces, Tú gobiernas todo el universo, tienes un poder supremo e interminable, me he refugiado en Ti y el fruto de eso es que soy atormentado con un dolor y una tristeza sin fin. Esta es tu grandeza.

yadyapyatra varapradoddhatatamāḥ pīḍājarāmṛtyavaḥ
ete vā kṣaṇamāsatāṁ bahumataḥ śabdādirevāsthiraḥ |
tatrāpi spṛhayāmi santatasukhākāṅkṣī ciraṁ sthāsnave
bhogāsvādayutatvadaṅghrikamaldhyānāgryajīvātave ||13||

Varaprada, oh, dador de dones ("*varaprada*" es *āmantraṇam*[201]), oh Señor Śiva, aunque en este universo, *pīḍā* (crisis, dolor sin fin), *jarā* (vejez) y *mṛtyava* (muerte) son *uddhatatamāḥ*, aterradores (*uddhata tamāḥ*, extremo, aterrador, insoportable), *ete vā kṣaṇamāsatām*, no toquemos este tema, dejémoslo a un lado.

Bahumataḥ śabdādireva asthiraḥ. En este universo también hay algo de placer. *Śabda* (escuchar), *sparśa* (tocar), *rūpa* (percibir formas hermosas), *rasa* (saborear, por ejemplo, queso o *pulau*): todas estas sensaciones. *Śabdādireva*, por esto obtenemos placer, y también es *asthiraḥ* (no estable). También se va y se desvanece.

Tatrāpi, entonces, en esta posición, *spṛhayāmi santata sukhākāṅkṣī*; *santata sukhākāṅkṣī*, de hecho, soy una persona que necesita que el placer permanezca y se establezca para siempre, para la eternidad. ¡Quisiera esa alegría! Te pido esa alegría, *ciraṁ sthāsnave*, la alegría que permanecerá por toda la eternidad. *Bhogāsvādayuta tvad aṅghri kamala dhyānāgryajīvātave*,

201 El caso vocativo. [Nota del editor]

ese gozo solo vendrá manteniendo, poseyendo, *āgrya jīvātave*, una vida encantadora que consista en disfrutar del néctar de Tu adoración. Quisiera ese tipo de vida, en la cual solo te adoraré siempre a Ti y disfrutaré de la acción de adorarte durante toda mi vida. Esto es lo que necesito en este universo, porque esta *pīḍā* (*pīḍā* significa "dolor, vejez y muerte") es temible. Entonces, no tengo ninguna duda de desear eso. Y los goces mundanos tampoco son estables, son *asthiraḥ* (inestables). Entonces, quisiera esto.[202]

he nātha praṇatārtināśanapaṭo śreyonidhe dhūrjaṭe
duḥkhaikāyatanasya janmamaraṇatrastasya me sāmpratam ।
taccesṭasva yathā manojñaviṣayā-svādapradā uttamāḥ
jīvanneva samaśnuve'hamacalāḥ
siddhīstvadarcāparaḥ ।।14।।

He nātha, oh mi Maestro, *praṇatārtināśanapaṭah*, oh mi Señor que te empeñas en eliminar y destruir el tormento de quienes han tomado Tu refugio, *śreyonidhe*, oh océano de paz (*kalyāṇa*,[203] dicha; *śreyaḥ* significa "dicha"; dicha es la liberación final), *dhūrjaṭe*, *jaṭā juta*, *dhūrjaṭe* (*dhūrjaṭe* significa esos pelos enmarañados que encuentras en los *sādhus*[204]), oh Señor, *duḥkhaikāyatanasya*, me he convertido solo en víctima del dolor, la pena, la tristeza y el tormento. *Janma maraṇa me trastasya*, tengo miedo de los repetidos nacimientos y muertes. Entonces, *sāmpratam*, en este momento, *tat ceṣṭāsva*, debes hacer esto para mí, *yathā*, debes actuar de tal manera, *manojñāviṣayāsvādapradā uttamāḥ siddhi tvadarcāparaḥ siddhīḥ jīvanneva aham samaśnuve*, de modo que, en este misma vida, obtenga estos grandes poderes.

Manojña viṣayāsvāda pradā, los placenteros poderes te dan una muestra de lo que has estado anhelando. Los placenteros poderes

202 Es decir, una vida deleitosa que consiste en gozar del néctar de Tu adoración. [Nota del editor]
203 Literalmente *kalyāṇa* significa 'buena fortuna, felicidad, prosperidad'. [Nota del editor]
204 Un hombre santo, santo, sabio o vidente.

son *acalāḥ* (permanentes) y son solo para adorarte; debo lograr *jīvanneva*, en esta misma vida, ¡no después de mi muerte!

namo mohamahādhvāntadhvaṁsanānanya karmaṇe |
sarvaprakāśātiśayaprakāśāyendulakṣmaṇe | | 15 | |

Me inclino ante Ti que solo tienes esto que hacer. Tienes una sola tarea. *Moha mahādhvānta dhvaṁsanānanya karmaṇe. Moha* significa "ilusión, olvido" de tu ser, de tu existencia; eso es *mahādhvāntaḥ*, gran oscuridad, densa oscuridad. Tú estás empeñado en eliminar esa densa oscuridad. Solo tienes esto que hacer. Esta es Tu única obra. Me inclino ante Ti.

Sarvaprakāśa atiśaya prakāśāya, que eres más encantador y posees una luz más radiante que todas las otras luces: la luz del fuego, la luz de la luna, la luz del sol; más que esa luz, que es una luz refulgente, e *indu lakṣmaṇe*, quien tiene la marca de la luna creciente en Su frente, me inclino ante Ti.

ALEXIS: Señor, ha escrito esta nota en hindi sobre la luna creciente. ¿Qué dice?

SWAMIJI:

'indu lakṣmane' – yaha mahādeva kā nāma
atyanta sārthaka hai |
isase sūcita hotā hai ki bhagavān śaṁkara prakāśa phailā
kara andhakāra ko dūra karane kī pūrī kṣamatā
rakhate hai |[205]

Él es el único que otorga luz a todos porque tiene la luna creciente que brilla en Su frente.

---

205 "El nombre de "Mahādeva" es altamente ventajoso y significativo. Revela que el Señor Śaṅkara es completamente capaz de destruir la oscuridad-ignorancia de este universo al revelar su energía suprema o *prakāśa*". *Śivastotrāvalī* de Utpaladevācārya, con el comentario en sánscrito de Kṣemarāja, editado con comentarios en hindi por Rājānaka Lakṣmaṇa (Swami Lakshmanjoo) (*Chowkhamba Sanskrit Series* 15, Varanasi, 1964), ref. 11.15.164.

CAPÍTULO 12
La revelación del secreto
Rahasyanirdeśanāma dvādaśaṁ stotram

Rahasyanirdeśa significa la revelación de un secreto.

sahakāri na kiñcidiṣyate bhavato
na pratibandhakaṁ dṛśi ।
bhavataiva hola sarvamāplutaṁ
kathamadyāpi tathāpi nekṣase ।।1।।

Bhavato dṛśi, mi Señor, para encontrarte, para descubrirte, para experimentar Tu naturaleza, *sahakāri na kiñcit iṣyate*, no hay nada que adoptar. Eres percibido sin adoptar nada, sin meditación, sin oraciones, sin concentración, sin *dhyāna*, sin mantener una disciplina. No se necesita nada para percibirte.

En realidad, en el shaivismo, es un hecho que cuando se percibe a Dios, Él no es percibido debido a la adopción de medios, *upāyas*. Los *upāyas* simplemente están presentes en la vida disciplinada, por ejemplo, *brahmacarya*, *satya*, *asteya*[206], todo esto debe ser adoptado, luego Dios se revela. Pero Dios se revela sin adoptar estas cosas. Cuando Dios se revela, Él se revela. Este es el secreto.

JOHN: No hay una relación de causa y efecto entre lo que haces y la revelación de Dios.

SWAMIJI: No. No se realiza con esfuerzo. Cuando haces esfuerzo por realizarlo, quedas alejado de Su naturaleza. Cuando abandonas todos tus esfuerzos, quedas alejado de Su naturaleza. Dios se revela justo cuando Él quiere. No está en tus manos.

206 Castidad, veracidad y no hurtar, respectivamente. Para una explicación de los *upāyas*, ver también el Apéndice 2. [Nota del editor]

ALEXIS: *Śaktipāta*.

SWAMIJI: *Śaktipāta* (gracia).

Entonces, *bhavato dṛṣi*, para realizarte, *sahakāri na kiñcit iṣyate*, no se necesita nada, ni meditación, ni disciplina, ni *satya*, ni *brahmacarya*, ni *gṛhasthya*[207], ni *asteya*. En esto, todas estas cosas son inútiles.

DENISE: Entonces, ¿por qué hacer estas cosas si no ayuda?

SWAMIJI: Es solo para mantenerte ocupado. No hay nada que hacer. No ocurre que por estar ocupado con estas cosas, te asegu-ras de obtener la realización de Dios. Puede que no venga. Viene cuando viene, por sí mismo.

Bhavato dṛśi sahakāri na kiñcit iṣyate. Para realizarte no hay nada que adoptar, *na pratibandhakaṁ*, y tampoco hay obstrucciones. ¡Eres libre de ser realizado! El camino para Tu realización está despejado. Entonces, no hay nada en el camino que te impida realizar tu naturaleza.

Porque *bhavatā eva he sarvamāplutam*, has impregnado el mundo entero. Has penetrado el mundo de los *upāyas* y has penetrado el mundo de los obstáculos. Los obstáculos brillan porque Tú estás brillando en ellos y los *upāyas* también brillan porque Tú estás brillando en ellos.

ALEXIS: *Aplutam*. El universo está inundado de Ti.

SWAMIJI: Sí.

Katham, pero el problema es que, aun así, permanezco lejos de Tu realización. En verdad, no existe ningún problema porque el camino es bastante claro, pero aun así no te realizo.

api bhāvagaṇādapīndriya-
pracayādapyavabodhamadhyataḥ ।
prabhavantamapi svataḥ sadā
paripaśyeyamapoḍhaviśvakam ।।2।।

207 La etapa de cabeza de familia (*gṛhasthya*) es la segunda etapa de una vida ideal según el sistema *āśrama*. [Nota del editor]

Oh Señor, *bhāvagaṇāt api*, desde el mundo objetivo, *indriya pracayāt api*, desde la colección del mundo orgánico[208], *avabodha madhyataḥ*, y desde el centro del mundo cognitivo, *prabhavantamapi svataḥ sadā*, quisiera sentirte siempre, automáticamente.

Y quisiera verte, percibirte, *apoḍhaviśvakam*, donde se ha desvanecido toda dualidad (*apoḍhaviśvakam*; *viśvakam* significa dualidad), donde la realización dualista se desvanece. Quisiera verte de esa manera. No solo en *samādhi*, *abhāvagaṇāt*; pero desde el mundo objetivo, orgánico, *indriya pracayāt*, y también quisiera verte desde el centro de la cognición[209]; automáticamente, sin hacer nada. Quisiera verte donde toda dualidad se ha desvanecido.

ALEXIS: Entonces, él quiere verlo en estado *rūpātītā*[210], en todas partes.

SWAMIJI: Sí, en todas partes.

kathaṁ te jāyerankathamapi ca te darśanapathaṁ
vrajeyuḥ kenāpi prakṛtimahatāṅkena khacitāḥ I
tathotthāyotthāya sthalajalatṛṇāderakhilataḥ
padārthādyānsṛṣṭisravadamṛtapūrairvikirasi I I3I I

Oh Señor, ¿cómo pueden las personas afortunadas volver a nacer en este universo? Y estas personas afortunadas, ¿cómo pueden ser comprendidas por la gente mundana? La gente mundana nunca podrá comprenderlos. Están más allá de su comprensión. La gente mundana no puede comprender que son tan elevados. ¿Y cómo pueden venir de nuevo en otro nacimiento?

Kenāpi prakṛti mahatāṅkena khacitāḥ. Tienen el signo único, el mayor signo de grandeza.[211]

¿Cómo pueden nacer de nuevo en este universo y cómo pueden ser comprendidos por la gente común?

---

208 Los diversos órganos de los sentidos. [Nota del editor]
209 *Avabodha madhyataḥ*.
210 Para una explicación de *rūpātītā*, es decir, *turya*, ver el Apéndice 3.
211 La "señal" se describirá en la estrofa 5. [Nota del editor]

A aquellas personas *tathā utthāya utthāya sthala jala tṛṇāderakhilataḥ padārthā*, las elevas del mundo objetivo, de este lodo pegajoso de los placeres mundanos, y *sṛṣti sravad amṛta pūrairvikirasi*, y después los rocías con los flujos de alegría supersexual o el *rasa* de la conciencia de Dios.

Cuando *yān tathā utthāya utthāya*, *yān*, esas personas a quienes *utthāya utthāya*, Tú siempre sacas de todas las situaciones pegajosas del estado mundano, *utthāya utthāya*, al elevarlas, elevas Tu propia naturaleza. Los elevas y, al mismo tiempo, elevas Tu propia naturaleza. Consideras todo este universo como solo un cuerpo tuyo. Cuando los elevas, te elevas a ti mismo.

Entonces, *utthāya* significa también *utthāpya*.[212]

Pero *tathā*, ¿cómo los elevas? *Tathā*, no por su actividad, no por el esfuerzo de su meditación; *tathā*, por *nirapekṣa śaktipāta*, adoptando *śaktipāta*. Solo por Tu voluntad independiente los sacas de todo este mundo objetivo y luego los empapas en el néctar de Tu conciencia de Dios.

¿Cómo pueden estas personas afortunadas nacer de nuevo en este mundo? ¿Cómo pueden ser comprendidos por la gente común? Son divinos. Se vuelven divinos.

sakṣātkṛtabhavadrūpaprasṛtāmṛtatarpitāḥ |
unmūlitatṛṣo mattāḥ vicaranti yathāruci ||4||

He descubierto en este mundo a algunas personas locas que disfrutan vagando aquí y allá según su elección, de acuerdo a su propia voluntad independiente, y *unmūlitatṛśā*, no tienen sed de ningún objeto, ya sea *śabda* (sonido), *sparśa* (toque), *rūpa* (forma), *rasa* (sabor) o *gandha* (olor). Sin sed, disfrutan en este universo como locos.

Esas personas *sākṣātkṛta bhavat rūpa prasṛta amṛta tarpitāḥ*, han bebido el néctar que ha fluido al experimentar Tu naturaleza, y al beber ese néctar se han vuelto satisfechos, plenos.

---

212 "Habiendo resucitado" (*utthāya*) significa "ser resucitado" (*utthāpya*). [Nota del editor]

Así vagan por este mundo sin ningún objeto, sin ningún deseo. No tienen nada que hacer en este mundo. Simplemente deambulan.

na tadā na sadā na caikade-tyapi sā yatra na kāladhīrbhavet ।
tadidaṁ bhavadīyadarśanaṁ na ca
nityaṁ na ca kathyate'nyathā ।।5।।

En el sentido real, esta es la única señal de experimentar Tu naturaleza (*tat idaṁ bhavadīya darśanam*).

Yatra, en esa naturaleza, en esa experiencia, no hay sentido de ese tiempo, no hay sentido de este tiempo, no hay tiempo simultáneo, no hay tiempo pasado, no hay tiempo presente, no hay tiempo futuro, no hay eternidad, no hay ausencia de eternidad.

Ese es realmente Tu estado de realización. *Na ca nityaṁ*, no es *nityā*, no es eterno, *na ca kathyate anyathā*, y no es la ausencia de eternidad. Siempre está brillando. Ni siquiera puedes decir "siempre".[213]

tvadvilokanasamutkacetaso
yogasiddhiriyatī sadāstu me ।
yadviśeyamabhisandhimātratas-
tvatsudhāsadanamarcanāya te ।।6।।

Oh Señor, solo quiero un poder yóguico y que sea para siempre. Solo quiero poseer una cosa pequeña, un *yoga siddhi*.

Soy apto para ese *yoga siddhi*. Debo tenerlo porque *tvad vilokana samutkacetasaḥ*, solo tengo un deseo en mi mente: verte. Este deseo siempre golpea en el fondo de mi mente.

Samutkacetasā, mi mente siempre está temblando, está inquieta por eso. Mi mente quiere verte.

Entonces, no quiero los ocho grandes poderes yóguicos. Solo quiero un *yoga siddhi*, y es *yat viśeyaṁ*, debo obtener la entrada *yat viśeyaṁ abhisandhimātrataḥ*, no mediante esfuerzo;

213 Para una explicación de "eterno y no eterno", ver el Apéndice 20.

abhisandhimātrataḥ, solo por mi voluntad. Siempre que lo desee, debo entrar simplemente deseando (*abhisandhimātrataḥ* significa solo con la voluntad). *Yad viśeyam*, debo obtener la entrada *tvat sudhā sadanam*, en los palacios y la morada de Tu naturaleza. Debo obtener el ingreso allí. No tengo que hacer nada ni pedirte nada. Quiero adorarte, eso es todo. Ese es mi único deseo que cosquillea en el fondo de mi conciencia.

Quiero verte. No quiero verte. No tengo que pedirte nada.

Solo quiero adorarte. No tienes de qué preocuparte por mí. Te adoraré y entonces estaré satisfecho. No pido nada; ni bendiciones, ni *anugraha* (gracia), ni paz mental, ni *yoga*, nada. Solo quiero adorarte. Esta es mi alegría.

nirvikalpabhavadīyadarśana-
prāptiphullamanasāṁ mahātmanām ।
ullasanti vimalāni helayā ceṣṭitāni
ca vacāṁsi ca sphuṭam ।।7।।

Savikalpa[214] *darśana* significa: cuando te vea, me vas a preguntar algo, y habrá preguntas y respuestas. *Nirvikalpa darśana*[215] es solo verte, *bas*, eso es todo. No quiero hablar ni nada, solo verte.

Aquellas grandes almas cuya mente es *phulla manasāṁ*, cuya mente ha florecido al alcanzar Tu *nirvikalpa darśana*, para ellos, *ullasanti vimalāni helayā ceṣṭitāni ca vacāṁsi ca sphuṭam*, sus conversaciones y su actividad parecen ser divinas, todo está lleno de divinidad. Hagan lo que hagan, es divino. Lo que sea que hablen, es divino. Pueden decir tonterías, eso es divino. Pueden hablar palabras duras, eso es divino. Pueden hablar palabras hermosas, palabras compasivas, eso es divino. Pueden abusar de alguien, eso es divino. Todo se vuelve divino para quienes han logrado el *nirvakalpa darśana* de Ti y cuya mente ha florecido.

---

214 Poseyendo variedad o admitiendo distinciones, diferenciado. [Nota del editor]
215 Para más información sobre *nirvikalpa*, ver el Apéndice 9.

Teṣāṁ ceṣṭitāni vacāṁsi. Sus actividades y sus palabras *ullasanti* (brillan) de tal manera que se vuelven *vimalāni* (*vimālāni* significa divino, lleno de divinidad, puro).

Helayā significa automático, sus conversaciones espontáneas son divinas.

bhagavanbhavadīyapādayor-
nivasannantara eva nirbhayaḥ |
bhavabhūmiṣu tāsu tāsvahaṁ
prabhumarceyamanargalakriyaḥ ||8||

Oh Señor, hay un problema conmigo. Quisiera residir bajo Tus pies divinos. *Nirbhaya*, donde no hay miedo a nada en este mundo, allí puedes vivir sin miedo. No habrá terremotos, no habrá fuego, no habrá nada.

Allí no me sucederá nada malo, cuando esté sentado bajo Tus divinos pies. No habrá ladrones, enfermedades ni problemas.

No quisiera quedarme siempre así. El problema es que quiero vivir allí, bajo Tus pies, pero *bavabhūmiṣu tāsu tāsu*, también quisiera experimentar estados mundanos, y en esos disfrutes mundanos, *prabhum arceyamanargalaḥ*, quisiera al mismo tiempo adorar Tus pies. Porque, por ejemplo, estos son Tus pies, estoy viviendo bajo Tus pies, y saldré, solo abriré mis ojos y veré los placeres mundanos. Entonces, si algún tormento me colma, simplemente volveré a estar bajo Tus pies. Seré feliz siempre y te adoraré siempre así.

bhavadaṅghrisarorūhodare parilīno galitāparaiṣaṇāḥ |
atimātramadhūpayogataḥ paritṛpto vicareyamicchayā ||9||

Oh Señor, *bhavat aṅghri sarorūha udare parilīnāḥ*, quisiera descansar bajo Tus pies de loto, *galitā apara iṣaṇaḥ*, donde no encontraré otro deseo en mí. Todos los otros deseos se desvanecerán por completo.

Atimātra madhu upayogataḥ. Y ese *madhu*, el polen de tus pies de loto (eso es néctar, eso es conciencia de Dios); ese *rasa* goteará sobre mí. Ese *rasa* es *atimātra madhu* (alegría intensa), creará una alegría intensa. Por eso, al adoptar ese gozo intenso, *paritṛptaḥ*, quedaré satisfecho, lleno. *Vicareyam icchayā*, entonces vagaré por este mundo de acuerdo a mi deseo.

yasya dambhādiva bhavatpūjāsaṁkalpa utthitaḥ ।
tasyāpyavaśyamuditaṁ sannidhānaṁ tavocitam ।।10।।

Hay quien desea adorar Tu naturaleza solo por curiosidad (es decir, de manera fraudulenta[216]), *bhavat pūjā saṁkalpaḥ*, y solo te adora para mostrarle a la gente que te está adorando. Sin embargo, el acto de Tu adoración es tan grande que para él también, Tú te volverás divino.[217] *Tasya api avaśyamuditaṁ sannidhānaṁ tavocitam*, Tú aparecerás ante él en el estado de conciencia de Dios; él también alcanzará la conciencia de Dios. Esta es la grandeza de Tu naturaleza. Incluso quien solo roza Tu adoración con un pensamiento deshonesto, también alcanzará ese gozo supremo.

No, es muy difícil de conseguir. He visto a cientos que han experimentado Tu estado pero yo todavía me mantengo alejado de Ti. Esto me deja perplejo. Y no hay otro pensamiento en mí excepto el de verte.

bhagavannitarānapekṣiṇā
nitarāmekarasena cetasā ।
sulabhaṁ sakalopaśāyinaṁ
prabhumātṛpti pibeyamasmi kim ।।11।।

Bhagavan, oh Señor, hay un deseo en mí y ese deseo debe cumplirse: quisiera tragarte hasta mi plena satisfacción. ¿Cuándo llegará el momento en que te devoraré en mi propia naturaleza, hasta mi plena satisfacción? ¡Tú que eres *sakalopaśāyinam*, Tú te encuentras en todas partes, quiero tragarte de una vez!

---

216 *Dambhadiva*.
217 Es decir, Tu divinidad le será revelada. [Nota del editor]

No quiero tragarte con mi boca, quiero tragarte con mi mente, y mi mente debe ser *itara anapekṣiṇā nitarām eka rasena*, mi mente no debe desviarse a ningún otro punto que no sea este punto. En mi mente no más deseo que el de tragarte. Y Tú que eres *sulabhaṁ*, que te encuentras en todas partes sin ningún esfuerzo (*sakalopaśāyinaṁ* significa que se encuentra en todas partes, *sulabhaṁ* significa que es muy fácil de obtener), quisiera tragarte a mi entera satisfacción. ¿Cuándo llegará ese día?

tvayā nirākṛtaṁ sarvaṁ heyametattadeva tu |
tvanmayaṁ samupādeyamityayaṁ sārasaṅgrahaḥ ||12||

En breves palabras, la esencia de esta filosofía es que *tvayā nirākṛtaṁ sarvaṁ*, todo lugar donde no se te encuentre debe ser abandonado. Sea lo que sea, puede ser joyas, puede ser oro, puede ser un reino, puede ser soberanía, debe ser abandonado si Tú no eres encontrado allí. Y cuando estás allí, cuando estás presente, aunque sea algo absurdo, vale la pena tenerlo.[218] *Ityeyaṁ sāra saṅgrahaḥ*, en pocas palabras, esta es la esencia de nuestra filosofía. Este es el significado de este *śloka*.

bhavato'ntaracāribhāvajātaṁ[219]
   prabhuvanmukhyatayaiva pūjitaṁ tat |
bhavato bahirapyabhāvamātrā kathamīśāna
   bhavetsamarcyate vā ||13||

Īśāna es *āmantraṇam*[220].

Īśana, oh Señor, *bhavato antaracāri bhāvajātam*, todo este mundo objetivo existe en Tu propia naturaleza (*bhavataḥ antara cāri bhāva jātam*, este universo existe por completo en Tu propia

218 Aunque el Señor Śiva penetra por completo y es finalmente observable en todas las cosas, cualquier objeto que tiende a suscitar la conciencia de Él debe ser poseído, y el que no, debe ser abandonado. [Nota del editor]
219 *Cāri* está separado de *bhāva jātaṁ*. [Nota del editor]
220 Caso vocativo.

naturaleza), y este universo, toda esta clase de objetividad, es digno de adoración porque es uno con Tu propia naturaleza. Debemos adorarlo todo, cualquier cosa que veamos, tal como te adoramos a Ti, en esa escala, porque *bhavato bahirapi abhāva mātrā*, si hay algo inexistente, ese objeto inexistente también se siente en Ti, en Tu naturaleza.[221]

¿Cómo puede un objeto inexistente existir de esa manera o cómo puede ese objeto ser adorado?

Adorar significa simplemente conocer. Cuando conoces algo es adoración. Usar estos anteojos es la adoración de estos anteojos. ¿Lo entiendes? Solo ver es adoración.

ALEXIS: Porque ahí hay unidad.

SWAMIJI: Sí, unidad. Cuando comes comida y la masticas, eso es adoración, la adoración de la comida. Cuando besas a tu amado, eso es adoración. Toda acción es adoración.

Todo es solo Tu adoración, Tu adoración directa, no la adoración de nadie más.

niḥśabdaṁ nirvikalpaṁ ca nirvyākṣepamathāniśam ।
kṣobhe'pyadhyakṣamīkṣeyaṁ tryakṣa tvāmeva sarvataḥ ॥ 14 ॥

Tryakṣa es *āmantraṇam*.[222]

Tryakṣa, oh poseedor de los tres ojos, oh Señor Śiva, Tú eres *niḥśabdaṁ*, Tú eres sin sonido; *nirvikalpaṁ*, eres sin pensamiento; *nirvyākṣepaṁ*, eres sin intermitencia, sin distracción. Tú eres así. Entonces, quisiera observarte en el movimiento agitado de este mundo objetivo (*kṣobhe api*, también en el estado agitado), es decir, cuando mi mente está absolutamente agitada y apartada de la conciencia de Dios. En ese estado también quisiera observarte, ¡observar Tu presencia allí, en todas partes!

221 "¿Qué es el universo inexistente? El mundo imaginario". Véase el comentario del capítulo 3, estrofa 19.
222 Caso vocativo.

prakaṭaya nijadhāma deva yasmiṁ-
stvamasi sadā parameśvarīsametaḥ ।
prabhucaraṇarajaḥsamānakakṣyāḥ
kimaviśvāsapadaṁ bhavanti bhṛtyāḥ ।।15।।

Deva, oh Señor, *prakaṭaya nija dhāma*, por favor revela Tu morada donde resides junto con Tu Diosa, junto con Pārvatī (*yasmin*, en cuya residencia; *tvaṁ*, resides; *parameśvarī sametaḥ*, junto con Tu mitad, Pārvatī).

Pero el compartimento donde vive Pārvatī es privado. Utpaladeva quiere disfrutar del compartimento privado del Señor Śiva con Pārvatī, pero nadie puede entrar allí.

Porque debes confiar en mí. Allí no tocaré nada precioso porque no soy un ladrón. Simplemente disfrutaré Tu presencia, disfrutaré la presencia de ambos.

Prabhuḥ caraṇa rajaḥ samāna kakṣyā bhṛtyā. Soy Tu *bhṛtya*, soy Tu esclavo. Ni siquiera tengo una gran capacidad: ¿no soy igual a una partícula de polvo de Tus pies? Si esa partícula de polvo de Tus pies es admitida en ese compartimento, yo también debería ser admitido en ese compartimento.

Porque Sus pies están allí y, por lo tanto, también hay algunas partículas de polvo a las que se les permite estar allí.

ALEXIS: Pero no son admitidas. ¡Pensé que en los dioses no había ni una partícula de polvo!

SWAMIJI: [risas] Es solo imaginación. Es simplemente *kāvya* (poesía). *Kiṁ aviśvāsa padaṁ*. Deberías confiar en mí como confías en las partículas de polvo debajo de Tus pies.

darśanapathamupayāto'py-
apasarasi kuto mameśa bhṛtyasya ।
kṣaṇamātrakamiha na bhavasi
kasya na jantordṛśorviṣayaḥ ।।16।।

Īśa, oh Señor, *darśana patham upayāto api*, hoy has venido a verme. Es mi gran fortuna. Pero, justo cuando abres la puerta de mi *kuṭi* (mi choza) para entrar, regresas de nuevo a Tu hogar. ¿Qué tipo de broma es esta, de venir de esta manera?

¿Lo han entendido?

Imaginen que estoy aquí, soy un devoto de Dios y Dios viene a verme. Ha abierto la puerta, me mira y después, cierra la puerta y regresa.

Dirás que "El único objeto era mostrarte Mi rostro y he regresado". Pero todos Te perciben así.

Por ejemplo, cuando estornudas, en el primer estornudo hay conciencia de Dios. Entonces, percibes esa conciencia de Dios de esa manera.[223]

DENISE: ¿Porque hay alegría?

SWAMIJI: Hay algo de alegría. Al bostezar, en el comienzo del bostezo, hay conciencia de Dios.

ALEXIS: *Nirvikalpa*.[224]

SWAMIJI: Este es el encuentro de la conciencia de Dios de esta manera.

De la misma manera, has venido a verme y regresas enseguida; solo una chispa de Tu *darśana* y listo.

En realidad, hay muchos *yogīs* que experimentan la conciencia de Dios de esta manera; solo en un instante y *bas*, ya no existe. Pero él no está satisfecho con este encuentro de Dios en un relámpago.

Él dice, *darśanapatham upayāto'pi*, has venido a verme, así que entra y hablemos. Hablemos sobre algunos temas, discutamos algunas cosas, por ejemplo, cómo vivimos... [risas] Soy Tu esclavo (*bhṛtyasya*). ¿Por qué habrías de tener miedo de mí? ¿Qué puedo hacerte? No puedo ofenderte, no soy agresivo. Solo soy tu esclavo. Deberías venir y sentarte y darme un poco de alegría.

Kṣaṇamātrakamīha na bhavasi. Ahora dirás: "No, esta fue la alegría que tenía para otorgarte. Ya te la he brindado con solo abrir tu puerta y regresar". Pero todos en este mundo tienen la alegría de Tu encuentro de esta manera. Aquellos que no son Tus

223 *Vijñāna Bhairava, The Manual for Self Realization, dhāraṇā* 92.

224 Para una explicación de *nirvikalpa*, ver el Apéndice 9.

esclavos también te perciben así. Al momento de estornudar, al momento de bostezar, al momento de irse a dormir (de la vigilia al sueño), hay un punto donde la conciencia de Dios está brillando. Esta forma de conocerte no me satisface. No reconozco este encuentro. No has venido en absoluto, así que no justifica que digas: "Yo te he otorgado este favor". ¡No has hecho nada por mí!

aikyasaṁvidamṛtācchadhārayā
santataprasṛtayā kadā vibho ।
plāvanāt paramabhedamānayaṁ-
stvāṁ nijaṁ ca vapurāpnuyāṁ mudam ।।17।।

De hecho, este deseo está golpeando en el fondo de mi mente. Es decir, oh Señor, *aikyasaṁvit amṛta acchadhārayā santata prasṛtayā kadā vibho plāvanāt*, quiero ser rebalsado por esa inundación que *aikyasaṁvid amṛtācchadhārayā*, que está fluyendo en la corriente del néctar de la unidad, el no dualismo.

Santata prasṛtayā, esa corriente debe fluir en continuidad, sin interrupción. Y *plāvanāt*, debe inundarme. Seré inundado por esa corriente.

Entonces, ¿qué será de mí? Te diré lo que me pasará.

Paramabhedamānayaṁ, habrá una gran unión de mí Contigo y con la dicha. *Mudam* (*mudam* significa la mayor dicha de la conciencia de Dios), eso estará allí, y con esa dicha de la Conciencia de Dios, Tú estarás unido, y Contigo, yo estaré unido, y seremos uno. Este es mi deseo.

ahamityamuto'varuddhalokād-
bhavadīyātprātipattisārato me ।
aṇumātrakameva viśvaniṣṭhaṁ ghaṭatāṁ
yena bhaveyamarcita te ।।18।।

Oh Señor, *aham iti amuto avaruddhalokāt bhavadīyāt prātipattisārato me*, hay un deseo en mí: quisiera tener solo una partícula diminuta, la más pequeña, de la esencia de Tu conciencia de Dios, de la esencia de Tu unidad de conocimiento. Ese conocimiento es la perfecta conciencia del yo universal (*ahamiti*). Y *avaruddhalokāt*, donde todas las percepciones diferenciadas se han desvanecido. Quisiera tener una partícula de Eso; *aṇumātrakam*, solo un minuto, solo la partícula más pequeña de Esa conciencia de Dios. Y esa partícula no debe excluir la conciencia universal. La conciencia universal también debe estar unida con esa conciencia de Dios.

Él quiere que la unión de la conciencia de Dios tenga lugar con la conciencia universal.

El universo y la conciencia de Dios deben aparecer ante mí como uno. No estoy siendo egoísta por querer tenerlo. Solo quiero adorarte de esa manera. Quiero adorarte en esa posición. Por ejemplo, yo percibiría un objeto y la percepción de ese objeto sería adoración hacia Ti. Te percibiría y eso sería la adoración del objeto.

Percibir a Dios es adorar el objeto, el mundo objetivo. Percibir el mundo objetivo es, en otras palabras, adorar a Dios. Adorar a Dios es la percepción del mundo objetivo y la percepción del mundo objetivo es la adoración a Dios.

De esa manera te adoraría, por dentro y por fuera.

aparimitarūpamahaṁ taṁ taṁ bhāvaṁ pratikṣaṇam paśyan ।
tvāmeva viśvarūpaṁ nijanāthaṁ sādhu paśyeyam ।।19।।

En este próximo *śloka* aclara lo mismo.

En otras palabras, este es mi deseo: *aparimita rūpam aham, aparimita rūpam taṁ taṁ bhāvam*, percibir todos los objetos mundanos *aparimitarūpam*, de manera infinita. Debo sentir que, cuando percibo estos anteojos, esto es infinito, que todo yace en ellos. Al percibir estos anteojos, todo, ciento dieciocho mundos, están en esta percepción.[225] *Tvāmeva nijarūpam*, cuando Te percibo, debo sentir que percibo ciento dieciocho mundos. De esta forma, la percepción se vuelve encantadora (*sādhu*). Me gustaría tener una

225 Para la percepción de "todo en todo", ver el Apéndice 21.

probada. Desde Śiva hasta la tierra y desde la tierra hasta Śiva. ¡Esta percepción es encantadora!

bhavadaṅgagataṁ tameva kasmān-
na manaḥ paryaṭatīṣṭamarthamartham ।
prakṛtikṣatirasti no tathāsya mama
ccechā paripūryate paraiva ।।20।।

¿Por qué debo eliminar[226] la percepción objetiva? No quisiera borrarla. Nunca la abandonaría porque los objetos mundanos en realidad son los miembros de Tu propio cuerpo. *Bhavat aṅgagatam*, este es Tu *aṅga*, son los miembros de Tu cuerpo.

Toda la percepción objetiva, por ejemplo, percibir esto es un marco, esto es una caja, esto es un micrófono, esto es Denise, Ernie, esto es solo percibir Sus miembros.

¿Por qué debería abandonar este tipo de percepción? Nunca lo haré. *Paryaṭati*, ¿por qué mi mente no debería vagar por todas las percepciones del mundo objetivo? Que vague, que se disperse, que se extravíe por todas partes. Pero en todas partes estará Tu presencia.

"De esta manera" significa *prakṛti kṣatir asti no tathāsya*, de esta manera mi mente no estará controlada. No se trata de controlar mi mente porque dejaré mi mente tal como está. Mi mente va allí, ella va allí, ella va allí, déjala que vaya. Pero debes sentir que, dondequiera que llegue tu mente, estas percepciones son los miembros de Dios. Ellos no están fuera de Ese lugar.

Prakṛti kṣatir asti no tathāsya. La naturaleza de la mente no será controlada. De esta manera, la naturaleza de la mente estará a gusto. Donde mi mente quiera ir, que vaya.

Y *mama ceccha paripūryate*, *mama paraiva iccha*, mi deseo supremo de conocer, de realizar la conciencia de Dios, también está completo, también está ahí.

ALEXIS: Porque sino no sería en continuidad.

226 *Kṣati*: destrucción, eliminación de.

SWAMIJI: No, no lo sería. Al salir de *samādhi* se habría terminado.

Ahora, sé que Tú discutirás conmigo y dirás que "es muy difícil obtener este tipo de estado". Esto es *jagadānanda*, pero he visto...

śataśaḥ kila te tavānubhāvād-
bhagavanke'pyamunaiva cakṣuṣā ye ।
api halikaceṣṭayā carantaḥ paripaśyanti
bhavadvapuḥ sadāgre ।।21।।

... *śataśaḥ kila te tavānubhāvāt*, por Tu gracia (*tavānubhāvāt*, por Tu gracia), he visto a cientos de Tus devotos así, *bhagavan*, oh Señor, *ke'pi*, y son muy singulares. Esos cientos de devotos que me he cruzado son Tus devotos y sienten *amunā eva cakṣuṣā*, con sus propios ojos, ven *api hālikaceṣṭayā carantaḥ*, mientras realizan degradadas actividades mundanas...

Hālika ceṣṭa es no conocer a Dios. Los que no tienen inclinación por conocer a Dios, ¿qué hacen de la mañana a la tarde? Comen, beben, tienen sexo, disfrutan, aran, cavan, duermen. Esto es *halika ceṣṭā*.

... y esas personas (Tus devotos) están haciendo las mismas acciones. He visto con mis propios ojos cientos de personas que están ocupadas en la misma actividad, *paripaśyanti bhavadvapuḥ sadāgre*, y sienten Tu presencia cerca de ellos.

Dirás: "¡Esto es muy difícil!". ¿Es muy difícil para ti? Puedes otorgarme este tipo de estado también a mí. ¿Qué he hecho de malo? No tengo culpa porque siempre te he anhelado. En el fondo de mi mente, lo único que hay es deseo de verte. ¿Por qué no debería tenerlo? He visto cientos de personas así en este universo.

na sā matirudeti yā na bhavati tvadicchāmayī
sadā śubhamathetaradbhagavataivamācaryate ।
ato'smi bhavadātmako bhuvi yathā tathā sañcaran
sthito'niśamabādhitatvadamalāṅghripūjotsavaḥ ।।22।।

¡Está bien, no me lo des! Aunque no lo hagas, aun así ya he alcanzado este estado.

Es muy grosero con el Señor [risas]. Porque *na sam*, desde.

Te demostraré lógicamente que he alcanzado este estado. *Na sā matirudeti yā*, la percepción intelectual que no es una Contigo nunca surgirá. *Sadā śubham*, y realmente, los buenos y los malos deseos que entran en las mentes de los individuos son manejados por Ti. *Ato'smi bhavadātmako*, entonces, siempre estoy Contigo. *Bhuvi yathā tathā sañcaran*, dondequiera que vaya, dondequiera que esté sentado, estoy Contigo. Por lo tanto, *sthito'niśamabādhita tvadamalāṅghri pūjotsavaḥ*, mi adoración a Ti continúa. No me des nada; ¡ya estoy ahí! [risas]

bhavadīyagabhīrabhāṣiteṣu pratibhā
samyagudetu me puro'taḥ |
tadanuṣṭhitaśaktirapyatastad-
bhavadarcāvyasanaṁ ca nirvirāmam ||23||

Otra vez se siente deprimido.

Tengo un problema. Hay un deseo en mí. Primero, *bhavadīyagabhīrabhāṣiteṣu*, Tu filosofía secreta en los *śāstras* que explican Tu filosofía no dualista. Permite que mi intelecto trabaje en esos *śāstras*, que digiera ese entendimiento.

ALEXIS: Entonces, *pratibhā* es comprensión intuitiva, captar.

SWAMIJI: Sí, captar.

Debo captar esos *śāstras*. Este es mi único deseo. *Bhavadīya gabhīrabhāṣiteṣu pratibhā samyagudetu*, primero debo comprenderlos bien por completo.

Después de comprenderlos, *me ataḥ tvadanuṣṭhita śakti*, debo hollar esa filosofía, debo poner en práctica esa filosofía.

El tercer punto es *bhavat arcāvyasanaṁ ca nirvirāmam*, también debe estar allí el esfuerzo de adorarte día y noche sin interrupción. Debes ser adorado día y noche sin descanso. Debo esforzarme hasta el agotamiento.

Quisiera tener estas tres cosas: el conocimiento de los *śāstras* (primero), su práctica (segundo) y devoción (tercero).

DEVOTO: Una devoción inquebrantable.

SWAMIJI: Devoción inquebrantable, no. ¡Esfuerzo! Debo agotarme. No debo descansar.

ALEXIS: Entonces, la segunda, *anuṣṭhita śakti...*

SWAMIJI: El poder de hollar esa teoría.

ALEXIS: Primero es conocimiento, segundo es capacidad y tercero es devoción.

SWAMIJI: ... devoción.

vyavahārapade'pi sarvadā pratibhātvarthakalāpa eṣa mām ।
bhavato'vayavo yathā na tu svata evādaraṇīyatāṁ gataḥ ।।24।।

Oh Señor, en esta actividad mundana, que todos los objetos mundanos se me aparezcan como se les aparecen a los demás, es decir, a los que no están realizados.

Pero debe haber una restricción. *Bhavato avayavo*, deben aparecer ante mí como Tus propios miembros, como los miembros de Tu cuerpo. *Na tu svata evādaraṇīya*, no debe parecerme que están separados de la conciencia de Dios.

manasi svarasena yatra tatra
pracaratyapyahamasya gocareṣu ।
prasṛto'pyavilola eva yuṣmat-
paricaryācaturaḥ sadā bhaveyam ।।25।।

Hay un problema: no quiero controlar mi mente porque la mente es tan rápida que no puede ser controlada ni siquiera por los dioses. Es muy rápida. Si observas tu respiración, no sentirás el punto donde tu mente se ha escapado.

Tu mente se escapa. Se escapa cuando no eres consciente. Si hay inconsciencia por solo una centésima de segundo, verás que se ha escapado a cien millas de distancia de ese primer pensamiento. No puedes observar la mente fácilmente. Por lo tanto, es muy difícil de manejar.

No quiero controlarla. Está más allá de mi poder. Déjala ir; *manasi svarasena yatra yatra pracarati*, *asya gocar eṣu*, que vaya hacia los objetos mundanos.

Es muy difícil. La dificultad solo la sienten quienes la observan. Quienes no la observan, no encuentran ninguna dificultad en controlar la mente.

Me gustaría tener este tipo de mente —lo admite— pero *avilola eva*, no debo estar siempre preocupado si se extravía. Dondequiera que vaya mi mente, debo alinear la adoración de la conciencia de Dios allí. Déjala que se vaya y adoraré a Dios donde quiera que esté. Adoraré a Dios porque Dios está en todos lados. Si mi mente va al sexo, adoraré a Dios. Si va al sabor, adoraré a Dios. Si va a Amirakadal[227], adoraré a Dios. Esta fuerza debe ser sostenida por mí, poseída por mí, *avilola eva*, sin preocupaciones. Y *yuṣmat paricaryā caturaḥ*, y debo seguir siendo inteligente y consciente al adorarte en cada uno de los actos de mi mente, porque no puede ser controlada.

bhagavanbhavadicchayaiva dāsa-
stava jāto'smi parasya nātra śaktiḥ |
kathameṣa tathāpi vaktrabimbaṁ
tava paśyāmi na jātu citrametat ||26||

Oh Señor, me has hecho tu esclavo por tu propia voluntad. No te pedí que me pusieras en tu camino. Nunca lo deseé.

Porque, *parasya nātra śakti*, ningún otro poder podría hacerme tu esclavo. Es Tu propia voluntad la que me ha convertido en Tu esclavo.

Si me has hecho tu esclavo, está bien. Pero debo ver a mi amo. Si soy esclavo de alguien, debo verlo. *Katham*, entonces cómo... *kathameṣa tathāpi vaktra bimbaṁ tava*, Tu rostro, ¿por qué Tu hermoso rostro no me es mostrado? *Na jātu paśyāmi*, nunca veo Tu rostro. Entonces, cuando la gente me pregunta, "¿A quién estás sirviendo?", ¿qué les voy a decir? "No he visto

227 Un lugar en Srinagar, Cachemira.

a mi amo". Nunca Te he visto. *Citrametat*, esta es una acción sorprendente.

Porque cuando quieres contratar a algún sirviente para tu servicio, siempre estás con él, instruyéndolo, ordenándole, "Haz esto, haz esto, haz esto".

Bas, solo soy un sirviente y no tengo un amo a la vista. Esto me sorprende.

samutsukāstvāṁ prati ye bhavantaṁ
pratyartharūpādavalokayanti ।
teṣāmaho kiṁ tadupasthitaṁ syāt kiṁ
sādhanaṁ vā phalitaṁ bhavettat ।।27।।

Esto me sorprende. Con respecto a este asunto, estoy perdido. No puedo entender cómo sucede.

Samutasukāstvāṁ prati ye bhavantaṁ. *Ye samutsukāstvāṁ*, quienes están intensamente apegados a Ti y tienen un intenso deseo de conocerte, ellos *bhavantam*, te perciben, *bhavantam avalokayanti*, te perciben *pratyartharūpāt*, en cada uno de los objetos. En todos los objetos, ellos perciben Tu presencia.

¿Cómo lo perciben? ¿Cuál es el camino, cuál es la técnica por la cual Te perciben? *Teṣāṁ aho kiṁ tadupasthitam syāt*, ¿qué tienen, qué técnica han dominado? Estoy perdido.

Percibo e incluso fuerzo mis ojos, pero aun así todavía no puedo percibir Tu presencia en ningún objeto. Y ellos la perciben, ¿qué técnica poseen? *Teṣām aho kiṁ tadupasthitaṁ syāt*, ¿qué está presente para ellos? *Kiṁ sadhanam*, ¿qué medios han logrado? ¿Qué tremendo fruto obtienen de ese logro? Esto está más allá de mi imaginación.

Lo que ocurre con ellos es un milagro que no puedo entender. Solo por tener un intenso deseo de encontrarte, te perciben en cada uno de los objetos, cara a cara. Y yo estoy perdido, estoy frustrado. No hay ninguna señal de Tu presencia para mí y ellos te perciben en todos los objetos. Esto me sorprende.

bhāvā bhāvatayā santu bhavadbhāvena me bhava |
tathā na kiñcidapyastu na kiñcidbhavato'nyathā | |28| |

Hay un deseo en mí. Que el mundo objetivo sea percibido por mí en su forma existente (*bhāvatayā*). Que el mundo inexistente siga siendo inexistente para mí porque no existe. El mundo que no es uno Contigo no existe. El mundo que es uno Contigo existe.

Es filosofía.

Ese mundo, que existe, es uno Contigo. Ese mundo, que no existe, está lejos de Tu conciencia de Dios. Que estos dos tipos de mundos permanezcan como están.

Bhāvā bhāvatayā, que el mundo existente sea percibido por mí tal como es, como no existente. *Na kiñcit, na kiñcidastu*, porque *bhavato anyathā*, está lejos de Ti. Que el mundo existente permanezca como existente para mí porque es uno Contigo.

JOHN: Pensé que también el mundo inexistente era uno Contigo.

SWAMIJI: Sí, si profundizas en esa comprensión, entonces el mundo inexistente también es uno Contigo. Pero lo que no es uno Contigo, no está allí. El mundo inexistente no significa, por ejemplo, la leche de un pájaro.

ALEXIS: El hijo de mujer estéril.

SWAMIJI: Eso también existe.

ALEXIS: Como una idea.

SWAMIJI: Sí. En *mahāvyāpti*, eso también existe.[228]

No existente es el mundo que no puedes imaginar. Lo que no puedes imaginar, eso es inexistente. Mientras se diga, mientras se imagine, existe. Lo que no se imagina no existe. Incluso lo que no existe pero se imagina también existe en la conciencia de Dios. Está más allá de eso.

Esto se explica como *mahāvyāpti* en la *Pratyabhijñā*.[229]

---

228 "Es *mahāvyāpti*, la gran impregnación. La gran impregnación es la impregnación [de la conciencia] en la que impregnas todo este universo... No solo se impregna la existencia del universo, sino que allí también se impregna la negación del universo". *Tantrāloka*, 5.49 (archivos USF).

229 "Sin embargo, aquellos de visión limitada son llevados a identificarse a sí

yanna kiñcidapi tanna kiñcid-
apyastu kiñcidapi kiñcideva me ।
sarvathā bhavatu tāvatā bhavān
sarvato bhavati labdhapūjitaḥ ।।29।।

Todo lo que no existe, no existe; todo lo que existe, existe. Entonces, permite que perciba este mundo objetivo. Que perciba el mundo objetivo de esta manera: el objeto que no existe, no existe; el objeto que existe, existe.

De esta manera, cuando llegue a la percepción conclusiva, te alcanzaré y te adoraré. Este es mi único deseo. *Sarvathā bhavatu*, *tāvatā*, de esa manera (después de *bhavatu* debes poner una coma), *tāvatā*, por este tipo de percepción, *bhavān sarvato bhavati labdha pūjitaḥ*[230], Te encontraré en todas partes y Te adoraré en todas partes.

---

mismos con las numerosas etapas limitadas de Su voluntad. Debido a esto, no son capaces de comprender la gran impregnación (*mahāvyāpti*) de *ātman* recién descripta (por la filosofía Trika, que el *ātman* es tanto inmanente en el universo así como lo trasciende), salvo que la Śakti del supremo descienda sobre ellos (sin la gracia de la Śakti suprema), incluso cuando ha sido aclarado que la razón esencial de los conceptos erróneos de los experimentadores anteriores radica en su identificación con el cuerpo, etc.". *Pratyabhijñāhṛdayam, El secreto del autorreconocimiento*, Jaideva Singh (Ediciones Maha Yoga, Buenos Aires).

Nota: Jaideva Singh estudió este texto palabra por palabra con Swami Lakshmanjoo. La cita anterior sobre *mahāvyāpti* aparece en el comentario de Kṣemarāja del *sūtra* 8.

230 *Pūjita* (él es adorado) *bhāvaikataḥ* (por la unidad de nuestro Ser). [Nota del editor]

CAPÍTULO 13
En resumen...
Saṅgrahastotranāma trayodaśaṁ stotram

SWAMIJI: *Saṅgrahastotranāma trayodaśaṁ stotram.*

Ha compuesto estos *ślokas* estando en sus cabales. Los *ślokas* anteriores compuestos por él fueron cantados cuando estaba ido.

JOHN: ¿El resto de estos *ślokas* en este libro son cuando estaba bien?

SWAMIJI: No, él estaba en sí solo en los capítulos 13 y 14. En los otros capítulos, él no estaba en sus cabales.

saṅgraheṇa sukhaduḥkhalakṣaṇaṁ
māṁ prati sthitamidaṁ śṛṇu prabho |
saukhyameṣa bhavatā samāgamaḥ
svāminā viraha eva duḥkhitā ||1||

Prabho, oh Señor, en breves palabras, te daré la definición de mi dolor y placer.

Para mí, solo encontrarte es un placer y solo estar lejos de Ti es dolor. En pocas palabras, esta es la definición de dolor y placer para mí.

En pocas palabras (*saṅgraheṇa* significa en pocas palabras), *sukha-duḥkhalakṣaṇam*, la definición de dolor y placer, *māṁ prati sthitam*, para mí, por favor escucha, ten en cuenta que esta es la definición de dolor y placer para mí.

La definición de mi placer es *saukhyameṣa bhavatā samāgamaḥ*, para mí solo Tu encuentro es placer y *svāminā viraha eva*, y ser arrebatado de Tu presencia es dolor.

antarapyatitarāmaṇīyasī yā
tvadaprathanakālikāsti yo |
tāmapīśa parimṛjya sarvataḥ svaṁ
svarūpamamalaṁ prakāśaya ||2||

Īśa, oh Señor, *antarapi atitarāmaṇīyasī yā tvad aprathana kālikāsti me*, tengo esa impureza en mi mente por la cual *tvad aprathana kālikā*; *tvad aprathana*, Tú no estás apareciendo ante mí. No puedo percibirte por esta impureza mía.

Kālikā significa negrura.

ALEXIS: Por ejemplo, en el oro hay algo de *kālikā*, alguna impureza.

SWAMIJI: Impureza, sí. *Kālikā* significa negrura (*malinatā*, suciedad).

Y esa suciedad está residiendo en mi estado mental interno. Los estados exteriores de mi mente son bastante claros, bastante puros, pero por dentro hay algo de suciedad en mi mente.

ALEXIS: Ínfima.

SWAMIJI: Ínfima. *Aṇīyasī* significa ínfima.

ALEXIS: *Atitarāmaṇī*.

SWAMIJI: *Atitaram*, muy diminuto y existente internamente. Eso es *āṇava mala*.[231]

Me he deshecho de *māyīya mala* y de *kārma mala*. Pero dentro está esa impureza, que es *aprathana kālikā*, que me perturba al alejar Tu percepción.

ALEXIS: Porque no puede yacer completamente en *śiva bhāva*. ¿Está bien?

SWAMIJI: Sí.

ALEXIS: Porque siempre hay algo de *āṇava mala*.[232]

---

231 Para una explicación de los *malas*, ver el Apéndice 15.

232 "En el primer estado, *sakala pramatṛ*, están los tres *malas* (*āṇava mala*, *māyīya mala* y *kārma mala*). Y en el siguiente, *pralayākala pramātṛ*, *kārma mala* ha desaparecido; solo quedan dos *malas*: *āṇava mala* y *māyīya mala*. Pero en este tercer estado de *vijñānākala pramātṛ* solo queda un *mala*, los otros dos han desaparecido. *Āṇava* permanece, *māyīya* y *kārma malas* han terminado". *Shaivismo de Cachemira, el supremo secreto*, capítulo 7. Para una explicación de los siete

SWAMIJI: ¡Oh, Señor Śiva, *tvamapi parimṛjya sarvataḥ*, por favor! Quita esa impureza de todos lados en mi mente. Y *svaṁ svarūpaṁ amalam*, y que Tu forma pura, tu presencia pura, me sea revelada.

tāvake vapuṣi viśvanirbhare
citsudhārasamaye niratyaye ।
tiṣṭhataḥ satatamarcataḥ prabhuṁ
jīvitaṁ mṛtamathānyadastu me ।।3।।

Oh Señor, en mí hay un anhelo. *Tāvake vapuṣi viśvanirbhare citsudhārasamaye niratyaye*, quisiera residir en Tu cuerpo, que es *viśvanirbhare*, lleno de conciencia universal, *citsudhārasa maye*, lleno del néctar de la conciencia de Dios, y eterno (*niratyaye*, eterno), donde no hay fin (*atyaya* significa "sin final").

ALEXIS: Entonces, aquí *cit* significa conciencia trascendental.

SWAMIJI: Conciencia trascendental.

Me gustaría residir en Ese cuerpo Tuyo (*tiṣṭhataḥ*), no para relajarme: quisiera estar exhausto. Allí tengo que trabajar *satatamarcatā*, quisiera adorarte día y noche sin descanso. Este es mi deseo, *bas*.

Jīvitam, después déjame vivir en este universo o *mṛtaṁ*, déjame morir en este universo, o déjame tener la liberación de los repetidos nacimientos y muertes.[233] No he pensado en ello. Si muero, está bien. Si vivo, está bien. Que yo viva si hago el esfuerzo de adorarte constantemente.

¿A quién estoy adorando? A Ti que estás lleno de conciencia universal, a Ti que estás lleno del néctar de la dicha trascendental. Y me gustaría permanecer en ese cuerpo, residir en ese cuerpo, ¡solo para adorarte constantemente!

Después, cuando lo haga, cuando tenga esta posición, entonces deja que viva en el universo o no dejes que viva en este universo;

perceptores (*pramātṛs*), ver el Apéndice 14.

233 *Anyat* significa *mokṣa*. [Nota del editor]

que muera, que vaya al infierno, que vaya al cielo, que vaya a *mokṣa dhāma*[234]. No me importa. *Bas*, solo debe haber esta adoración a Ti.

īśvaro'hamahameva rūpavān
paṇḍito'smi subhago'smi ko'paraḥ |
matsamo'sti jagatīti śobhate mānitā
tvadanurāgiṇaḥ param ||4||

"Yo soy el Señor, soy hermoso, soy encantador, soy un erudito, *subhaga asmi*, soy del agrado de todos, ¿quién es similar a mí en este mundo?". Este tipo de *mānitā*, este tipo de ego, en el sentido real, brilla y es apropiado en quienes te aman, *bas*, brilla hermosamente en quienes tienen Tu apego.

Si quienes están separados de Ti dicen: "Yo soy el Señor", que se vayan con los perros. Si dicen "Soy hermoso", en realidad no es hermoso, es feo, aunque tenga maquillaje. Pero quien tiene Tu devoción y no es hermoso, es feo, aun así es hermoso. Es bello. Todo es hermoso en él. *Tvat anurāgiṇaḥ*, aquellos que tienen amor por Ti, *paraṁ śobhate*, esto brilla solo en ellos.

Quien está apegado a Dios es hermoso porque hay amor por Dios. El amor a Dios es encantador.

devadeva bhavadadvayāmṛtā-
khyātisaṁharaṇa labdhajanmanā |
tadyathāsthitapadārthasaṁvidā māṁ
kuruṣva caraṇārcanocitam ||5||

Oh, Señor de los señores, *yathāsthita padārtha saṁvidā*, todo lo que se ve, todo lo que se percibe (*śabda*, *sparśa*, *rūpa*, *rasa* y *gandha*, las cinco clases de percepciones), esta percepción debería nacer de nuevo en mí. Esta percepción es antigua, por ejemplo, comer, beber todos los días. Es una percepción aburrida. Esta percepción debe nacer de nuevo.

234 Morada de la liberación.

Bhavat advaya amṛta akhyāti saṁharaṇa labdha janmanā. Bhavat advaya amṛta, Tu unidad de percepción es néctar, y por ese néctar, la percepción de *śabda*, *sparśa*, *rūpa*, *rasa* y *gandha* nacerá de nuevo por el néctar de la no dualidad. De esa manera, deja que sea digno en esa forma de percepción.

Quiere ser digno de este tipo de percepción, de la percepción que ha nacido de nuevo.

ALEXIS: Terminando con la antigua no aparición de la conciencia de Dios, *akhyāti samāhāraṇa*.

SWAMIJI: Sí, *akhyāti samāhāraṇa*. Terminando y revelando la conciencia de Dios directa en *śabda*, *sparśa*, *rūpa*, *rasa* y *gandha*.

Y cuando posea este *janma*, esta nueva vida, permite que sea digno de adorarte. Que sea capaz de adorarte (*māṁ kuruṣva bhavat caraṇa arcana ucitam*) para siempre. Porque no soy capaz de adorarte a menos que haya *śabda*, *sparśa*, *rūpa*, *rasa* y *gandha*.[235] Con estos, tal como son en la actualidad, no puedo adorarte. Estas percepciones orgánicas[236] deben obtener una nueva vida, que ocurrirá cuando sean 'nectarizados' por Tu conciencia de Dios. Que sea digno de adorarte después. No tengo nada más que hacer excepto adorarte.

ALEXIS: Swamiji, cuando Utpaladeva dice "adorando Tus pies", ¿está siendo poético? ¿Es lo mismo que "adorarte" o quiere decir que entendamos por "pies" las energías del Señor?

SWAMIJI: Las energías. *Cit śakti*, *ānanda śakti*, *icchā śakti*, *jñāna śakti*, *kriyā śakti* son Sus pies.

ALEXIS: ¿O de lo contrario *jñāna* y *kriyā*?

SWAMIJI: *Jñāna* y *kriyā*, dos pies. Si dice "dos pies", sí.

---

235 "Entonces, significa todos tus sentidos, estas son las energías del Señor Śiva. Los cinco sentidos son las energías del Señor Śiva. Y están empeñados en llevar todas estas cosas hermosas dentro y ofrecérselas al Señor Śiva, quien reside en el propio corazón de uno". Véase el capítulo 2, estrofa 23.

236 Relativo a los órganos. [Nota del editor]

dhyāyate tadanu dṛśyate tataḥ
spṛśyate ca parameśvaraḥ svayam ।
yatra pūjanamahotsavaḥ sa me
sarvadāstu bhavato'nubhāvataḥ ।।6।।

Hay un punto donde la concentración en Parameśvara (el Señor Śiva) ocurre automáticamente, no con esfuerzo. Entonces, automáticamente percibes al Señor Śiva, porque es de *anugraha*[237], no es de tu esfuerzo. Tu esfuerzo es inútil. Ya se los dije antes.[238]

ALEXIS: Entonces, cualquier cosa que hagas, por ejemplo, te rascas la oreja y sentirás la conciencia de Dios.

SWAMIJI: Ese esfuerzo está completo. Si no sientes la conciencia de Dios, es inútil.

Dhyāyate, cuando meditas en Parameśvara (el Señor Śiva) automáticamente, es percibido automáticamente, es abrazado automáticamente. Ese es el estado en el que se medita automáticamente en Parameśvara, en el que Parameśvara es percibido después de la meditación y es abrazado después de la percepción.

Pūjana mahotsava, que yo todos los días, en cada momento, logre el gran festival de la adoración a Ti. Quiero permanecer en este festival para siempre (*sarvadāstu*).

No tengo derecho a este festival. Si dices: "No eres digno", lo sé. No soy digno de permanecer en este festival. Por Tu gracia (*bhavataḥ anubhāvataḥ*, por Tu gracia), permite que este festival sea llevado a cabo para mí. ¿Qué hay en él? Solo piensa en él y sucederá.

ALEXIS: Por "*sarvadā*" quiere decir que usualmente un festival está en un punto fijo en el calendario.

SWAMIJI: Un punto fijo, por ejemplo, mi festejo de cumpleaños en abril. No, él quiere este festival para siempre.

---

237 Gracia.

238 Ver capítulo 4, estrofa 12.

yadyathāsthitapadārthadarśanaṁ
yuṣmadarcanamahotsavaśca yaḥ ।
yugmametaditaretarāśrayaṁ
bhaktiśāliṣu sadā vijṛmbhate ।।7।।

Hay dos momentos en este gran festival. Uno es *yathā sthita padārtha darśanam*, simplemente *śabda*, *sparśa*, *rūpa*, *rasa* y *gandha*; sentir este objeto en la forma de un micrófono, sentir esto como gafas, sentir esto como un libro: tocar, saborear, oír, oler... las percepciones orgánicas. Esta es una forma del mundo de la percepción: la percepción del mundo orgánico. Los órganos perciben así.

Y hay otro mundo: *yuṣmat arcana mahotsavaḥ*, el gran festival de adoración a Ti.

En mí hay un problema. Hay devotos que, tan pronto como logran entrar en la percepción mundana, *itaretarāśrayam*, obtienen el ingreso en la conciencia de Dios. Tan pronto como logran entrar en la conciencia de Dios, perciben la actividad universal. Para ellos, la actividad universal y la conciencia de Dios son una, dependientes la una de la otra (*itaretarāśrayam*).

No es que percibiré a Bruce Hughes y me dejaré llevar por la conciencia de Dios. Esta forma de percepción es la percepción ordinaria. Él quiere percibir a Bruce Hughes y, al mismo tiempo, entrar en la conciencia de Dios. Eso es lo que dice.

Y eso solo brilla en Tus devotos. Esto ocurre de vez en cuando en Tus devotos.

tattadindriyamukhena santataṁ
yuṣmadarcanarasāyanāsavam ।
sarvabhāvacasakeṣu purite-
ṣvāpibannapi bhaveyamunmadaḥ ।।8।।

Hay un deseo en mí, oh Señor: quisiera emborracharme siempre. ¡Estar siempre borracho! *Unmada*, al beber un poco de alcohol que es *yuṣmad arcane rasāyanāsavam*, el alcohol del néctar de Tu adoración. Quisiera adorarte, esa adoración es néctar, y ese néctar es alcohol, vino, y es vino de Escocia. No es vino canadiense.

DEVOTOS: [risas]

ALEXIS: Entonces, ese *rasayana* es la bebida que, cuando la tomas, destruye la vejez y la muerte; te da vida eterna.

SWAMIJI: Sí.

ALEXIS: En sentido externo, *rasāyana*. Es como una preparación alquímica.

SWAMIJI: Sí.

Y *santataṁ yuṣmadarcana rasāyanam. Santatam*, siempre es servido por las percepciones orgánicas; las percepciones orgánicas han servido este *rasāyana* (*tat tat indriya mukhena*).

Mukhena significa unos chicos en un bar. Colocan las copas de vino en las mesas. Los muchachos son *śabda*, *sparśa*, *rūpa*, *rasa* y *gandha*. Estos órganos son los muchachos, es decir, quienes mantienen este *rasāyana* frente a los devotos, *tat tat indriya mukhena santatam*, al percibir *rūpa*, *śabda*, *sparśa*, *rūpa*, *rasa* y *gandha*.

ALEXIS: ¡Tráeme un trago más!

SWAMIJI: Sí, un *gandha* (olor) más, un *rūpa* (forma) más.

Tat tat indriya mukhena santatam yuṣmat arcana rasāyanāsavam. Y es servido en copas de vino; las copas de vino son *sarva bhāva caṣakeṣu*; *sarva bhāva*, todo este mundo objetivo. Vasijas, botellas de vino, copas de vino.

ALEXIS: Entonces, cada objeto que percibes o sientes es un vaso para beber.

SWAMIJI: Y, en él, *āpiban*, quisiera *āpiban* (*āpiban* significa beber), seguir bebiendo y *unmadaḥ bhavet*, me emborracharé (*ākaṇṭhataḥ pibet madya*).

anyavedyamaṇumātramasti na
svaprakāśamakhilaṁ vijṛmbhate ।
yatra nātha bhavataḥ puro sthitiṁ
tatra me kuru sadā tavārcituḥ ।।9।।

Oh Señor, en este universo hay un lugar, un país, donde *anyavedyam aṇumātram asti*, donde ningún objeto se siente como diferente de Tu conciencia de Dios. En ese país, *svaprakāśam akhilaṁ vijṛmbhate*, donde todo se entiende como *svaprakāśa*, de conciencia de Dios trascendental y nada más. En ese país Tuyo, en ese *bhavataḥ* puro, déjame residir. Permite que obtenga la capacidad de residir allí.

ALEXIS: La visa.

SWAMIJI: La visa [risas]. Quisiera una visa para ir a ese país. Ahora dirás, "¿Por qué debería darte esa visa?". *Tavārcituḥ*, porque solo hay un deseo en mí: adorarte [Swamiji llora]. Ese es el deseo en mí... *Bas*.

dāsadhāmni viniyojito'pyahaṁ
svecchayaiva parameśvara tvayā ।
darśanena na kimasmi pātritaḥ
pādasaṁvāhanakarmaṇāpi vā ।।10।।

Parameśvara, oh Señor, ("Oh Señor", es *āmantraṇam*[239]), *parameśvara, aham tvayā dāsa dhāmani svecchayaiva viniyojitaḥ*, me has hecho Tu esclavo por Tu propia voluntad. No insistí en serlo, nunca lo dije, pero Tú me has hecho Tu esclavo por Tu propia voluntad.

Ahora, *darśanena na kimasmi pātritaḥ*, ¿por qué no soy apto para verte? Ahora no te veo. He sido hecho Tu esclavo por Ti, pero no soy digno de verte.

Si no te agrado, si me odias, si odias mi presencia, aun así, estira tus piernas para que masajee tus pies. Pero dame algo que hacer porque soy Tu esclavo, soy tu *dāsa*.

239 Caso vocativo.

śaktipātasamaye vicāraṇaṁ
prāptamīśa na karoṣi karhicit ।
adya māṁ prati kiṁāgataṁ yataḥ
svaprakāśanavidhau vilambase ।।11।।

Īśa, oh Señor, cuando otorgas gracia a Tus devotos, es necesario que primero pienses si la persona es digna de recibirla, si es capaz de recibir esa gracia de Ti. *Na karoṣi karhicit*, nunca lo piensas. *Bas*, derramas gracia sin pensar si es capaz o no.

Si Tu gracia me ha hecho capaz, ¿por qué *adya māṁ prati kimāgataṁ yataḥ*? ¿Qué ha sido de mí? ¿Qué me ha pasado? *Svaprakāśanavidhau*, no vienes a mí. No eres percibido por mí en absoluto. *Svaprakāśanavidhau*, en cuanto a revelar Tu naturaleza, dudas y dices, "No, iré a tu casa dentro de unos días". Después esos días pasan y dices "Mañana", pero mañana nunca llega.

Esta es tu manera de otorgar Tu gracia.

Abhinavagupta comenta este *śloka* en el *Tantrāloka*:

śrimānutpaladevaścāpyasmākaṁ paramo guruḥ
śaktipātasamaye vicāraṇaṁ prāptamīśa na
karoṣi karhicit ।[240]

Utpaladeva, quien es nuestro gran gran maestro[241], también ha dicho en su libro que *śaktipāta samaye vicāraṇaṁ prāptam īśa na kuryāt*, en el momento de derramar gracia, deberías haber pensado si la persona a quien la derramas es digna, es capaz de recibirla. ¡Pero nunca lo haces! Ahora, ¿qué me ha pasado que nunca te veo? He sido hecho Tu esclavo y todavía no te veo.

Abhinavagupta comenta este *śloka*:

240 *Tantrāloka*, 13.290 (archivos USF).

241 El gran gran maestro de Kṣemarāja. Utpaladeva era el maestro de Lakṣmaṇagupta, quien a su vez era el maestro de Abhinavagupta en el sistema Pratyabhijñā. Kṣemarāja fue el discípulo principal de Abhinavagupta. [Nota del editor]

karhicitprāptaśabdābhyāmanapekṣitvamūcivān | |[242]
durlabhatvamarāgitvaṁ śaktipātavidhau vibhoḥ |[243]

Utpaladeva ha puesto dos palabras muy importantes en esta estrofa: *karhicit* y *prāpta*. ¡*Prāpta* significa que te correspondía pensarlo primero y nunca lo haces (*karhicit*)![244] *Karhicit* significa que nunca lo haces, nunca lo piensas. Antes de derramar la gracia, el Señor Śiva nunca piensa si uno es digno o no.

Pero a veces existe la posibilidad que Tú pienses, "Hoy, por error, he pensado antes de derramar gracia". Pero, por error también, nunca piensas en ello, siempre es espontáneo. Entonces, *durlabhatvam*; es *durlabha*, es muy difícil de recibir. Debido a esta falta de pensamiento, se ha vuelto muy raro (*durlabha*), muy difícil de lograr.

Porque algo es muy fácil de lograr cuando hay alguna manera, cuando puedes adoptar algunos medios y lograrlo. Pero aunque adoptes algún medio para alcanzar la gracia, no necesariamente la alcanzarás. Es solo por Su gracia que la logras. Entonces, es *durlabhatvam*.

Y *arāgitvam* (*arāgitvam* significa que no tienes apego por nadie). Por ejemplo, si alguien Te reza las veinticuatro horas del día, durante meses y meses, años y años, durante toda su vida, aun así no tienes ningún apego por él.

DENISE: Entonces, ¿en verdad no lo escucha?

SWAMIJI: Sí, lo escucha pero no está apegado a él. Deberías haber derramado gracia sobre él, en ese lugar de adoración continua. Por el contrario, Tú derramas gracia sobre aquel que nunca ha pensado en Ti.[245] Entonces, es *arāgitva*, Tú no tienes apego por Tus devotos.

242 *Tantrāloka*, 13.291 (archivos USF).
243 213 *Ibid*., 13.292a.
244 Para "sin requisitos para recibir la gracia", ver el Apéndice 22.
245 "En el momento de *śaktipāta*, en el momento de derramar gracia sobre algún individuo, deberías pensar primero si él tiene la capacidad de contener ese *śaktipāta*. ¡Nunca lo haces! Nunca lo has hecho antes y nunca lo harás. Intencionalmente, no piensas en ello. Simplemente la derramas, eso es todo. Evitas pensar en el bien o en el mal. Si quieres derramar gracia sobre algún maldito tonto, la derramas, sin pensar si él la contendrá, la mantendrá o no". *Tantrāloka*, 13.291 (archivos USF).

aparardhena tasyaiva śaktipātasya citratām ।
vyavadhānacirakṣiprabhedādyairūpavarṇitaiḥ ।।[246]

Las siguientes dos líneas de este *śloka* indican *adya māṁ prati kimāgataṁ*: ahora, ¿qué me ha pasado que no vienes a mí? Viniste a mí en un momento.

Cuando derramaste gracia, te habías revelado a mí y yo estaba encantado, estaba intoxicado, pero luego se detuvo, no hubo señales de que Tu gracia viniera a mí.[247]

Aparārdhena tasyaiva śaktipātasya. En las otras dos líneas, Utpaladeva indica que el *śaktipāta*, la gracia, todo lo que Él derrama, Él lo derrama de muchas maneras. Él se te aparecerá hoy y luego nunca se te aparecerá de nuevo hasta que mueras, o Él se te aparecerá hoy, luego se te aparecerá después de un mes, y después de dos meses, y después de tres meses. También puede ser así. O Él se te aparecerá y continuará apareciendo ante ti, *bas*, y no podrás hacer otra cosa. Los caminos del *śaktipāta* son así. Tienes que recibirlo una y otra vez, una y otra vez. El Señor Śiva otorga gracia sin pensar si eres apto o no, pero te hace apto.[248] Esta es la *citratā*, las variedades del *śaktipāta*, y se indican en las siguientes dos líneas en el *śloka* de Utpaladeva.

ALEXIS: O sea, a veces hay un desfase, a veces viene una y otra vez, ¿*cira*?

---

246 *Tantrāloka*, 13.292 (archivos USF).

247 "Tú has derramado gracia sobre mí, pero no pude contenerla, porque sale una y otra vez. Esta gracia Tuya se aleja de mi conciencia. No puedo mantener esta conciencia de alegría. *Adya māṁ prati kimāgataṁ*, ¿qué ha sido de mí ahora? *Sva prakāśana vidhau*, ahora Te demoras en derramar gracia. Estoy atascado. ¿Por qué estoy atascado? ¿Por qué derramaste gracia antes, sin pensar si yo era apto para esa gracia? Ahora, ¿por qué dudas? Ahora sientes que no puedo mantenerla, así que la retiras. Pero no puede ser retirada porque yo la he experimentado. No la puedes retirar de ningún modo. ¡Y aun así la retiras de nuevo! ¿Por qué la derramaste en primer lugar? ¿Por qué no pensaste primero si yo tenía la capacidad de mantener esta gracia?". *Ibid.*, 13.291.

248 "Si no es mantenida, Él la retira por algún tiempo... Crea más capacidad. Retira y derrama, retira y derrama, retira y derrama hasta hacerse uno con Él. Porque Él quiere que sea liberado". *Ibid.*, 13.291.

SWAMIJI: Sí. *Cira* (*cira* significa larga demora). Por ejemplo, Él se me aparece hoy y luego no se me aparecerá en absoluto en esta vida; en el momento de la muerte, Él se me aparecerá. Es esencial. Una vez que has realizado Su alegría, solo una vez, solo por un segundo, se dice que eres *jīvan mukta*, que al final obtienes la liberación.

ALEXIS: En la muerte.

SWAMIJI: En la muerte.

JOHN: ¿Por qué es así? Si alguien tiene una experiencia de Dios en cualquier momento de su vida, por ejemplo, a los doce años, ¿cuando muera, también se liberará?

SWAMIJI: No. La conciencia de Dios le será revelada automáticamente, porque en el momento de experimentar la conciencia de Dios, ¡te penetra por todas partes! Destruye todas tus ataduras. ¡Es una alegría tal! Y esa alegría se detiene, pero la huella en su cerebro está ahí para toda su vida. Y cuando deje este cuerpo, esa huella se expandirá y habrá conciencia de Dios.

DENISE: Porque, en el momento de la muerte viene la huella más fuerte en tu mente, y esa es la conciencia de Dios.

SWAMIJI: Sí. Entonces, no hay preocupación. Solo debes realizarlo una vez.

ALEXIS: Entonces, debido a que en la muerte pierdes la identificación con el cuerpo, volverás en tu conciencia al punto más profundo que hayas realizado durante tu vida, y eso será la conciencia de Dios.

SWAMIJI: Eso será revelado y será la conciencia de Dios. Es lo que sucede en el momento de la muerte. Solo necesitas esta experiencia una vez. Dios es tan grande que cada vez que revela Su naturaleza, a veces la revela continuamente, sin interrupción. Por lo tanto, no puede mantenerlo. Es solo que está loco por eso.

En cuanto a la idoneidad, no hay absolutamente ninguna consideración. Le puede pasar a cualquiera.

tatra tatra viṣaye bahirvibhā-tyantare ca parameśvarīyutam ।
tvaṁ jagattritayanirbharaṁ
sadā lokayeya nijapāṇipūjitam ।।12।।

¡Hay un deseo en mí, oh Señor! *Tatra tatra viṣaye bahir vibhāti antare ca*, siempre que percibo, cuando me uno a los órganos de los sentidos, cuando utilizo el disfrute en los órganos de los sentidos, tanto exterior como interior (el disfrute exterior es simplemente *śabda*, *sparśa*, *rūpa*, *rasa* y *gandha*; el disfrute interior está en las impresiones, en los pensamientos) —hago esto, es la forma automática de la vida de todos—, mi único deseo es que *parameśvarīyutam tvāṁ jagat tritaya nirbharaṁ sadā lokayeya*, quisiera percibirte junto con Pārvatī en esas acciones externas e internas.

Quisiera verte en todos los placeres sensuales, por fuera y por dentro, pero no porque quiera verte. Solo hay un deseo en mí: *lokayeya nijapāṇipūjitam*, me gustaría sentir que te estoy adorando siempre. Cuando oiga un sonido, en ese momento, Tú debes aparecer y te adoraré, y ese oír el sonido será Tu adoración. La sensación del tacto será Tu adoración. La sensación de percibir la forma será Tu adoración. Será la adoración de ambos, Pārvatī y Tú.

ALEXIS: ¿Qué significa esto literalmente, percibir al Señor Śiva y Pārvatī en todas las acciones? ¿Conciencia trascendental y universal?

SWAMIJI: Sí, trascendental y universal. Trascendental es la posición de Śiva y universal es la posición de Pārvatī.

ALEXIS: *Nijapāṇipūjitam*. ¿Cuál es el significado exacto?

SWAMIJI: *Nijapāṇipūjitam tvaṁ loke*.

ALEXIS: Con mis propias manos, *svaśaktyā*.

SWAMIJI: Me gustaría percibirte de tal manera que te esté adorando con mis propias manos.

Jagat tṛtaya nirbharaṁ, y Tu plenitud se me aparecerá no solo en los tres mundos, sino también en los tres estados de *jāgrat*, *svapna* y *suṣupti*.[249] Estos estados también son tres mundos.

---

249 Vigilia, sueño y sueño profundo, respectivamente. [Nota del editor]

ALEXIS: A veces los comentaristas dicen que "tres mundos" significa *bhāva*, *abhāva* y *atibhāva*.

SWAMIJI: Eso es *jāgrat*, *svapna* y *suṣupti*.

ALEXIS: ¿Deberíamos entenderlo de esa manera?

SWAMIJI: Sí.

ALEXIS: ¿No de la tierra a *prakṛti*, a *kalā*, y luego a Śiva?

SWAMIJI: No.

svāmisaudhamabhisandhimātrato
nirvibandhamadhirūhya sarvadā |
syāṁ prasādaparamāmṛtāsavā-
pānakeliparilabdhanirvṛtiḥ ||13||

Me gustaría ascender al trono de mi Maestro, mi Señor Śiva, no con esfuerzo sino *abhisandhimātrataḥ*, cuando lo desee, *nirvibandham*, sin ningún obstáculo, sin detenerme nunca (*nirvibandham*).

Debo ascender a ese trono por mi propia voluntad y directamente, sin ningún obstáculo. ¡Y debo ascender, no mañana, ni semanalmente, ni mensualmente, sino todos los días (*sarvadā*, diariamente)!

Y luego, *prasāda parama amṛta āsava*, luego me darás palmaditas en la espalda. Con tus manos divinas, me acariciarás la espalda. Eso es *prasāda* (*prasāda* significa gracia). Y ese toque de gracia creará en mí una embriaguez, será licor para mí. Será tan bueno como el whisky escocés, ¡el mejor!

Prasāda paramāmṛta, y será un néctar absoluto. Cuando eso me 'nectarice', *pāna keli parilabdha nivṛttiḥ*, danzaré Contigo. Este es mi deseo. Danzaré Contigo mientras sostengo esa botella de whisky.

ALEXIS: *Pāna keli prasāda parama amṛta*, *apāna ākaṇṭhatah*, *āsavanta*.

SWAMIJI: [risas] Sí, *apāna keli* (*keli* significa danzar).

Y con esa danza, *parilabdha nirvṛti syām*, obtendré una satisfacción absoluta, una paz absoluta. Este es mi deseo.

yatsamastasubhagārthavastuṣu
sparśamātravidhinā camatkṛtim ।
tāṁ samarpayati tena te vapuḥ
pūjayantyacalabhaktiśālinaḥ ।।14।।

Samasta subhagārthavastuṣu sparśamātra vidhinā camatkṛtiṁ. Cada vez que escuchamos un sonido no ordinario, hermoso, penetrante, suave; tocamos algo muy embriagador, percibimos una forma hermosa, *samasta subhagārtha vastuṣu* (*śubhagārtha* significa que son muy hermosos), *śabda*, *sparśa*, *rūpa*, *gandha*, *rasa* y el gusto, muy hermosos; y al saborear estos hermosos cinco sentidos, debes evitar aquellos que no son hermosos porque estos son para adorarte. Tenemos que adorarte. No debemos adorarte con cosas malas. Debemos adorarte con cosas buenas, con cosas hermosas.

ALEXIS: Mientras todavía tengamos la impresión de esa distinción, debemos adoptar cosas hermosas. ¿Cuándo se desarraiga esta distinción?

SWAMIJI: Entonces eso es shaivismo, no es devoción. En la devoción hay dos: maestro y devoto. En la devoción encuentras dos cosas: un maestro que es elevado y el devoto que reside en un nivel inferior. El devoto tiene que llorar. Cuando el llanto se detiene, eso es shaivismo. Eso no tiene nada que ver aquí.[250] Aquí queremos percibir al Maestro en la etapa en que Él es un Maestro y tenemos que imaginarnos a nosotros mismos como Sus esclavos.

Yatsamastasubhagārthavastuṣu sparśa mātra vidhinācamatkṛtim. Simplemente en el momento de la sensación de los cinco sentidos (*śabda*, *sparśa*, *rūpa*, *rasa* y *gandha*), hay algunos devotos de Ti, *acala bhaktiśālinaḥ*, cuya devoción es inamovible, siempre estable, inquebrantable.

Esos devotos, *tāṁ samarpayati*, te adoran con eso. Quienes son devotos de manera perfecta te adoran con eso: cuando escuchan un sonido hermoso, llevan ese sonido ante Ti y te adoran con ese

250 Es decir, en este tratado devocional. [Nota del editor]

sonido. Cuando ven el cuerpo hermoso de una muchacha muy hermosa, llevan esa sensación y te la ofrecen a Ti.

JOHN: ¿Es como cuando tu maestro vio a esa hermosa joven sentada frente a él?[251] Una vez nos contaste la historia que tu maestro...

SWAMIJI: Obtuvo el ingreso en la conciencia de Dios.

JOHN: Él no fue a ella, fue a Dios. Eso lo llevó a Dios. Eso es lo que significa esto aquí.

ALEXIS: Esto es verdadero *śākta pūjā*.

SWAMIJI: Sí.

Tena te vap uḥ pūjayanti acala bhaktiśāliṅaḥ. Entonces, quienes son este tipo de devotos adoran Tu cuerpo de esta manera.

sphārayasyakhilamātmanā sphuran
viṣvamāmṛśasi rūpamāmṛśan ।
yatsvayaṁ nijarasena ghūrṇase
tatsamullasati bhāvamaṇḍalam ।।15।।

Oh Señor, *ātmanā sphuran*, cuando Tu alegría no tiene límites, cuando brillas con alegría, entonces todo el universo brilla con alegría.

Viśvamāmṛśasi, cuando Tú percibes Tu propia naturaleza, todo el universo es percibido.

Yat svayaṁ nijarasena ghūrṇase, cuando estás intoxicado por Tu propio néctar de la conciencia de Dios, *tat samullasati bhāva maṇḍalam*, todo este universo llega a ser.

Entonces no hay diferencia entre el universo y Tu Ser, Tu naturaleza.

Cada vez que Tú estás brillando, eso significa que todo el mundo está brillando. Cada vez que percibes Tu naturaleza, eso significa que todo el universo está siendo percibido. Cada vez que estás intoxicado por Tu néctar de la conciencia de Dios, significa que todo el universo está intoxicado.

---

251 Era una hermosa joven con hermosos adornos que estaba sirviendo té al maestro de Swamiji, Swami Mahatabkak. [Nota del editor]

ALEXIS: Entonces, esta conciencia trascendental es solo nuestra imaginación desde el punto de vista del surgimiento. Retirando el mundo. Desde el punto de vista de Śiva, la autoconciencia es lo mismo que la conciencia universal.

SWAMIJI: Es lo mismo. Es *śakti vikāsa* y *śiva vikāsa*, la expansión de Su energía y la expansión de Su naturaleza. La expansión de Su naturaleza es conciencia de Dios y la expansión de Su energía es conciencia de energía, energía universal.

ALEXIS: Este es un punto absoluto que a la vez es trascendente.

SWAMIJI: Sí, no es solo imaginación.

ALEXIS: *Śāntoditaṁ parama dhāma.*

SWAMIJI: Es *śāntā* y también es *uditā*, ambos simultáneamente.

ALEXIS: Retraído y expansivo.

SWAMIJI: Desde un punto de vista, cuando percibes como conciencia de Dios, es *śāntā*, apaciguado. Desde otro punto de vista, si percibes la conciencia de Dios, sentirás que burbujea, fluye, es como una fuente.

yo'vikalpamidamarthamaṇḍalaṁ
paśyatīśa nikhilaṁ bhavadvapuḥ ।
svātmapakṣaparipūrite jaga-
tyasya nityasukhinaḥ kuto bhayam ।।16।।

Īśa, oh Señor, quien percibe todo este universo, todo este mundo objetivo, como uno con Tu naturaleza, *paśyatīśa nikhilaṁ bhavadvapuḥ*, siente que todo este mundo objetivo es Tu propio cuerpo. Para él, *svātma pakṣa paripūrite jagati*, todo este universo está lleno de conciencia de Dios en todas partes. *Asya nitya sukhinaḥ*, él siempre es dichoso. *Kuto bhayam*, ¿dónde hay miedo para él? No hay miedo para una persona así.

El estado de *akutobhayam*.[252]

252 No teniendo miedo de ningún lado, sentirse seguro.

kaṇṭhakoṇaviniviṣṭamīśa te
kālakūṭamapi me mahāmṛtam ।
apyupāttamamṛtaṁ bhavadvapur-
bhedavṛtti yadi rocate na me ।।17।।

Oh Señor, cuando el *kṣīrasāgara* (el océano de leche[253]) fue batido surgió un tazón de veneno[254]. ¡Nadie podía soportarlo! Todo el mundo lloraba, fue una crisis en el cielo.

Entonces consolaste a los *devas*. Les dijiste: "No teman, lo beberé". ¿Lo bebiste y qué pasó? Lo tragaste y lo guardaste en tu garganta. Desde entonces el *kālakūṭa viṣa* (veneno) está en Tu cuello.

No llegó al corazón del Señor Śiva, sino el Señor Śiva también habría desaparecido. Solo se extendió por Su cuello, que se volvió absolutamente negro. Desde ese día, el Señor Śiva es llamado Nīlakaṇṭha. Su cuello negro también es adorado por la gente.

ALEXIS: Entonces, *nīlakaṇṭha* significa tener el cuello negro.

SWAMIJI: El cuello negro debido a ese veneno.

Kaṇṭhakoṇa viniviṣṭam, el veneno *kālakūṭa* que reside en Tu garganta es un gran néctar para mí. ¡Mantenme allí!

Apyupāttam amṛtaṁ bhavadvapur bhedavṛtti. El néctar también provino del océano de *kṣīra* (leche). El néctar fue utilizado por los dioses, se volvieron inmortales. Pero si estás lejos de mí, yo no quiero ese néctar, quiero el veneno. ¡Que yo permanezca en el veneno! *Apyupāttam amṛtam*, no quiero recibir el *amṛta*, el néctar, si *bhavat vapur bhedavṛtti*, estoy lejos de Ti. Dame el poderoso veneno y mantenme allí. No me importa si muero. Quiero morir en Ti.

Este es su deseo.

253 Ver capítulo 14, estrofa 17.

254 "La percepción diferenciada es veneno; percibir a todos diferentes de tu naturaleza, eso es el verdadero veneno *kālakūṭa*". *Janmamaraṇavicāragranthaḥ*, *Janma Maraṇa Vicāra* of Bhaṭṭa Vāmadeva, traducción y comentario de Swami Lakshmanjoo (grabaciones de audio originales, archivos de la USF, Los Ángeles, 1980).

tvatpralāpamayaraktagītikā
nityayuktavadanopaśobhitaḥ |
syāmathāpi bhavadarcanakriyā-
preyasīparigatāśayaḥ sadā ||18||

Todo el mundo quiere canciones y una muchacha hermosa. Son del agrado de todos. Yo también quisiera lo mismo, pero de otra manera.

Tvat pralāpamaya raktagītikā. Quisiera canciones relacionadas con Tu devoción. *Nitya yuktavadanopaśobhitaḥ*, me gustaría tener siempre mi boca embellecida y 'nectarizada' con canciones sobre Tu devoción.

Y *athāpi*, luego me gustaría *bhavat arcana kriyā-preyasī*, solo adorarte siempre a Ti. El adorarte siempre es una muchacha hermosa. *Parigatāśayaḥ*, quisiera abrazar siempre a esa muchacha hermosa; ¡estar abrazado, estar casado con esa muchacha hermosa! No significa relaciones sexuales, sino estar unidos.

ALEXIS: Unidos, *parigatāśaya*, mi corazón lleno, penetrado, *prāptā*.

SWAMIJI: Con esa muchacha hermosa. ¿Qué muchacha hermosa?

ALEXIS: Tu devoción.

SWAMIJI: Solo con Tu adoración.

Estas dos cosas son anheladas por todos: todo el mundo quiere escuchar canciones hermosas y tener una muchacha hermosa en su regazo. Yo quisiera lo mismo pero de otra manera [risas].

īhitaṁ na bata pārameśvaraṁ
śakyate gaṇayituṁ tathā ca me |
dattamapyamṛtanirbharaṁ vapuḥ
svaṁ na pātumanumanyate tathā ||19||

Estos son los engaños del Señor Śiva, ¡oh gente!

Él ahora se dirige a la gente, a Sus devotos.

Oh devotos, encuchen las últimas novedades. *Īhitaṁ na*, he descubierto que el Señor Śiva es un hipócrita, un fraude de primera clase. No pueden imaginar el alcance de Su engaño. ¡Es tan fraudulento! *Tathā ca*, se los probaré.

ALEXIS: ¿*Īhitam*?

SWAMIJI: *Īhitam* significa "engaño".

Īhitaṁ pārameśvaram, el engaño de Pārameśvarah, *na bata śakyate gaṇayituṁ*, ¡nadie lo puede entender! He descubierto que Él es un fraude de primera clase. *Tathā ca*, se los probaré.

Dattamapi amṛta nirbharaṁ. Él me ha otorgado el néctar supremo de Su conciencia de Dios, pero *na pātum anumanyate*, Él no me permite beberlo. ¿No es esto acaso un engaño? Me ha dado este néctar, pero no me permite beberlo. ¿Qué tipo de fraude es este?

DENISE: Es cruel.

SWAMIJI: Darlo y *bas*, no poder beberlo.

DENISE: Te mueres de sed pero no puedes beber.

SWAMIJI: *Dattamapi amṛta nirbharaṁ vapuḥ*. Él me ha dado ese *svarūpa* que está lleno de néctar, pero *na pātum anumanyate tathā*, Él no me permite beberlo cuando quiera. Me dice: "Te avisaré cuando puedas beberlo".

JOHN: Eso quiere decir que lo ha probado.

SWAMIJI: Él no lo ha dado en absoluto. No ha dado nada.

JOHN: ¿Quiere decir que Él ha puesto delante de él esta conciencia de Dios solo en el intelecto, o ha probado algo de Ella pero no se la ha dado completamente?

SWAMIJI: Esto mismo.

JOHN: ¿Es como si fuera una provocación?

SWAMIJI: Sí, es una broma, sí.

tvamagādhamavikalpamadvayaṁ svaṁ
   svarūpamakhilārthaghasmaram ।
āviśannahamumeśa sarvadā
   pūjayeyamabhisaṁstuvīya ca ।।20।।

Oh Señor, dejemos este engaño Tuyo de lado. ¡No lo digo en serio! ¡No quise decirlo! Solo lo dije porque estaba perturbado [risas].

¿Adónde irá este devoto? Si agrede al Señor Śiva está acabado, entonces Le pide disculpas.

Agādham, Tú eres *agādha*, Tú eres infinito; *avikalpam*, eres sin pensamiento; *advayaṁ*, *advaita* significa Tú siempre eres *advaita*, sin dualidad; y Tú eres la naturaleza de todos[255]; *akhilārtha ghasmaram*, y te gusta tomar todas las cogniciones dualistas en Tu propia naturaleza.

Hay un deseo en mí. Quisiera entrar en Ti (*āviśan*). *Umeśa*, oh esposo de Pārvatī, *āviśan aham*, el estado dichoso de entrar en Ti, ser uno con la conciencia de Dios, no es mi único deseo. Mi deseo principal es *pūjayeyam abhisaṁ stuvīyaca*, adorarte siempre allí porque será muy fácil adorarte. Te adoraré y cantaré tu gloria.

255 *Svaṁ svarūpam.*

CAPÍTULO 14
Cantando la gloria del Señor Śiva
Jayastotranāma caturdaśaṁ stotram

jayalakṣmīnidhānasya nijasya svāminaḥ puraḥ ।
jayodghoṣaṇa pīyūṣarasamāsvādaye kṣaṇam ।।1।।

Mi amo es el único sitio donde se atesora toda la gloria. *Jaya lakṣmī nidhānasya*, la tesorería de la gloria.

Utpaladeva dice: Él no es el amo de nadie. ¡Él es mi amo! Él no es propiedad de nadie más, es solo de mi propiedad (*nijasya svāminaḥ puraḥ*).

Hay un deseo en mí: ante Él, ante mi maestro, *nijasya svāminaḥ*, *jaya udghoṣaṇa pīyūṣarasam āsvādaye kṣaṇam*, quisiera saborear el néctar de este anuncio: "¡Oh Señor, gloria a Ti, gloria a Ti, gloria a Ti, gloria a Ti, *jaya*, *jaya*!".

No quiero la gloria para mí, solo para Ti. Serás glorificado. Oraré por Ti para que vivas una larga vida. No necesito mi vida, quisiera acortarla por Ti. Serás glorificado en todas partes, siempre.

Utpaladeva no quiere su vida. Quiere que Él viva. Esto es amor real.

jayaikarūdraikaśiva mahādeva maheśvara ।
pārvatīpraṇayiñśarva sarvagīrvāṇapūrvaja ।।2।।

Estos son *āmantraṇas* (*āmantraṇa* significa "llamada").

Oh Señor, Tú eres *eka rūdra*, ¡Tú eres el único Rudra! ¡*Eka śiva*, oh Señor, Tú eres el único Śiva! Mahādeva, ¡tú eres el único Mahādeva! ¡Maheśvara, eres Maheśvara! *Pārvatī praṇayin*, ¡Tú eres el amado de Pārvatī! *Śarva*, Tú eres el destructor del mundo dualista (*śarva* significa *hiṁsaka, śarva hiṁsāyām*[256]). *Sarva gīrvāṇa pūrvaja*, ¡Tú eres la fuente de todos los dioses! Gloria a Ti. Que vivas cien millones de años para mí. Moriré y naceré de nuevo. Moriré y te veré nuevamente como mi Maestro. ¡Tú debes vivir!

En otro sentido, *jaya* significa que quiere que Él viva. No quiere vivir él mismo. Él quiere Su gloria.[257]

jaya trailokyanāthaikalāñcchanālikalocana |
jaya pītārtalokārtikālakūṭāṅkakandhara ||3||

Trailokyanāthaikalāñcchanā alikalocana. ¿Sabes, oh Señor, por qué todavía tienes el tercer ojo en tu frente? Es la indicación de que "Yo, el Señor Śiva, soy el único amo de los tres mundos". Tienes el tercer ojo como señal de esto. ¡Gloria a Ti! ¡Que vivas para siempre!

Pītārta lokārti kāla kūṭāṅka kandhara. Ārta loka ārti, ārta loka, al batir el océano de leche, surgió el veneno que puso a los dioses en una situación crítica. Fue un tormento para los dioses. Simplemente empezaron a morir.

DENISE: ¿De miedo?

SWAMIJI: No de miedo, era un olor venenoso.

Pītārtaloka, Tú has bebido la crisis de todos los dioses. Gloria a Ti. ¡Que vivas por mil millones de años [risas]!

jayamūrtatriśaktyātmaśitaśūlollasatkara |
jayecchāmātrasiddhārthapūjārhacaraṇāmbujaḥ ||4||

Utpaladeva también revela Su historia en este *Jayastotra* y, al mismo tiempo, Lo glorifica con larga vida y prosperidad.

No quiero volverme próspero. Tú debes seguir siendo próspero. Debes permanecer brillante, hermoso, saludable. Todas las cosas

---

256 Swamiji está usando *hiṁsaka* en el sentido de alguien que causa problemas al mundo dualista. *Śarva* es una apelación del Señor Śiva como Rudra, el destructor. [Nota del editor]
257 Es decir, Utpaladeva quiere que el Señor Śiva sea glorificado.

malas deben venir a mí. No me importa. Mi único consuelo es que Tú vivas feliz.

Este maldito tonto [risas], Utpaladeva, no sabe que Él siempre vive. Es debido a su amor por Él.

DENISE: Y por su abnegación.

SWAMIJI: Sí.

Jaya mūrta triśakti ātma śita śūla ullasatkara. Sostienes el agudo *triśūla* en Tu mano, *śitaśūla ullasatakara*, *mūrtatriśakyāt*, que indica que Tú posees las tres grandes energías (*parā*, *parāparā* y *aparā*).[258] Gloria a Ti.

Icchā mātra siddhārtha pūjārha caraṇāmbuja. Tus pies de loto, que son dignos de ser adorados (*pūjārha caraṇāmbuja*) por los devotos, *icchāmātra siddhārtha*, otorgan las *siddhis*. Otorgan el cumplimiento de todas las ambiciones, ¡pero no por un esfuerzo! Sin esfuerzo, solo por voluntad (*icchāmātrataḥ*), por *icchayā*, estos pies de loto Tuyos otorgan todos los poderes y el cumplimiento de todos los placeres mundanos y espirituales. Gloria a Ti. ¡Que vivas mil billones de años!

jaya śobhāśatasyandilokottaravapurdhara |
jayaikajaṭikākṣīṇagaṅgākṛtyāttabhasmaka ||5||

Todas estas palabras son *āmantraṇa*, vocativos.

Śobhāśata syandi lokottara vapurdhara. Has poseído un cuerpo que es *lokottara* (*lokottara vapuḥ* significa "un cuerpo y una forma sobrenaturales"). No pueden compararse con ninguna otra.

258 "La Energía suprema (*parā śakti*) es esa energía más allá de la limitación. Es no dual (*advaita*), monista. La energía media (*parāparā*) es tanto no dual (*advaita*) como dual (*dvaita*). La energía inferior (*aparā*) es solo dual (*dvaita*). Estas tres energías corresponden a la conciencia subjetiva, la conciencia conceptual y la conciencia objetiva. Me inclino ante esa Conciencia que brilla de estas tres formas. Esa Conciencia es el corazón del Señor Śiva. Es a la vez uno con el universo y por encima del universo".

"Estos tres estados de conciencia son los tres aspectos que componen cualquier percepción. Está el perceptor, que es la conciencia subjetiva; el medio de percibir ese objeto, que es la conciencia cognitiva, y el objeto que se percibe, que es la conciencia objetiva". *Self Realization in Kashmir Shaivism*, 3.55-56.

El Señor Śiva posee el mejor cuerpo y el único hermoso. No puedes imaginarte cuán hermoso, grandioso, brillante y glorioso Él es.

Śobhā śata syandi. Fluye con gloria y embellece a todos los que están cerca de Su cuerpo. Cuando seas puesto delante de Su cuerpo, tú también resplandecerás. Toda tu fealdad se desvanecerá; se hará añicos y te volverás divino, divinamente hermoso. Eso es *śobhā śata syandi lokottara vapurdhara*. Posees ese tipo de cuerpo, ese tipo de *rūpa* (forma). ¡Gloria a Ti! Que vivas por mil millones de años. ¡Más que eso!

Jaya eka jaṭikā kṣīṇa gaṅgā kṛtyātta bhasmaka. *Eka jaṭikā kṣīṇa gaṅgā kṛti* (*jaṭikā* significa "mechones enmarañados"), de un mechón retorcido y enmarañado ha partido todo el Ganges, el Gaṅgā. Y, al mismo tiempo, lo blanco sobre Tu cabeza no es solo agua. *Ātta bhasmaka*, también aplicaste cenizas en Tu rostro solo para ocultar Tu belleza, ¡porque eres demasiado hermoso! Gloria a Ti. Que vivas para siempre.

jaya kṣīrodaparyastajyotsnācchāyānulepana ।
jayeśvarāṅgasaṅgottharatnakāntāhimaṇḍana ।।6।।

Todos estos son *āmantraṇas*, llamadas.

Kṣiroda paryasta jyotsnāt chāyā anulepana (*kṣīroda* significa *kṣīrasāgara*, el océano de leche). Del océano de leche, *paryasta jyotsnācchāya*, el *pratibimba*, el reflejo de la luna, que ha salido del océano de leche, *chāyā anulepana*[259], ese *chāyā* (reflejo) se ha reflejado en Tu rostro, es equivalente a Tu resplandor. Gloria a Ti.

Īśvara aṅga saṅgottha ratna kāntāhi maṇḍana. Y esas grandes serpientes que te envuelven bajo Tu cuello y brazos, *īśvarāṅga saṅgottha*...

Se dice en la historia de los Purāṇas que esas cobras han desarrollado estrellas en la parte superior de sus cabezas debido al toque del Señor Śiva.

259 Lit., la unción o unción (*anulepana*) del reflejo de la luna (*chāyā*).

... *īśvara aṅga saṅga ratnotkānta ahi maṇḍalam*, ¡oh, has decorado Tu cuerpo con esas grandes serpientes, gloria sea para Ti!

ALEXIS: Y se han vuelto hermosas por Tu toque.

SWAMIJI: Sí. Gloria a Ti. ¡Que vivas por siempre!

jayākṣayaikaśītāṁśukalāsadṛśasaṁśraya ǀ
jaya gaṅgāsadārabdhaviśvaiśvaryābhisecana ǀǀ7ǀǀ

Akṣa eka śītāṁśu kalā. Hay una *kalā*[260] de la luna que no decrece, no desaparece. Es *amākalā*, la decimosexta *kalā*, la decimosexta parte de la luna que es el contorno de la luna nueva.

Has visto el contorno de esa luna: no desaparece por completo. Todas las partes de la luna se desvanecen en quince días, pero esa *amākalā* no se desvanece. Y Él mantiene esa *amākalā* en Su frente.

Sadṛśa saṁśraya, ¡es exactamente como Tú! *Sadṛśa saṁśraya*, Tú eres *samāna bhāva*[261], inmortal y esta *kalā* también es inmortal, imperecedera. Tú eres *sadṛśa saṁśraya*, Tú eres el *saṁśraya*, el *ādhāra* (la base) de eso. La base de *amākalā* es divina; *amākalā* es inmortal. La base que está sobre Tu frente también es inmortal. ¡Gloria a Ti! La has mantenido así, adornando Tu frente.

ALEXIS: Entonces, en el fondo Él es *saptadaśī kalā*[262].

SWAMIJI: Sí [risas].

Gaṅgā sadārabdha viśvaiśvarya ābhiṣecana. A través del Ganges que tienes sobre Tu cabeza, otorgas gloria y prosperidad a todo el universo. Gloria a Ti. Que vivas mucho tiempo.

jayādharāṅgasaṁsparśapāvanīkṛtagokula ǀ
jaya bhaktimadābaddhagoṣṭhī niyatasannidhe ǀǀ8ǀǀ

Adharāṅga saṁsparśa pāvanīkṛta gokula. ¿Sabes lo que has hecho?

---

260 *Kalā* significa "un dígito o segmento de la luna". [Nota del editor]

261 *Samāna bhāva*: el estado o apariencia de similitud. Es decir, la *kalā* de la luna es como el Señor Śiva.

262 Para una explicación de *saptadaśī kalā*, ver el Apéndice 23.

Has hecho de un toro Tu transporte y mantienes la parte inferior de Tu cuerpo sobre ese toro. Por eso se supone que todos los toros y vacas son puros. Todo el mundo respeta al linaje de toros y vacas.

Dicen que son divinos, que son madres para toda la vida. Nuestra madre nos cuida hasta que hemos crecido, pero la vaca-madre nos atiende toda nuestra vida.

Adharāṅga saṁsparśa, es por eso que vas de aquí para allá tocando al toro con la parte inferior de Tu cuerpo. *Pāvanī kṛta gokula*, así has vuelto pura la dinastía de toros y vacas. ¡Gloria a Ti!

Jaya bhaktimadābaddha goṣṭhī niyatasannidhe. Cuando Tus devotos se reúnen (*bhaktimat* significa "devotos") en un lugar, hablan y piensan en Ti y discuten asuntos relacionados con Tu posición, Tu pensamiento y Tu todo, allí *niyata sannidhe*, estás escuchando disfrazado. Siempre estás ahí. Tal vez Tus devotos se han reunido en Londres, en América, en Cachemira o en la India, pero Tú estás allí escuchando sus conversaciones. *Niyata sannidhe*, es esencial (*niyata* significa que definitivamente estás allí disfrazado escuchando esas conversaciones). ¡Gloria a Ti [risas]! *Bhakti mat ābaddha goṣṭhī* (*goṣṭhī* significa reunión), *niyata sannidhe*, Tú estás allí, estás presente siempre disfrazado.

jaya svecchātapoveśavipralambhitabāliśa |
jaya gaurīpariṣvaṅgayogyasaubhāgyabhājana ||9||

Svecchātapoveśa vipralambhitabāliśa...

En este *stotra* él relata toda Su historia.

Svecchātapa, por Tu propia voluntad, has tomado el disfraz de alguien que está haciendo penitencia.

¿Hay aquí una imagen así del Señor Śiva? No, aquí no. En algún lugar vemos la imagen del Señor Śiva en *padmāsana*, con los ojos cerrados y las cuentas en Su mano, *bas*, meditando. ¿Meditando en quién? ¡No lo sabemos [risas]! Porque Él está meditando pero Él es el objeto de la meditación.

ALEXIS: Es el meditador y lo meditado.

SWAMIJI: *Svecchātapoveśa*, con este *veśa*, esta *rūpa* (forma) de ser el devoto de algún otro Señor, *vipralambhitabāliśa*, los has engañado, esto es solo un truco para alejar a los tontos del punto real. Ellos erróneamente creen que, para el Señor Śiva, hay algún otro dios importante, porque Él está recitando un *mantra*. *Vipralambhitabāliśa* (*vipralambhita* significa "los has desviado").

DENISE: Los desvió a propósito.

SWAMIJI: Sí. ¡Gloria a Ti por este truco [risas]!

Jaya gauripariṣvaṅga yogyasaubhāgyabhājana. Y has abrazado a Pārvatī. Tu Pārvatī siempre está en Tus brazos. ¡No sabes cuánta alegría y cuán afortunado eres! Eres muy afortunado de tenerla en Tus brazos (*gaurīpariṣvaṅga*). Esta fortuna es apropiada porque eres afortunado. *Yogya saubhāgya bhājana* (*yogya saubhāgya* significa "Ella es afortunada por Ti y Tú eres afortunado por Ella"), ambos son afortunados. Y *yogyatā*, esta combinación es la mejor para ambos. Que Pārvatī esté en Tus brazos es apropiado y que Tú abraces a Pārvatī es apropiado. Gloria a Ti.

jaya bhaktirasārdrārdrabhāvopāyanalampṭa ।
jaya bhaktimadoddāmabhaktavāṅnṛttatoṣita ।।10।।

Bhakti rasārdrārdra bhāvopāyanalampṭa. Disfrutas los regalos que Tus devotos mantienen ante Ti con *ārdrārdra bhāva* (*ārdrārdra bhāva* significa "con la vista húmeda"). Con gran amor y devoción, ofrecen ante Tu imagen algunas buenas flores y frutos. ¡Te gustan estas ofrendas! *Bhakti rasārdrārdra bhāva* (*upāyana* significa ofrenda) *lampaṭa*, siempre anhelas estas ofrendas. Tu sueño se hace realidad cuando recibes las ofrendas de estos devotos (*lampaṭa* significa que "anhelas" eso). ¡Gloria a Ti! ¡Gloria a Ti! ¡Que vivas por mucho tiempo!

Bhaktimada uddāma bhakta vāk nṛttatoṣita. Cuando un devoto, lleno de la embriaguez de Tu devoción, grita y Te llama, "¡Oh Señor Śiva!", al escuchar el grito de estos labios que te anhelan, *nṛttatoṣita*, danzas y te satisface escucharlo. Danzas cada vez que escuchas estos llamados de Tus devotos. Gloria a Ti.

jaya brahmādideveśaprabhāvaprabhavavyaya ।
jayalokeśvaraśreṇīśirovidhṛtaśāsana ।।11।।

Brahmādi deveśa: Brahmā (el creador), Viṣṇu (el protector) y Rudra (el destructor) de este universo. El *prabhāva* (la gloria) de Brahmā es crear el mundo, la gloria de Viṣṇu es protegerlo y la gloria de Rudra es destruirlo.

Eres *prabhavavyaya*, eres el creador de esa gloria y quien quita esa gloria. Creas esa gloria en ellos y la retiras de ellos. Tienes ese poder. Tú les has otorgado esta gloria, oh Señor Śiva. Gloria a Ti. ¡Que seas glorioso!

Jayalokeśvara śreṇī śirovidhṛtaśāsana. *Lokeśvara* significa *lokapāla*, quienes se empeñan en gobernar los diez lados de este universo. El lado este está gobernado por Indra, la esquina sureste está gobernada por el dios Agni, la esquina sur está gobernada por Yama, la esquina suroeste está gobernada por Nairitti, el lado oeste está gobernado por Varuṇa, la esquina Noroeste está gobernada por Vāyu (el dios del viento), el lado Norte está gobernado por Kubera y la esquina Noreste está gobernada por Īśvara. Este es el *lokeśvara śreṇī*, la clase de *lokapālas*, los protectores de los lados de todo este universo. Brahmā está arriba y abajo está Viṣṇu. Entonces, hay diez *lokapālas*, diez dioses que cuidan, gobiernan, todo este universo, y esos *lokapālas* tienen *śiro vidhṛta śāsana*, han aceptado en sus frentes el reino del Señor Śiva. Cada *lokapāla* acepta el reino del Señor Śiva en la frente. Gloria a Ti.

JOHN: ¿Qué significa "aceptado por ellos en sus frentes"?

SWAMIJI: Lo han aceptado todo... se inclinan ante Su mandato, aceptan Su orden. Cualquier cosa, buena o mala, ¡tienen que aceptarla! Aceptan Su soberanía. ¡Gloria a Ti!

jayasarvajagannyastasvamudrāvyaktavaibhava ।
jayātmadānaparyantaviśveśvara maheśvara ।।12।।

No es *vyaktavaibhava* como lo comenta Kṣemarāja: "Tu gloria se encuentra...

ALEXIS: Manifestada (*vyakta*).

SWAMIJI: ... tu gloria ya existe vívidamente en todo este universo". Ese no es el significado de este *śloka*.

Sarvajagat nyasta svamudrāvyaktavaibhava. Tu gloria se encuentra vívidamente en todo este universo porque has puesto Tu propio sello en todas partes.

Me gustaría traducir la palabra "sello" (*svamudrā*) a mi manera, no como lo ha hecho Kṣemarāja, el comentarista de esta *Śivastotrāvalī*. También es correcto en un sentido, pero esta explicación parece mezquina. "*Svamudrā*" ha sido comentado como: el sello del Señor Śiva es *yoni* (la *praṇālī*) y *liṅga*. *Praṇālī* tiene que ver con una mujer y *liṅga* tiene que ver con un hombre. Entonces, has puesto estos dos signos en todas partes en este mundo: ese es Tu sello. Así es como Kṣemarāja traduce *svamudrā*.

Pero desde mi punto de vista, *svamudrā* significa "todo conocimiento" y "toda actividad". En todas partes has puesto Tus poderes de todo conocimiento y toda actividad. En parte, todo el mundo tiene conocimiento y en parte, todo el mundo tiene acción. Este es Su sello, no solo *yoni* y *liṅga*.

Sarva jagat nyasta. Has puesto Tu sello espiritual en todos los actos de este universo. Puede ser un acto creativo, puede ser un acto protector, puede ser un acto destructivo, en todos estos actos Tú has dejado Tu sello. Entonces, no será tocado por nadie; no será utilizado por nadie excepto cuando rompas este sello. Lo has sellado, por lo que no puede haber nadie más manejándolo, solo Tú puedes hacerlo, salvo que le ordenes a alguien que lo maneje.

Entonces, Tu *aiśvarya* (Tu gloria) es *avyakta*, ¡Tu gloria no se revela a nadie! Nadie ha percibido cuál es Tu gloria. Has guardado esa gloria bajo ese sello. Está absolutamente estampado, sellado.

ALEXIS: Pero seguramente un "sello" significa un sello de reconocimiento.

SWAMIJI: ¡Sellado! No es un sello de reconocimiento. Eso es lo que ha comentado Kṣemarāja.

Todo este universo es manejado por el mismo Señor Śiva. Nadie más tiene autoridad para manejarlo. El único controlador de este universo es el Señor Śiva. Solo por Sus órdenes, Brahmā creará, Viṣṇu protegerá y Rudra lo destruirá. Por lo tanto, has mantenido Tu gloria absolutamente bajo Tu sello. ¡Gloria a Ti!

Y, al mismo tiempo, por el contrario, ¿qué haces? *Jayātmadāna paryantaviśveśvara*, ¡eres tan generoso que otorgas Tu propio Ser a Tus devotos! ¡Te conviertes en el esclavo de Tus devotos! ¡Esta es tu grandeza! No te conviertes en el maestro de Tus devotos. Tú les das Tu todo a ellos.[263] ¡Esta es Tu grandeza! *Ātmadānaparyantaviśveśvara*, este *viśveśvara*, esta generosidad Tuya, es tan grande que otorgas Tu propio todo, Tu propio Ser, a Tus devotos.[264] Y Tus devotos Te manipulan y Tú eres su esclavo. ¡Gloria a Ti!

jaya trailokyasargecchāvasarāsadvitīyaka ।
jayaiśvaryabharodvāhadevīmātrasahāyaka ।।13।।

Trailokya sarga icchavasare. En el momento de crear este universo, *asad dvitīyaka*, no aceptas la ayuda de nadie. No necesitas la ayuda de nadie. *Bas*, Tú creas según Tu propia voluntad.

Jaya aiśvarya bharodvāha devī mātra sahāyaka. Gloria a Ti. Al mismo tiempo, *aiśvarya bhara udvāha* (*aiśvarya bhara* significa que la intensidad de la gloria se encuentra en Ti), la intensidad de la gloria que has logrado al crear el universo fue posible porque tomaste la ayuda de Pārvatī. Pārvatī es el único instrumento para glorificarte.

Nadie conocía al Señor Śiva cuando no estaba casado con Pārvatī. Era trascendental. Solo se le conoció cuando Pārvatī estrechó Su mano; entonces Él fue conocido en todo el universo. Pārvatī significa el mundo de los medios, los *upāyas* (*śaivī mukhamihocyate*[265]).

---

263 "Tienes la autoridad y tienes el poder para dar, para otorgar, lo que sea que tengas". *Śivastotrāvalī* (audio adicional, archivos USF).

264 "*Ātmadāna*, Él da Su propio Ser en limosnas". *Ibidem*.

265 "Śakti es, primero, el medio. Śakti es el camino por el que tienes que andar. Porque más adelante dirá *śaivī mukham ihocyate*. *Śaivī* significa *śakti*; *mukham* es el camino. Se dice que el camino es *śakti*. Tienes que sentenciar tu mente al Señor Śiva a través de ese camino: *pārvatī śakti* (no la Pārvatī que reside en Kailash)". *Vijñāna Bhairava, The Manual for Self Realization*, estrofa 4, p7. Para una explicación de los *upāyas*, ver el Apéndice 2.

Pārvatī es la reveladora del Señor Śiva. ¡Gloria a Ti!

El universo triple es *trailokya*, los tres mundos. En realidad, hay ciento dieciocho mundos, pero se consumen en solo tres mundos: *bhūḥ*, *bhuvaḥ* y *svaḥ*.[266]

Cuando tienes el deseo de crear este universo triple, *asat dvitīyaka*, nadie te ayuda en ese momento, porque no hay nadie que sea capaz de ayudarte. Lo creas por ti mismo. Oh Señor, la victoria sea Tuya.

Jayaiśvaryabharodvāha devī mātra sahāyaka. Aiśvarya bhara udvāha, en el momento de llevar a la manifestación la gloria de Tu conciencia, no había nadie para ayudarte excepto Tu otra mitad, Pārvatī. ¡Oh Señor, la victoria sea Tuya!

jayākramasamākrāntasamastabhuvanatraya |
jayāvigītamābālagīyamāneśvaradhvane | | 14 | |

Todas estas palabras compuestas son *āmantraṇa padas*, llamadas al Señor Śiva.

Akrama samākrānta samasta bhuvana traya. ¡Oh, Señor Śiva!, has penetrado los tres mundos simultáneamente; los impregnas simultáneamente sin ninguna sucesión.[267] ¡Gloria a Ti!

Avigītam ābāla gīyamāna īśvara dhvane. Desde el Señor Rudra hasta un niño inocente, *gīyamāna īśvara adhvane*, todos cantan Tu gloria, todos conocen Tu gloria. Siempre que hay un terremoto, siempre que hay alguna crisis, automáticamente sale este sonido de la boca de la gente: ¡*namaḥ śivāya, namaḥ śivāya*!

DENISE: ¡Oh Dios! ¡Oh Jesús!

SWAMIJI: ¡Oh Dios! *Jayāvigītamābāla gīyamaneśvardhvane*. Todos cantan Tu gloria de ser el Maestro de los tres mundos, desde los ignorantes hasta las almas elevadas.

---

266 Ver capítulo 4, estrofa 23.

267 "Oh Señor, Tú has poseído todos los tres mundos, no uno por uno, sino simultáneamente, en un solo empujón. *Samākrānta* significa "poseído", has poseído estos tres mundos simultáneamente, instantáneamente". *Śivastotrāvalī* (audio adicional, archivos USF).

JAGDISH: *Ābāla* significa "personas ignorantes".

SWAMIJI: Sí, *ābala* allí significa "gente ignorante". *Bāla* no significa "muchachos" o "niños".

Ābāla, desde las personas ignorantes hasta las almas elevadas, todos cantan Tu gloria, a sabiendas o sin saberlo.

Mahatma Gandhi, en su gira a Mysore, visitó un pueblo y vio a unos muchachos que estaban cavando el terreno. Les preguntó, "¿Quién los gobierna?". Ellos respondieron: "¡Algún Dios debe estar gobernándonos!". Eso es todo [risas]. No sabían quién era, pero admitieron que había un gobernante.

Desde las personas ignorantes hasta las almas elevadas, todos ellos cantan Tu gloria. ¡Oh Señor, la victoria sea Tuya!

jayānukampādiguṇānapekṣasahajonnate ǀ
jaya bhīṣmamahāmṛtyughaṭanāpūrvabhairava ǀǀ 15 ǀǀ

Anukampādi guṇa anapekṣa sahajonnate. Quien posee todas las buenas cualificaciones es digno de recibir la gracia de los dioses. Si tienes buenas cualificaciones, cuando seas su devoto, recibirás la gracia de Brahmā, de Nārāyaṇa, de Rudra, de tu maestro. ¡Pero Contigo no es así, Señor!

Anukampādi guṇa anapekṣa sahajonnate. Tu *unnate*, Tu grandeza de otorgar gracia no depende de las cualificaciones. Esto es *śaktipāta.*[268]

Anukampādi guṇa anapekṣa sahaja unnate. Oh Señor, Tu grandeza (*unnate* significa Tu grandeza) es *sahaja*, no es artificial. No desarrollas Tu grandeza manteniendo la disciplina, el *dharma*, la virtud, la pureza y las buenas cualidades.

Generalmente, si desarrollas buenas cualidades, pureza y todo, entonces debes ser grandioso. Pero Tu grandeza no es artificial. No desarrollas Tu grandeza. Tu grandeza es natural, no mantienes esta disciplina de *anukampā.*[269]

---

268 Gracia, que es espontánea (*sahaja unnate*). [Nota del editor]
269 *Dharma*, virtud, pureza, etc.

Debes amar a tus semejantes. No debes odiar. No debes ser grosero con nadie. Debes ser piadoso. No debes decir mentiras. Cuando desarrollas todas estas cualidades te vuelves grande. Este es el caso general. Pero para Ti, este no es el caso. Eres grandioso por naturaleza. ¡Gloria a Ti! ¡Que vivas cien mil millones de años!

Jaya bhīṣma mahā mṛtyu ghaṭanā pūrva bhairava. Bhīṣma mahā mṛtyu (*bhīṣma* significa temible; *mahā mṛtyu* significa el gran señor de la muerte), el temible gran señor de la muerte no es conquistado por nadie en este mundo, pero lo has conquistado, lo has destruido (*ghaṭana*; *ghaṭana* significa "destructor").

Oh Señor, *bhīṣma mahāmṛtyu*, ese gran dios de la muerte que es *bhīṣma* (*bhīṣma* significa furioso), cuando venga, nos encontrará uno a uno, esto es seguro. Cuando venga, solo con darnos la mano nos aterrorizará y ese será nuestro tiempo de morir. Solo por su ligero toque, en ese momento diremos "¡Ah, nos vamos!". Es *bhīṣma māha mṛtyu*, ese señor de la muerte es *bhīṣma*, ¡está furioso!

¡Oh Señor, Tú *ghatanā* (*ghaṭanā* significa Tú destruyes), al destruir también a ese señor de la muerte, Tú eres *apūrva bhairava*, Tú eres realmente el supremo Bhairava! ¡Acaba también con él!

¡Oh, destructor de ese temible señor de la muerte, oh Señor Śiva, la gloria sea para Ti!

Entonces, no debemos preocuparnos por Su muerte. Oramos por Él, por Su larga vida, solo por nuestra satisfacción. Él siempre está ahí.

jaya viśakṣayoccaṇḍakriyāniṣparipanthika |
jaya śreyaḥśataguṇānuganāmānukīrtana ||16||

Viśva kṣaya uccaṇḍa kriyā. Uccaṇḍa kriyā significa acción espantosa, la acción espantosa de destruir todo este universo. Esta acción espantosa no es una broma, ¡lo destruyes todo! Oh Señor, *viśvakṣaya uccaṇḍa kriyā*, en el momento de destruir todo este universo (los ciento dieciocho mundos), cuando posees *uccaṇḍa kriyā*, la furiosa actividad de danzar (ese *tāṇḍava nṛtya*[270], no *lasya nṛtya*[271])...

Cuando tiene que destruir todo este universo, simplemente danza. Esta danza se llama *tāṇḍava nṛtya*, danza *tāṇḍava*. Cuando Él danza, todo este universo compuesto de ciento dieciocho mundos es destruido.

... en ese momento, nadie te discute, nadie se te opone o te pregunta, "¿Por qué has causado esta gran pérdida en el universo?". ¡Oh, Señor, la victoria sea Tuya! Eso es *niṣparipanthika*. Como Él lo ha hecho, ¡listo! ¡Gloria a Ti! ¡Que vivas mil años, mil y un años!

Jāya śreya śataguṇānuganām ānukīrtana. Cuando alguien Te recuerda, cuando alguien recita Tu nombre, "*namaḥ śivāya, namaḥ śivāya, namaḥ śivāya*" (*nāma anukīrtana*, es decir, tomando Tu nombre), *śreya śataguṇānuga*, dondequiera que esta recitación de Tu nombre tenga lugar, *śreya śataguṇa anugamāt*, cientos y miles de glorias siguen a esta recitación. Tan pronto como alguien recita el nombre del Señor Śiva, pronto vendrán cientos y miles de glorias.[272]

¡Gloria a Ti!

jaya helāvitīrṇaitadamṛtākarasāgara |
jaya viśvakṣayākṣepikṣaṇakopāśuśukṣaṇe | | 17 | |

Conocen el *kṣīrasāgara* (el océano de leche). El Señor Śiva es el dueño del océano de leche; todos los dioses y *asuras* fueron a Él y le pidieron que querían batir este océano y quedarse con lo que sea que salga de él.

Primero Él se negó. Dijo: "No, a nadie se le permite tocarlo. ¡Váyanse!". Entonces, todos los dioses y diosas se retiraron. Luego, Nārāyaṇa fue el emisario. Nārāyaṇa se inclinó ante el Señor Śiva y le dijo: "Solo quisiéramos batirlo para obtener un poco de

270 Una danza furiosa.
271 Danza que representa las emociones del amor.
272 "En ese mismo momento, toda alegría va tras de ti, toda victoria va tras de ti, todo lo bueno va tras de ti". *Śivastotrāvalī* (audio adicional, archivos USF).

néctar para volvernos inmortales. Por favor, permítenos hacerlo". Entonces, a regañadientes, les permitió batirlo.

Helā vitīrṇaikad amṛtākara sāgara, Upamanyu era un devoto del Señor Śiva. Estaba tan complacido con Upamanyu que le otorgó todo el océano de leche. El Señor Śiva dijo: "No me lo quedaré, ¡es tuyo! A partir de este día, el océano de leche te pertenece. No tengo nada que ver con el océano de leche". Esta es la grandeza del Señor Śiva. ¡Tuya sea la gloria!

Viśva kṣaya ākṣepakṣaṇa kopāśuśukṣaṇe (*āśuśukṣaṇe* significa "fuego"; *kopa āśuśukṣane* significa "fuego de ira", *krodhāgni*), cuando esa ira entra en el Señor Śiva, solo por un segundo (*kṣaṇa* significa solo por un segundo), eso es *viśva kṣaya ākṣepa*, ¡este es el fin del universo!

Cuando hay ira en el Señor Śiva, todo este universo será destruido en el siguiente segundo, ¡estará terminado! ¡Todos habremos desaparecido! Esto es *viśva kṣaya ākṣepi* (*ākṣepi* significa que esta es la indicación de la destrucción de todo el universo). ¡La ira del Señor Śiva, incluso por un segundo! ¡Oh Señor, la victoria sea Tuya!

jaya mohāndhakārāndhajīvalokaikadīpaka |
jaya prasuptajagatījāgarūkādhipūruṣa | | 18 | |

Mohāndha kārāndha jīvaloka. Jīvaloka, este mundo de mortalidad está absolutamente ciego por la ilusión, por estar lejos de la conciencia de Dios. Este *martya loka* (*martya loka* significa "mundo mortal") está ciego debido a su ignorancia. En este mundo mortal, Tú eres la única vela que alumbra.[273] ¡Gloria a Ti!

Jaya prasuptajagatī jāgarūkādhipūruṣa. Prasupta jagatī, todo este universo está bajo el efecto del cloroformo. No saben lo que hacen.

Solo están roncando, no externamente sino internamente, porque no encuentran el espacio entre la respiración que entra y la

273 "Este universo entero está hundido en esa oscuridad y, para ellos, Tú eres *eka dīpaka*, una antorcha, luz de antorcha, solo para iluminarlos". *Śivastotrāvalī* (audio adicional, archivos USF).

que sale. No son conscientes como para señalarlo. De otro modo, no hay motivo para que no despiertes. El Señor Śiva te da una oportunidad, veintiún mil seiscientas veces, día y noche. Inhalas y exhalas, luego vuelves a inhalar y otra oportunidad, otra oportunidad... día y noche, te son concedidas veintiún mil seiscientas oportunidades. Y las ignoramos a todas.[274]

¿Entienden lo que quiero decir?

Entonces, es *moha andhakāra*. *Moha andhakāra* significa que estamos hundidos en la oscuridad de la ilusión.

¡Tú eres la única antorcha! ¡Oh, Señor, la victoria sea Tuya! ¡*Jaya mohāndhakāra andha jīvalokaikadīpaka, jaya*!

Jaya prasupta jagatījāgarūkādhipūruṣa. Y este *prasupta jagatī*, todo este universo, que está *prasupta* (*prasupta* significa "dormido", que está roncando, inconsciente), en este mundo inconsciente, ¡Tú eres la única persona que está consciente! ¡Oh Señor, la victoria sea Tuya! Eres el único que está despierto, todos los demás se han dormido. *Prasupta jagatī jāgarūkādhipurūṣa*, Tú eres una gran persona (*adhipurūrṣa* significa que el Señor Śiva es el único super-ser en todo este universo).

jaya dehādrikuñjāntarnikūjañjīvajīvaka ।
jaya sanmānasavyomavilāsivarasārasa ।।19।।

Dehādri, este cuerpo es como una montaña; *deha* (el cuerpo) es como una montaña. En este cuerpo, *kuñjāntaḥ*, hay una cueva[275] en el corazón. En la montaña del cuerpo hay una cueva donde hay *nikūjat jīva jīvaka* (*jīva* significa individuo).

---

274 "En el camino de tu respiración, mantén una conciencia plena y continuamente renovada en el centro de la inhalación y la exhalación. Esto es fuerza y esto es *āsana* interno".

"No solo debes concentrarte en el centro cuando se alcanza el centro en el punto final de la exhalación, sino desde el comienzo de la respiración hasta el punto final de la exhalación, el esfuerzo debe ser unidireccional en el centro. Debes meditar de esta manera para que tus esfuerzos no sean en vano". *Self Realization in Kashmir Shaivism*, 2.38. Para una explicación de *nirvikalpa*, ver el Apéndice 9.

275 "*Kuñja* significa *guhā*, una cueva". *Śivastotrāvalī* (audio adicional, archivos USF).

El individuo es un pájaro[276] y, en realidad, este individuo es el Señor Śiva universal. El Señor Śiva Universal se ha convertido en el pájaro individual en el corazón de todos. *Nikūjat*[277], y ese pájaro hace el sonido "*kū, kū, kū, kū, kū, kū, kū*", por *śabda, sparśa, rūpa, rasa* y *gandha*, por los cinco sentidos, habla, produce sonidos. ¡Oh, Señor Śiva! Tú eres ese pájaro que se ha convertido en el individuo en la cueva del corazón en cada una de las montañas de los cuerpos.[278] ¡Gloria a Ti!

Jaya sanmāna savyomavilāsivarasārasa. Y Tú eres ese glorioso cisne (*haṁsa*) que es *vilāsi*, que juega en el *sarovara* (*sarovara* significa el lago de *sanmānasa*; *sanmānasa* significa "en la mente"; la mente es el lago).

La mente de Tus devotos es un lago y en esa mente, en ese lago, siempre juegas. En la mente de todos Tus devotos, Tú estás brillando, estás jugando.[279] Tú eres ese cisne que siempre juega en el lago *sarovara*, en Mānasarovara.[280] ¡Gloria a Ti!

jaya jāmbūnadodagradhātūdbhavagirīśvara |
jaya pāpiṣu nindolkāpātanotpātacandramaḥ ||20||

Jāmbūnada udagra (*jāmbūnada* significa "oro"), *jāmbūnada udagra dhātu* (*udagra dhātu* significa "*dhātu* muy preciosos", minerales preciosos, como el oro), el gran Monte Sumerū[281] está

276 *Haṁsa*, un cisne. [Nota del editor]
277 *Nikūj*: trinar, gemir.
278 Es decir, en todos y cada uno de los cuerpos semejantes a montañas. [Nota del editor]
279 "*Sanmānasa* (*san* significa "aquellos que son santos"; *sanmānasa* significa "en la mente de los santos"; no solo en la mente de los santos, en el *mānasarovara* de los santos). Es decir, la mente es simplemente como un lago... Eres un cisne supremo al que le gusta caminar y viajar y jugar en ese *sarovara*, en ese lago. ¿Qué es ese lago? La mente de los santos. *Bas*, quieres jugar en la mente de los santos. Así que Él siempre reside en la mente de los santos. Eso parece". *Śivastotrāvalī* (audio adicional, archivos USF).
280 Un lago cerca del monte Kailash en el Tíbet que literalmente significa "el lago de la mente". [Nota del editor]
281 "No la hemos visto pero creemos que en este universo, en algún lugar del lado norte, hay una montaña de oro muy alta. Y se dice que en esa montaña también

formado por minerales preciosos, perlas, oro, etc. Allí no hay piedras corrientes. Se llama Sumerū parvata.[282]

Señor Śiva, entre todos estos montes, Tú eres Sumerū parvata, posees todos estos minerales preciosos.[283] ¡Gloria a Ti!

Pāpiṣu nindolkāpātanotpāta candramaḥ. Eres la luna de crisis. Cuando llegue esa luna se producirá la crisis, la destrucción de todo el mundo. En ese momento la luna brilla en el cielo, la sangre brota de la luna y cae en tierra; sale fuego de la luna y cae a la tierra. En ese momento, esa luna es llamada *utpāta candramaḥ*, esa *candramā* que indica la destrucción.[284]

Tú te has convertido en la luna, esa *utpāta* luna, para los pecadores, para destruirlos totalmente para siempre.

Los pecadores son quienes están lejos de Tu conciencia de Dios, quienes no Te aman, quienes están lejos de Ti, quienes están desapegados de Ti. No son pecadores los que cometen pecados. Son pecadores quienes descuidan Tu presencia: ellos pueden ser destruidos. Deben ser destruidos porque en realidad son pecadores.[285]

Por no creer en el Señor, este pecador recibe el castigo de no creer más y más. Cuanto más no cree en Él, más se convierte en pecador. Cuanto más se vuelve pecador, más no cree en Él. Para él esa *nindā* (la incredulidad) es como un rayo, ¡como un trueno! No creer en el Señor Śiva ha tomado la forma de un trueno para el incrédulo.

Nindā ulkāpāta, este trueno solo ocurre cuando ves una luna de este tipo —Dios no lo permita, nunca deberíamos verla—,

---

están los cielos y se ha elevado tanto que también está más allá de los cielos. Esa montaña se llama Sumerū parvata". *Śivastotrāvalī* (audio adicional, archivos USF).

282 La montaña Sumerū.

283 "Oh Señor, Tú eres el amo de Sumerū (*girīśvara*). Te has convertido en el amo de ese Sumerū parvata donde se encuentran *udagradhātū*, metales valiosos". *Śivastotrāvalī* (audio adicional, archivos USF).

284 "*Candrama* es *saṁbodhana* (caso vocativo); de lo contrario, sería *candramā*". *Śivastotrāvalī* (audio adicional, archivos USF).

285 "Solo hay un pecado para los shaivitas: estar separados de la conciencia de Dios". *Interview on Kashmir Shaivism*, Swami Lakshmanjoo con Alexis Sanderson y John Hughes (grabaciones de audio originales, archivos de la USF, Los Ángeles 1980).

cuando ves la luna en el momento en que hay *utpāta* —*utpāta* significa que algún desastre va a ocurrir en el futuro cercano: ves derramamiento de sangre, sangre que rezuma, que gotea, de la luz de la luna—. Esta es la señal de que algún gran pecado ha tenido lugar en este mundo y algo antinatural sucederá en poco tiempo. Eso es *utpāta candrama*. *Utpāta candrama* es ese *candrama* que te da una señal de *utpāta* (*utpāta* es desastre, tormento, destrucción).

En 1932 hubo una pelea entre musulmanes e hindúes. Los hindúes mataron a musulmanes y los musulmanes mataron a hindúes. Los musulmanes pusieron a los hindúes en bolsas, con piedras adentro, las ataron y las arrojaron al río Jehlum.[286] Lo mismo hicieron los hindúes con los musulmanes en su territorio. ¡Fue un desastre en todas partes!

Cuatro días antes de esto fui a Kṣīrabhavānī[287] y vi que el agua de Kṣīrabhavānī era color rojo sangre. Lo he visto con mis propios ojos. Entonces, pensé que algo malo iba a pasar. De la misma manera, cuando ves una luna de este tipo goteando sangre y estas cosas de furia, esa luna se llama *utpāta candrama*, *utpāta*.

Tú, Señor Śiva, te has convertido en *utpāta candrama* para los pecadores que no creen en Ti. ¡La victoria sea Tuya!

jaya kaṣṭatapaḥkliṣṭamunidevadurāsada I
jaya sarvadaśārūḍhabhaktimallokalokita I I21I I

Todos los *munis*, todos los *ṛṣis*, todos los dioses, adoptan severas penitencias durante miles de años para alcanzarte, pero no te encuentran. Después de adoptar severas penitencias y *japa* (recitación), no te encuentran.[288] ¡Gloria a Ti!

Y quienes disfrutan de las acciones mundanas y están apegados a Ti internamente —¡te aman dentro!—, ¡allí te encuentran!

---

286 Un río en Cachemira que atraviesa Srinagar. [Nota del editor]
287 Un templo en Cachemira dedicado a la Madre Divina. [Nota del editor]
288 "Cuando los sabios y los dioses realizan penitencias severas y molestas, oh Señor, no te encuentran en absoluto. ¡O, si te encuentran, lo hacen con mucha dificultad!" *Śivastotrāvalī* (audio adicional, archivos USF).

Y *sarva daśā rūḍha bhaktimat*, Tus devotos que van al cine, que hacen jardinería, que hablan, etc., esos devotos, *sarva daśā* (*sarva daśā* significa "en todas las circunstancias"), Te encuentran en todas las circunstancias. Te encuentran en las salas de cine, mientras hacen jardinería, en todas las actividades mundanas. ¡Oh Señor, la victoria sea Tuya!

Sarvadaśārūḍha bhaktimat loka. Quienes son *bhaktimat loka*, demasiado devotos a Ti, *lokita*, te han encontrado, ¡hablan Contigo! No Te han encontrado quienes han pasado por penitencias y dificultades.[289] Y Tus devotos Te hablan tal como Yo te hablo, ellos Te hablan, Te estrechan la mano: *sarvadaśārūḍha bhaktimat loka lokitaḥ*.[290] ¡Oh Señor, la victoria sea Tuya!

jaya svasampatprasarapātrīkṛtanijāśrita ।
jaya prapannajanatālālanaikaprayojana ।।22।।

Svasampat prasara pātrīkṛta nijāśrita. Cualquiera que se ha refugiado en Ti, Tú lo haces capaz de recibir todas Tus glorias[291] (*svasampata prasara pātrīkṛta nijāśrita*; *nijāśrita* significa "el que se refugia en Ti").[292] Obtiene la capacidad de que todas las glorias se digieran en él.

Jayaprapannajanatā, esas personas se han rendido y refugiado en Ti y simplemente se inclinan ante Ti, Tu única ocupación diaria, día y noche, es solo acariciarlos, ¡acariciarlos profusamente!

289 "Tú eres el Señor que no es hallado por quienes observan penitencias severas. Quienes observan ayuno, penitencia y no hacen nada, solo recitan el *mantra* del Señor, no eres encontrado por ellos". *Śivastotrāvalī* (audio adicional, archivos USF).

290 "*Bhaktimat loka*, esos devotos de Ti que son *sarvadaśārūḍha*, que hacen todo, todas las actividades de las cosas mundanas, todavía están Contigo, todavía estás presente para ellos. Y estás absolutamente ausente para quienes adoptan severas penitencias y *tapas*, etc.". *Ibidem*.

291 "*Svasampat prasara pātrī kṛta*, Tú lo haces digno de sostener, de poseer, Tu gloria interna de conciencia de Dios". *Śivastotrāvalī* (audio adicional, archivos USF).

292 "Uno que acaba de inclinarse ante Ti internamente, con mente, cuerpo y alma, que se ha inclinado, que ha caído a Tus pies". *Ibidem*.

Solo tienes ese *prayojana*, esa tarea. Solamente aceptas esta tarea y te olvidas de todas las otras. Te gusta acariciar a Tus devotos.[293] ¡Gloria a Ti!

jayasargasthitidhvaṁsa kāraṇaikāvadānaka ǀ
jaya bhaktimadālolalīlotpala mahotsava ǀ ǀ23ǀ ǀ

Sarga sthiti dhvaṁsa kāraṇa. En el acto de crear este universo, en el acto de proteger este universo y en el acto de destruir este universo, *eka avadānaka*, Tú eres el único actor glorificado.[294]

En la creación, Brahmā no es el actor glorificado. Tú lo eres. En la creación, Brahmā es el actor ordinario. Si no actúa de acuerdo con Tus deseos, él dejará de ser Brahmā. Su asiento será arrebatado.

Y cuando Nārāyaṇa es el actor que protege este universo, en realidad Tú eres el actor glorificado que lo protege. Es decir, si Nārāyaṇa no lo protege de acuerdo con Tu decisión, su asiento es quitado y Tú tomas su asiento. Eres el único actor glorificado en la creación, protección y destrucción de este universo. ¡Gloria a Ti!

¿Sabes, oh Señor, quién es Utpala?[295]

Pues Utpala es *bhaktimada ālola līlā*. *Bhakti*, la devoción de Utpala es solo una especie de embriaguez (*bhaktimada*; *mada* significa "intoxicación"). Utpala está intoxicado por Tu devoción. Así, por esta embriaguez, Utpaladeva se encuentra siempre en *ālola līlā*, balanceándose (*ālola* significa "balanceándose"[296]). "¡Me estoy balanceando!". Utpaladeva dice que, "Siempre me balanceo con Tu devoción. ¡Oh Señor, Tú eres un festival para mí".

¿De quién es el festival? De Utpaladeva.

---

293 "Es *eka prayojana*, es Tu única ambición. La única ambición Tuya es simplemente acariciarlo, siempre, día y noche". *Ibidem*.

294 "*Sarga* significa 'crear este universo'; *sthiti* significa 'proteger este universo'; *dhvaṁsa* significa 'destruir este universo'. Estas tres cosas son Tus señales... A través de estas señales, ¡Serás reconocido, oh Señor! *Ekavadānaka*, esta es Tu única señal". *Śivastotrāvalī* (audio adicional, archivos USF).

295 Utpaladeva, el autor de la *Śivastotrāvalī*, está hablando de sí mismo. [Nota del editor]

296 "Un balanceo embriagado por la devoción". *Śivastotrāvalī* (audio adicional, archivos USF).

¡La victoria sea Tuya! Eres mi festival. No tengo otro festival en este mundo, solo Tú.

jaya jayabhājana jaya jitajanma-
jarāmaraṇa jaya jagajjyeṣṭha ।
jaya jaya jaya jaya jaya jaya jaya jaya
jaya jaya jaya jaya jaya tryakṣa ।।24।।

Jaya bhājana, Tú eres digno de gloria.[297] *Jita janma jarāmaraṇa*, Tú has conquistado el nacimiento y la muerte.[298] *Jagat jyeṣṭha*, Tú eres el mayor de todo el universo. Eres superior (*jagat jyeṣṭha*; *jyeṣṭha* significa "anciano", mayor a todo el universo). ¡Gloria a Ti! ¡Gloria a Ti! ¡Gloria a Ti! ¡Gloria a Ti! ¡Gloria a Ti! ¡Gloria a Ti! ¡Que la gloria sin fin sea para Ti![299]

Aquí termina este *Jaya stotra*.

---

297 "Tú eres *bhājana*, Tú eres capaz de la victoria". *Śivastotrāvalī* (audio adicional, archivos USF).

298 "Has vencido el ciclo de la vejez repetida. Has conquistado el ciclo de las muertes repetidas. *Ibidem*.

299 "¡*Tryakṣa*, oh poseedor del tercer ojo, la gloria sea para Ti!" *Ibidem*.

CAPÍTULO 15
Cantando la gloria de la devoción
Bhaktistotranāma pañcadaśaṁ stotram

SWAMIJI: *Bhakti stotra*, decimoquinto.[300]

trimalakṣālino granthāḥ santi tatpāragāstathā ।
yoginaḥ paṇḍitāḥ svasthāstvadbhaktā eva tattvataḥ ।।1।।

Los tres *malas* (*āṇava mala*, *māyīya mala* y *kārma mala*)[301] son eliminados por los *śāstras*, que están disponibles. *Tat pāragās*, y los *paṇḍits*, los eruditos expertos en estos *śāstras* también están en este mundo. *Yoginaḥ*, los *yogīs* también están en este mundo. *Paṇḍitāḥ*, los sabios eruditos también están en este mundo. Pero solo Tus devotos están en paz. Ellos realmente están en paz en sus mentes.

Los libros que eliminan los tres *malas* están agitados y quienes dominan estos libros también están agitados. Los *yogīs* también están agitados y los *paṇḍits* (eruditos) están agitados, tal como tú[302] estás agitado con esos libros.[303] Pero solo Tus devotos se sostienen en la posición que no tiene agitación.[304]

---

300 "Ha compuesto el decimotercero, decimocuarto y decimoquinto *stotra* cuando estaba consciente [es decir, cuerdo]. En otro caso, solo lloraba: "¡Quisiera ser...!". *Śivastotrāvalī* (audio adicional, archivos USF).

301 Para una explicación de los *malas*, ver el Apéndice 15.

302 Se refiere a uno de los académicos presentes. [Nota del editor]

303 "Esa filosofía, los filósofos, todos esos otros, son tonterías". *Śivastotrāvalī* (audio adicional, archivos USF).

304 "*Tvad bhaktāḥ eva kevalā tattvataḥ*, en realidad, solo Tus devotos son *svasthā*, ubicados en paz, tranquilos, en paz". *Śivastotrāvalī* (audio adicional, archivos USF).

māyīyakālaniyatirāgādyāhāratarpitāḥ ।
bhavanti[305] *sukhino nātha bhaktimanto jagattaṭe* ।।2।।

Nātha, oh Señor, *bhaktimantāḥ*, Tus devotos que están absolutamente llenos y satisfechos al consumir *māyā*, *kāla*, *niyati* y *rāga*[306], todos estos mundos elementales, han consumido estos mundos elementales en su propia naturaleza...

ALEXIS: La percepción diferenciada, el tiempo, el apego, etc.

SWAMIJI: Sí.

... Tus devotos simplemente caminan, deambulan y viven felices. *Nātha*, oh Señor, felizmente se encuentran en las costas del universo, no se ahogan en el océano del universo.

rudanto vā hasanto vā tvāmuccaiḥ pralapantyamī ।
bhaktāḥ stutipadoccāropacārāḥ pṛthageva te ।।3।।

Tus devotos, aunque están llorando por Ti, *hasanto vā*, al mismo tiempo ríen. Mientras lloran, ríen. *Tvāmuccaiḥ pralapanti*, y claman por Ti con fuertes palabras. Esos devotos *stuti pada upacāraḥ*, son dignos de ser adorados por la gente; *pṛthageva te*, *stuti pada upacārāḥ*, son dignos de ser adorados por todos. Deben adorarlos porque son *pṛthak eva*, son absolutamente únicos. No tienen igual.

na virakto na cāpīśo mokṣākāṅkṣī tvadarcakaḥ ।
bhaveyamapi tūdrikta bhaktyāsavarasonmadaḥ ।।4।।

No quiero convertirme en el gobernante de este universo. No quiero desvincularme del universo. *Mokṣākāṅkṣī*, ni siquiera quiero la liberación. *Tvadarcaka*, no quiero convertirme en Tu adorador. Pero quisiera volverme *udrikta bhaktyāsava rasa*, quiero volverme loco por la intensidad de Tu devoción. ¡Quiero enloquecerme por la intensidad de Tu amor! Quiero esa locura.

---

305 Swamiji dijo que prefería la lectura de *bhavanti* en lugar de *caranti*, aunque aceptaba *caranti* como una lectura válida. [Nota del editor]

306 Para *kañcukas* ver *Shaivismo de Cachemira, el supremo secreto*, capítulo 1.

ALEXIS: ¿Por qué dice "No quiero ser Tu devoto"?

SWAMIJI: *Bas*, él solo quiere volverse loco por Él.

ALEXIS: Porque en *arcana*[307] hay cierta distancia entre adorado y adorador. Quiere una intoxicación completa.

SWAMIJI: Sí.

bāhyaṁ hṛdaya evāntarābhihṛtyaiva yo'rcati ।
tvāmīśa bhaktipīyūṣa rasapūrairnamāmi tam ।।5।।

Īśa, oh Señor, *namāmi tam*, me inclino ante quien es capaz de adorarte con todo este mundo objetivo externo, desviándolo en su propio corazón, y que Te adora por *bhaktipīyūṣa rasapūrair*, por las inundaciones de las corrientes del néctar de la devoción.

Cuando fluye la corriente del néctar de Tu devoción, por ese *rasa*, la persona que quiere adorarte con este mundo objetivo, lo recoge y lo pone en su propio corazón; luego, desde el corazón, Te ofrece esta objetividad junto con la corriente de *rasa*.

Rasa significa la sustancia de ese sabor, la esencia líquida del néctar de Tu devoción.

Esto es verdadera adoración a Ti.

dharmādharmātmanorantaḥ kriyayorjñānayostathā ।
sukhaduḥkhātm anorbhaktāḥ kimapyāsvādayantyaho ।।6।।

Algunos devotos Tuyos no solo disfrutan del gozo absoluto en el éxtasis de la conciencia de Dios, sino que también prueban ese néctar divino en el centro del bien y del mal, entre dos acciones, entre dos conocimientos, entre dos cogniciones, entre el placer y dolor, etc.

ALEXIS: *Ke'pi camatkārāḥ*.

SWAMIJI: Sí.

---

307 El acto de honrar o alabar, es decir, la devoción. [Nota del editor]

carācarapitaḥ svāmin apyandhā api kuṣṭhinaḥ ।
śobhante paramuddāma bhavadbhaktivibhūṣaṇāḥ ।।7।।

Carācara pitaḥ, oh Padre de los objetos inertes y los objetos en movimiento, *apyandhā*, aunque Tus devotos primero son ciegos y luego son *kuṣṭhinaḥ*, tienen esa enfermedad incurable similar a la lepra y nadie quiere tocarlos, *śobhante*, a su manera son glorificados. Aún son glorificados, *paramuddāma bhavad bhakti vibhūṣaṇāḥ*, porque están adornados con suprema devoción hacia Ti; *uddāma bhavad bhakti*, Tu devoción es su adorno. ¡Eso los glorifica! ¡Son divinos! Aunque tengan estas enfermedades, están llenos de divinidad. *Loke atyantaṁ garhitā api*, nadie quiere cuidarlos ni acercarse a ellos, pero aun así, a su manera, brillan.

śiloñchapicchakaśipu vicchāyāṅgā api prabho ।
bhavadbhaktimahoṣmāṇo rājarājamapīśate ।।8।।

Prabho, oh mi Maestro, *śiloñchapicchakaśipu vicchāyāṅgā api*, aunque su cuerpo está cubierto por hojas de plátano y su alimento es *śiloñcha*.

Cuando en los campos se corta el arrozal, quedan algunas partículas de grano en el suelo. Recolectar esos granos, molerlos y comerlos es *śiloñcha vṛtti*.

Piccha significa "hojas", las hojas de los bananos que se utilizan para cubrir el cuerpo. *Śiloñchā* es para comer. Se trata de Tus devotos en un estado muy degradado. *Vicchāyāṅgā kaśipu*. *Kaśipu* significa *bhojana* y *ācchādana*, comer y cubrir, ambos. *Bhojana* significa *śiloñchana*, para comer; *piccha* es *ācchādana*, para cubrir sus cuerpos.

Vicchāyāṅgā api, aunque su cuerpo y su vientre están protegidos de esta manera, aun así, *bhavat bhakti mahoṣmāṇo*, hay calidez en su corazón por Tu devoción. Incluso entonces, en esta situación tan degradada, *bhavad bhakti mahoṣmāṇo rājarājamapi*, gobiernan sobre los reyes de reyes. Dicen: "¡Oh, vete, maldito rey!

[risas] ¡No tengo tiempo para verte!". No les importa.[308]

sudhārdrāyāṁ bhavadbhaktau luṭhatāpyārurukṣuṇā |
cetasaiva vibho'rcanti kecittvāmabhitaḥ sthitāḥ ||9||

Tus devotos son de dos clases. Una clase es *ārurukṣu*, aquellos que quieren liberarse de los repetidos nacimientos y muertes. ¡Otra clase de devotos son aquellos que te ven, te perciben y te adoran en todas partes!

Sudhārdrāyāṁ bhavadbhakau luṭhatāpyārūrūkṣūṇā, la primera clase, aquellos que quieren *mumūkaṣu*, que quieren liberarse de los repetidos nacimientos y muertes, esos son *ārurukṣu*, son *sūdhārdrāyāṁ bhavadbhaktau luṭhatā*, no consiguen establecerse firmemente en el néctar de tu devoción. De vez en cuando se deslizan en el néctar de la devoción. Tropiezan. Pero *cetasaiva vibho'rcanti*, hay otras clases de devotos Tuyos que Te adoran en sus propios corazones y Te perciben en todas partes en este universo.

rakṣaṇīyaṁ vardhanīyaṁ bahumānyamidaṁ prabho |
saṁsāra durgati haraṁ bhavad bhakti mahādhanam ||10||

Este saldo bancario no debe ser protegido. ¡Lánzalo a los perros! Solo el tesoro supremo de Tu devoción debe ser totalmente protegido. Es *rakṣaṇīyam*, vale la pena protegerlo, vale la pena aumentarlo (*vardhanīyaṁ*), *bahumānyam*, vale la pena respetarlo, oh Señor, *saṁsāra durgatiharaṁ*, porque elimina la pobreza de la percepción diferenciada. Este tesoro supremo elimina la pobreza de la percepción diferenciada. Y este tesoro supremo es el tesoro de Tu devoción. Por lo tanto, debe protegerse, debe conservarse, debe poseerse.

308 Swamiji dio el ejemplo del shaivita Rajanaka Gopala Razdan, quien se dirigió al rey de Cachemira como un pobre mendigo diciéndole: "*Garība warachama*, ¿estás bien, oh pobre, pobre, pobre, oh pobre hombre? ¿Estás bien?". [Nota del editor]

nātha te bhaktajanatā yadyapi tvayi rāgiṇī ।
tathāpīrṣyāṁ vihāyāsyās tuṣṭāstu svāminī sadā ।।11।।

Oh *nātha*, oh mi querido Señor, *bhakta janatā*, dos esposas te han poseído. Una es Pārvatī y la otra muchacha es mi devoción por Ti. Quiero ser devoto de Ti. Esta devoción es otra muchacha que te tiene cariño. *Yadyapi tvayi rāgiṇī*, mi devoción hacia Ti es una muchacha que quiere tenerte, pero Pārvatī la odia. Es obvio. Cuando hay una primera esposa y llega otra esposa más, la primera esposa está celosa de la segunda.

Ahora bien, no puedes repudiar mi devoción hacia Ti. Ella quiere tenerte pero Pārvatī ya está Contigo. Entonces, te pido una cosa. Me gustaría pedirte que Pārvatī, Tu primera esposa, *īrṣyāṁ vihāya*, no la odie. Ella no debe desarrollar odio o celos por esta otra muchacha, mi devoción.

Debe darle la oportunidad de encontrarse Contigo. Por ejemplo, aquí está Pārvatī, aquí está Śiva, y tú eres Su devoción. Has venido a verlo, no tienes nada que ver con Pārvatī. Quieres tenerlo a Él. En ese momento, Pārvatī debe salir para darle la oportunidad de encontrarse con Él. Que sea así. Este es mi pedido. *Īrṣyāṁ vihāyāsyā*, Pārvatī no debe odiarla y *tuṣṭāstu svāminī sadā*, Pārvatī debe ayudar a esa otra chica a conocerte.

DENISE: ¿Qué es *śaivī mukham*?

SWAMIJI: *Śaivī* significa *śakti*. *Śakti* es la fuente.[309] Él dice *īrṣyātyāgah avakāśadānam* (*avakāśa dānam* significa "darle la ocasión"), dale también la oportunidad de verlo.

En presencia de Pārvatī no hay ninguna posibilidad. Ella debe irse por unrato. ¿Qué hay de malo en eso?

ALEXIS: *Avakāśa*.[310]

SWAMIJI: Sí.

309 Ver nota al pie 235.
310 Espacio, ocasión, oportunidad.

bhavadbhāvaḥ puro bhāvī prāpte tvadbhaktisambhave ।
labdhe dugdhamahākumbhe hatā dadhani gṛdhnutā ।।12।।

Tvadbhakti sambhave prāpte. Oh Señor, si se puede conseguir la devoción por Ti, si se posee Tu devoción, *bhavad bhāva puro bhāvī*, entonces se Te posee. Si Tu devoción está ahí, Tú estás ahí. Porque *labdhe dugdha mahā kumbhe*, cuando se consigue un gran frasco de leche, entonces ya no se codicia la cuajada porque se obtendrá cuajada de ese frasco de leche.

ALEXIS: Solo hay que batirla.

SWAMIJI: Sí. Entonces, si hay devoción por Ti, significa que Tú estás allí.

kimiyaṁ na sidhiratulā kiṁ vā
mukhyaṁ na saukhyamāsravati ।
bhaktīrupaīyamānā yeyaṁ
śambhoḥ sadātanī bhavati ।।13।।

Bhakti rupacīyamānā yeyaṁ śambhoḥ sadātanī bhavati. Si hay una devoción eterna por Ti en la forma de un movimiento siempre creciente, de una acumulación, ¿no es como obtener ese poder yóguico sin igual? *Kiṁ vā mukhyaṁ na saukhyamāsravati*, ¿no es el estado de donde fluye la dicha predominante de la realidad última? Esta es la fuente predominante de la dicha última.

manasi malina madīye magnā tvadbhaktimaṇilatā kaṣṭam ।
na nijānapi tanute tān apauruṣeyānsvasampadullāsān ।।14।।

Oh Señor, *madīye manasi maline*, mi mente es absolutamente impura, y *tvad bhakti maṇilatā*, la enredadera de las perlas de Tu devoción se ha hundido en el lodo de mi mente.

En mi mente deberían haber nacido y crecido los frutos de la enredadera de las joyas de Tu devoción. Pero el problema es que está hundida en el lodo de mi mente impura.

Y *na nijānapi tanute tān apauruṣeyān svasampadullāsān. Na tanute*, mi devoción por Ti no expande los frutos, las flores y las ramas como debería. No crece. Es un gran problema en mí. Se ha hundido por completo en mi mente, que es muy impura.

Apauruṣeyān, está fuera del alcance de los flujos divinos de *svasampat*.[311]

Ātmasampati, la realidad de la gloria de esa conciencia de Dios no se expande en mi mente impura. Se ha atascado.

bhaktirbhagavati bhavati trilokanāthe nanūttamā siddhiḥ ।
kintvāṇimādikavirahāt saiva na pūrṇeti cintā me ।।15।।

Es un hecho cien por ciento correcto que, oh Señor, *bhaktirbhagavati bhavati*, si hay devoción y apego por Ti, ese es el poder yóguico más elevado y supremo que ya se ha alcanzado.

Pero aun así, *aṇīmādika virahāt*, los ocho poderes internos yóguicos no se encuentran en esa devoción. Por lo tanto, esa devoción no es completa. Esta preocupación golpetea en el fondo de mi mente.

bāhyato'ntarapi cotkaṭonmiṣat-
tryambakastavakasaurabhāḥ śubhāḥ ।
vāsayantyapi viruddhavāsanān
yogino nikaṭavāsino'khilān ।।16।।

Tryambaka stavaka significa "cantar la gloria del Señor Śiva". *Tryambaka stavaka saurabhāḥ*, cantar la gloria del Señor Śiva es un ramo de flores fragantes.

Bāhyatā antarapi ca utkaṭa unmiṣat, en ese ramo de flores esta fragancia es tan intensa que circula por fuera y por dentro, por todas partes. Y los *yogīs* que en sus manos divinas sostienen este ramo de flores (que cantan la gloria del Señor), *vāsayanti*, hacen fragantes a todos los que están cerca, a quienes viven cerca de sus ermitas. *Viruddha vāsino akhilān*, todos, quien sea que se acerque

---

311 Lit., encuentro consigo mismo.

a ese *yogī*, también se verá inundado por esa fragancia. Esa fragancia también pasará por sus mentes. Esta es la grandeza del ramo de flores de Tu devoción.

jyotirasti kathayāpi na kiṁcid-
viśvamapyati suṣuptamaśeṣam ।
yatra nātha śivarātripadmin
nityamarcayati bhaktajanastvām ।।17।।

Oh Señor (*nātha*, oh Señor), *yatra śivarātripad*, hay un lugar donde se está celebrando Śivarātri.

Śivarātri, cuando tuvo lugar el matrimonio del Señor Śiva y Pārvatī, Su luna de miel.

En ese Śivarātri, *jyotirasti kathayāpi kiṁcid*, en esa noche no hay luz. En esa noche no se encuentra la luz del sol, la luz de la luna ni la luz del fuego.

ALEXIS: *Atirahasyatvat.*

SWAMIJI: *Atirahasyatvat.*

Viśvamapi ati suṣuptaṁ aśeṣam, esa noche el universo entero ha caído en un profundo sueño. *Nityama*, en esa noche, solo Tus devotos están despiertos y celebran Tu devoción con todo su corazón.

sattvaṁ satyaguṇe śive bhagavati sphārībhavatvarcane
cūḍāyāṁ vilasantu śaṅkara pada-prodyadrajaḥ sañcayāḥ ।
ragadismṛtivāsanāmapi samu-cchettuṁ tamo jṛmbhatāṁ
śambho me bhavatāttvadātmavilaye
traiguṇya vargo'thavā ।।18।।

Oh Señor Śiva, no quiero deshacerme de los tres *guṇas*, *sattvaguṇa*, *rajoguṇa* y *tamoguṇa*.[312]

Sattvaṁ satyaguṇe śive bhagavati. En el Señor, *satyaguṇe*, en ese Śiva que está cualificado con verdaderas cualificaciones (*satyaguṇe*), que *sattvaguṇa* en mí sea utilizado para adorarlo.

---

312 Para una explicación más detallada de los tres *guṇas*, ver el Apéndice 24.

Rajoguṇa tiene dos significados. *Rajoguṇa* significa las cualidades del hombre que te enredan en los placeres mundanos. Y *raja* también significa "polvo".

Cūḍāyāṁ vilasantu śaṅkara pada prodyat rajaḥ sañcayāḥ, que ese *raja* (ese polvo) que ha salido de los pies del Señor Śiva permanezca en Mi frente, en mi *cūḍā* (*cūḍā* significa en la parte superior de la frente).

Quisiera que *sattvaguṇa* te adore y a *rajoguṇa* para mantenerlo en la parte superior de mi cráneo.

Rāgādismṛtivāsanāmapi samucchettuṁ tamo jṛmbhatāṁ. Que *tamoguṇa* también brille en mí. ¿Con qué propósito? *Rāgādi smṛti vāsanāpi*, para que la impresión de *kāma* (deseo), *krodha* (ira), *lobha* (codicia), *moha* (ilusión), *mada* (lujuria) y *ahaṁkāra* (ego), esa impresión se desvanezca, que sea removida por la oscuridad. Si la oscuridad de *tamoguṇa* está presente, entonces las impresiones también serán oscuras, es decir, no habrá rastros de ninguna impresión. Todos los rastros de las impresiones serán lavados.

ALEXIS: Entonces, él quiere convertir todos estos...

SWAMIJI: En la divinidad.

Śambho me bhavatātvadātmavilaye. ¡Oh, Señor Śiva!, de esta manera, *traiguṇyavarga* (*traiguṇyavarga* es la clase de los tres *guṇas*), que estos tres *guṇas* gobiernen en mi mente solo para estar en calma en Tu conciencia de Dios, en Tu Ser supremo.

saṁsārādhvā sudūraḥ kharatara-
vividhavyādhi dagdhaṅgayaṣṭiḥ
bhogā naivopabhuktā yadapi
sukhamabhūjjātu tanno cirāya |
itthaṁ vyartho'smi jātaḥ śaśidhara-
caraṇākrāntikāntottamāṅgas-
tvadbhaktaśceti tanme kuru sapadi
mahā-sampado dīrghadīrghāḥ ||19||

Realmente, el camino del universo es interminable. No tiene límite. ¡No tiene final! Y no es un camino claro para que puedas viajar sin miedo. A cada paso, en todas partes, hay miedo de que algo suceda.

Kharatavividhavyādhi dagdhāṅgayaṣṭi. Entonces, *aṅgayaṣṭi,* todos los miembros de tu cuerpo están casi quemados, casi *dagdha* (*dagdha* significa "quemado") por *kharatara*, por los temibles y *vividha* (diversos) *vyādhi*, los diferentes dolores, tristezas, tormentos y crisis.

Entonces, primero está el problema de que el camino de este universo no tiene fin. Es interminable. No viajarás por este camino con facilidad. Y, además, en el camino hay crisis y tormentos terribles.

Bhogā naivopabhuktā es incorrecto. Debe decir *bhogānevopabhuktvā*[313] *yadapi sukhaṁ abhūjjātu tanno cirāya. Bhogān evopabhuktvā.* He disfrutado de algunos placeres en este universo, por ejemplo, el sexo, algo de queso, algo de fruta, *bhogān evopabhuktvā*, y después de probar estas cosas, *yadapi sukhamabhūta*, todo placer que obtuve en este camino, *tat no cirāya*, tampoco fue permanente. También se fue.

Ithaṁ vyartho'smijātaḥ. Entonces, mi vida en este universo no es divertida. He venido por nada, *ithaṁ vyartho'smijātaḥ*, porque no he recorrido este camino del todo porque es interminable. Y, además, siempre hay tormentos, a diestra y siniestra. A veces he disfrutado de algunos placeres mundanos pero también se desvanecieron. *Yadapi sukhamabhūta*, cualquier placer, cualquier alegría que adquirí en el disfrute de los placeres mundanos, eso tampoco fue permanente. *Ithaṁ vyartho'smi jātaḥ*, entonces, he nacido en este universo para nada. ¿Cuál es el propósito de que yo esté aquí?

Śaśidhara caraṇa ākrānti kānta uttamāṅgaḥ tvad bhaktaśca. En mí solo hay una cualificación. Aunque he venido aquí inútilmente, *śaśidhara caraṇa ākrānti*, *śaśidhara* significa el Señor

---

313 Swamiji corrigió *bhogānaivopabhuktā* para que se lea *bhogān evopabhuktva*. La primera lectura se traduce como "No he disfrutado de ningún disfrute en este universo". Como explica Swamiji: "No tiene ningún sentido porque *yadapi sukhamabhūta*, ¿dónde está *sukha* (alegría) si en realidad no ha disfrutado ningún *bhoga* (disfrute)?" *Śivastotrāvalī* (audio adicional, archivos USF).

Śiva que ha mantenido en Su frente la luna creciente, y *ākrānti*, he sostenido Sus *caraṇa* (pies), Sus pies divinos.

Kranti kanta uttamāṅgaḥ. He sostenido estos pies divinos sobre mi cabeza. *Tvad bhaktaśca*, y también soy Tu devoto. Esta es la única salida del tortuoso camino del universo.

Entonces, *tanme kuru*, hazlo, pero rápido. De lo contrario, estaré arruinado y ¿de qué servirá ayudarme si ya estaré totalmente arruinado? Entonces, tienes que ayudarme rápidamente.

Kuru sapadi mahāsampadaḥ dīrghadīrghā. Y haz que esté unido a Tus glorias, que son eternas Contigo, y seré glorificado con esas glorias.

CAPÍTULO 16
Incluso los obstáculos son un camino
Pāśānudbhedanāma ṣoḍaśaṁ stotram

na kiñcideva lokānāṁ bhavadāvaraṇaṁ prati ।
na kiñcideva bhaktānāṁ bhavadāvaraṇaṁ prati ।।1।।

En este universo se encuentran dos clases de personas. Una clase es la gente ordinaria (*lokas*) y la otra son aquellos que son Tus devotos (*bhaktas*).

Para quienes son gente mundana, *na kiñcideva bhavadāvaraṇaṁ prati*, todo es *aurukaut*, un impedimento que aparece en su camino, porque a quienes están alejados de Tu conciencia, su meditación también los aleja de Ti. Su lejanía ya está lejos de Ti. Su amor por Ti también se convierte en un medio para alejarlos de Tu conciencia de Dios.

Bhavat āvaraṇaṁ prati lokānāṁ na kiñcit eva. ¡Para ellos todo es *na kiñcideva kākva*, un obstáculo, incluso la meditación!

Para Tus devotos esto no es *kākvā*[314]. *Bhavadāvaraṇaṁ prati*, para Tus devotos no hay obstáculos. Incluso los obstáculos les muestran Tu camino.

Por lo tanto, Tus devotos no tienen obstáculos y la gente mundana no tiene acceso.

Lokānāṁ bhavadāvaraṇaṁ prati na kiñcideva apitu sarvameva. Bhaktānāṁ bhavat āvaraṇaṁ prati na kiñcit eva. No hay nada que impida a Tus devotos percibirte. Incluso ante el obstáculo, el obstáculo mismo les revela Tu naturaleza.

314 Un grito de lamentación.

apyupāyakramaprāpyaḥ saṅkulo'pi viśeṣaṇaiḥ ।
bhaktibhājāṁ bhavānātmā sakṛcchuddho'vabhāsate ।।2।।

Tu *bhavānātmā*, Tu Ser, se alcanza por la vía sucesiva de Tus medios (*śāmbhavopāya*, *śāktopāya* y *āṇavopāya*[315]) y *saṅkulo'pi viśeṣaṇaiḥ*, Tu naturaleza es densa con Tus incontables cualidades (eres omnisciente, omnipresente, divino, ubicuo, etc.) pero *bhaktibhājāṁ*, a Tus devotos, *bhavānātmā*, Tu Ser se les revela de una vez por todas, no de manera sucesiva. Ellos no perciben Tu naturaleza en sucesión, en una forma limitada de comprensión. Cuando te encuentran, ellos simplemente te encuentran plenamente. Esta es la grandeza de Tus devotos.

jayanto'pi hasantyete jitā api hasanti ca ।
bhavadbhaktisudhāpānāmattāḥ ke'pyeva ye prabho ।।3।।

Oh Señor, realmente Tus devotos han probado el licor del néctar de Tu devoción y se han vuelto locos, han perdido el sentido. Te mostraré cómo han perdido el sentido, te daré un ejemplo.

Jayanto'pi, cada vez que conquistan a alguien, sonríen; cuando conquistan a todos, sonríen; cuando son conquistados, sonríen [risas]. ¡Sonríen en ambos sentidos, están locos! No cuentan con un sentimiento distintivo. Cuando conquistan a todos, sonríen. Está bien, es natural. Cuando son conquistados por alguien, también sonríen [risas]. Esto quiere decir que están locos. En realidad, están locos.

śuṣkakaṁ maiva siddheya maiva mucyeya vāpi tu ।
svādiṣṭhaparakāṣṭhāptatvadbhaktirasanirbharaḥ ।।4।।

Śuṣkakaṁ maiva siddheya. No quiero alcanzar los grandes poderes yóguicos con sequedad, alejado de la humedad de Tu devoción. Si he alcanzado los poderes yóguicos e internamente estoy

315 Para una explicación de los *upāyas*, ver el Apéndice 2.

seco, ¿qué valor tienen los poderes yóguicos? *Maiva mucyeya*, no quiero la liberación si estoy seco por dentro. ¡Que a esa liberación se la lleven los perros!

Svādiṣṭha parakāṣṭhāpta tvad bhakti rasa nirbharaḥ. Quiero llenarme de un apego por Ti que sea ilimitado, divino y bello. *Bas*, quiero ese apego por ti. No quiero la liberación ni poderes yóguicos, de una manera seca. Quiero llenarme de ese *svādiṣṭha*, de esa bella devoción hacia Ti.

yathaivājñātapurvo'yaṁ bhavadbhaktiraso mama ।
ghaṭitastadvadīśāna sa eva paripuṣyatu ।।5।।

Īśāna, oh Señor Śiva, he logrado una muestra de Tu devoción, pero no sé cómo la he logrado. *Yathaiva*, ¡tú sabes de qué manera la he logrado! Fue *ajñātapūrva*, no sabía cómo lograrlo, no conocía las formas y las reglas de la meditación por las cuales lograría esa devoción.

He logrado esa devoción. Tú ya conocías la forma de lograrla, y esa devoción ahora está conmigo.

Tadvat, de la misma manera, *īśāna*, oh Señor Śiva, *sa eva paripuṣyatu*, quisiera que la devoción se vuelva densa, debe fortalecerse. Tampoco sé cómo se fortalecerá, cómo se desarrollará. Entonces, desarróllala por mí.

satyena bhagavannānyaḥ prārthanāprasaro'sti me ।
kevalaṁ sa tathā ko'pi bhaktyāveśo'stu me sadā ।।6।।

Satyena, realmente estoy diciendo la verdad, no estoy mintiendo ante Ti, *satyena bhagavan*, oh Señor Śiva, *nānyaḥ prārthanā prasaro'sti mí*, solo un deseo cosquillea en el fondo de mi mente. *Tathā ko'pi bhaktyāveśa*, quiero volverme ruinas, quiero fundirme, entrando en la grandeza de Tu devoción. Ese es mi único deseo.

bhaktikṣīvo'pi kupyeyaṁ bhavāyānuśayīya ca ǀ
tathā haseyaṁ rūdyāṁ ca raṭeyaṁ ca śivetyalam ǀ ǀ7ǀ ǀ

Que me embriague con Tu devoción (*bhaktīkṣīvo'pi*). Cuando esté intoxicado con esa devoción, *kupyeyaṁ bhavāyā*, que me enoje, que muestre ira hacia el universo y le grite a la gente: "¿Qué estás haciendo? ¿En qué estás perdiendo el tiempo plantando estas cosas y ganando dinero por nada?". Debo enfadarme con ellos. *Anuśayīya ca*, y debo tener piedad de ellos y decir "Son muy pobres, se están arruinando la vida". *Bhaktikṣīvo'pi*, cuando esté intoxicado con Tu devoción, haré esto.

Él quiere hacer así [risas]. Quiere mostrar ira a las personas mundanas y luego arrepentirse de sus actos.

Tathā haseyaṁ, y al mismo tiempo reiría, *rudyāṁ ca*, lloraría, *raṭeyaṁ ca*, "Oh Śiva, oh Śiva, ¿dónde estás?". *Bas*.

viṣamastho'pi svastho'pi rudannapi hasannapi ǀ
gambhīro'pi vicitto'pi bhaveyaṁ bhaktitaḥ prabho ǀ ǀ8ǀ ǀ

Oh Señor Śiva, oh mi Maestro, por la intensidad de Tu devoción, *viṣamastho'pi*, que esté en crisis toda mi vida, no me importa. *Svastho'pi*, que esté en paz, no me importa. Si mi vida es tranquila, que lo siga siendo. Si mi vida es completamente miserable, que siga así. *Rudannapi*, si estoy empeñado en llorar día y noche, que así sea. *Hasannapi*, si solo me río toda la vida, que así sea. *Gambhīro'pi*, si voy a ser *gambhīra* (*bhīra* es serio), que sea serio y reservado.

Vicitto'pi significa aquello que no se revela a la gente, eso también lo revelas tú. Eso es *vicitta*. Cuando algo es un secreto, debe mantenerse en secreto, pero no lo mantienes en secreto, lo revelas a la gente.

Vicitta, esta posición vendrá a mí por la intensidad de Tu devoción.

bhaktānāṁ nāsti saṁvedyaṁ tvadantaryadi vā bahiḥ ।
ciddharmā yatra na bhavānnirvikalpaḥ sthitaḥ svayam ।।9।।

En realidad, Tus devotos no conocen nada que no esté dentro de Tu *svarūpa*[316] o fuera de Tu *svarūpa*. No les es conocido nada donde *ciddharmā*, donde Tú mismo, que estás lleno de conciencia y que eres sin pensamiento, no estés presente. Entonces, ellos sienten Tu presencia en todas partes, dentro y fuera del mundo.

bhaktā nindānukāre'pi tavāmṛtakaṇairiva ।
hṛṣyantyevāntarāviddhāstīkṣṇaromañcasūcibhiḥ ।।10।।

Cuando están sentados entre los ateos que niegan Tu existencia y Te insultan, Tus devotos están de acuerdo con ellos. Los ateos dicen "Sí, el Señor Śiva es traicionero. Es muy malo" y Tus devotos no los refutan. Tus devotos están llenos de alegría porque el tema eres Tú. Puede que sea contra Ti pero el tema eres Tú porque está Tu nombre.

Al escuchar Tu nombre, se llenan de alegría aunque esté en contra de Tu conciencia. Pero cuando tienen que estar de acuerdo con la afirmación de que "Dios no existe", "Dios es traicionero", "Él debe ser quitado de la escena", por ese sentimiento, tienen *romāñca* (*romāñca* significa piel de gallina, la sensación emocionante en todos los poros del cabello que se eriza).

En compañía de los ateos, los devotos exteriormente se ríen como si estuvieran de acuerdo, pero internamente están heridos, lloran. Esta es la situación de Tus devotos.

---

316 Literalmente, *svarūpa* significa "figura o forma", pero Swamiji generalmente traduce *svarūpa* como "naturaleza". [Nota del editor]

duḥkhāpi vedanā bhaktimatāṁ bhogāya kalpate ।
yeṣāṁ sudhārdrā sarvaiva saṁvittvaccandrikāmayī ।।11।।

Los devotos que poseen el conocimiento de Tu Ser, que simplemente es conocimiento esclarecedor (*candrīkāmayī*), los devotos que poseen el conocimiento de Tu luz de conciencia en todas partes, *duḥkhāpi vedanā bhaktimatām*, si están atormentados, si tienen una crisis, si tienen dolor, ese dolor también los lleva al gran disfrute de la conciencia de Dios.

yatra tatroparuddhānāṁ bhaktānāṁ bahirantare ।
nirvyājaṁ tvadvapuḥsparśa rasāsvāda sukhaṁ samam ।।12।।

Yatra tatra uparuddhānāṁ bhaktānām. Tus devotos, dondequiera que estén sentados, interna o externamente, ellos siempre sienten la cercanía de Tu toque divino y la alegría que proviene de Ese toque divino, tanto en Tu ausencia como en Tu presencia, *nirvyājam*, sin ninguna obstrucción (*nirvyājam* significa "sin obstrucción").

taveśa bhakterarcāyāṁ dainyāṁśaṁ dvayasaṁśrayam ।
vilupyāsvādayantyeke vapuracchaṁ sudhāmayam ।।13।।

Oh Señor (*Īśa* significa "Oh Señor"), cuando Tus devotos Te adoran, en esa adoración, eliminan *dainyāṁśaṁ*, *dīnatā*, la lamentable condición que surge de la percepción dualista y diferenciada.

Y *āsvādayanti*, disfrutan de *acchaṁ vapur sudhāmayam*, la existencia pura y limpia de Tu presencia que está llena de néctar.

bhrantāstīrthadṛśo bhinnā bhrāntereva hi bhinnatā ।
niṣpratidvandvi vastvekaṁ bhaktānāṁ tvaṁ tu rājase ।।14।।

Tīrthadṛśa (*tīrthadṛśa* significa *śāstradṛśa*), los diferentes *śāstras* tienen diferentes puntos de vista. Por ejemplo, el shaivismo tiene un punto de vista y el *vedānta* otro. *Tīrthadṛśa* (*tīrtha* significa *śāstra*). Ellos están *bhrāntāḥ* (*bhrāntāḥ* significa "están extraviados"), están alejados de Tu conciencia porque *bhrāntereva hi bhinnatā*, separarse de Ti es una ilusión. Pero Tus devotos *niṣprati dvandvi*, ven en todas partes la unidad de Tu conciencia y Eso siempre brilla en ellos.

ALEXIS: Entonces, los *śāstras* están equivocados porque tienen diferentes posiciones.

SWAMIJI: Sí. El shaivismo no es solo shaivismo. Todas las teorías son shaivismo.

ALEXIS: Incluso las teorías equivocadas.

SWAMIJI: Desde un punto de vista, también las teorías de los ateos son shaivismo porque el ateo también es conciencia de Dios. Cuando niegas a Dios, esa es la existencia de Dios. Cuando niegas a Dios, das pruebas de Dios.[317]

mānāvamānarāgādiniṣpākavimalaṁ manaḥ ।
yasyāsau bhaktimāṁllokatulyaśīlaḥ kathaṁ bhavet ।।15।।

Ese devoto de Ti cuya mente está purificada (*vimalaṁ*) por la maduración (la desaparición) de los pares de opuestos...

Māna, *avamāna*, *rāga* y *dveṣa*. *Māna* es ser respetado; *avamāna* es no ser respetado; *rāga*, estar apegado; *dveṣa*, estar desapegado.

... ese devoto de Ti, *loka tulya śīlaḥ katham*, no puede ser comparado con la gente común, la gente mundana. Él está más allá de toda comparación. Está por encima de la situación de la gente común.

rāgadveṣāndhakaro'pi yeṣāṁ bhaktitviṣā jitaḥ ।
teṣāṁ mahīyasāmagre katame jñānaśālinaḥ ।।16।।

Yeṣāṁ bhaktitviṣā rāgadveṣāndhakāro'pi jitaḥ. Aquellos que han conquistado la oscuridad del apego y el desapego, aquellos que han eliminado esta oscuridad de sus mentes por la luz de la

317 Ver nota al pie 185.

devoción, por la luz de estar apegados a Ti, *teṣāṁ mahīyasāṁ*, ellos son reyes, son *mahīyasāṁ* (*mahīyasāṁ* significa "ellos son reyes honorables").

Ante ellos, *katamejñānaśālinaḥ*, ¿quiénes son *jñānaśālinaḥ*[318]? ¿Con qué posesión cuentan quienes están llenos de conocimiento? No son nada ante ellos.[319]

yasya bhaktisudhāsnānapānādividhisādhanam ।
tasya prārabdhamadhyāntadaśāsūccaiḥ sukhāsikā ।।17।।

Los devotos que poseen *bhakti sudhā snāna*, que conocen la técnica de bañarse con el néctar de la devoción y que cuentan con la técnica para beber el néctar de la devoción, *tasya prārabdhamadhyānta daśāsūccaiḥ sukhāsikā*, para ellos, al principio, en el medio y en el final, en todas partes brilla la dicha de la conciencia de Dios.

kīrtyaścintāpadaṁ mṛgyaḥ pūjyo yena tvameva tat ।
bhavadbhaktimatāṁ ślāghyā lokayātrā bhavanmayī ।।18।।

Bhavad bhaktimatāṁ, quienes son Tus devotos tienen *kīrtyas cintāpadaṁ mṛgyaḥ pūjyaḥ tvameva*, Tú eres el único ser al que ellos cantan. Te cantan, Te piensan, Te buscan, Te adoran.

Ślāghyā lokayātrā bhavanmayī. La travesía de estos devotos en el universo es *ślāghyā* (respetable). Es una gran travesía, una travesía divina. Cantar al Señor, pensar en el Señor, buscar al Señor y adorar al Señor hacen que su travesía sea divina. En este universo, esta es su mayor travesía.

muktisaṁjñā vipakvāyā bhaktereva tvayi prabho ।
tasyāmādyadaśārūḍhā muktakalpā vayaṁ tataḥ ।।19।।

---

318 Los que están establecidos en el conocimiento. [Nota del editor]
319 Es decir, aquellos que cuentan con el conocimiento (*jñānaśālinaḥ*) no son nada en comparación con Tus devotos. [Nota del editor]

Prabho, oh Señor, oh Maestro, es un hecho que *muktisaṁjñā vipakvāyā bhaktereva*, cuando Tu devoción madura, eso es la liberación. En otras palabras, esto es estar libre de este universo. *Tasyām ādya daśārūḍhā*, a medida que entramos en el estado de Tu devoción, ya estamos liberados. Liberarnos no nos preocupa. Ya estamos liberados.

duḥkhāgamo'pi bhūyānme tvadbhaktibharitātmanaḥ ।
tvatparācī vibho mā bhūdapi saukhyaparamparā ।।20।।

Doy la bienvenida a la continuidad de dolor en este mundo. Doy la bienvenida a la tristeza, a *duḥkha* (sufrimiento), pero solo en el caso de *tvad bhakti bharitātmanaḥ*, si estoy lleno de Tu devoción. Que ese dolor me destruya, pero debe haber devoción por Ti. *Tvat parācī*, si pierdo la devoción por Tí, si no hay devoción, no le doy la bienvenida a estar inundado de alegría y felicidad.

tvaṁ bhaktyā prīyase bhaktiḥ prīte tvayi ca nātha yat ।
tadanyo'nyāśrayaṁ yuktaṁ yathā vettha tvameva tat ।।21।।

La teoría de la devoción tiene un problema. *Tvaṁ bhaktyā prīyase*, es un hecho que Tú solo estás complacido con nosotros cuando estamos dedicados a Ti. Sin embargo, esa devoción viene *prīte tvayi*, cuando Tú estás complacido.

Esto es un ciclo mutuamente dependiente (*anyo'nyāśraya*[320]). No es *cakradoṣa*.[321]

Debe haber *bhakti*, entonces estarás complacido. Debes estar complacido, entonces habrá *bhakti*. Solo Tú puedes resolver esta teoría que es un ciclo mutuamente dependiente. *Tat anyo'nyāśrayam*, este *anyo'nyāśraya*, *yuktaṁ yathā vettha*, cómo lo resuelves, no lo sabemos. Tú debes saber cómo [risas].

320 Apoyo mutuo, recíproco, conexión o dependencia; mutuamente dependientes.
321 El defecto de un argumento circular.

sākāro vā nirākāro vāntarvā bahireva vā ।
bhaktimattātmanāṁ nātha sarvathāsi sudhāmayaḥ ।।22।।

Nātha, oh Maestro, puedes aparecer con forma, *nirākāro vā*, puedes aparecer sin forma, *vāntarvā*, puedes aparecer en nuestra mente, *bahireva*, puedes aparecer afuera de nuestra mente, pero para aquellos que están enloquecidos por Tu devoción, *sarvathāsi sudhāmayaḥ*, Tú eres dulce en todas partes. Cuando tienes forma y cuando no tienes forma; para ellos eres dulce cuando te les apareces internamente y cuando te les apareces externamente. Para quienes son Tus devotos eres dulce en todos los sentidos.

asminneva jagatyantarbhavadbhaktimataḥ prati ।
harṣaprakāśanaphalamanyadeva jagatsthitam ।।23।।

En este universo que está lleno de tormentos, que está lleno de crisis y tristeza, también he visto que *harṣa prakāśana phalam anyat eva jagatsthitam*, *bhavat bhaktim ataḥ prati*, para quienes son Tus devotos, todo este universo parece divino. Lo he visto.

guhye bhaktiḥ pare bhaktirbhaktirviśvamaheśvare ।
tvayi śambhau śive deva bhaktirnāma kimapyaho ।।24।।

Quiero tu devoción secretamente. *Pare bhaktiḥ*, quiero devoción por el Señor supremo. Quiero devoción por el soberano de este universo. Quiero devoción por Ti. Quiero devoción por Śiva. Quiero devoción. Quiero devoción y nada más. Quiero devoción.

bhaktirbhaktiḥ pare bhaktirbhaktirnāma samutkaṭā ।
tāraṁ viraumi yattīvrā bhaktirme'stu paraṁ tvayi ।।25।।

Solo devoción. Tu devoción. Tu devoción, esa suprema devoción. ¡Qué devoción tan intensa! Lloraré, lloraré, lloraré en voz alta por esa intensa devoción que debo poseer.

yato'si sarvaśobhānāṁ prasavāvanirīśa tat |
tvayi lagnamanarghaṁ syādratnaṁ vā yadi vā tṛṇam ||26||

Es un hecho que *sarvaśobhānāṁ prasavāva avani*, oh Señor, Tú eres la morada de todas las glorias en el universo. Todas las glorias están almacenadas en Tu Ser. De este modo, *tvayi lagnam*, cuando algo está apegado a Ti, *ratnaṁ vā*, ya sea una joya o solo una brizna de hierba, se vuelve *anargham*, invaluable. No tiene precio.

āvedakādā ca vedyādyeṣāṁ saṁvedanādhvani |
bhavatā na viyogo'sti te jayanti bhavajjuṣaḥ ||27||

Quienes son Tus devotos son glorificados en este universo porque *avedakāt ā ca vedyat*, desde la conciencia subjetiva al campo objetivo, *saṁvedanādhvani*, en el camino del conocimiento, no tienen *bhavatā na viyogo'sti*, ellos nunca se separan de Tu conciencia. Desde la conciencia subjetiva hasta la conciencia objetiva, nunca se separan de Ti. *Te jayanti*, son glorificados en este universo.

saṁsārasadaso bāhye kaiścittvaṁ parirabhyase |
svāminparaistu tatraiva tāmyadbhistyaktayantraṇaiḥ ||28||

Oh Maestro, *saṁsāra sadaso*, algunos devotos Tuyos, después de dejar de lado todos los asuntos mundanos, Te abrazan. Entran en las cuevas del Himalaya y allí te abrazan, se hacen uno Contigo. Hay devotos así. Pero también otros devotos Te abrazan en la actividad de este universo. ¡Te abrazan, *svāmin*, oh Señor!

Paraistu, hay algunos devotos tuyos que *tatraiva parirabhyase*; *tatraiva*, en este mundo de actividad, *parirabhyase*, te abrazan. *Tyaktayantraṇaiḥ*, y no tienen reglas para abrazarte. Pueden abrazar a una prostituta, pero en realidad no abrazan a la prostituta, ¡te abrazan a Ti![322] Hay devotos así porque sienten Tu

322 "Y las prostitutas deben ser adoradas. Cuando pases por la casa de una prostituta, debes inclinarte hacia esa casa y continuar con tu trabajo. No deberías odiarla. Fue la voluntad del Señor Śiva que ella se haya convertido en una prostituta. Todas

presencia en todas partes.

pānāśanaprasādhana-sambhuktasamastaviśvayā śivayā ।
pralayotsavasarabhasayā dṛḍhamupagūḍhaṁ
śivaṁ vande ।।29।।

Me inclino ante el Señor Śiva que es abrazado fuertemente por Pārvatī. ¿Cuál es la situación de Pārvatī que Te abraza? *Pāna aśana prasādhana sambhukta samasta viśvayā.* Ella bebe, *pana*; *aśana*, Ella come platos dulces; *prasādhana*, Ella ajusta el delicado maquillaje en Su cuerpo; *sambhukta samasta viśvayā*, Ella disfruta de todos los placeres de los sentidos; y *pralaya utsava sarabhasayā*, Ella disfruta del festival de la destrucción universal. Y Ella te abraza fuertemente en ese momento. Me inclino ante ese Śiva que es abrazado por Pārvatī, que actúa de esa manera.

parameśvaratā jayatyapūrvā
tava viśveśa yadīśitavyaśūnyā ।
aparāpi tathaiva te yayedaṁ jagadābhāti
yathā tathā na bhāti ।।30।।

Oh Señor, en este universo existen dos glorias diferentes Tuyas. Una es *parameśvaratā*, una gloria del Señor Śiva es que es *īśitavyaśūnyā*, que no está gobernado por ningún otro agente. Eso es gracia, eso es *anugraha.*[323]

Aparāpi, hay otra divinidad de Ti que tampoco está gobernada por ningún otro agente, que ocultas Tu naturaleza.

Ocultas Tu naturaleza y la revelas. Estos dos señoríos son glorificados. Uno es el Señorío en el que te sientes revelador de Tu naturaleza, de la naturaleza reveladora de la conciencia de Dios. El otro señorío es cuando esa naturaleza es ocultada totalmente.

---

las damas deben ser adoradas y respetadas". *Tantrāloka*, 15.296c (archivos USF).
323 "Su [es decir, el esfuerzo del individuo] no lo tocará". *Śivastotrāvalī* (audio adicional, archivos USF).

CAPÍTULO 17
El festival del juego divino
Divyakrīḍābahumānanāmākhyaṁ saptadaśaṁ stotram

aho ko'pi jayatyeṣa svāduḥ pūjāmahotsavaḥ ।
yato'mṛtarasāsvādamaśrūṇyapi dadatyalam ।।1।।

Es maravilloso que el dulce y único festival de Tu devoción, de Tu adoración, sea glorificado (*ko'pi* significa "ese festival único de Tu devoción" y *svādu* significa "el muy dulce festival de Tu devoción"). Debido a ese festival, *amṛta rasāsvādana aśrūṇtyapi dadati*, incluso unas pocas lágrimas te llevan a la gran alegría de ese festival.

vyāpārāḥ siddhidāḥ sarve ye tvat pūjāpuraḥsarāḥ ।
bhaktānāṁ tvanmayāḥ sarve svayaṁ siddhaya eva te ।।2।।

Vyāpārāḥ sarve, todas las actividades, *ye tvat pūjā puraḥ saraḥ*, que están conectadas con Tu devoción otorgan los poderes de grandes logros.

Para la gente común, otorgan poder. Pero para Tus devotos, todas las actividades devocionales en este universo no otorgan poderes, sino que se convierten en poderes en sí mismas. Para Tus devotos, son poderes. Brillan como poderes.

sarvadā sarvabhāveṣu yugapatsarvarūpiṇam ।
tvāmarcayantyaviśrāntaṁ ye mamaite'dhidevatāḥ ।।3।।

Esos devotos de Ti que te adoran simultáneamente en cada uno de los objetos, siempre y sin interrupción (*aviśrānta*), *te mama adhi devatā*, ellos son mis dioses. Ellos presiden sobre mí... deben gobernar sobre mí. Tienen que cuidarme. Ellos son mis dioses. Tú no eres mi dios. Mis dioses son los que te adoran así.

dhyānāyāsatiraskārasiddhastvatsparśanotsavaḥ ।
pūjāvidhiriti khyāto bhaktānāṁ sa sadāstu me ।।4।।

El festival de Tu toque a Tu devoto es el gran festival. Cuando lo tocas, no por medio de *dhyāna āyāsa tiraskāra ca* (no tienes que meditar, no tienes que meditar con la técnica de *āṇavopāya*, *śāktopāya*, *śāmbhavopāya* o *anupāya*; sin adoptar estas técnicas), aquellos devotos de Ti que experimentan el festival de Tu toque, *pūjā vidhir iti*, esta es el verdadera técnica para adorarte. Esta es la técnica que pertenece a Tus devotos y quiero poseer esta técnica.

bhaktānāṁ samatāsāraviṣuvatsamayaḥ sadā ।
tvadbhāvarasapīyūṣarasennaiṣāṁ sadārcanam ।।5।।

Tus devotos siempre poseen el momento sagrado de *viṣuvat* (*viṣuvat* significa el tiempo sagrado en el que el día y la noche son uno): el equinoccio.

Tvat bhāva rasapīyūṣa rasena eṣāṁ sadārcanam, y te adoran por el néctar de su amor por Ti.

yasyānārambhaparyantau na ca kālakramaḥ prabho ।
pūjātmāsau kriyā tasyāḥ kartārastvajjuṣaḥ param ।।6।।

Realmente el acto de adoración es el del devoto que tiene *anārambha paryantau na ca kālakramaḥ*, que no tiene restricción de tiempo para Tu adoración. *Tasyāḥ kartāraḥ*, quienes adoran de esta manera son realmente Tus devotos, porque dedican cada segundo de su vida, no observan Tu devoción con un reloj de pulsera. En todas partes, para ellos siempre es una ocasión para Tu adoración.

brahmādīnāmapīśāste te ca saubhāgyabhāginaḥ ।
yeṣāṁ svapne'pi mohe'pi sthitastvatpūjanotsavaḥ ।।7।।

En realidad, esos devotos gobiernan sobre los tres grandes señores, Brahmā, Viṣṇu y Rudra, que son los creadores, protectores y destructores de este universo. *Te ca saubhāgyabhāginaḥ*. Son realmente *saubhāgya*, gente afortunada, ya que *svapne api mohe api sthita tvat pūjana utsavaḥ*, para ellos el festival de Tu adoración también existe en el estado de sueño e ilusión.

japatāṁ juhvatāṁ snātāṁ dhyāyatāṁ na ca kevalam ।
bhaktānāṁ bhavadabhyarcāmaho yāvadyadā tadā ।।8।।

Tus devotos, sin importar si están recitando Tu nombre, si están haciendo Tu *havan* (sacrificio), *snātam*, sin importar si se están bañando, *dhyāyatām*, o si están meditando en Ti, no solo en estos estados, no solo en el estado de recitar Tu nombre, no solo en el estado de colocar ofrendas en el fuego, no solo en el estado del baño, no solo en los estados de meditación, esos devotos poseen el festival de Tu devoción. *Yāvadyadā tadā*, en todas partes, siempre poseen este festival, no solo en estos estados sagrados.

bhavatpūjāsudhāsvādasambhogasukhinaḥ sadā ।
indrādīnāmatha brahmamukhyānāmasti kaḥ samaḥ ।।9।।

Los devotos que siempre han poseído el disfrute del gozo del néctar de Tu devoción no pueden compararse ni siquiera con los dioses. *Indrādīnām*, los dioses Indra, etcétera (Indra gobierna el reino de los cielos) y *brahma mukhyānām* (Brahmā, Viṣṇu e Īśvara, los creadores, protectores y destructores de este universo), no pueden compararse con la persona que siempre está resuelta a la adoración de Ti y que está disfrutando del néctar divino de esa adoración.

jagatkṣobhaikajanake bhavatpūjāmahotsave ।
yatprāpyaṁ prāpyate kiṁcidbhaktā eva vidanti tat ।।10।।

El gran festival de Tu adoración es solo la adoración que destruye la agitación del universo; que destruye *jagat kṣobhaikajanake.* La agitación de la conciencia diferenciada es destruida por el gran festival de Tu adoración. Y lo que se logra en ese gran festival de adoración, *yat prāpyaṁ prāpyate*, no es conocido por nadie. Solo lo conocen Tus devotos.

tvaddhāmni cinmaye sthitvā ṣaṭtriṁśattattvakarmabhiḥ ।
kāyavākcittaceṣṭādyairarcaye tvāṁ sadā vibho ।।11।।

Oh Señor, hay un deseo en mí. Quisiera adorarte siempre, *sadā tvāṁ arcaye*. Quisiera adorarte siempre con el cuerpo, con el habla, con la palabra y con la acción.

Quisiera adorarte siempre, ¡pero no desde la distancia! Quisiera adorarte después de entrar en Tu cuerpo [Swamiji llora]. Quisiera este tipo de adoración. *Tvad dhāmni cinmaye sthitvā*, quisiera adorarte después de entrar en Tu cuerpo.

Quisiera adorarte no solo con flores sino con todos los treinta y seis elementos del universo, desde *pṛthvī* hasta *śiva*.

Quisiera adorarte después de entrar en Tu cuerpo.

bhavatpūjāmayāsaṅgasambhogasukhino mamá ।
prayātu kālaḥ sakalo'pyananto'pīyadarthaye ।।12।।

Anhelo solo esto (*iyadarthaye*, anhelo solo esto), *bhavatpūjāmayāsaṅga saṁbhogasukhino mama*, porque soy (*mama*), me vuelvo pacífico, permanezco en paz cuando estoy disfrutando de la cercanía de Tu adoración.

Este es el deseo en mí, que *sakalo api ananto'pi*, durante todo este tiempo, y un tiempo sin fin, no quiero morir, no quiero vivir, no quiero nada excepto que todo el tiempo pase en adorarte, porque solo estoy en paz en Tu adoración y ninguna otra cosa me dará paz alguna.

bhavatpūjāmṛtarasābhogalampaṭatā vibho ।
vivardhatāmanudinaṁ sadā ca phalatāṁ mama ।।13।।

Vibho, oh Señor, *bhavat pūjāmṛta rasa ābhoga lampaṭatā*, quiero *bhoga lampaṭatā*, pasión por disfrutar (*lampaṭatā* significa pasión) el sabor del néctar de Tu devoción, de Tu adoración.

Que la pasión de disfrutar el sabor de Tu adoración, *vivardhatāṁ anudinaṁ*, crezca cada día. Y no solo se trata de crecer: *sadā ca phalatāṁ mama*, también debe dar frutos [risas]. Ese fruto es Tu cercanía.

jagadvilayasañjātasudhaikarasanirbhare ।
tvadabdhau tvāṁ mahātmānamarcannāsīya sarvadā ।।14।।

Tvad abdhau, eres un gran océano ilimitado, *jagat vilaya sañjāta sudhaika rasa nirbhare*, y ese océano está lleno del néctar más grande; *jagat vilaya eka sañjāta sudhā eka rasa nirbhare*, está lleno de ese *sudhā*, lleno de ese néctar, que ha aparecido por la destrucción de la cognición diferenciada del universo. La destrucción del conocimiento diferenciado del universo ha creado el sabor de ese néctar, y ese néctar se llena en el océano de Tu ser. El néctar está lleno en ese ser tuyo. Y *tvāṁ mahātmanām*, ¡Tú eres aquel gran ser!

Arcannāsīya sarvadā, quisiera dedicar todo mi tiempo a Tu adoración. Ese es mi único anhelo.

aśeṣavāsanāgranthivicchedasaralaṁ sadā ।
mano nivedyate bhaktaiḥ svādu pūjāvidhau tava ।।15।।

Hay devotos tuyos que te ofrecen sus mentes; mentes que no están distraídas, que no están llenas de asuntos mundanos. No. Te ofrecen sus dulces mentes siempre, solo para adorarte. Y los nudos siempre se eliminan de sus mentes.

¿Qué nudos? *Aśeṣavāsanā granthi*, todas las impresiones y las ansias de placeres mundanos. Dejan atrás esas impresiones y esas impresiones se eliminan de sus mentes. Y esas mentes son *sarala* (*sarala* significa "directo", "sin nudos"). *Svādu*, esas mentes son muy dulces, y Te ofrecen sus dulces mentes a Tu ser, siempre.

adhiṣṭhāyaiva viṣayānimāḥ karaṇavṛttayaḥ ।
bhaktānāṁ preṣayanti tvatpūjārthamamṛtāsavam ।।16।।

Los mismos órganos de cognición y de acción llevan el licor más grande, más elevado e invaluable de Tu adoración a los devotos de Ti. Llevan ese licor ante Tus devotos sin privarlos del disfrute de los sentidos. En el disfrute mismo de los sentidos, les llevan este licor para Tu adoración.

bhaktānāṁ bhaktisaṁvegamahoṣmavivaśātmanām ।
ko'nyo nirvāṇahetuḥ syāttvatpūjāmṛtamajjanāt ।।17।।

Bhaktānām, hay devotos cuya mente es *vivaśa*, se ha vuelto fuera de control, no pueden controlarla. Se han vuelto locos *bhakti saṁvega mahoṣma*, por el fuego de Tu apego. Este apego por Ti es una especie de fuego que los vuelve locos por Ti.

Estos devotos son así. *Ko'nyo nirvāṇa hetuḥ syāt*. Nunca se liberan de esa locura, a menos que se ahoguen totalmente en el néctar de Tu adoración. Hasta entonces, *nirvāṇa hetu*, no puedes quitarles esa locura. Ahógalos en la *pūjā*, en la adoración a Ti, entonces esta locura estará bajo control.

ALEXIS: Esto es *śleṣa* (juego de palabras), ¿no es así?
SWAMIJI: Sí.
ALEXIS: *Nirvāṇa* y *nirvāṇa*. "Apagar" e "iluminación".[324]

satataṁ tvatpadābhyarcāsudhāpānamahotsavaḥ |
tvatprasādaikasamprāptiheturme nātha kalpatām ||18||

Tvat pada abhyarcā sudhāpāna mahotsavaḥ. Podemos tener el gran festival de saborear el néctar de la devoción de Tus pies, *tvat prasādaika samprāpti hetur*, no debido a nuestras acciones, no con nuestro esfuerzo, sino solo por Tu gracia (*tvat prasādaika samprāpti hetur*). ¡*Nātha kalpatām*, permite que lo tenga [risas]! ¡Que tenga ese festival!

anubhūyāsamīśāna pratikarma kṣaṇātkṣaṇam |
bhavatpūjāmṛtāpānamadāsvādamahāmudam ||19||

Īśāna, oh Señor, llegará el día en que experimentaré en todas mis acciones, en cada una de ellas, *kṣaṇāt kṣaṇam*, momento a momento, *bhavat pūjāmṛta pāna mada āsvāda mahāmudam*, el gran sabor, el gran goce de enloquecer al saborear el néctar de Tu adoración. ¿Llegará ese día alguna vez?

dṛṣṭārtha eva bhaktānāṁ bhavatpūjāmahodyamaḥ |
tadaiva yadasambhāvyaṁ sukhamāsvādayanti te ||20||

Ahora dirás: "No, es muy difícil de lograr. Vendrá poco a poco. Lo lograrás poco a poco". Pero he visto que hay personas que han experimentado el gran entusiasmo de adorarte. ¡*Tadaiva yat yatna*, ellos solamente por medio de ese entusiasmo, son llevados a Tu conciencia de Dios! No te adoran en absoluto. No les queda tiempo para hacerlo. Pero surge el entusiasmo en ellos y son

324 Es decir, la palabra "*nirvāṇa*" significa tanto "extinguir" o "apagar" la locura y el logro de la iluminación. [Nota del editor]

llevados a la conciencia de Dios. He visto con mis propios ojos la existencia de personas así. ¿Por qué no yo? ¿Por qué estoy privado de esto?

yāvanna labdhastvatpūjāsudhāsvādamahotsavaḥ ।
tāvannāsvādito manye lavo'pi sukhasampadaḥ ।।21।।

Mi Señor, *yāvat na labdhaḥ tvat pūjā sudhāsvāda*, tengo la convicción de que, hasta que logre el gran festival de saborear el néctar de Tu devoción, ¡no habré conseguido nada! Aunque alguien pueda haber logrado todo en este universo, no ha logrado nada. Por lo tanto, este es el logro a alcanzar: simplemente saborear el néctar de Tu devoción. Entonces, ¡déjame saborearlo!

bhaktānāṁ viṣayānveṣābhāsāyāsādvinaiva sā ।
ayatnasiddhaṁ tvaddhāmasthitiḥ pūjāsu jāyate ।।22।।

Oh Señor, hay devotos que no tienen que juntar los materiales que se usan en Tu adoración (por ejemplo, *dhūpa*, *dīpa*, frutas, flores, incienso, *ghī*, etc.). Sin juntar estos elementos, la celebración de su culto se lleva a cabo automáticamente.

na prāpyamasti bhaktānāṁ nāpyeṣāmasti durlabham ।
kevalaṁ vicarantyete bhavatpūjāmadonmadāḥ ।।23।।

Para Tus devotos no hay nada que lograr. Y para Tus devotos no hay nada difícil de lograr. Solo deambulan y caminan (*vicaranti*, deambulan aquí y allá[325]) enloquecidos con la embriaguez de Tu adoración.

325 "Deambulan tranquilos aquí y allá". *Śivastotrāvalī* (audio adicional, archivos USF).

aho bhaktibharodāracetasāṁ varada tvayi ǀ
ślāghyaḥ pūjāvidhiḥ ko'pi yo na yācñākala ṅkitaḥ ǀ ǀ24ǀ ǀ

¡Ah, para mí es maravilloso, oh otorgador de dones (*varada*)! *Bhakti bhara udāra cetaṣām*, los devotos que tienen una mente expandida y amplia (*udāra cetasām*), ¡la forma de su adoración es *ślāghyaḥ*, es suprema! Su adoración es muy elevada. *Yo na yācñākalaṅkitaḥ*, no te piden nada; simplemente te adoran, *bas*. Ellos no quieren nada de Ti. ¡Esta es su grandeza! *Yo na yācñā kalaṅkitāḥ*, ellos no te piden bendiciones, solo te adoran.

kā na śobhā na ko hlādaḥ kā samṛddhir na vāparā ǀ
ko vā na mokṣaḥ ko'pyeṣa mahādevo yadarcyate ǀ ǀ25ǀ ǀ

Donde tiene lugar la adoración del Señor Śiva, esa es la gloria, ese es el éxtasis, esa es la alegría más elevada, ese es el *samṛddhiḥ* (*samṛddhiḥ* significa ascenso), esa es la verdadera liberación. Eso es todo donde Se adora a Mahādeva, donde se adora al Señor Śiva. ¡La adoración del Señor Śiva lo es todo! Esa es la gloria, ese es el *ānanda* (dicha suprema), ese es el ascenso y esa es la verdadera liberación.

antarullasadacchācchabhaktipīyūṣapoṣitam ǀ
bhavatpūjopayogāya śarīramidamastu me ǀ ǀ26ǀ ǀ

Tengo una petición para ti, oh Señor. Quisiera que mi cuerpo sea destinado únicamente a Tu adoración. ¡Que mi cuerpo sea digno de adorarte solo a Ti, nada más! Porque este cuerpo mío se nutre del néctar de la devoción, que es muy *accha*, muy puro, y que surge de mi corazón interior. La *bhakti* ha surgido de mi corazón interno, y este cuerpo mío se nutre del néctar de esa devoción. Entonces, quisiera que este cuerpo solo tenga el propósito de Tu devoción, ¡nada más!

tvatpādapūjāsambhogaparatantraḥ sadā vibho I
bhūyāsaṁ jagatāmīśa ekaḥ svacchandaceṣṭitaḥ I I27I I

Vibho, oh Señor omnipresente, *jagatāmīśa*, oh soberano de los tres mundos, quisiera depender solamente de saborear el néctar de Tu adoración. *Tvatpāda pūjā sambhoga paratantraḥ*, quiero depender de ese *sambhoga*, del disfrute del néctar de Tu adoración.

Pero, al mismo tiempo, *ekaḥ svacchanda ceṣṭitaḥ*, en el mundo exterior, quisiera ser absolutamente independiente, no depender de ninguna otra cosa en este mundo.

Donde está Tu adoración, quisiera depender de esa adoración; siempre dependiente de ese culto e independiente de todo lo demás.

tvaddhyānadarśanasparśatṛṣi keṣāmapi prabho I
jāyate śītalasvādu bhavatpūjāmahāsaraḥ I I28I I

Hay algunos devotos tuyos, oh Señor, *tvad dhyāna darśana sparśa tṛṣi*, que tienen *tṛṣi* (*tṛṣi* significa "sed"), la sed de meditar en Ti y abrazarte; meditan en Ti y te abrazan al mismo tiempo (*dhyāna* y *sparśa*). Y en aquellos devotos únicos de Ti que tienen esta sed, al surgir esta sed, *jāyate śītala svādu bhavat pūjā mahāsaraḥ*, su sed se sacia con la adoración a Ti. Su sed es saciada, *mahāsaraḥ*, por la adoración a Ti, y esa adoración es sumergirse en el gran lago de Tu adoración.

Ese lago es *śītala* (muy fresco) y *svādu* (muy dulce); el agua fresca y dulce de Tu adoración. Cuando se sumergen en ese lago, esa sed se apaga en ellos.

yathā tvameva jagataḥ pūjāsambhogabhājanam I
tatheśa bhaktimāneva pūjāsambhogabhājanam I I29I I

Oh Señor, así como Tú eres el único *bhājana*, Tú eres el único ser digno de disfrutar el néctar de la adoración, del mismo modo, Tus devotos también son dignos de disfrutar el néctar de Tu adoración.

Entonces, solo hay dos seres que tienen que disfrutar el néctar de Tu devoción. Tú disfrutas del néctar de Tu adoración y, de la misma manera, Tu devoto también lo disfruta.

ko'pyasau jayati svāminbhavatpūjāmahotsavaḥ ।
ṣaṭtriṁśato'pi tattvānāṁ kṣobho yatrollasatyalam ।।30।।

Svāmin, oh mi maestro, ese único *mahotsavaḥ* (*mahotsavaḥ* significa "gran día"), el gran festival de Tu devoción, siempre es glorificado, donde *ṣaṭtriṁśato'pi tattvānāṁ yatra*, donde todos los treinta y seis elementos son absorbidos (*kṣobhaḥ* significa *nāśaḥ*[326]) en la nada. Solo permanece Śiva.[327]

ALEXIS: ¿No es *bahi prasara*[328]?

SWAMIJI: *Antaḥ prasara*[329].

namastebhyo vibho yeṣāṁ bhaktipīyūṣavāriṇā ।
pūjānyeva bhavanti tvatpūjopakaraṇānyapi ।।31।।

Vibho, oh Señor, *namastebhyo*, adoro a esos devotos Tuyos (*yeṣām*, esos devotos) que reúnen todos los materiales para Tu devoción (flores, frutas, incienso y todas estas cosas), para ofrecértelas a Tu imagen. Juntan los materiales pero no los ofrecen. *Bas*, adoran estos materiales porque sienten que si van a ser ofrecidos al Señor Śiva, vale la pena adorarlos. Sienten: "Primero debo adorarlos".

Pūjānyeva yeṣāṁ bhaktipīyūṣavāriṇā. Aquellos que adoran por la *vāriṇā*, por el agua del néctar de la devoción, estos materiales también son adorados por ellos (*pūjā upakaraṇāni*; *upakaraṇāni* significa *sāmagrī*[330]).

326 Destrucción o aniquilamiento.
327 Para una explicación de la "nada", ver el Apéndice 25.
328 Flujo externo.
329 Flujo interno.
330 *Sāmagrī* es una mezcla de sustancias santificadas que se ofrecen en un *havan*. [Nota del editor]

pūjārambhe vibho dhyātvā mantrādheyāṁ tvadātmatāṁ |
svātmanyeva pare bhaktā mānti harṣeṇa na kvacit ||32||

Vibho, oh Señor, *bhaktā*, aquellos que son Tus devotos, al comienzo de Tu adoración, primero solo meditan en Tu naturaleza, es decir, a quién se debe ofrecer la adoración.

Cuando meditan en Ti, que eres su *mantrādheyam* (*mantrādheyam* significa por *ādheyam*, a ser adorado por todos estos *mantras*), *svātmanyeva pare bhaktā*, *bhaktā mānti harṣeṇa na* [*kvacit*], entonces su alegría no conoce límites y no te adoran en absoluto. Simplemente se hunden en el éxtasis mientras meditan en Ti y el resto de la adoración no ocurre [risas].

rājyalābhādivotphullaiḥ kaiścitpūjāmahotsave |
sudhāsavena sakalā jagatī saṁvibhajyate ||33||

Cuando para estos devotos tiene lugar el gran festival de Tu adoración, se regocijan tal como cuando uno alcanza el gran honor de un gran reino (*rājyalābhādiva utphullaiḥ*).

Sudhāsavena sakalā jagatī saṁvibhajyate. Y se regocijan de tal modo que no saben cómo manejar el gozo del néctar de Tu devoción. ¡Distribuyen este néctar a cada uno de los seres de este mundo [risas]! *Sudhāsavena sakalā jagatī saṁvibhajyate*, dicen, "Sí, tú también, toma este licor de la adoración". Ellos lo distribuyen por todas partes.

pūjāmṛtāpānamayo yeṣāṁ bhogaḥ pratikṣaṇam |
kiṁ devā uta muktāste kiṁ vā ke'pyeva te janāḥ ||34||

Los devotos que a cada momento disfrutan y saborean el néctar de Tu devoción, ¡no entiendo quiénes son! *Kiṁ devā*, ¿son dioses? *Uta muktā*, ¿están liberados? ¿Son seres únicos? No puedo entenderlo. Están más allá de mi imaginación. ¡Son grandiosos! No puedo explicar la grandeza de los devotos que disfrutan del néctar de Tu devoción en todo momento en este mundo.

pūjopakaraṇībhūtaviśvāveśena gauravam |
aho kimapi bhaktānāṁ kimapyeva ca lāghavam ||35||

Para mí es maravilloso que los devotos de Ti, por un lado, son reservados porque ingresan, se fusionan con los elementos de Tu adoración. Cuando acomodan las flores, se fusionan con esas flores. Ellos no Te adoran, la adoración aún no ha tenido lugar pero se fusionan con estos elementos. *Pūjā upakaraṇānī bhūta viśva āveśena*. Tu adoración no tiene lugar con flores y todos estos elementos limitados. No. ¡Ocurre en todo el universo! Sienten que todo el universo es para ser ofrecido al Señor Śiva.

Aho kimapi bhaktānāṁ kimapyeva ca lāghavam. Y por otro lado son muy ligeros en su interior. "Ligeros"[331] significa que exponen todos los secretos de Tu adoración a todo el mundo [risas]. Nada queda dentro de ellos. Y no exponen nada mientras estén sumergidos en la sustancia de este Ser universal.

Les parece que este universo es para Tu adoración, por lo que son reservados. Esta es su cautela. Y exponen ese secreto a todo el mundo. Esta es su ligereza. Son muy claros; nada queda oculto en ellos.

pūjāmayākṣavikṣepakṣobhādevāmṛtodgamaḥ |
bhaktānāṁ kṣīrajaladhikṣobhādiva divaukasām ||36||

Akṣa vikṣepa. *Bhaktānāṁ*, Tus devotos que tienen *akṣa vikṣepa*, la agitación de todos sus órganos: *śabda*, *sparśa*, *rūpa*, *rasa* y *gandha*, de todas las funciones orgánicas, cuando ejecutan estas funciones, estas funciones les aparecen como Tu adoración. Cuando ven algo, cuando tienen sexo, cuando comen, les parece como si estuvieran adorando al Señor Śiva. Este *akṣa vikṣepa*, la agitación del campo orgánico, para ellos es solo adoración a Ti.

Esto es *śāmbhavopāya*.[332]

---

331 *Lāghava*: claridad de corazón.
332 Para una explicación de los *upāyas*, ver el Apéndice 2.

Puja maya aksepa. Entonces, *kṣobhāt eva*, debido al *akṣa vikṣepa*, por la agitación de estas sensaciones orgánicas, tiene lugar en ellos el ascenso del néctar supremo tal como surgió el néctar supremo de la agitación del océano de leche utilizando a la gran serpiente Vāsuki. Porque cuando el océano era agitado, los ojos de Vāsuki iban para un lado y otro.[333] Sus ojos eran agitados por la presión y vomitaron sangre. Eso es *akṣa vikṣepa.*[334] Por eso, el ascenso del néctar tuvo lugar después desde *kṣīrasāgara*, desde el océano del océano de leche.

De la misma manera, cuando Tus devotos están agitados en su campo orgánico, por esta mera agitación ocurre en ellos el ascenso del néctar de la conciencia de Dios.

pūjāṁ kecana manyante dhenuṁ kāmadughāmiva ।
sudhādhārādhikarasāṁ dhayantyantarmukhāḥ pare ।।37।।

Tus devotos se agrupan en dos grupos. Un grupo está formado por aquellos que creen que Tu adoración es como *kāmadhenu*, como la vaca celestial que da bendiciones a todos. Creen que Tu adoración otorga bendiciones de todo tipo a todos.

Pero hay algunos devotos que *sudhādhārādhikarasāṁ dhayantyantarmukhāḥ pare*, que beben el néctar de Tu adoración. Saborean la adoración. No creen que la adoración les esté otorgando alguna gloria. Simplemente beben esa adoración en sí mismos y la absorben en su naturaleza. No les importa explicar o indagar sobre Tu adoración; por ejemplo, qué tipo de adoración es esta, cuál es la cualidad de Tu adoración. ¡Solo la beben! No les importa explicar nada [risas].

bhaktānāmakṣavikṣepo'pyeṣa saṁsārasaṁmataḥ ।
upanīya kimapyantaḥ puṣṇātyarcāmahotsavam ।।38।।

---

333 Para batir, Vāsuki fue utilizada como cuerda y la montaña Mandāra como palo. [Nota del editor]
334 La agitación sensual provocada por el campo orgánico. [Nota del editor]

Se reconoce que *akṣa vikṣepa*, la agitación del campo orgánico, realmente es la única causa de estar enredado en la rueda de los repetidos nacimientos y muertes...

Cuando tu mente, tu intelecto, tu ego y tus órganos están agitados, eso es el estado de *saṁsāra*.

... pero para Tus devotos no es así. A Tus devotos, este *saṁsāra*, *upanīya kimapyantaḥ puṣṇātyarcā mahotsavam*, a Tus devotos los lleva y dirige internamente y los hace entrar en la gran celebración, en el gran festival de Tu devoción. Entonces, este *akṣa vikṣepa*, la agitación del campo orgánico, es solo Tu devoción por ellos.

bhaktikṣobhavaśādīśa svātmabhūte'rcanaṁ tvayi I
citraṁ dainyāya no yāvaddīnatāyāḥ paraṁ phalam I I39I I

Īśa, oh Señor, *tvayi svātma bhūte arcanaṁ bhakti kṣobha vaśāt*, por la inundación de la devoción, cuando se lleva a cabo Tu adoración, que es la propia adoración de uno; *svātma bhūte tvayi*, Tu adoración es solo la adoración de la propia naturaleza.

Por la agitación, por la inundación de Tu devoción, cuando se lleva a cabo esa adoración, *citraṁ*, me sorprende que, *dainyāya no*, no sea el estado de *dīnatā*[335]. *Dīnatā* significa, por ejemplo, "Oh Señor, mi condición es lamentable, miserable. ¡Por favor, perdóname!". No es así. *Dīnatāyāḥ paraṁ phalam*, es solo el establecimiento en la conciencia de Dios. Es ese estado el que te establece en la conciencia de Dios. ¡*Dainyāya no bhavati, yāvat dīnatāyāḥ paraḥ phalam*!

upacārapadāṁ pūjā keṣāṁcittvatpadāptaye I
bhaktānāṁ bhavadaikātmyanirvṛttiprasarastu saḥ I I40I I

Hay algunos devotos para quienes Tu adoración es *upacārapadam* (*upacārapadam* significa Tu adoración que tiene lugar en

335 Escasez, debilidad.

upacāra; *upacāra* significa juntar los elementos para Tu adoración) y esa *pūjā* es para llevarlos a la conciencia de Dios. Ellos creen en eso, que la adoración del Señor Śiva es el medio para llevarte a la conciencia de Dios. Pero entre ellos hay algunos devotos únicos, *bhavadaikātma nirvṛtti*, que sienten que la conciencia de Dios es la misma adoración. Después de adorar, no hay un paso siguiente. Esta es la existencia real de la conciencia de Dios.

apyasambaddharūpārcā bhakyunmādanirargalaiḥ ।
vitanyamānā labhate pratiṣṭhāṁ tvayi kāmapi ।।41।।

Debido a la locura de su devoción por Ti, algunos devotos no tienen ataduras ni limitaciones en Tu adoración. Han alcanzado la locura de la devoción por Ti, y como están locos, no conocen las regulaciones de Tu adoración.

Las reglas y regulaciones de la adoración son las siguientes:

Primero, *āvāhana* (*āvāhana* es simplemente llamar al Señor Śiva). Cuando el Señor Śiva aparece, luego *sthāpana*, le das un asiento para que se siente. A continuación, *dhūpa* (incienso), *dīpa* (luz) y recitar "*arghyaṁ samarpayāmi namaḥ*", "*ācamanīyaṁ samarpayāmi namaḥ*"[336], todas estas cosas. Luego recitar "*puṣpaṁ samarpayāmi namaḥ*" y "*tāmbulaṁ samarpayāmi namaḥ*". Todo esto sucede cuando Él ya está sentado en el asiento para ser adorado. Luego, cuando termina la adoración, dicen: "*visarjayāmi namaḥ*, ahora puedes irte".

Pero entre Tus devotos este tipo de adoración no tiene lugar porque es *asambaddharūpārcā*, en primer lugar le dirán que se vaya, "¡*bas*, es Tu *visarjana* (despedida), vete!", y luego ellos comienzan la adoración después de que se hubo ido [risas]. ¡Porque están locos! No saben cómo manejar las reglas de Tu adoración.

336 Estos son los *mantras* que acompañan a cada una de las ofrendas durante el culto. [Nota del editor]

ALEXIS: Entonces ese otro sistema es un disparate. ¿Cómo puedes llamar al Señor Śiva para que esté aquí y luego decirle “Vete allí”?

SWAMIJI: Sí. Estos devotos locos conocen la realidad del Señor Śiva, que el Señor Śiva es omnipresente. ¿Adónde puede ir? Dicen, “Que se vaya, entonces comenzaremos Su adoración porque Él ya está aquí”.

Y *pratiṣṭhāṁ tvayi kāmapi*, para que ellos logren establecerse en Tu naturaleza mediante esa devoción.

svādubhaktirasāsvādastabdhībhūtamanaścyutām ।
śambho tvameva lalitaḥ pūjānāṁ kila bhājanam ।।42।।

Śambho, oh Señor Śiva, esas formas de Tu adoración son muy dulces, están llenas del néctar de Tu devoción. Por la plenitud de Tu néctar de devoción, la mente de uno se vuelve sin mente, unidireccional. Y, por esa mente, se produce esta adoración (*cyutām*, se produce). Esta adoración a Ti es producida por la mente que no tiene mente al saborear el néctar de Tu devoción.

¡Oh, Señor Śiva!, estas formas de adoración solo son absorbidas y concebidas por Ti. Eres el único digno de tal adoración.

Y Tú eres *lalitaḥ* (*lalita* significa dulce, lo mejor, atractivo en todo aspecto).

paripūrṇāni śuddhāni bhaktimanti sthirāṇi ca ।
bhavatpūjāvidhau nātha sādhanāni bhavantu me ।।43।।

Solo tengo un pedido y quisiera presentarlo ante Ti. Quisiera que *bhavat sādhanāni*, que estas formas de Tu adoración siempre se logren. Que las alcance cada vez que te adore. Debo conseguir su fruto. Y este culto debe ser absolutamente puro, sin engaños. *Bhaktimanti*, la adoración debe llenarse con el sabor de Tu amor, y esta adoración debe ser *sthirāṇi* (*sthirāṇi* significa continuo y establecido). Quisiera tener estas formas de adoración; por favor, concédemelas. Este es mi pedido para Ti.

aśeṣapūjāsatkośe tvatpūjākarmaṇi prabho |
aho karaṇavṛndasya kāpi lakṣmīrvijṛmbhate ||44||

Oh Señor Śiva, oh Maestro, cuando se lleva a cabo Tu adoración y esa adoración es *aśeṣa pūjā satkośe*, este es el tesoro de toda adoración.

Aho, es maravilloso que *karaṇavṛndasya kāpi lakṣmī vijṛmbhate*, allí, en ese tesoro, *karaṇavṛndasya*, todo mi campo orgánico es glorificado con la gran riqueza de liberación y devoción.

eṣā peśalimā nātha tavaiva kila dṛśyate |
viśveśvaro'pi bhṛtyairyadarcyase yaśca labhyase ||45||

Nātha, oh Maestro, esta *peśalimā*, la suavidad de Tus manos se encuentra solo en Ti, mi Señor, ¡porque en Tus manos no queda nada! ¡Tú concedes todo a Tus devotos![337]

Viśveśvaro'pi, aunque siempre estás lleno, siempre posees el reino de toda la riqueza espiritual, *bhṛtyairyadarcyase*, en el momento en que Tus esclavos [los devotos] Te adoran, *yaśca labhayase*, en ese mismo momento logran todo lo que desean.

Esta *peśalimā*, esta suavidad se encuentra solo en Tus manos, no en las manos de nadie más. Tú das y no tomas, Tú solo das.

sadā mūrttādamūrttādvā bhāvādyadvāpyabhāvataḥ |
uttheyānme praśastasya bhavatpūjāmahotsavaḥ ||46||

Es mi deseo que el gran festival de Tu adoración surja (*uttheyāt*), se eleve, hacia mí, porque soy glorificado. Siempre soy glorificado porque tengo el intenso deseo de adorarte. Soy glorificado, soy afortunado (*praśastasya*). Entonces, el festival de Tu devoción, de Tu adoración, debe surgir siempre *mūrttāt*, de cualquier cosa sólida; *amūrttāt vā*, de cualquier cosa sutil (inmaterial), de cualquier

337 "Cuando eres un avaro, el dinero no se te escapará de la mano. Cuando eres generoso, la riqueza se escapará". *Śivastotrāvalī* (audio adicional, archivos USF).

objeto y también de los objetos no existentes. La fiesta de Tu adoración debe surgir para mí en todas partes porque soy glorificado con Tu devoción.

kāmakrodhābhimānaistvāmupahārīkṛtaiḥ sadā ।
ye'rcayanti namastebhyasteṣāṁ tuṣṭo'si tattvataḥ ।।47।।

Los devotos tuyos que te ofrecen toda la lujuria, toda la ira y todo el ego que poseen, *upahārīkṛtaiḥ*, solo te ofrecen esas cosas porque son las únicas tres cosas que han obtenido en toda su vida. Se las han ganado con gran esfuerzo: *kāma*, *krodha* y *abhimāna*.[338] Entonces, *upahārīkṛtaiḥ*, te los ofrecen a Ti, y *namastebhyaḥ*, adoro a estos devotos. No te adoro a Ti. *Namastebhyaḥ*, quiero inclinarme ante ellos, no ante Ti. Quiero inclinarme ante quienes Te adoran ofreciendo su *kāma*, *krodha* y ego, porque *teṣāṁ tuṣṭo asi tattvataḥ*, en realidad, Tú estás complacido con ellos. Estás muy contento con ellos.

jayatyeṣa bhavadbhaktibhājāṁ pūjāvidhiḥ paraḥ ।
yastṛṇaiḥ kriyamāṇo'pi ratnairevopakalpate ।।48।।

Esos devotos tuyos tienen la forma suprema de adorarte, poseen la forma suprema de adorarte ¡que siempre es glorificada! Porque, ¿cuál es el camino supremo? *Yastṛṇaiḥ kriyamāṇo api*, te adoran con briznas de hierba, y esta adoración *pariṇāmas*, cambia, se convierte en productora de joyas y diamantes.

338 Lujuria, ira y ego, respectivamente. [Nota del editor]

CAPÍTULO 18
El himno revelador
Āviṣkāranāma aṣṭādaśaṁ stotram

jagto'ntarato bhavantamāptvā
punaretadbhavato'ntarāllabhante ।
jagadīśa tavaiva bhaktibhājo na hi
teṣāmīha dūrato'sti kiñcit ॥1॥

Jagadīśa, oh Señor de los universos, oh Señor de los ciento dieciocho mundos, *tavaiva bhaktibhājo*, Tus verdaderos devotos son los que Te encuentran en medio del estado universal. En primer lugar Te encuentran, Te alcanzan, en el centro del universo. *Punaretat bhavato'ntarāt labhante*, y cuando Te encuentran, encuentran el universo en Ti. Te encuentran en el universo, y después, ¡encuentran el universo en Tu cuerpo! *Tavaiva bhakti*, Tus devotos comprenden de esta manera. *Na hi teṣāṁ iha dūrato'sti*, nada está lejos de ellos, de su entendimiento. Ellos consideran el universo y a Ti como uno porque primero te experimentan en el universo y luego experimentan el universo en Tu cuerpo. Entonces, puede ser el universo, puede ser Tú; es una sola cosa.

kvacideva bhavān kvacidbhavānī
sakalārthakramagarbhiṇī pradhānā ।
paramārtha pade tu naiva devyā
bhavato nāpi jagattrayasya bhedaḥ ॥2॥

Desde algunos puntos de vista, parece que Tú eres la única persona que existe en este universo. Desde otro punto de vista, parece que solo el universo existe.

Bhavānī significa el universo o Pārvatī. *Paramārthapade*, pero, comprendiendo en el sentido real, no hay diferenciación entre Tú o Pārvatī o este universo: es una sola sustancia.

no jānate subhagamapyavalepavanto
lokāḥ prayatnasubhagā nikhilā hola bhāvāḥ ।
cetaḥ punaryadidamudyatamapyavaiti
naivātmarūpamiha hā tadaho hato'smi ।।3।।

Avalepavantaḥ lokāḥ, quienes tienen *avalepa*, quienes tienen impurezas en sus mentes, no entienden, no experimentan *subhagamapi*; *subhagamapi rūpaṁ no jānanti*, no experimentan la dulce y maravillosa naturaleza de Dios porque *prayatna subhagā hi nikhilā bhāvāḥ*, es solo por el esfuerzo de la meditación que toda la colección de objetos universales se vuelve refinada y dulce.

Cuando meditas en los objetos mundanos, te parecen divinos. De lo contrario, cuando no meditas en los objetos mundanos, quedan despojados de la divinidad: te dan dolor, tristeza, tormentos y crisis. Pero cuando pones esfuerzo, te parecen divinos (*prayatna subhagā nikhilā hi bhāvāḥ*).

Cetaḥ, ahora tengo un problema, *cetaḥ punaryadidam udyatam api*, mi mente solo está empeñada en que me dé cuenta de la divinidad y la naturaleza real de este mundo objetivo, pero aun así, no logra esa realización. Como mi mente no lo logra, realmente estoy arruinado. ¿Adónde iré? Estoy completamente arruinado. Estoy perdido.

¿Entendieron? Dice que en el sentido real, todo este universo es divino, pero no parece divino para todos. Esta divinidad aparece solo cuando pones esfuerzo en ello, es decir, cuando meditas en el Señor Śiva; entonces este mundo se vuelve *jagadānanda*, se fusiona en *jagadānanda*[339] , será divino.

Dice este devoto, Utpaladeva, "En mi caso, he puesto todo mi esfuerzo para encontrarlo como divino, pero, si no lo encuentro así, estoy perdido... estoy completamente arruinado. ¿Adónde iré?

339 Para una explicación de *jagadānanda*, ver el Apéndice 16.

He puesto todo mi esfuerzo y todavía no sucede".

DENISE: ¿No hay respuesta?

SWAMIJI: No, es una locura, es solo un reclamo [risas].

bhavanmayasvātmanivāsalabdha-
sampadbharābhyarcitayuṣmadaṅghriḥ ।
na bhojanācchādanamapyajasram-
apekṣate yastamahaṁ nato'smi ।।4।।

Hay un tipo de devoto en este universo que *bhavanmaya svātmanivāsalabdha sampadbharābhyarcita yuṣmat aṅghriḥ*, que reside en la naturaleza del Ser, que es uno con Tu naturaleza. Ese devoto que reside en su propia naturaleza, que es tu propia naturaleza y la naturaleza del Señor Śiva, *sampadbhara*, que ha alcanzado la gloria más elevada (*sampat* significa "gloria"), y por esa gloria, el devoto que siempre Te adora, *abhyarcita yuṣmadaṅghriḥ*, y que siempre adora Tus pies de loto, esa persona, *na bhojana ācchādanam api ajasram apekṣate*, después no necesita ser alimentado con comidas; *ācchādana*, no necesita estar cubierto por chales, abrigos y ropa. No tiene necesidad de comer algo o de cubrir su cuerpo. Y esa persona que es así, *tam ahaṁ nato'smi*, me inclino ante esa persona. Realmente soy el esclavo de esa persona.

sadā bhavaddehanivāsasvas tho-
'pyantaḥ paraṁ dahyata eṣa lokaḥ ।
tavecchayā tatkuru me yathātra
tvadarcanānandamayo bhaveyam ।।5।।

Eṣa lokaḥ, este grupo de personas mundanas ignorantes, *bhavat deha svasthopi*, todos residen en Tu naturaleza, en la naturaleza del Señor Śiva. Este ignorante grupo mundano reside en Tu naturaleza y en realidad ha logrado un estado de paz, *antaḥ paraṁ dahyate*, pero internamente están atormentados y sentenciados a las crisis y la tristeza. Y esto no sucede de acuerdo a sus *karmas*, esto sucede de acuerdo a Tu dulce voluntad.

Quisiera Tu dulce voluntad de otra manera (*tavecchayā*). Entonces, *tatkuru*, por favor para mí actúa de manera tal que *yathātra tvadarcanānandamayo bhaveyam*, en este universo, me fusione en adorarte siempre. Solo quiero esto en este universo. Porque ya estoy situado en Ti pero no significa nada para mí si no me doy cuenta de que estoy residiendo en Ti. Eso no es nada, no tiene peso para mí. Mi único problema es que quiero adorarte en todas partes.

svarasoditayuṣmadaṅghripadma-
dvayapūjāmṛtapānasaktacittaḥ ।
sakalārthacayeṣvahaṁ bhaveyaṁ
sukhasaṁsparśanamātralokayātraḥ ।।6।।

Mi Señor, este es un deseo en mí: *svarasodita yuṣmat aṅghri padma dvaya pūjā amṛta pāna saktaḥ cittaḥ*, mi mente debe estar dirigida a saborear el néctar de la adoración de Tus pies de loto. *Svarasodita yuṣmat aṅghri padma*[340], Tus pies de loto deben aparecer ante mí sin tener que hacer ningún esfuerzo para lograrlos, sin adoptar ningún medio para tenerlos. Quisiera adorar estos pies de loto Tuyos y saborear el néctar de esa adoración.

Sakalārtha caye, de esta manera, cuando pruebo el néctar de la adoración de Tus pies de loto, quisiera poseer el viaje pacífico en este universo, al percibir Tu adoración en todas y cada una de las acciones del universo (*sakalārtha cayeṣu*); *sakalārtha cayeṣu* significa sentir solo la adoración de Tus pies de loto en cada acto del universo. Este es mi deseo.

sakalavyavahāragocare sphutamantaḥ
sphurati tvayi prabho ।
upayantyapayanti canisam mama
vastūni vibhāntu sarvadā ।।7।।

340 "*Aṅghri dvayam* significa *jñāna* y *kriyā* desde el punto de vista *śaiva*. Desde el punto de vista devocional, *aṅghri dvayam* significa *aṅghri dvayam*, es decir, [literalmente] dos pies". *Śivastotrāvalī* (audio adicional, archivos USF).

Oh Maestro, *prabho*, hay otro deseo en mí. *Sakala vyavahāra-gocare sphuṭamantaḥ sphurati tvayi prabho*, debes aparecer ante mí en cada una de las acciones de la universalidad.

Y luego, *upayāntyapyānti cāniśam mama vastūni vibhāntu sarvadā*, que todo este mundo objetivo venga a mí o vaya a mí. Aléjate de mí. Me gustaría vivir en este estado.

ALEXIS: *¿Vibhāntu sarvadā?*

SWAMIJI: *Vastūni vibhāntu.*

ALEXIS: *¿Upayanti?*

SWAMIJI: *Upayānti apayānti*, deben ir y venir[341] y, de la misma manera, debo sentir que su ir y venir existe exactamente, tiene lugar, en Tu cuerpo de esa dicha espiritual.

satatameva tavaiva pure'thavā-
pyarahito vicareyamahaṁ tvayā |
kṣaṇalavo'pyathamā sma bhavet sa me na
vijaye nanu yatra bhavanmayaḥ ||8||

Este es otro deseo que repiquetea en el fondo de mi corazón. *Satatameva tavaiva pure'thavā pyarahito vicareyam ahaṁ tvayā*, siempre debo deambular por Tu reino. Quiero deambular, caminar, descansar y hacer todas las cosas en Tu reino. *Tavaiva pure*, quiero deambular en Tu reino Contigo, *tvayā arahita*, y estar apegado a Ti, ¡siempre! *Satatameva tavaiva pure*, solo en Tu reino, y siempre quiero deambular en ese reino junto a Ti.

Pero, *kṣaṇalavo'pyathamā sma bhavet sa me na vijaye nanu yatra bhavanmayaḥ*, no quiero tener ni la más mínima parte de un momento en el que yo brille sin Ti. ¡Que muera allí mismo! Si alguna vez en este mundo descubro que estoy lejos de Ti, debo morir. No debo *vijaye*, *na vijaye yatra bhavanmayā*, no debo brillar, debo ser destruido en ese mismo momento, prefiero la muerte en ese momento si Tú no estás allí.

341 Los objetos que aparecen en el universo.

bhavadaṅgaparisravatsuśītā-
mṛtapūrairbharite samantato'pi ।
bhavadarcanasampadeha bhakta-
stava saṁsārasaro'ntare caranti ।।9।।

Ahora, dirás que "No es posible estar apegado a Mí siempre. Nunca he sido así con ningún otro devoto". A eso, Utpaladeva dice: "*bhaktāḥ, tava bhaktāḥ saṁsāra saro 'ntare caranti*, he visto con mis propios ojos que Tus devotos deambulan por el lago de este universo con la gloria de Tu adoración. *Bhavad arcana sampadā*, con la gloria de Tu adoración, deambulan por el mundo. Lo he visto con mis propios ojos".

Bhavad aṅga parisravat suśīta amṛta pūrair bharite. Saṁsāra saro'ntare, esta es la calificación de *saṁsāra saro'ntare*. Este lago del universo está lleno con el néctar *suśīta*, el néctar fresco (*suśīta* significa "muy refrescante"), ese lago está inundado con el néctar que ha surgido de Tus extremidades de la conciencia de Dios, y he visto con mis propios ojos que hay devotos que deambulan en ese lago glorificados con Tu adoración.

mahāmantrataruchāyāśītale tvanmahāvane ।
nijātmani sadā nātha vaseyaṁ tava pūjakaḥ ।।10।।

Nātha, oh Maestro, hay un deseo en mí. Quisiera permanecer en el gran bosque de Ti. El grande y denso bosque es Tu cuerpo. Y en ese denso bosque que es *mahāmantrataruchāyā śītale*, que es fresco en todas partes, que es refrescado por los árboles que dan la sombra de la conciencia del yo, de la conciencia de Dios (*mahāmantra* significa *pūrṇāhantā*, "conciencia del yo"), en ese denso bosque que es mi propio Ser (*nijātmani*, que no es otro que mi Ser), quisiera residir allí, siempre, solo adorándote a Ti y nada más.

La conciencia del yo es la sombra de los árboles en ese denso bosque y el denso bosque es Tu cuerpo. *Mantra vīrya*.[342]

---

342 *Mantra vīrya* es el poder de todas las letras del alfabeto sánscrito comenzan-

prativastu samastajīvataḥ pratibhāsi
pratibhāmayo yathā ।
mama nātha tathā puraḥ prathāṁ
vraja netratrayaśūlaśobhitaḥ ।।11।।

Es un hecho que en todos los objetos (*prativastū*, en todos los objetos), para todos los seres (*samastajīvataḥ*), Tú apareces en forma de *jñāna* (conocimiento).

Por ejemplo, si percibes estos anteojos, el percibir, la manera de percibir, prueba Tu existencia allí. Cuando siento que eso es una linterna, "allá hay una linterna", este sentir es conciencia de Dios. En todos los seres, Tú apareces así, es decir, en el conocimiento.

No quiero tener tal conocimiento. Mi deseo es otro. Mi deseo es *tathā puraḥ prathāṁ vraja netra* [*trayaśūlaśobhitaḥ*], quisiera que aparezcas ante mí con un cuerpo físico, sosteniendo el *trīśūla* en tu mano y con tres ojos. Ese es mi deseo.

No quiero tener este *jñāna* (conocimiento). El conocimiento debe ser poseído por aquellas personas a las que les interesa. No lo quiero. Quiero que aparezcas ante mí con tres ojos en Tu frente y el *triśūla* en Tu mano.

abhimānacarūpahārato mamatābhakti bhareṇa kalpitāt ।
paritoṣagataḥ kadā bhavān mama
sarvatra bhaved dṛśaḥ padam ।।12।।

He adquirido algo que quiero ofrecerte. Esta es mi ofrenda para Ti. *Caru* (pastel dulce), el pastel dulce que he adquirido en toda mi vida, ese es el ego en mí. Quiero ofrecer ese ego a Tus pies (*abhimāna carūpahārata*). Y *mamatā bhakti bhareṇa*, y por la intensidad de *mamatā*...

---

do con la letra *a* y terminando con la letra *kṣa*. ¿Por qué? Porque todos los sonidos surgen de esas letras. Ese sonido se llama *śabdarāśi*, la aparición colectiva de todas las letras. Y el poder y la esencia de todos esos sonidos es un solo sonido, el sonido sin sonido, el sonido del yo-ser, *ahaṁ*, el yo supremo, y eso es *mantra vīrya*. *Shiva Sutras, el despertar supremo*, 1.22.68-69.

Mamatā significa apego con respecto a la yo-idad, por ejemplo, "lo mío es Dios; Dios es mío". Esto es *mamatā*. "Él es solo mío; Él no es de nadie más".

... *mamatā bhaktibhareṇa kalpitāt, paritoṣagatāḥ*, de esta manera, *paritoṣagatāḥ*, estarás complacido conmigo. Quiero que estés complacido conmigo, *mama sarvatra bhaved dṛśaḥ padam*, y luego quisiera que aparecieras para mí en todos los actos del universo.

Este ego te sería ofrecido primero y luego crearía *mamatā* (apego por Ti): "Dios es mío; ¡poseo a Dios!". Es solo mío. Eso es *mamatā*. *Mamatā bhakti bhareṇa*, eso es apego devocional.

ALEXIS: La *mamatā* cruda ha desaparecido, como "¡Este es mi libro!".

SWAMIJI: No es *mamatā* cruda. La *mamatā* cruda es individual, el apego. En este caso se trata de *mamatā* universal.

DENISE: ¿*Māyīya mala*?

SWAMIJI: Sí, *māyīya mala* es cruda.[343]

nivasanparamāmṛtābdhimadhye
bhavadarcāvidhimātramagnacittaḥ ।
sakalaṁ janavṛttamācareyaṁ
rasayansarvata eva kiñcanāpi ।।13।।

Hay otro problema en mí. Quisiera residir en el océano del néctar supremo (*nivasan parama amṛta*, el néctar supremo). *Parama amṛta abdhimadhye*, quisiera residir en el centro del océano de Tu néctar.

Bhavadarcā vidhi mātra magna cittaḥ. Mi mente solo estaría apegada a adorarte. Y luego, al hacer tal adoración, *sakalaṁ janavṛttamācareyam*, me gustaría hacer todos los actos mundanos: *śabda*, *sparśa*, *rūpa*, *rasa* y *gandha*[344], y *rasayan sarvataḥ*, escucharía el sonido pero escucharía algo más, *rasayan sarvataḥ kiñcanāpi*, escucharía algo supremo.

343 Para una explicación de los *malas*, ver el Apéndice 15.
344 Sonido, tacto, forma, gusto y olfato, respectivamente. [Nota del editor]

No solo como la gente común, me gustaría disfrutar de *śabda*, *sparśa*, *rūpa*, *rasa* y *gandha*, el disfrute de los placeres sensuales. Disfrutar de algo más, algo como un superdisfrute.

bhavadīyamihāstu vastu tattvaṁ
vivarītuṁ ka ivātra pātramarthe |
idameva hola nāmarūpaceṣṭā-
dyasamaṁ te harate haro'si yasmāt ||14||

Que Tu realidad resida donde está. *Bhavadīyami-hāstu vastu tattvam*, que Tu realidad resida donde está porque *vivarītuṁ ka ivātra pātramarthe*, ¿quién puede definir Eso? ¿Quién puede definir Tu realidad? Es maravillosa. Es tan grande que nadie puede explicarla.

Idameva hi nāmarūpaceṣṭādi asamaṁ. Esto, Tu nombre, Tu formación y Tu actividad, tampoco se entienden. Tu nombre es Señor Śiva. ¿Por qué tu nombre es Señor Śiva? No se puede explicar. ¿Qué *śiva bhāva* (estado) hay? No se puede explicar. Y *rūpa*, Tu formación no se puede explicar.

Cada vez que apareces ante Tus devotos, ¿sabes lo que perciben? ¡No perciben nada! Si el Señor Śiva se me aparece —que se me aparezca esta noche—, al principio no podré verlo. No podré percibirlo porque mi círculo de estos sentidos es tan limitado que no puede calcular la formación ilimitada del Señor Śiva. Primero, solo percibiré luz en todas partes, nada más, ninguna forma; y luego, si persisto una y otra vez, si sigo insistiendo en descubrir qué es, luego, lentamente, se desarrolla [se percibe] esa formación, la formación del Señor Śiva. Su cuerpo resplandeciente es tan maravilloso, tan gozoso.

Además, Tu *nāma* (nombre), *rūpa* (forma) y *ceṣṭā* (Tu acción) es *asamam*, no tiene paralelo, porque *haro asi yasmāt*, Tu nombre es Hara.

"Hara" significa eso que te quita todo entendimiento distintivo e intelectual. No puedes entenderlo.

Entonces, que Tu realidad permanezca donde está. No quiero definirla. ¡No puede ser definida!

śāntaye na sukhalipsutā manāg-
bhaktisambhṛtamadeṣu taiḥ prabhoḥ ꟾ
mokṣamārgaṇaphalāpi nārthanā
smaryate hṛdayahāriṇaḥ puraḥ ꟾꟾ15ꟾꟾ

Bhakti sambhṛta madeṣu. Aquellos devotos que están intoxicados con el alcohol de Tu apego (*bhakti sambhṛta madeṣu*, aquellos que están intoxicados con el vino del apego, de la devoción), *śāntaye na sukhalipsutā manāk hṛdaya hāriṇaḥ puraḥ* (*hṛdaya hāriṇaḥ puraḥ* significa "Tú que eres *hṛdaya hāriṇaḥ*"), solo con Tu mera presencia, simplemente extraes los corazones de estos devotos.

Eso es *hṛdaya hāriṇaḥ*. Esta es la posición del Señor Śiva. Cada vez que el Señor Śiva está frente a ti, tu corazón se va. No puedes pensar, no puedes recordar nada, ante Él lo olvidas todo. Entonces, Él es *hṛdaya hāri* (*hṛdaya hāri* significa "Él ha extraído tu corazón"). No tienes corazón, no tienes mente; ante Él no piensas.

Quienes están intoxicados con el alcohol de la devoción, al principio determinan que tan pronto como el Señor Śiva se les aparezca, ellos colocarán todos estos pedidos ante Él. El primer pedido es *śāntaye na sukhalipsutā*; *sukhalipsutā*, alcanzar la alegría y la paz. El siguiente pedido es *mokṣa mārgaṇa phalāpi arthanā*, "simplemente dirígeme hacia el camino correcto de *mokṣa* (liberación)". Este es el segundo pedido dirigido al Señor Śiva.

Entonces, con esta determinación, se sientan y piensan en el Señor Śiva, pero cuando el Señor Śiva aparece, su corazón ha desaparecido. Por lo tanto, no exigen *sukhalipsutā*, el logro del gozo por la paz total. No lo exigen. Y *mokṣa mārgaṇa phalā arthanā*, ese *prārthana* ("anhelo de poner los pies en el camino de *mokṣa*, en el camino de la liberación"), cuando están ante Ti tampoco lo recuerdan. ¿Qué decir de otras cosas?[345]

345 "*Śāntaye na sukhalipsutā manāg bhakti saṁbhṛta madeṣu.* Porque la intoxicación de esa *bhakti* es tan intensa y tan madura que se olvidan absolutamente de todo, es decir, de lo que le iban a pedir". *Śivastotrāvalī* (audio adicional, archivos USF).

Ese es el significado de este *śloka*.

Śantaye na sukhalipsutā, ¡ni en lo más mínimo pueden pensar o exigir nada de Ti! Simplemente disfrutan de Tu cercanía. Eso es todo.

jāgaretaradaśāthavā parā yāpi
kācana manāgavasthiteḥ ।
bhaktibhājanajanasya sākhilā
tvatsanāthamanaso mahotsavaḥ ।।16।।

Para aquellos que son *bhakti bhājana janasya*, aquellos que son dignos, que son capaces de convertirse en la vasija contenedora de Tu devoción; en breve, aquellos que son Tus devotos, *tvatsanātha manasaḥ*, aquellos cuya mente simplemente vive gracias a Ti; cuya mente existe o está llena de vida debido a Tu cercanía; para esos devotos, todos estos estados, *jāgara* (vigilia), *itaradaśā* (el estado de sueño) y *suṣupti* (el estado sin sueños), *yāpi kācana manāg avasthiteḥ*, u otros estados distintos de estos tres, que existen en el ciclo de la vida diaria, todos estos estados son *mahotsavaḥ*, se vuelven grandes festivales. No deben evitarlos. Para ellos, la vigilia se vuelve divina, el estado de sueño se vuelve divino, el estado sin sueños se vuelve divino y todos los demás estados de sus vidas se vuelven divinos.[346]

āmano'kṣavalayasya vṛttayaḥ
sarvataḥ śithilavṛttayo'pi tāḥ ।
tvāmavāpya dṛḍhadīrghasaṁvido nātha
bhaktidhanasoṣmaṇāṁ katham ।।17।।

Oh mi Maestro, para mí esto es maravilloso. No puedo entender el trasfondo de esto: *āmano akṣavalayasya vṛttayaḥ sarvataḥ śithilavṛttayaḥ api tāḥ*, todas las acciones de los sentidos incluyendo la mente (*āmanaḥ* significa "incluyendo la mente", no hasta la

346 "Porque encuentran Tu existencia en la vigilia, incluso en el estado de sueño y en el estado sin sueños. En el estado de *turya*, ya estás allí". *Śivastotrāvalī* (audio adicional, archivos USF). Para una explicación de *turya*, ver el Apéndice 3.

mente; no es *maryādā*[347]), en todas partes son vistas como *śithila vṛttayaḥ*, inestables, siempre parpadeando, siempre *cañcala* (inconstantes), de aquí a allá, sin un punto fijo.[348]

Y para mí es maravilloso que cuando estos estados parpadeantes de los sentidos Te alcanzan, se vuelven *dīrgha-dṛḍha dīrgha saṁvidaḥ*, se establecen en el flujo continuo de la conciencia de Dios. Se vuelven uno con la conciencia de Dios. Es maravilloso cómo, en Tus devotos, los estados parpadeantes de los sentidos toman la formación de la conciencia de Dios cuando Tú eres alcanzado.

Estas tres estrofas son la crema de *Śivastotrāvalī*.[349]

na ca vibhinnamasṛjyata kiñcidas-
tyatha sukhetaradatra na nirmitam |
atha ca duḥkhi ca bhedi ca sarvathā-
pyasamavismayadhāma namo'stu te ||18||

Esta es una gran tristeza, es un gran tormento en mi mente. *Na ca vibhinnam asṛjyata kiñcid asti*, Tú no has creado este mundo lejos de Tu conciencia de Dios, lejos de Tu estado espiritual. Tú has creado este universo como Tu propia naturaleza. *Na ca vibhinnam aṣṛjyata na ca kiñcid asti*, este universo no existe lejos de Ti. *Sukhetarat atra na nīrmitam*, Tú no has creado dolor en este universo. Al crear este universo, solo has creado la conciencia de Dios con superalegría y dicha suprema. Has creado este universo como suprema conciencia de Dios, como alegría y dicha supremas.

Pero esto es un gran tormento en mí: en este universo, ¡encuentro dolor por todas partes! ¡No encuentro alegría en este universo!

---

347 *Maryādā*: frontera, límite; *āmanaḥ*: la mente junto con los sentidos. [Nota del editor]

348 "Todas las *vṛttis* de los órganos, incluida la mente, son *śithila vṛttayaḥ*, están simplemente situadas en el estado voluble. Nunca son unidireccionales; nunca se vuelven unidireccionales". *Śivastotrāvalī* (audio adicional, archivos USF).

349 Las estrofas 15, 16 y 17.

Duḥkhi ca, encuentro este universo siempre diferenciado de Tu naturaleza, lejos de Tu naturaleza.

Sarvathāpyasama vismayadhāma. Tu acto de ser es realmente incontrolable, incomprensible. Mi cabeza está a Tus pies. No puedo entenderte.

kharaniṣedhakhadāmṛtapūraṇo-
cchalitadhautavikalpamalasya me ।
dalitadurjayasaṁśayavairiṇas-
tvadavalokanamastu nirantaram ।।19।।

Hay un deseo en mí. Quisiera limpiar la impureza de mi mente, la impureza de mis *vikalpas* (pensamientos).

Esa impureza es *kharaniṣedha khadā* (*khadā* significa "aterrador"; *niṣedha* significa "estar lejos de Ti"), y ese estar lejos de Ti es una zanja aterradora (*gahvara*). *Kharaniṣedha khadā*, no puede llenarse con tierra ordinaria; es un abismo, debe llenarse con el agua del néctar de la conciencia de Dios. De lo contrario, este abismo permanecerá como está. Siempre será un tormento para nosotros. Caeremos en este abismo continuamente, en cada punto de este universo.

Y *ucchalita dhauta vikalpa malasya me*, entonces, cuando este torrente de néctar de la conciencia de Dios llene el aterrador abismo de no conocerte —estar lejos de Ti, ese es el abismo—, al mismo tiempo, con la inundación de ese néctar lavaré la impureza de mi mente. Y *dalita durjaya saṁśaya vairiṇaḥ*, y estaré lejos, libre del enemigo de la duda, de dudar de Tu existencia en este universo. Porque siempre dudamos de la presencia de Dios en la existencia del universo. Decimos, "Dios solo existe en Benares o en Haridwar. Dios no está aquí. Aquí está ausente".

Esta duda también se desvanecerá, será eliminada en mí y *tvad avalokanam astu nirantaram*, quisiera esto, percibirte con continuidad, siempre, en todas partes, no solo en un templo de Varanasi.

sphuṭamāviśa māmathāviśeyaṁ
satataṁ nātha bhavantamasmi yasmāt ।
rabhasena vapustavaiva sākṣāt-
paramāsattigataḥ samarcayeyam ।।20।।

Nātha, oh Señor, ¿podrías hacer algo por mí? Entra en mi cuerpo. Después, yo entraré en Ti. *Athā aviśeyaṁ satatam*, debemos hacerlo así cada día, a cada momento, a cada segundo.

Ahora dirás, "¿Por qué? ¿Cuál es el propósito de esto? ¿Qué tiene de divertido hacer eso, que entres en Mi cuerpo y luego entre en el tuyo, siempre?".

Satataṁ nātha bhavantamasmi yasmāt. Porque soy tuyo, soy una partícula tuya. Así como un rayo es uno con el sol, de la misma manera, yo soy uno Contigo. Debo ser uno Contigo. Entonces, Tú entra en mi cuerpo y yo entro en Tu cuerpo, y viceversa. Solo haremos esto, siempre. Lo haremos siempre [risas].

Rabhasena vapuḥ tavaiva sākṣāt paramāsattigataḥ samarcayeyam. Y esta actividad de ingresar en Ti y Tú en mí debe hacerse con *rabhasa* (con gran celo), con gran celo y con gran prisa. *Rabhasena vapustavaiva sākṣāt*, y quisiera adorarte al hacer esto. Te adoraré cuando entres en mi cuerpo y Te adoraré cuando entre en Tu cuerpo. Te adoraré siempre. Este es mi deseo.

DENISE: ¿Esto es *spanda*?

SWAMIJI: Sí, es *spanda*.[350]

ALEXIS: ¿*Krama mudrā*?

SWAMIJI: Esto es *krama mudrā*, sí.[351]

tvayi na stutiśaktirasti kasyā-
pyathavāstyeva yato'tisundaro'si ।
satataṁ punararthitaṁ mamaitad-
yadaviśrānti vilokayeyamīśam ।।21।।

---

350 Para una explicación de *spanda*, ver el Apéndice 26.

351 "*Krama mudrā* es el proceso para entrar en *jagadānanda* [lit., regocijarse en el mundo]". Ver el Apéndice 13.

Nadie tiene el poder de cantar Tu gloria (*tvayi na stuti śaktiḥ asti kasyāpi*). O bien, todos pueden cantar la gloria de Ti. Nadie puede cantar Tu gloria porque Tú estás absolutamente fuera de esta esfera limitada del universo, pero todos tienen derecho a cantar Tu gloria.

¿Por qué?

Ati sundaro'si, eres muy hermoso. Eres la persona más hermosa de este universo, en todos los ciento dieciocho mundos. *Satataṁ punar arthitaṁ mamaitat*, este no es mi problema. Es tal Tu grandeza que nadie puede cantar tu gloria, pero todos cantan tu gloria porque eres muy hermoso, eres muy atractivo. Todo el mundo se siente atraído hacia Ti, así que todo el mundo canta Tu gloria desde su esfera de pensamiento, desde su nivel de pensamiento.

Pero mi problema no es ese. Mi problema es que quiero mirarte *aviśrānti*, sin pausa, mientras vivo en este universo. *Bas*, quiero mirarte. No quiero comer, no quiero beber, no quiero ir a ningún lado. Solo mirarte.

CAPÍTULO 19
Iluminando la existencia del Señor Śiva
Udyotanābhidhānaṁ ekonaviṁśaṁ stotram

SWAMIJI: *Udyotanābhidhānaṁ ekonaviṁśaṁ stotram.* Este *stotra* se denomina *udyotan. Udyotan* significa iluminación, iluminando la existencia del Señor Śiva.

prārthanābhūmikātītavicitraphaladāyakaḥ ।
jayatyapūrvavṛttāntaḥ śivaḥ satkalpapādapaḥ ।।1।।

Śiva es realmente como el árbol *pārijāta*.

El árbol *pārijāta* se encuentra en el cielo. ¿Has oído hablar de él? Te otorga todos tus deseos, que se cumplen si pides algo, cualquier cosa. Se llama *kalpataru*[352].

Śiva es realmente ese árbol. Gloria a Śiva que es como ese árbol, *satkalpa pādapaḥ* (*satkalpa pādapaḥ* significa "supremo *kalpa pādapa*"; *pādapa* significa "árbol"). ¡Gloria a Ese árbol que es el Señor Śiva!

Ha comparado al Señor Śiva con ese árbol.

Es *apūrva vṛttāntaḥ*, la historia de ese árbol celestial es única, es conocida por todos. Lo que sea que pidas, lo obtienes. Pero la historia de este árbol del Señor Śiva es diferente: *prārthanā bhūmikātīta*, no tienes que pedir nada. Sin pedir, te dará (*prārthanā bhūmikātīta*). Y *vicitra phala dāyakaḥ*, y te dará no solo un fruto, te dará frutos de todo tipo. ¡Te dará dinero, una esposa, te dará servicio, te dará un automóvil, una casa, te dará la liberación, te dará todo! Te dará todo sin que lo pidas. No hay que pedir. Sin pedirlo, lo obtienes; *vicitra phala dāyakaḥ*, no tienes que pedir.

---

352 El árbol que concede los deseos.

¿Qué podrías pedir? No sabes lo que es todo. Todo está siendo otorgado desde este árbol pero no sabes lo que es todo porque tu comprensión siempre es limitada. En el individuo, esta visión siempre permanecerá como limitada.

Entonces, este árbol del Señor Śiva es glorificado (*jayati*). *Apūrva vṛttāntaḥ*, tiene una historia única de Su ser.

sarvavastunicayaikanidhānāt-
svātmanastvadakhilaṁ kila labhyam ।
asya me punarasau nija atma na
tvameva ghaṭase paramāstām ।।2।।

Oh Señor, es un hecho que Tú eres el tesoro de todas las cosas universales —todos los objetos universales se encuentran, se atesoran, en Ti—, y de Ese tesoro, todo se obtiene (*tvat svātmanastvad akhilaṁ kila labhyam*, todo se obtiene). Pero, para mí, no es así.

Asya me punarasau nijā ātmā na tvameva ghaṭase paramāstām. Para mí, nada se obtiene, esta es Tu grandeza. Mi Señor, Tu grandeza es que no he obtenido nada de Ti. Aunque está escrito, se propaga, se expresa en todas partes que todo se obtiene del Señor Śiva, para mí, encuentro que del Señor Śiva no se obtiene nada.

Asya me punarasau nija ātmā na tvameva ghaṭase. No has sido conseguido; Tu Ser no ha sido alcanzado por mí. ¿Qué debo decir de las otras cosas? Las otras cosas están muy lejos de haber sido obtenidas. Esta es mi situación en Tu reino.

Debería darte vergüenza. ¿No es una pena? Tú eres el tesoro de todas las cosas universales, de todas las glorias universales, y yo no he obtenido ni una gloria, ni siquiera la centésima parte de la gloria. Todavía soy como un mendigo tal como era antes.

jñānakarmamayacidvapurātmā sarvathaiṣa parameśvara eva ।
syādvapustu nikhileṣu padārthe-
ṣveṣu nāma na bhavetkimutānyat ।।3।।

De hecho, Parameśvara siempre es el Ser consciente. Parameśvara es el Ser consciente lleno de conocimiento y acción. Y ese Parameśvara se encuentra en cada una de las partículas del mundo objetivo. Entonces, *nāma na bhavet*, no puedes nombrar a esos mundos objetivos separados de esa conciencia de Dios. *Kimutānyat*, ¿cómo puede existir este mundo objetivo sin Ti? ¡Estas en todos lados!

viṣamārtimuṣānena phalena tvadṛgātmanā ।
abhilīya pathā nātha mamāstu tvanmayī gatiḥ ।।4।।

Nātha, oh mi Maestro, *tvat dṛgātmanā*, hay un camino que es el camino de comprenderte a Ti, a Tu existencia. El camino de comprenderte es un camino que es *viṣamārtinuṣā*, es el camino donde todos los altibajos, las crisis y los tormentos finalmente son eliminados. No quedan los tormentos ni las tristezas, nada de esto queda en ese camino. Y *phalena tvat dṛgātmanā*, el fruto de ese camino es simplemente comprenderte.

Abhilīya pathā nātha. Que yo sea destruido, que sea disuelto en ese camino. Tú debes hacer que me disuelva en ese camino y en el momento de comprenderte, quisiera no comprenderte en absoluto. *Bas*, solo quisiera Tu existencia. Yo habré desaparecido. Mi individualidad se habría hecho añicos en este camino.

Por ejemplo, cualquier individuo está andando por ese sendero y todos sus órganos, todas sus habilidades, todo su ego, todo ha desaparecido y, al final solo queda la residencia del Señor Śiva.

Quiero que sea así. Quiero ser destruido, disuelto, que mi individualidad se disuelva en ese camino, para que yo quede como nada excepto solo Tú.

bhavadamalacaraṇācintāratnalatā-
laṅkṛtā kadā siddhiḥ ।
siddhajanamānasānāṁ vismayajananī
ghaṭeta mama bhavataḥ ॥5॥

Tus pies de loto son tan puros, y el recuerdo de Tus pies de loto es como una fina y hermosa enredadera de *cintāmaṇi* (la joya *cintāmaṇi*[353]). *Kadā siddhiḥ ghaṭeta*, ¿cuándo obtendré el gran poder de esa enredadera?

Por otro lado, *cintāmaṇi latā* también existe en los cielos: *cintāmaṇi latā*. También es como *kalpa pārijāta vṛkṣa*.[354] La enredadera *cintāmaṇi* otorga, cumple, todos tus deseos. Eso es *cintāmaṇi latā*. Él no quiere esa enredadera que existe en el cielo. Quiere el recuerdo de Tus pies de loto y eso es *cintāmaṇi latā*.

El recuerdo en mi mente debe ser continuo, es decir, recordar Tus pies de loto, ¡siempre! Solo quiero este *siddhi*, este poder, el logro de este poder. ¿El logro de qué poder?

El recordarte en continuidad. ¿Cuándo alcanzaré ese poder que es *siddha-janamānasānām vismayajananī*, que produce asombro en los antiguos grandes maestros? ¿Cuándo alcanzaré esa *siddhi*, no por mis cualidades, sino por Tu gracia?

Bhavataḥ significa "*bhavataḥ prabhāvāt*, por Tu gracia".

No es debido a mí. No soy nada. Debe venir a mí por Tu gracia, no por mis cualificaciones.

karhi nātha vimalaṁ
mukhabimbaṁ tāvakaṁ samavalokayitāsmi ।
yatsravatyamṛtapūramapūrvaṁ
yo nimajjayati viśvamaśeṣam ॥6॥

---

353 "La joya *cintāmaṇi* es el tipo de joya que, cualquier cosa que desees, se hará realidad. Es la que otorga todos tus dones, todos tus deseos. Todos tus deseos son cumplidos por la joya *cintāmaṇi*". *Stava Cintāmaṇi* (archivos de la USF).

354 El árbol que concede los deseos.

Nātha, oh mi Maestro, ¿cuándo llegará el día en que percibiré Tu rostro puro (*mukhabiṁbam*, percibiré Tu rostro puro)? Y *yatsravatyamṛ-tapūramapūrvam*, por esa percepción, Tu rostro liberaría una inundación de néctar supremo único. Esa inundación cubriría, enterraría, toda la percepción diferenciada del universo.

DENISE: ¿Cuál es la diferencia entre ver los pies de loto del Señor Śiva y Su rostro? ¿Es solo poético?

SWAMIJI: Sí.

dhyātamātramuditaṁ tava
rūpaṁ karhi nātha paramāmṛtapūraiḥ ।
pūrayettvadavibhedavimokṣā-
khyātidūravivarāṇi sadā me ।।7।।

¡Oh, mi Señor! He creado algunos problemas en mi mente y eso se debe a *tvat avibheda vimokṣa akhyāti*; *tvat avibheda*, cuando me veo privado de la unidad Contigo y estoy lejos de la conciencia de Dios. Eso ha creado una gran enfermedad en mí. Eso es *vivarāṇi*; eso es *nāsūra*.

Nāsūra es el profundo agujero que se produce después de una infección en el cuerpo, luego ese *nāsūra* es incurable, por un absceso o algo así. *Bas*, luego va más y más profundo, más y más profundo, entonces es un *nāsūra*. Es incurable. La cura es solo dejando este marco físico. No se puede curar, eso se llama *vivara*.

Y es *dūravivara* (*dūravivara* significa "agujero profundo"), el agujero profundo de la herida de estar lejos de Tu conciencia de Dios. He sido mantenido lejos de Tu conciencia de Dios y eso ha creado esta enfermedad en mi mente. Y mi mente ha creado este profundo agujero.

Y este agujero profundo solo puede curarse con una medicina: *tava rūpaṁ paramāmṛtapūraiḥ pūrayet*, Tu estado de ser, Tu estado de conciencia de Dios. El supremo néctar divino de la conciencia de Dios debe ser vertido en ese agujero. *Pūrayet*, lo llenará y limpiará.

Pero, esa conciencia de Dios no debe tener lugar sucesivamente. *Dhyātamātra*, cada vez que pienso en el Señor, debo obtener Eso, debo alcanzar Esa posición. No haciendo la práctica siempre en la mañana y en la tarde, de día y a la medianoche; no por este tipo de medios. Con solo recordarte y *bas*, entrando en esa conciencia de Dios.

Por ese néctar supremo, mi *dūravivara* se llenará y me aliviaré de esta enfermedad. ¿Cuándo me llegará esa cura?

tvadīyānuttararasāsaṅgasantyaktacāpalam ।
nādyāpi me mano nātha karhi syādastu śīghrataḥ ।।8।।

Nātha, oh Maestro, mi mente aún no se ha convertido en *tvadīya anuttara rasa āsaṅga santyakta cāpalam*, mi mente no ha eliminado la *cañcalatā*, la inestabilidad, de su naturaleza por *tvadīya anuttara rasa āsaṅga*, por estar cerca del sabor de Tu néctar supremo de la Conciencia de Dios. *Nādyāpi me*, incluso ahora no ha tomado ese estado; ¡mi mente no ha tomado ese estado ni siquiera ahora!

Karhi syāt, ¿cuándo me sucederá eso? ¿No podría pasarme ahora? Que suceda rápidamente. Que suceda ahora.

Primero dice, "¿cuándo sucederá? Por favor, dime cuándo me llegará". Después dice, "que pase ya, por favor" [risas]. ¡Quiere tanto la conciencia de Dios!

mā śuṣkakaṭukānyeva paraṁ sarvāṇi sarvadā ।
tavopahṛtya labdhāni dvandvānyapyāpatantu me ।।9।।

Todos los *dvandvas*, todas las cosas opuestas en este universo...

Por ejemplo, el frío y el calor, el placer y el dolor, la tristeza y la alegría, todos estos se llaman *dvandvas*, dos cosas opuestas: *sukha* y *duḥkha*, placeres y dolores.

... no quiero descartar estos *dvandvas* cuando se me aparecen. Pero no deben aparecerme secos ni en *kaṭu* (*kaṭu* significa "de una manera amarga") como todos los sienten. *Tavopahṛtya labdhāni dvandāni api āpatantu me*, debo sentir la conciencia de Dios en ellos. Que me pasen estas cosas. Doy la bienvenida a estas dos cosas opuestas. Que venga a mí el dolor y el placer, que venga a mí la alegría y la tristeza, que venga todo a mí...

ALEXIS: *Tavopahrtya.*

SWAMIJI: ... *tava upahṛtya*, pero Contigo, junto a Ti.

ALEXIS: ¿Ofreciéndotelos?

SWAMIJI: Sí. Eso también es cierto.[355]

nātha sāmmukhyamāyāntu viśuddhāstava raśmayaḥ ।
yāvatkāyamanastāpatamobhiḥ parilupyatām ।।10।।

Oh Maestro, que Tus rayos brillen y se acerquen a mí siempre, hasta el momento en que *kāyamanastāpa tamobhiḥ*, la oscuridad y la tristeza de mi mente y mi cuerpo desaparezcan.

deva prasīda yāvanme tvanmārgaparipanthikāḥ ।
paramārthamuṣo vaśyā bhūyāsurguṇataskarāḥ ।।11।।

Oh Señor, los órganos de los sentidos son ladrones porque han saqueado todas las riquezas de mi espiritualidad.

Oh Señor, *prasīḍa*, tengo una petición para Ti: permanece a mi lado con una mano amiga hasta el punto en que *tvan mārga paripanthikāḥ*, los que son obstáculos, *paripanthikāḥ*, queden bajo mi control. Hasta entonces, por favor, tienes que ayudarme. De lo contrario, ya no seré; ya habré desaparecido.

Cuando caminas por el camino correcto, te llevan al lado equivocado; eso es *paripathiṅkāḥ*. En Cachemira lo llamamos *rāhachok*. Esos son los órganos de los sentidos. Son unos ladrones tan grandes que te llevan del lado correcto al lado equivocado. Y *paramārthamuṣā*, y no solo hacen esto, también roban toda la riqueza de la conciencia de Dios.

355 *Tava upahṛtya* también puede significar "ofrecerte". [Nota del editor]

tvadbhaktisudhasārair-mānasamāpūryatāṁ mamāśu vibho |
yāvadimā uhyantāṁ niḥśeṣāsāravāsanāḥ plutvā ||12||

Los deseos limitados que existen en los individuos —por ejemplo, quiero un hijo, quiero una pareja, quiero un automóvil, quiero un buen trabajo—, todas estas cosas son limitadas y no son estables, siempre van y vienen. Estos deseos tienen una similitud con los *haṁsas* (cisnes). *Niḥśeṣāsāravāsanā*, son *asāra vāsanā* (*vāsanā* significa estos "deseos" y *asāra* significa "sin sustancia en ellos, sin realidad en ellos"), existen en la mente, que es un lago sin agua. Residen en ese lago donde no hay agua, por lo tanto, siempre están secos. Estos pensamientos, estos deseos en ti, deambulan inútilmente allí, y son similares a los *haṁsas* que deambulan en ese lago que está seco.

Deja que este lago se llene con el néctar de Tu devoción para que estos cisnes vuelen alto en el cielo. Porque encontrarán el agua de Tu devoción, se ahogarán en ella y luego volarán (*uhyantām* significa "volarán").

mokṣadaśāyāṁ bhakti-stvayi kuta iva martyadharmiṇo'pi na sā |
rājati tato'nurūpām-āropaya siddhibhūmikāmaja mām ||13||

Mokṣadaśāyāṁ —es *naimittika saptamī*[356]— *mokṣadaśāyāṁ*, *mokṣadaśā prāptārthyāṁ*[357], *mokṣadaśā*, solo Tu devoción es el medio para alcanzar el estado de liberación.

¿Cómo puede un individuo poseer esa devoción? Tu devoción es tan ilimitada. La devoción del Señor Śiva es ilimitada y la devoción del individuo es muy limitada. ¿Cómo surgirá esa devoción ilimitada en un ser limitado (*kutaḥ iva*)? Entonces, no quiero esa devoción que es limitada.

Por ejemplo, hay devotos que se encuentran en este universo, dedican solo una hora de meditación y logran entrar en *samādhi*,

356 Caso locativo.
357 *Prāptārthya*, obtener o lograr. [Nota del editor]

y hay devotos que dedican toda su vida y nunca han entrado en *samādhi*. Esa devoción no es devoción en absoluto.

Esa devoción, *martyadharmiṇo'pi na sā rājati*, esa devoción suprema no se adecua a ese ser limitado. Entonces, permite que sea un ser ilimitado; *tato anurūpāṁ siddhi bhūmikām āropaya*, que ascienda al supremo estado universal de vida...

ALEXIS: Elévame a ese nivel (*āropaya*).

SWAMIJI: Sí.

... y entonces podré dedicar mi tiempo a Tu devoción. Esa devoción brillará.

Eres tan grande y mi devoción es tan baja. ¿Cómo puede esa devoción llevarme al estado de Tu ser, que es tan grande? Entonces, llévame a ese nivel para que mi devoción también se vuelva divina. Este es mi pedido.

siddhilavalābhalubdham māmavalepena
mā vibho saṁsthāḥ ǀ
kṣāmastvadbhaktimukhe prollasadaṇimādi
pakṣato mokṣaḥ ǀ ǀ 14 ǀ ǀ

Vibho, oh Señor Śiva, *siddhilavalābhalubdhaṁ māmavalepena mā vibho saṁsthāḥ*, no permitas que me apegue a estos poderes yóguicos limitados. *Tvat bhakti mukhe*, teniendo en cuenta Tu devoción, el logro de estos poderes yóguicos es muy bajo. Entonces, no permitas que me enrede en estos poderes inferiores del *yoga*.

Prollasat aṇimādi pakṣato mokṣaḥ es muy bajo (*prollasad aṇimādi pakṣataḥ* significa "el logro de la liberación a través del logro de los poderes yóguicos es muy bajo"). Es un logro de la liberación muy malo. El logro divino de la liberación es simplemente la liberación sin tocar el campo de estos poderes yóguicos.

dāsasya me prasīdatu
bhagavānetāvadeva nanu yāce |
dātā tribhuvananatho yasya na
tanmādṛśāṁ dṛśo viṣayaḥ ||15||

Dāsasya me prasīdatu bhagavān. Complácete conmigo, que soy Tu esclavo, porque Tú eres *dātā*, Tú eres el que otorga todo y Tú eres el soberano de los tres mundos.

Él es quien me otorga, Él es el gobernante de los tres mundos, Él es mi amo y yo no lo veo. Hasta ahora, no lo he visto. Me asombra. Él me cuida, Él es el otorgador de los tres mundos, el deleite de los tres mundos, y yo no lo percibo. Esto me asombra.

Solo anhelo este logro: que estés complacido conmigo. Eso es todo.

tvadvapuḥ smṛtisudhārasapūrṇe
mānase tava padāmbujayugmam |
mamake vikasadastu sadaiva
prasravanmadhu kimapyatilokam ||16||

Hay un deseo en mí. Mi mente ya está llena del néctar de recordar Tu naturaleza. Mi mente siempre recuerda Tu naturaleza. Entonces, mi mente ya se ha vuelto divina por Tu recuerdo constante. Pero hay un problema en mi mente. Quiero *tava padāmbujayugmam māmake vikasad astu sadaiva*, en esta mente, que está llena del néctar de Tu memoria, debe haber un loto. Debe crecer al menos un loto en ella. Porque en un lago hay lotos, pero no hay ni siquiera un loto en el lago de mi mente.

Mi mente es un lago que se llena con el néctar de Tu recuerdo. Mi mente siempre recuerda Tu Ser, y esa memoria es néctar, y ese néctar llena el lago de mi mente pero no hay ni siquiera un loto. No crece nada en el lago de mi mente. Al menos deben crecer dos lotos, es decir, Tus dos pies.

Entonces, *māmake*, en ese lago de mi mente, *vikasadastu sadaiva*, *tava padāmbujayugmam*, que Tus dos pies de loto crezcan[358] en el lago de mi mente. Y *prasravanmadhu kimapi atilokam*, y que esos lotos goteen el néctar supremo de la conciencia de Dios en la superficie del agua de mi mente.

asti me prabhurasau janako'tha
tryambako'tha jananī ca bhavānī ।
na dvitīya iha ko'pi mamāstī-
tyeva nirvṛtatamo vicareyam ।।17।।

Hay un deseo en mí y este es mi último deseo. Quisiera tener un maestro y ese maestro debes ser Tú. *Asti me prabhurasau*, y ese maestro debe ser mi padre; Tú debes ser mi amo y mi padre. Y *tryambako'tha jananī ca bhavānī*, y quisiera tener a Tu Pārvatī como mi madre. Quisiera tenerte como mi padre. *Na dvitīya*, no tengo a nadie más; nadie más es mi padre, nadie más es mi madre. Mi único padre es el Señor Śiva y mi madre es la Madre Pārvatī. *Ityeva nirvṛtatamo*, de esta manera, deja que deambule por este mundo lleno de la satisfacción más elevada.

358 *Vikasat astu sadaiva*: deja que eso siempre florezca.

CAPÍTULO 20
Disfrutando el verdadero sabor interior
Carvaṇābhidhānaṁ viṁśaṁ stotram

SWAMIJI: Este *stotra* se denomina "*carvaṇa*". *Caravaṇa* es simplemente saborear el verdadero sabor interior.

nāthaṁ tribhuvananāthaṁ
bhūtisitaṁ trinayanaṁ triśūladharam ǀ
upavītīkṛtabhoginam-
indukalāśekharaṁ vande ǀǀ1ǀǀ

Nāthaṁ vande, me inclino ante mi Maestro, quien es el Maestro de los tres mundos (*tribhuvana nātham*), *bhūtisitam*, cuyo cuerpo es blanco debido al frotamiento de ese *vibhūti* (*bhasma*), cenizas.

Trinayanaṁ, me inclino ante el Señor que tiene tres ojos, *triśūladharam*, que sostiene el *triśūla* en Su mano, *upavītī kṛta bhoginam*, y que ha bendecido a las grandes serpientes colocándolas alrededor de Su cuello.[359] E *indu kalā śekharam*, cuya la frente está embellecida con la luna creciente.

naumi nijatanuvinissaradaṁśuka
pariveṣadhavalaparīdhānam ǀ
vilasatkapālamālākalpita-
nṛttotsavākalpam ǀǀ2ǀǀ

359 Las ocho grandes serpientes que gobiernan el universo son: Ananta, Vāsuki, Takṣakaḥ, Kārkoṭa, Saroja, Mahā-Padmaja-Nāgarāja, Saṁkha y Kulikaḥ. *Tantrāloka*, 6.69 (archivos USF). En general, se acepta que solo Vāsuki adorna el cuello del Señor Śiva. [Nota del editor]

Nija tanu vinissarat aṁśuka pariveṣa dhavala paridhānam. Me inclino ante el Señor Śiva. Tal como nuestro cuerpo está cubierto con nuestra ropa, el cuerpo del Señor Śiva está cubierto con el halo del disco de la luz refulgente de Su cuerpo. Ese halo de luz refulgente ha salido de Su cuerpo. *Aṁśuka pariveṣa.*

Para Él eso es como si fuera su ropa. Con Su propia *aṁśuka* (prenda), Él ha cubierto Su cuerpo con Su propia luz refulgente de Su encanto. Me inclino ante el Señor Śiva.

Y *vilasat kapāla mālā kalpita nṛttotsavākalpam*, quien es glorificado, *vilasat kapāla mālā kalpita nṛtta utsavākalpam*, cuando Él celebra la danza vespertina, el *tāṇḍava* vespertino.

Esa danza tiene lugar en el momento de la destrucción. Cuando quiere destruir todo este universo, Él danza, y por medio de esa danza, todo este universo se hace añicos.

Y, en ese momento, en el período en que Él danza, al anochecer, *vilasat kapālamālā kalpita nṛttotsavākalpam*, Él es glorificado con la *kapāla mālā*, con la guirnalda de las calaveras de todos los Brahmās. En el momento de la danza, Su cuerpo es glorificado con esa guirnalda.

vande tān daivataṁ yeṣāṁ haraśceṣṭā harocitaḥ |
haraikapravaṇāḥ prāṇāḥ sadā saubhāgyasadmanām ||3||

Me inclino ante los devotos (*vande tān*), *sadā saubhāgya sadmanām tān vande*, que siempre son glorificados, con esa fortuna espiritual. *Yeṣāṁ daivataṁ haraḥ*, me inclino ante aquellos cuyo *daivataṁ* (deidad a adorar) es el Señor Śiva (*yeṣāṁ daivataṁ haraḥ*). Me inclino ante aquellos *yeṣāṁ ceṣṭāḥ harocitā*, cuyas acciones son solo por el Señor Śiva. Cualquier acción, cualquier cosa que hagan, lo hacen por el Señor Śiva. No hay nada que hacer más que para el Señor Śiva. Me inclino ante esos devotos. Y *haraika pravaṇāḥ prāṇāḥ*, me inclino ante aquellos devotos cuya vida está empeñada en buscar al Señor Śiva. Me inclino ante tales devotos.

krīḍitaṁ tava maheśvaratāyāḥ
pṛṣṭhato'nyadidameva yathaitat ।
iṣṭamātraghaṭiteṣvavadāne-ṣvātmanā
paramupāyamupaimi ।।4।।

Tava maheśvaratāyāḥ pṛṣṭhataḥ anyat idam eva krīḍitaṁ. El único juego divino, el primer juego divino de Tu gloria es simplemente la existencia de Tu reino. Tu reino es glorioso, es decir, Tu reino de crear, proteger, destruir, ocultar y revelar. Este es tu reino. Tu reino está en estos cinco grandes actos: creación, protección, destrucción, ocultación y revelación (*sṛṣṭi*, *sthiti*, *saṁhāra*, *pidhāna* y *anugraha*). Este es Tu reino principal. Este es el dichoso juego de Tu reino.

Junto a este reino hay otro juego dichoso, y lo explica ahora. *Iṣṭa mātra ghaṭiteṣvavadāneṣu*, cuando pienso en Tus cinco actos, *iṣṭa mātra*, cuando solo deseo, solo me concentro en estos cinco actos de Tu reino, *ātmanā paraṁ upāyaṁ upaimi*, me convierto en uno con ese reino. Entonces, empiezo a crear, empiezo a proteger, empiezo a destruir, empiezo a ocultar y empiezo a revelar. Me vuelvo como Tú. Esta es otra obra divina de Tu reino.

Una obra principal de Tu reino es que Tú estás establecido en Tu reino. Otro juego de Tu reino es que nosotros también poseemos Ese reino. Esta es tu obra.

Esto es solo *śaktipāta* (gracia). No hay diferencia entre el Señor individual y el universal.

tvaddhāmni viśvavandye'sminniyati krīḍane sati ।
tava nātha kiyān bhūyānnānandarasambhavaḥ ।।5।।

Nātha, oh Maestro, *viśvavandye tvaddhāmni*, Tu reino es adorado y apreciado por todos y cada uno de los seres; Tu reino no es negado, y en este *viśvavandye* (*viśvavandye* significa "adorado por *viśva*, adorado por todo el universo"), y en Tu reino, *iyati krīḍane sati*, toda la creación de este universo (por ejemplo, flores hermosas, damas hermosas, gente hermosa, pájaros hermosos, cantos hermosos, música hermosa, etc.), ¡esto es solo una única diminuta partícula de Tu juego, de Tu reino!

Siendo así, *tava nātha kiyān bhūyān*, ¡me imagino cuán grandioso será el gozo que Tú posees! Si todo este gozo universal, esta gloria universal, es una partícula de Tu reino, ¿qué gozo ha de existir en Tu reino? Esto está más allá de nuestra explicación; no podemos compararlo con ninguna otra cosa.

kathaṁ sa subhago mā bhūdyo gauryā vallabho haraḥ ।
haro'pi mā bhūdatha kiṁ gauryāḥ paramavallabhaḥ ।।6।।

Ahora, hay una cosa más que Utpaladeva debe explicar.

Kathaṁ sa subhago mā bhūt yo gauryāḥ vallabho haraḥ. Haraḥ, el Señor Śiva, es afortunado porque Pārvatī lo abraza. ¿Cómo podría no ser afortunado si Pārvatī lo abraza? Pārvatī es la personificación de la belleza, la personificación del encanto, la personificación de toda alegría, y Pārvatī lo ha tomado entre Sus brazos. ¿Cómo podría el Señor Śiva no ser glorificado y afortunado? Él es muy afortunado porque es abrazado por una dama tan grandiosa.

Haro'pi mā bhūt atha kiṁ gauryāḥ parama vallabhaḥ. Pero, ¿quién más podría tomarla en sus brazos excepto el Señor Śiva? ¡El Señor Śiva es la única persona adecuada para tomarla en Sus brazos!

dhyānāmṛtamayaṁ yasya svātmamūlamanaśvaram ।
saṁvillatāstathārūpāstasya kasyāpi sattaroḥ ।।7।।

Ahora explica que un devoto del Señor Śiva es como un árbol hermoso y glorioso, y las raíces de ese árbol glorioso (Tu devoto) están empapadas en el néctar de Tu meditación, porque estos devotos siempre meditan en Tu forma, en Tu ser. Por lo tanto, este néctar siempre está en la raíz de ese árbol.

Entonces, cuando las raíces de ese árbol se empapan con el néctar de meditación (*dhyāna*), *saṁvit latāstatha rūpāstasya kasyāpi sattaroḥ*, las ramas, los frutos y todo lo que ese árbol produzca después, también se empapan con ese néctar (*saṁvit latā*).

Latā significa "las ramas y las enredaderas...".

ALEXIS: De *saṁvit*.

SWAMIJI: Sí. *Saṁvit* es conocimiento concerniente a estos devotos (*sattaru*[360]).

Tatha rūpa, las ramas y los frutos del árbol son como ese *amṛta*, el néctar supremo de *dhyāna*.

bhaktikaṇḍūsamullāsāvasare parameśvara ।
mahānikaṣapāṣāṇasthūṇā pūjaiva jāyate ।।8।।

¡Oh, Señor Śiva!, cuando un devoto Tuyo ha creado esta picazón de *bhakti* (devoción), la picazón no desaparece hasta que Tú estás presente. Tu presencia eliminará esa sensación de picazón.

Bhakti kaṇḍū samullāsāvasare. Cuando ocurre el surgimiento de *kaṇḍu* (*kaṇḍu* significa "picazón"), el surgimiento de la picazón de la devoción en los devotos, ¿qué sucede entonces? *Pūjaiva*, Tu devoción, adorarte, adorar al Señor Śiva, se convierte en el pilar (*sthūṇa*) de piedra (*pāṣāṇa*), y frotarse contra esta piedra es la única forma de eliminar esta picazón. La sensación de picazón nunca desaparecerá a menos que tenga lugar la adoración del Señor Śiva.

sadā sṛṣṭivinodāya sadā sthitisukhāsine ।
sadā tribhuvanāhāratṛptāya svāmine namaḥ ।।9।।

Me inclino ante mi maestro que siempre disfruta del acto de crear todo este universo, que siempre está absorto en protegerlo y que siempre está empeñado en destruirlo.

ALEXIS: Él es dichoso en estos actos (*tṛptāya sukhāsine*).

SWAMIJI: Sí. Porque sin destrucción, no hay lozanía. Verás, cuando estás corriendo a los treinta... Yo estoy corriendo a los setenta, siento debilidad pero internamente no soy débil, soy como

360 Cuya existencia (*sat*) es como la de un árbol (*taru*). [Nota del editor]

el Señor Śiva, lleno de energía. Entonces, esa energía se cargará nuevamente cuando este cuerpo sea destruido. Se recargará. Volveré a ser como Viresh[361], lleno de energía [risas]. Por lo tanto, la energía nunca se pierde.

Entonces, *tribhuvanāhāra tṛptāya*, es una gran satisfacción para el Señor Śiva que Él crea, luego protege y luego destruye. Luego Él crea de nuevo, ¡renovado!

¡La destrucción es imprescindible!

na kvapi gatva hitvapi
na kiṁcididameva ye |
bhavyaṁ tvaddhāma paśyanti
bhavyastebhyo namo namaḥ ||10||

Me inclino ante aquellas almas afortunadas que son Tus devotos, me inclino ante aquellas almas afortunadas que *na kvāpi gatvā*, no van a mantener *tapasyā* (penitencia) en bosques, selvas, ni en reclusión. *Hitvāpi*, no abandonan ningún placer o disfrute mundano (*hitvāpi na kiṁcit*). *Idameva ye bhavyaṁ tvaddhāma paśyanti*, esos devotos sienten y experimentan este mismo mundo lleno de la gran energía de esa conciencia de Dios. Me inclino ante esos devotos.

No me inclino ante aquellos devotos que se alejan y están desapegados de las acciones y actividades mundanas. Me inclino ante aquellos devotos que sienten y experimentan la gran energía de la conciencia de Dios en este mismo universo lleno de tormentos, tal como parece por el momento [risas]. Pero no son tormentos, no es crisis, no es tristeza, no es dolor. Está lleno de dicha; ¡lleno de dicha real! Me inclino ante quienes los perciben de este modo.

bhaktilakṣmīsamṛddhānāṁ kimanyadupayācitam |
etayā vā daridrāṇāṁ kimanyadupayācitam ||11||

361 El hijo de John y Denise Hughes. [Nota del editor]

Aquellos que son glorificados con la riqueza de Tu devoción (*bhakti lakṣmī samṛddhānām*), *kim anyat upayācitam*, ¿qué más necesitan? Lo tienen todo.

Etayā vā daridrāṇām. Y aquellas personas que están privadas de la riqueza de Tu devoción, *kim anyat upayācitam*, ¿qué ganan?

DENISE: No tienen nada.

SWAMIJI: No. Si ganan mucho, si ganan cien millones de dólares, ¿entonces qué? No han ganado nada. Son pobres. Siempre son pobres. Aquellos que están privados de tener la riqueza de Tu devoción siempre permanecen pobres.

Aquellos que tienen la riqueza de Tu devoción, si no tienen nada en su bolsa, solo la centésima parte de un centavo; *bas*, nada, medio *nayāpaisā*[362], son glorificados con riqueza, ¡riqueza real!

duḥkānyapi sukhāyante viṣamapyamṛtāyate ।
mokṣāyate ca saṁsāro yatra mārgaḥ sa śāṇkaraḥ ।।12।।

El camino donde *duḥkhāni api sukhāyante*, los diversos dolores se transforman en diversos placeres, *viṣamapi*, el camino donde el veneno toma la forma de néctar, el camino, este universo, que es la única causa de que te enredes en la rueda de repetidos muertes y nacimientos, te libera.

¿Quién te libera? El universo.

ALEXIS: Brilla como *mokṣa*. Es *mokṣa*.

SWAMIJI: Sí, *mokṣāyate*. *Moksa vat acarati*; "*āya*" *pratyaya* es "*vat*" por *vat prayoga*.[363]

¡*Mokṣāyate ca saṁsāraḥ*, el universo se convierte en *mokṣa*!

DENISE: Se convierte en el medio para *mokṣa*.

SWAMIJI: El universo fue el medio para enredarte en la rueda de los repetidos nacimientos y muertes y ahora te libera.

---

362 Una denominación descontinuada de moneda india equivalente a una centésima parte de una rupia. [Nota del editor]

363 Es decir, el *pratyaya* o afijo *āya* en *mokṣāyate* denota *vat prayoga*, la semejanza o conexión causal entre el universo y *mokṣa*. [Nota del editor]

¿En qué camino sucede? ¡Es el camino del shaivismo [risas]! *Sa śāṅkaraḥ mārgaḥ*, es el sendero de Śiva.

ALEXIS: Pero no el shaivismo dualista; solo el shaivismo monista.

SWAMIJI: El shaivismo dualista no es shaivismo. Eso es Pāśupātismo[364]; esto es otra cosa.

Ahora, hay un problema. Todo está bien, pero nuevamente hay un problema [risas]. Es un problema personal. Lo explica.

mūle madhye'vasāne ca nāsti duḥkhaṁ bhavajjuṣām ।
tathāpi vayamīśāna sīdāmaḥ kathamucyatām ।।13।।

Īśāna, oh Señor glorificado, hay un problema en mí. Está bien que esta sea la realidad de Tu ser. Pero hay devotos Tuyos, *bhavat juṣām*, para quienes Tú anuncias: "Mis devotos nunca experimentarán dolor al principio, en el centro o al final. ¡Permanecerán siempre dichosos!". Así lo proclamas: "*nāsti duḥkham bhavat juṣām*". *Bhavat juṣām*, para aquellos que son Tus devotos, en *mūla* (al principio), *madhye* (en el centro), *avasāne* (al final), *nāsti duḥkham*, no hay lugar para el dolor.

Pero, el problema conmigo es diferente. *Vayamīśāna*, oh Señor, *vayam sīdāmaḥ*, solo he experimentado dolor en toda mi vida y todavía lo sigo experimentando. *Katham*, ¿cuál es la causa de esto? Por favor, explícamelo. *Ucyatām*, por favor explícame la causa. Yo también soy Tu devoto, pero siempre estoy atormentado por el dolor continuo en este mundo. ¡No debería suceder! Pero sucede. Dime la causa de esto (*ucyatām*).

jñānayogādinānyeṣāmapyapekṣitumarhati ।
prakāśaḥ svairiṇāmeva bhavān bhaktimatāṁ prabho ।।14।।

Prabho, oh Señor, *jñānayogādina ānyeṣām apyapekṣitum arhati prakāśaḥ*, otras personas, otros *sādhakas* (*yogīs*), para experimentar

---

364 Se refiere a la escuela dualista Pāśupāta Śaiva. [Nota del editor]

Tu conocimiento, para experimentar Tu estado de gozo, tienen que adoptar *jñāna*, *yoga*, práctica, meditación, disciplina, *yama*, *niyama*, *āsana*, *prāṇāyāma*, *pratyāhāra*, *dhāraṇā*. Tienen que adoptar todos estos aspectos del *yoga* y luego experimentarán el *prakāśa*[365] de Tu naturaleza. Esto es un hecho.

Pero hay algo extraordinario y único que les sucede a Tus devotos. *Svairiṇām*, sin adoptar *jñāna*, *yoga*, *dhāraṇā*, *dhyāna*, *samādhi* (es decir, las ramas del *yoga*) y todas estas cosas, son glorificados al poseer el *prakāśa* supremo de Tu conciencia. Esta es la diferencia entre los *sādhakas* ordinarios (los *yogīs* ordinarios) y Tus devotos.

bhaktānāṁ nārtayo nāpyastyādhyānaṁ svātmanastava |
tathāpyasti śivetyetatkimapyeṣāṁ bahirmukhe ||15||

Bhaktānām, aquellos que son Tus devotos no tienen *ārtaya* (*ārtaya* significa *duḥkha*[366]). ¡Tus devotos no tienen problemas! *Nāpyasti ādhyānaṁ svātmanastava*, en ellos no hay deseo de ir en tu busca. No desean buscarte.

Ādhyāna significa "buscar".

Ellos no te buscan. Ya están existiendo en Tu conciencia, así que no tienen necesidad de buscarte. ¡Siempre estás ahí!

Por lo tanto, en Tus devotos tampoco hay deseos de alcanzarte. Aunque esto es un hecho para Tus devotos, aun así, el sonido "Oh Señor, Oh Señor, Oh Señor" sale de sus bocas automáticamente. *Tathāpyasti śiva ityeṣāṁ kimapyeṣāṁ bahirmukhe*, cuando se mueven por aquí y por allá, ¡el sonido "Śiva" sale de sus bocas automáticamente!

No hay ningún problema en ellos. Siempre están situados en Tu conciencia. Pero aun así, este sonido se escapa de sus bocas.

365 Para una explicación de *prakāśa*, ver el Apéndice 5.
366 Dolor, sufrimiento.

sarvābhāsāvabhāso yo vimarśavalito'khilam |
ahametaditi staumi tāṁ kriyāśaktimīśa te | |16| |

Īśa, oh Señor Śiva, esa suprema conciencia del yo, que es *sarvāvabhāsa*, que ilumina todo este universo, que es la causa de iluminar todo este universo (es *sarva avabhāsa avabhāva*, que es *aham*, conciencia de yo, conciencia de Yo-Dios), *vimarśa valito*, aunque esto está lleno de *vimarśa*[367]...

ALEXIS: *Sarvāvabhāsa*, ilumina todas las cogniciones.

SWAMIJI: Todas las cogniciones.

... *vimarśavalito akhilam ahametat*, este *aham*, esta conciencia del yo, en otro sentido realmente es *kriyā śakti*, la energía de la acción. Esta es Tu energía de acción.

Porque hay cinco energías de acción del Señor Śiva. Una energía de acción es la energía de crear, el acto creativo. La segunda acción es la energía protectora, el acto protector. La tercera energía es el acto de destruir todo este universo. La cuarta es ocultar Su naturaleza en este universo. La quinta es cuando Él revela Su propia naturaleza. Utpaladeva aquí toca esa quinta energía. Esta *kriyā śakti* es *anugraha śakti*.[368] Eso es *ahaṁ*.

ALEXIS: Entonces, desde este punto de vista todo este universo es el acto de gracia, la revelación.

SWAMIJI: Sí, el acto de gracia. Porque, en la creación, Él no crea este universo por el hecho de crear, Él crea este universo para otorgarle gracia. Él no protege este universo solo por protegerlo, Él lo protege solo para revelarle Su naturaleza. Él destruye este universo solo para revelarle Su naturaleza. Él oculta este universo solo para revelarle Su naturaleza. Y, al final, Él revela Su naturaleza. Entonces, debes ver el comentario de Abhinavagupta del *Parātrīśikā Vivaraṇa*.

La primera línea.[369] Aunque Él ejecuta los cinco actos, en su

---

367 Autoconciencia. Para una explicación de *vimarśa*, ver el Apéndice 5.

368 Como explicará Swamiji, los cinco actos son actos de gracia (*anugraha*). [Nota del editor]

369 "Śiva es quien conduce en el ciclo de la creación, en la protección, en la des-

ejecución, ¡Él solo ejecuta el quinto acto! Lo que Él hace es *anugraha*. Él crea, Él destruye, Él castiga, etc., solo para otorgar gracia a alguien. Él no castiga por el castigo. Él castiga para, al final, otorgar gracia.

ALEXIS: Pero desde el punto de vista más elevado, no hay receptor de la gracia. Es solo la expresión de Su propia naturaleza para Sí mismo.

SWAMIJI: Sí, sí.

ALEXIS: *Svātmani svātmanaḥ*.

SWAMIJI: Sí, *svātmani vikṣepa vaisargiki sthitiḥ*.[370]

vartante jantavo'śeṣā api brahmendraviṣṇavaḥ |
grasamānāstato vande deva viśvaṁ bhavanmayam ||17||[371]

De hecho, todo este universo no ha salido de Brahmā. No es como Brahmā. Porque, si fuera como Brahmā, entonces todo este universo debería estar mezclado, debería estar enredado, en relaciones sexuales desde la una de la mañana hasta la una de la mañana siguiente. Si fuera como Brahmā, solo se adoptaría el sexo. Pero no es así.[372]

---

trucción, en la ocultación y en la revelación. En estas cinco energías, el proceso de conducción lo lleva solo Śiva, no Śakti. Śakti solo lo empuja una vez más para que haya otra prueba. Ella vuelve a darle otra prueba a un ser humano o a cualquiera que no sea capaz de entrar en la conciencia de Dios en el ciclo del aspecto de *anugraha* (gracia), la revelación, el quinto aspecto.

"Entonces, la creación es para *anugraha*, la protección es para *anugraha*, la destrucción es para *anugraha* y ocultar también es para *anugraha*. Tiene la intención de revelar su propia naturaleza. Y obtienes una prueba, una y otra vez. Si no tienes éxito una vez, tendrás éxito después. Si no tienes éxito en la siguiente oportunidad, en la tercera lo tendrás. Así vamos en este mundo". *Parātrīśikā Vivaraṇa* (archivos de la USF).

370 "El estado de *visarga*, es decir, la creación, no es creado en ninguna parte. Es creado a partir de tu propio Ser... y el Ser no es creado con ningún otro elemento. El Ser es creado en el Ser y a partir del Ser. Esta es la realidad de *visarga*, la creación. La creación es del Ser, en el Ser y del Ser". *Tantrāloka*, 3.141 (archivos USF).

371 En la primera línea del texto que estaba usando, Swamiji corrigió *apa* para que diga *api*. [Nota del editor]

372 Es decir, la creación [el sexo], que es la función de Brahmā, no es la única operación universal. [Nota del editor]

Si fuera como Viṣṇu, entonces sería así.[373]

Este universo es como Śiva. Śiva solo está comiendo. Siempre estás comiendo: a veces bebida, a veces para saborear, a veces mantequilla, a veces té, a veces comida, a veces todo, ¡siempre estás comiendo! Entonces, *aśeṣā api brahmendra viṣṇavaḥ*, Brahmā, Indra y Viṣṇu, todos estos *devas* y todos los seres individuales están empeñados en comer. Este comer es el signo del Señor Śiva: comer, destruir, absorber. El acto de absorción tiene lugar en todo este universo, día y noche.

ALEXIS: En todos los sentidos, todo el tiempo.

SWAMIJI: En todos los sentidos.

DENISE: Los ojos están comiendo.

SWAMIJI: Sí.

Grasamānāstato vande deva viśvaṁ bhavanmayam. Entonces, oh Señor, es por eso que me inclino ante todo este universo, que es solo uno Contigo.

Los pájaros están siempre descubriendo algo, tomando, bebiendo, etc.

ALEXIS: Siempre fluye hacia ese punto.

SWAMIJI: Siempre fluye hacia eso.

Mira a Viresh, y lo que sea que le des, él solo come [risas]. Esta es la señal del Señor Śiva desde el mismo comienzo del nacimiento. No tiene opción [deseo] para el sexo, pero para comer, sí tiene [risas]. ¡Esta es la señal del Señor Śiva![374]

satovināśasambandhānmatparaṁ nikhilaṁ mṛṣā ।
evamevodyate nātha tvayā saṁhāralīlayā ।।18।।

Oh mi Maestro, en el momento de destruir todo este universo, en realidad no lo destruyes. Nos enseñas algo. En ese momento nos das una lección. Esta enseñanza surge de Tu ser.

---

373 La preservación, que es la función de Viṣṇu, no es la única operación universal. [Nota del editor]

374 La naturaleza que todo lo consume del Señor Śiva también se describe en el *Śatapatha Brāhmaṇa*. [Nota del editor]

Sato vināśa sambandhāt. Todo lo que es creado al final será destruido. Esto es lo que Tú nos enseñas cuando destruyes este universo. Nos enseñas *sato vināśa*, todo lo que existe, todo lo que ha existido, será destruido.

Entonces, *matparaṁ nikhilaṁ mṛṣā*, todo es un sueño, excepto para Mí. Yo soy el único que está desapegado de esta situación porque no nací y no moriré. Todo lo que nace morirá. *Evamevodyate nātha*, esto es lo que enseñas, *saṁhāra līlaya*, mediante el juego de esta destrucción.

ALEXIS: Pero el espejo permanece.

SWAMIJI: El espejo permanece, sí.

dhyātamātramupatiṣṭhata eva
tvadvapurvarada bhaktidhanānām |
apyacintyamakhilādbhutacintā-
kartṛtāṁ prati ca te vijayante ||19||

Tus devotos son de dos clases. Una clase son los devotos shaivitas. Los devotos shaivitas son verdaderos devotos. Los devotos vedantinos, los devotos vaiṣṇavas, no son verdaderos devotos de Ti. Sin embargo, son Tus devotos porque quien es devoto de Viṣṇu es devoto del Señor Śiva y quien es devoto de Brahmā es devoto del Señor Śiva, porque el Señor Śiva es la gloria que existe en Brahmā y el Señor Śiva es la gloria que existe en Viṣṇu. Entonces, allí ni Viṣṇu ni Brahmā tienen gloria personal. La gloria de Brahmā ha surgido, es prestada, del Señor Śiva. La gloria de Viṣṇu es prestada de la gloria del Señor Śiva.

ALEXIS: Pero los devotos contraen Esa gloria. Conciben a Viṣṇu como *paraprakṛti* o algo así de inferior.

SWAMIJI: *Paraprakṛti*, sí. Pero esa es la forma incorrecta de experimentar.

Dhyāta mātram upatiṣṭhata eva tvat vapurvarada bhakti dhanānām. Varada, ¡oh, dador de dones! (*varada* significa "oh, dador de dones"), Tú siempre otorgas dones a Tus devotos, oh Señor Śiva, *dhyāta mātram upatiṣṭhata eva tvat vapur bhaktidhanānām*, para aquellos devotos que poseen la riqueza de Tu devoción, Tu forma, Tu *svarūpa*, brilla, no utilizando los medios del *yoga* (el sistema de *yoga*), *kriyā yoga*, *jñāna yoga*, *bhakti yoga*, o cualquier cosa; *dhyāta mātram upatiṣṭhata*, simplemente comienzan a pensar en Ti y obtienen el ingreso a Tu conciencia de Dios.

ALEXIS: La conciencia es el medio.

SWAMIJI: La conciencia.

Dhyāta mātrameva upatiṣṭhata, en el momento de meditar, Él está allí, Él aparece. No hay ningún progreso sucesivo. Esto es para aquellos devotos Tuyos que son devotos shaivitas.

Y para los devotos vaiṣṇavas y los devotos de Brahmā, *acintyamapi*, aunque dediquen todo el tiempo de sus vidas en Tu meditación, aun así no pueden percibirte.

Akhila adbhuta cintā kartṛtāṁ prati te. Es por eso que los devotos shaivitas son glorificados por la adopción de *adbhutacintā kartṛtā*; su pensamiento es divino, su acción es divina, todo es divino para ellos.

tāvakabhaktirasāsava-sekādiva sukhita-
marmamaṇḍalasphuritaiḥ |
nṛtyati vīrajano niśi vetālakulaiḥ kṛtotsāhaḥ ||20||

Niśi significa "en este universo, en la oscuridad de este universo". Esto es *māyā*.

En este universo, *vīrajana*, hay *vīras* (héroes).

Porque, en la oscuridad, nadie va. Tendrás que tener una antorcha contigo, de lo contrario no podrás caminar. Y en un cementerio, nunca caminarás sin una antorcha. Pero hay *vīrajana*; *vīrajana* significa esos devotos shaivitas, se les llama héroes (*vīrajana*). Entre los *sādhus*[375] hay *aghorīs*. Siempre residen en cementerios, es decir, *aghora panthis*. Este *yogī* shaivita es como los *aghora panthis*, también reside en los cementerios. No solo reside: baila en los cementerios.

375 Aspirantes espirituales.

¿Qué es el cementerio? ¡El cementerio es tu cuerpo! Tu propio cuerpo es un cementerio porque en un cementerio encontrarás huesos, carne, sangre, pus, todas estas sustancias. Entonces, este cuerpo es un cementerio. Este héroe shaivita baila en este cementerio.

No solo baila en este cementerio del cuerpo. *Vīrajana*, este héroe baila en este cementerio, *niśi*, durante la noche, *vetāla kulaiḥ kṛtotsāhaḥ*, y es *utsāha* (animado), es alentado por *vetālas* (fantasmas).

En los cementerios hay tantos fantasmas, se ven durante la noche. Estos fantasmas son los ojos (los dos ojos son dos fantasmas), las fosas nasales son dos fantasmas, la boca es un fantasma, las orejas son dos fantasmas, la piel es un fantasma, el órgano sexual es un fantasma y el órgano de esa excreción también es un fantasma. Todos estos fantasmas están en este cementerio. Y estos fantasmas lo animan.

ALEXIS: *Marmamaṇḍala sphuritaiḥ vetāla kulaiḥ.*

SWAMIJI: Eso es *maṇḍala, marma maṇḍala. Marma mandala* es *mandala*.[376]

ALEXIS: Y están vibrando dichosamente.

SWAMIJI: Sí. ¿Por qué vibran dichosamente? Ellos beben alcohol. ¿Y qué es ese alcohol? *Tāvaka bhakti rasāsava*, el alcohol de Tu devoción. Aquellos *yogīs* que son héroes, beben el alcohol de Tu devoción y bailan en este cementerio.

ALEXIS: Como *vīravrata*.

SWAMIJI: Como *vīravrata*, animados por esos *vetālas*, animados por esos nueve fantasmas.[377]

---

376 *Marman*: punto mortal, punto vulnerable, cualquier parte del cuerpo abierta o expuesta o débil o sensible.

377 Es decir, las nueve aberturas (*randras*) del cuerpo.

arabdhā bhavadabhinutir-
amunā yenāṅgakena mama śambho ।
tenārpayantamimaṁ kālaṁ
dṛḍhamakhilameva bhaviṣīṣṭa ।।21।।

Al final, tengo un pedido para ti. He colocado esta petición ante ti, oh Señor. Es esta:

Arabdha bhavad abhinutir amunā yenāṅgakena mama śambho. He compuesto estas gloriosas canciones sobre Ti, esta *Śivastotrāvalī*. ¿Con qué propósito las he compuesto? Eso no es lo que hay que saber. He compuesto este *stotra*. ¿Con qué ambición? ¿Qué ambición había en mí para componerlo?

Y por esa ambición, *arpayantam imaṁ kālaṁ dṛdhamakhilam*, solo tengo un pedido para Ti: que me concedas que siempre cante Tu gloria durante lo que me quede de vida. Quisiera cantar Tu gloria. Eso es todo. Esa es mi petición.

Aquí termina la *Śivastotrāvalī*.
Jai Guru Dev.

APÉNDICES

1. Utpaladeva

Śivastotrāvalī de Utpaladevācārya con el comentario en sánscrito de Kṣemarāja, editado con comentario en hindi por Rājānaka Lakṣmaṇa (Swami Lakshmanjoo) (*Chowkhamba Sanskrit Series* 15. Varanasi, 1964).

2. *Upāyas*

El significado de la palabra sánscrita *upāya* es "medio". La palabra *upāya* en el shaivismo de Cachemira se utiliza para indicar los medios para entrar en la Conciencia Universal de Dios desde la conciencia individual. Nuestro shaivismo proclama que hay tres medios para entrar en la Conciencia Universal de Dios: *śāmbhavopāya* (el medio supremo), *śāktopāya* (el medio medio) y *āṇavopāya* (el medio inferior).

Āṇavopāya es conocido como *bhedopāya y* es el medio que existe en el mundo de la dualidad. *Śāktopāya* es llamado *bhedābhedopāya y* es el medio que existe en el mundo de la monodualidad, en el mundo en el que la dualidad y no dualidad coexisten. *Śāmbhavopāya* es llamado *abhedopāya*, es el medio que existe en el mundo del monismo puro (*abheda*).

Śāmbhavopāya también es llamado *icchopāya*, porque es el medio que existe en *icchā śakti*. *Śāktopāya* también es llamado *jñānopāya*, porque es el medio que existe en *jñāna śakti*. *Āṇavopāya* también es llamado *kriyopāya*, porque es el medio que se encuentra en *kriyā śakti*.

—*Shaivismo de Cachemira, el supremo secreto*, capítulo 5.

Las energías del Señor Śiva son los medios; Sus energías se han convertido en *upāyas*. La energía de Su voluntad se explica como *śāmbhavopāya*, la energía del conocimiento es *śāktopāya* y la energía de la acción es *āṇavopāya*. La energía de la acción son los ejercicios de respiración, la recitación de *mantras*, la recitación de *ślokas* (himnos) y la *pūjā* (adoración). Todos estos están en el mundo de la acción. Entonces, todas estas cosas están incluidas en *āṇavopāya*. Y te llevarán al estado del Señor Śiva.

La energía del conocimiento es *śāktopāya*. Percibir, mediar, centrar, todo esto está en el mundo de *śāktopāya*. También te llevará al estado del Señor Śiva.

La energía de la voluntad es el primer comienzo de cada una de las acciones. Eso es *śāmbhavopāya*. Te llevará al estado de Śiva.

—Swami Lakshman Joo, *Tantrāloka* 1:70, archivo USF.

La diferencia entre *āṇavopāya*, *śāktopāya* y *śāmbhavopāya* es esta:

En *āṇavopāya*, la fuerza de tu conciencia es tal que debes tener el apoyo de todo como una ayuda para mantener y fortalecer tu conciencia. Aunque te concentras en el centro, debes tener el apoyo de dos cosas para concentrarte en ese centro.

En *śāktopāya*, tu conciencia se ha fortalecido en la medida en que solo necesitas un punto de soporte para tu concentración, y ese punto es el centro. En *śāktopāya* empiezas con el centro y luego te estableces en él.

En *śāmbhavopāya*, la fuerza de tu conciencia es tal que no necesitas apoyo. Ya resides en ello. No hay ningún lugar al cual ir, solo resides en tu propio punto. El resto es automático.

Es importante darse cuenta de que, aunque hay diferentes *upāyas*, todos ellos te llevan al estado de una conciencia trascendental. La diferencia entre estos *upāyas* es que *āṇavopāya* te llevará por un camino largo, *śāktopāya* por uno más corto y *śāmbhavopāya* por el camino más corto de todos. Aunque los caminos son diferentes, el punto a alcanzar es uno.

—*Shaivismo de Cachemira, el supremo secreto*, capítulo 5.

3. *Turya y turyātīta*

Cuando, por la gracia de un maestro, este cuerpo subjetivo entra en la conciencia subjetiva con plena conciencia, y manteniendo intacta la conciencia se vuelve plenamente iluminado en su propio Ser, esto se llama el cuarto estado, *turya*.

Desde el punto de vista del Trika shaivita, se da predominio a las tres energías de *Śiva*:

parā śakti, la energía suprema;

parāparā śakti, la energía media; y

aparā śakti, la energía inferior.

El reino de *aparā śakti*, la energía inferior, se encuentra en los estados de vigilia y soñar.

El reino de *parāparā śakti*, la energía media, está establecida en el estado de sueño profundo.

Y, por último, el reino de *parā śakti*, la energía suprema, se encuentra en el estado de *turya*.

Se dice que el estado de *turya* es la penetración de todas las energías de forma simultánea, no en sucesión. Todas las energías están residiendo allí, pero no están en manifestación. Están todas juntas sin distinción. *Turya* se llama *savyāpārā*, porque todas las energías obtienen su poder para funcionar en ese estado. Al mismo tiempo, este estado es conocido como *anāmayā* porque permanece no agitado por todas estas energías.

A este estado, la gente mundana, los *yogīs* y los seres humanos iluminados (*jñānīs*) le atribuyen tres nombres.

La gente mundana lo llama *turya*, que significa "el cuarto". Usan este nombre porque no tienen nombre descriptivo para este estado. No son conscientes de este estado y, no habiéndolo experimentado, simplemente lo llaman el cuarto estado.

Los *yogīs* han atribuido a esta condición el nombre *rūpātītā*, ya que este estado ha superado "el toque del propio ser" y es "el establecimiento del propio ser". El toque del propio ser fue encontrado en el sueño profundo; sin embargo, en *turya* tiene lugar el establecimiento del propio ser.

Para los seres humanos iluminados, los *jñānīs*, toda la existencia universal se encuentra en este estado de *turya*, colectivamente, como indiferenciada, en el estado de totalidad. Aquí no existe sucesión. Los *jñānīs*, por lo tanto, llamar a este estado *pracaya*, la totalidad indiferenciada de la existencia universal.

Turyātīta es aquel estado que es la plenitud absoluta del Ser. Está lleno de toda conciencia y dicha. Realmente es el último y el supremo estado del Ser. No solo encuentras este estado de *turyātīta* en *samādhi*, también lo encuentras en cada actividad del mundo. En este estado, no hay posibilidad para la práctica del *yoga*. Si puedes practicar *yoga*, entonces no estás en *turyātīta*. En la práctica de *yoga* existe la intención de ir a alguna parte. Aquí, no hay adonde ir, nada que lograr. Como aquí no existe la concentración, no es posible la existencia de la ayuda del *yoga*.

Solo hay dos nombres realmente atribuidos a este estado de *turyātīta*, uno dado por la gente mundana y otro por los *jñānīs*. La gente mundana, debido a que no conocen nada acerca del estado, lo llaman *turyātīta*, que significa "aquel estado que está más allá del cuarto". Los *jñānīs*, por otro lado, también tienen un nombre para él. Lo llaman *mahāpracaya*, que significa "la totalidad suprema ilimitada e inexplicable". Los *yogīs*, en realidad, no atribuyen ningún nombre a este estado porque no tienen conocimiento de él. Está totalmente fuera de su experiencia. Sin embargo, mediante el uso de su imaginación y conjeturas, los *yogīs* han imaginado un nombre que podría ser apropiado para este estado: *satatoditam*, que significa "aquel estado que no tiene pausa, sin descanso". Es un estado unitario y sin pausas. En el *samādhi*, está ahí. Cuando el *samādhi* está ausente, está ahí. En el estado mundano, está ahí. En el estado de sueño, está ahí. Y en el estado de sueño profundo, está ahí. En todos los estados del cuerpo subjetivo individual, está ahí.

—*Shaivismo de Cachemira, el supremo secreto*, capítulo 11.

La diferencia entre *turya* y *turyātīta* es que, en *turya*, en el *samādhi* encuentras que todo este universo existe allí en forma de semilla, de germen. La fuerza, la energía de la existencia universal existe allí... pero aquí, todavía tiene que salir a la actividad.

En *turyātīta*, te pones en acción y sientes la conciencia universal. Esta es la diferencia entre *turya* y *turyātīta*.
—*Tantrāloka* (archivos USF) 10.288.

4. *Kuṇḍalinī*

Kuṇḍalinī śakti es la energía reveladora y ocultadora del Señor Śiva. Por un lado es la energía reveladora, y por el otro, es la energía ocultadora. Revela y oculta. Esta *kuṇḍalinī śakti* no es diferente de la existencia del Señor Śiva, al igual que la energía de la luz y la energía de calor no están separadas del fuego mismo. *Kuṇḍalinī*, por lo tanto, en el sentido real, es la existencia de Śiva. Es la vida y la gloria de Śiva. Es el mismo Śiva.

En nuestro shaivismo Trika, *kuṇḍalinī*, que es aquel poder serpentino interno que existe en forma enroscada, se divide de tres maneras.

a) *Parā kuṇḍalinī: kuṇḍalinī* funciona por el Señor Śiva.

b) *Cit kuṇḍalinī*: *kuṇḍalinī* funciona en la conciencia.

c) *Prāṇa kuṇḍalinī: kuṇḍalinī* funciona en la respiración.

La *kuṇḍalinī* suprema se llama *parā kuṇḍalinī*. Esta *kuṇḍalinī* no es conocida o experimentada por los *yogīs*. Es tan vasta y universal que el cuerpo no puede existir en su presencia. Solo es experimentada en el momento de la muerte. Es el corazón de Śiva. Todo este universo es creado por *parā kuṇḍalinī*, existe en *parā kuṇḍalinī*, debe su vida a *parā kuṇḍalinī* y se consume en *parā kuṇḍalinī*. Cuando esta *kuṇḍalinī* crea el universo, Śiva oculta Su verdadera naturaleza y se lanza al universo. Cuando el universo es creado, Él se convierte en el universo. No queda Śiva que esté separado del universo.[378] Esta es Su energía creativa. Y cuando *kuṇḍalinī* destruye el universo, se revela la naturaleza de Śiva. Por lo tanto, la energía creativa para el universo es la energía destructiva de Śiva, es decir, es la energía reveladora

378 Sin embargo, a diferencia del panteísmo, la filosofía panenteísta del shaivismo de Cachemira declara que el Señor Śiva tiene simultáneamente la posición de trascendencia e inmanencia. [Nota del editor]

para el universo y la energía ocultadora para el Señor Śiva. Y la energía destructiva para el universo es la energía creativa para Śiva, es decir, es la energía ocultadora para el universo y la energía reveladora para el Señor Śiva.

Parā kuṇḍalinī es el *visarga* supremo de *Śiva*. Como sabes por el estudio de la teoría del *mātṛkācakra*, *visarga* (:) comprende dos puntos. Se dice que estos puntos son Śiva y Śakti. Sin embargo, en el sentido más real, estos puntos no son Śiva y Śakti: son el punto revelador y el punto ocultador.

Cit kuṇḍalinī es experimentada por los *yogīs* por medio de la concentración en el centro entre dos respiraciones, pensamientos o acciones, entre la destrucción y la creación de dos cosas cualesquiera. La felicidad y la dicha que experimentas aquí no pueden ser descritas. Es éxtasis más allá del éxtasis, al igual que la felicidad sexual. Al comparar la felicidad sexual con la alegría experimentada en *cit kuṇḍalinī*, sin embargo, notarás que la felicidad sexual es una millonésima parte de la felicidad experimentada en *cit kuṇḍalinī*. Además, simultáneamente con la experiencia del éxtasis, también realizas la realidad del Ser. Reconoces tu naturaleza real y sabes, "Yo soy solo dicha (*ānanda*) y conciencia (*cit*)". En la verdadera elevación de *cit kuṇḍalinī*, solo tendrás un vislumbre de ello y luego saldrás. La elevación completa de *cit kuṇḍalinī* tiene lugar solo por la gracia de tu maestro y por la gracia de tu propia fuerza de conciencia.

Prāṇa kuṇḍalinī también es producida mediante el proceso de centrado. *Prāṇa kuṇḍalinī*, sin embargo, solo es experimentada por aquellos *yogīs* que, junto con su apego a la espiritualidad, también tienen apegos a los placeres mundanos. Si tu deseo y apego es solo por la espiritualidad, entonces tiene lugar *cit kuṇḍalinī*. Que experimentes la elevación de *kuṇḍalinī* como *cit kuṇḍalinī* o como *prāṇa kuṇḍalinī* depende de tus apegos. Si tienes apego por la espiritualidad y también por los placeres del mundo, entonces la elevación de *kuṇḍalinī* ocurre en la forma de *prāṇa kuṇḍalinī*. Si no tienes apego por los placeres del mundo y solo estás apegado a la espiritualidad, la elevación de *kuṇḍalinī* ocurrirá en la forma de *cit kuṇḍalinī*. No hay nada que puedas hacer para determinar cómo tendrá lugar el ascenso de *kuṇḍalinī*. Se eleva a su manera, en función de tus apegos.

—*Shaivismo de Cachemira, el supremo secreto*, capítulo 17.

5. *Prakāśa* y *vimarśa*

En el mundo de la filosofía shaivita, se ve al Señor Śiva lleno de luz. Pero más que esto, el Señor Śiva es la encarnación de la luz y esta luz es diferente a la luz del sol, de la luna o del fuego.

Es luz (*prakāśa*) con conciencia (*vimarśa*), y esta luz con conciencia es la naturaleza de esa conciencia suprema, el Señor Śiva.

¿Qué es la conciencia? La luz de la conciencia no es solo conciencia pura. Está llena del entendimiento de que "Yo soy el creador, soy el protector y soy el destructor de todo". Solo saber que "Yo soy el creador, yo soy el protector y yo soy el destructor", es conciencia. Si la conciencia no estuviera adjunta a la luz de la conciencia, tendríamos que admitir que la luz del sol o la luz de la luna o la luz del fuego también son el Señor Śiva. Pero no es así.

La luz de la conciencia (*vimarśa*) recibe varios nombres. Se llama *cit-caitanya*, que significa la fuerza de la conciencia; *parā vāk*, la palabra suprema; *svātantrya*, independencia perfecta; *aiśvarya*, la gloria predominante del supremo Śiva; *kartṛtva*, el poder de actuar; *sphuratta*, el poder de existir; *sāra*, la esencia completa de todo; *hṛdaya*, el corazón universal; y *spanda*, el movimiento universal. Todos estos son nombres que se atribuyen a esta conciencia en los *Tantras*.

Esta conciencia del yo, que es la realidad del Señor Śiva, es un "yo" natural (*akṛtrima*), no artificial. No es conciencia del yo adaptada. Los seres humanos limitados han adaptado la conciencia del Yo. El Señor Śiva tiene conciencia del yo pura o natural. Hay una diferencia entre la conciencia adaptada y la conciencia natural. La conciencia adaptada o artificial existe cuando esta conciencia del yo se atribuye a tu cuerpo, a tu mente, a tu intelecto y a tu ego. La conciencia natural es aquella conciencia que se atribuye a la realidad del Ser, que es la conciencia total.

Este universo, que es creado en Su conciencia, depende de Esa conciencia. Siempre depende de Esa conciencia. No puede moverse fuera de Esa conciencia. Existe solo cuando reside en Su conciencia. Así es como se lleva a cabo la creación de Su universo.

—*Self Realization in Kashmir Shaivism*, 3.56-57.

Hay dos posiciones de Śiva. Una es *prakāśa* y la otra es *vimarśa*.... Cuando Él siente este estado de dicha como Su propia naturaleza, eso es *prakāśa*. Cuando Él siente, "Ese estado de dicha es Mi gloria", eso es *vimarśa*. Cuando Él siente, "Este estado de dicha es Mi ser", eso es Śiva. Cuando Él cree que "Esta es Mi gloria", eso es *śakti*. El ciclo de gloria reside en *śakti* y el ciclo de *prakāśa* reside en Śiva. Ambos están en uno. Eso está indicado por el *visarga* en Śiva, la vocal '*aḥ*' (en alfabeto *devanāgarī*, ':'). Entonces, *vimarśa śakti* es *parā parameśvarī* suprema atribuida a *svātantrya śakti*. Es la intensidad de la independencia, del *svātantrya*, de Bhairava.

—*Parātrīśikā Vivaraṇa*, archivos de la USF.

6. Sistema Kula

El sistema Kula te enseña cómo puedes vivir en *caitanya* (Conciencia Universal), la verdadera naturaleza de ti mismo, tanto en el acto ascendente como en el descendente. Mientras te elevas del estado más bajo al más elevado, te das cuenta de tu naturaleza, y mientras desciendes desde el estado más elevado hasta el estado más bajo, también te das cuenta de tu naturaleza. En el sistema Kula no hay interrupción en la realización de tu propia naturaleza, ya sea en el círculo más elevado o en el más bajo. Por lo tanto, este sistema te enseña cómo puedes vivir en totalidad. De hecho, la palabra *kula* significa "totalidad".

En la práctica del sistema Kula, tienes que darte cuenta de la totalidad del universo en una partícula. Toma una partícula de todo lo que existe en este mundo. En aquella partícula debe ser realizada la totalidad del universo entero. La totalidad de la energía se encuentra en una partícula. Todo está lleno de una cosa y una cosa está llena de todas las cosas (...) el sistema Kula te enseña cómo ascender desde el grado más bajo al grado más alto, y mientras tanto teniendo la experiencia de la naturaleza de tu Ser en el mismo nivel y estado. Śiva, que es realizado en *pṛthvī tattva*, es el mismo nivel, la misma realidad de Śiva que es realizada en *śiva tattva*. Aquí, hay realización completa en todos los actos del mundo.

—*Shaivismo de Cachemira, el supremo secreto*, capítulo 19.

7. Correcto e incorrecto

mahābodha-samāveśāt-puṇyapāpāsaṁbandhaḥ | | 12 | |

Cuando tiene lugar la entrada en la conciencia suprema de Dios, *mahābodha samāveśāt*, al entrar en la conciencia suprema de Dios, *puṇyapāpa asaṁbandha*, sientes que nada está bien y que nada está mal.

Pero en la etapa en la que no eres consciente de la conciencia de Dios y sientes que nada está bien, nada está mal —esa es la realidad que puedes experimentar cuando estás en un estado ignorante de ser—, sientes que bueno y malo es lo mismo, ese sentimiento es incorrecto. Por ese sentimiento, caerás. Este sentimiento debe venir a través de la conciencia de Dios, entonces ese sentimiento es correcto.

—*Vātūlanātha Sūtras of Anantaśaktipāda*, traducción y comentario de Swami Lakshmanjoo, grabaciones de audio originales, archivos de la USF, Los Ángeles, 1979.

A la pregunta de que "Hay algunos textos, por ejemplo, en el sistema Kula, que instan a tomar sustancias prohibidas como parte de la práctica espiritual porque dan lugar a la dicha (*ānanda*)", Swamiji dio la siguiente respuesta:

"Solo dan lugar a *ānanda* cuando existe la posibilidad de que allí surja la *kuṇḍalinī*. Cuando, durante tu acto sexual, tiene lugar el surgimiento de *kuṇḍalinī*, entonces ese *vīrya* (energía vital) no se pierde. Aunque el semen se haya ido al otro órgano, esa fuerza no se pierde. Esa fuerza se mantiene por el surgimiento de *kuṇḍalinī* en ese momento".

—*Tantrāloka*, 3.230-231 (archivo USF).

8. *Parameṣṭhi guru*

Utpaladeva fue el *parameṣṭhi guru* de Kṣemarāja, su gran gran maestro. El discípulo de Utpaladeva, Lakṣmaṇagupta, fue el maestro de Abhinavagupta en el sistema Pratyabhijñā y Abhinavagupta, a su vez, fue el maestro de Kṣemarāja.

—*Shaivismo de Cachemira, el supremo secreto*, capítulo 19.

9. *Nirvikalpa*

En realidad, todo, lo que sea que exista, está en el estado de *nirvikalpa* donde no puedes definir nada... solo puedes definirlo en el estado de *vikalpa*, en el ciclo de *vikalpa*, por ejemplo, cuando dices "este estuche de anteojos". Pero no es un estuche de anteojos en el sentido real, en el estado de conciencia de Dios. Es simplemente *nirvikalpa*. No puedes decir lo que es, ¡pero lo es! *Saṁketādi smaraṇam*, cuando entiendes, "Esto es mío", "Oh, esto estaba en mi casa y es mío", este recuerdo tiene lugar en el estado de *vikalpa*, no en el estado de *nirvikalpa*. Y ese estado de *vikalpa* no puede existir sin *anubhavam*, el estado de *nirvikalpa*.

Nirvikalpa es la causa de todos los *vikalpas*; el estado indiferenciado es la causa de todos los *vikalpas*... No es algo extraño a los *vikalpas*. Es su vida. Es la vida de todos los *vikalpas*.

—*Parātrīśikā Vivaraṇa* (archivos USF).

10. *Parā visarga*

En el reino de *mātṛkācakra* existen tres tipos de *visarga*s, tres tipos de flujo. Estos tres *visarga*s se conocen como *śāmbhava visarga*, *śākta visarga* y *āṇava visarga*.

El primer *visarga* existe en la etapa de *ānanda śakti* y está representado por la letra *a*. Este *visarga* es conocido como *śāmbhava visarga*. Se dice que el modo de este *visarga* es *cittapralayaḥ*. La palabra *cittapralayaḥ* indica aquel estado en que tu mente no funciona, donde solo existe la falta de pensamientos. Aquí la mente no funciona en absoluto. Esto es el flujo sin pensamientos. Este *śāmbhava visarga* también es conocido como *parā visarga*, el *visarga* supremo. Este *visarga* supremo está relacionado con Śiva.

El segundo *visarga* es conocido como *śākta visarga*. También es conocido como *parāparā visarga*, el *visarga* más elevado y a la vez el más bajo, o *visarga* medio. Este *visarga* está representado por la última letra de las vocales, la letra *ḥ* que en gramática también se llama *visargaḥ*. El modo de este *visarga* se llama *cittasaṁbodhaḥ*. *Cittasaṁbodhaḥ* indica aquel estado en que la conciencia es mantenida unidireccionalmente.

El tercer y último *visarga* se llama *āṇava visarga*. También es conocido como *aparā visargah*, el *visarga* inferior o más bajo. Es el *visarga* del individuo (*naraḥ*). Este *visarga* es atribuido a la letra *ha*, la última letra del alfabeto sánscrito. El modo de este *visarga* se llama *cittaviśrāntiḥ*. La palabra *cittaviśrāntiḥ* indica aquel estado en que la mente yace en concentración, donde la mente está establecida de manera permanente en la concentración.

—*Shaivismo de Cachemira, el supremo secreto*, capítulo 3.

11. *Svātantrya*

Este *svatantratā*, este ser independiente, el estado de independencia, se atribuye únicamente al Señor Śiva.

—Swami Lakshman Joo, *Tantrāloka* 9:9a, comentario de audio, archivo USF.

Svātantrya śakti es el germen de todas Sus cinco energías. Tiene cinco energías: *cit śakti* (energía de la conciencia), *ānanda śakti* (energía de la dicha), *icchā śakti*, energía de la voluntad, *jñāna śakti*, energía del conocimiento, y *kriyā śakti*, energía de la acción. Todas estas cinco energías de la conciencia de Dios son producidas por Su *svātantrya śakti* de libertad, Su libre poder.

—Swami Lakshman Joo, *Special Verses on Practice*, archivo USF.

La esencia de *svātantrya* es *anavacchinna*, más allá de toda limitación. En ese estado no existe límite. *Vicchinna camatkāra maya viśrāntyā*, y este estado de ser limitado también se encuentra allí. El Señor Śiva es ilimitado, pero el ciclo limitado de la conciencia de Dios también se encuentra allí. Así que es a la vez limitado e ilimitado. El ser que es solo limitado no es verdadero. El ser que es solo ilimitado no es verdadero. ¿Por qué? Porque él es limitado. El ser ilimitado no es verdadero porque solo es ilimitado y no limitado. La plenitud de la conciencia de Dios se encuentra en uno que es limitado y al mismo tiempo también ilimitado. Esta es la plenitud de la conciencia de Dios. La plenitud de la conciencia de Dios es donde nada está excluido. Todo lo que está excluido, también es uno con Eso. Esa es la plenitud de la conciencia de Dios.

—Swami Lakshman Joo, *Parātrīśikā Vivaraṇa*, comentario de audio, archivo USF.

El Señor Śiva crea este universo externo con el fin de realizar Su propia naturaleza. Es por eso que este universo externo se llama *śakti*, porque es el medio para realizar la propia naturaleza de uno. Por lo tanto, para reconocer Su naturaleza, primero debe volverse ignorante de Su naturaleza. Solo entonces Él puede reconocerlo.

¿Por qué debería querer reconocer Su naturaleza en primer lugar? Es por Su libertad, Su *svātantrya* (independencia). Este es el juego del universo. Este universo fue creado únicamente para la diversión y la alegría de esta realización. Sucede que cuando su plenitud se desborda, quiere quedar incompleto. Él quiere aparecer como incompleto solo para poder lograr la plenitud. Este es el juego de Su *svātantrya*: apartarse de Su propia naturaleza para disfrutarla de nuevo. Este *svātantrya* es el que ha creado todo este universo. Este es el juego del *svātantrya* de Śiva.

Este tipo de acción no puede ser realizada por ningún poder en este universo que no sea el Señor Śiva. Solo el Señor Śiva puede hacer esto. Solo el Señor Śiva, mediante Su propio *svātantrya*, puede ignorar y enmascarar totalmente Su propia naturaleza. Este es Su *svātantrya*, Su gloria, Su inteligencia. La inteligencia no significa que en este superdrama llamado creación solo harás el papel de una mujer o de un hombre. Con este tipo de inteligencia, también harás el papel de las rocas, de los árboles, de todas las cosas. Este tipo de inteligencia se encuentra únicamente en el estado del Señor Śiva y en ningún otro lugar.

—*Self Realization in Kashmir Shaivism - Fifteen Verses of Freedom*, capítulo 1, estrofas 5, 6 y 7.

12. El *mantra sauḥ*

Para empezar, debes entender que en el campo de los *mantras*, en el campo de las palabras sagradas, el *mantra* que digiere los treinta y seis elementos en su cuerpo es *sauḥ*. Es el *mantra* supremo. No es un *mantra* creativo, es un *mantra* destructivo. ¿Por qué? Porque cierra el ciclo completo de los treinta y seis elementos.

Este *mantra* te muestra el truco de cómo acabar con estos treinta y seis elementos y, al final, yacer en el elemento de Śiva. Así que no es expansión, es conclusión. Y esta conclusión no es en realidad destrucción, es contracción, tal como un árbol gigante se contrae en una semilla.

De esta forma, todo el universo que consta de treinta y seis elementos reside en el *mantra sauḥ*. Este *mantra* se llama "el *mantra* del corazón" porque es la esencia de todos los *mantras*. ¿Cómo es esto? De la misma manera que un cuenco o un plato de barro solo se producen modificando arcilla, la esencia de este cuenco o plato sigue siendo la arcilla. O, del mismo modo que el hielo y el vapor, que son producidos por sustancias acuosas, son en realidad agua.

Entonces, en el reino del *mantra* supremo *sauḥ*, si profundizas en los treinta y un elementos desde *pṛthivī* (tierra) hasta *māyā*, encontrarás que la realidad de estos elementos es existencia (*sat*). Todos estos elementos existen externamente.

Después de esto, debes asegurarte de que en la segunda parte del *mantra sauḥ* reside la letra '*au*', que es superior a '*sa*' y que contiene los elementos *śuddhavidyā*, *īśvara* y *sadāśiva*. Estos tres elementos son la esencia del conocimiento (*jñāna*) y la acción (*kriyā*). Ellos son la encarnación de *śakti*.

Mayor que la letra '*au*', y que reside en la tercera parte del *mantra sauḥ*, es la letra '*aḥ*', una energía creativa que es doble. Esta doble energía creativa se compone de una energía creativa superior y una energía creativa inferior. La energía creativa superior es de Śiva y la energía creativa inferior es de Śakti. Esta energía creativa de dos partes, arriba y abajo, son los dos puntos del *visarga* sánscrito (:).

La primera parte del *mantra sauḥ*, '*sa*', está en el ciclo de *nara*, la segunda parte del *mantra sauḥ*, '*au*', está en el ciclo de *śakti* y la tercera parte del *mantra sauḥ*, '*aḥ*', combinando ambas energías creativas, está en el ciclo de Śiva. Entonces, el sistema Trika del shaivismo de Cachemira es la combinación de *nara*, Śakti y Śiva. De esta manera, el *mantra* semilla *sauḥ* es el *mantra* supremo. Él está por encima de todos los demás *mantras*, incluidos los benditos *mantras ahaṁ*, *oṁ* y *so'ham*. Este *mantra* supremo, que es tanto universal (*viśvamaya*) como trascendente (*viśvottīrṇa*), es la esencia del Trika.

—*Self Realization in Kashmir Shaivism*, 3.67-69.

13. *Krama mudrā*

En el *Krama Sūtra* dice que un *yogī* entra primero en *krama mudrā* en el estado introvertido. Luego, debido a la intensidad de *krama mudrā*, emerge del estado introvertido y entra en el ciclo externo de la conciencia.

Primero, desde afuera, entra, y luego, desde adentro, sale. Este movimiento de entrar y salir y luego volver a entrar y salir no tiene lugar por el esfuerzo del *yogī* sino por la fuerza de la absorción (*samāveśa*) de *krama mudrā*.

Cuando el *yogī* viaja de afuera hacia adentro y luego de adentro hacia afuera solo para llegar a comprender que afuera y adentro no son aspectos diferentes sino uno, eso es *krama mudrā*.

Debes comprender una cosa más. Aquel que experimenta este estado de absorción (*samāveśa*) de *krama mudrā* experimenta que todo este universo se derrite en la nada en el gran cielo de la Conciencia de Dios (*cid-gagana*). Aunque abre los ojos y percibe que todo se está fundiendo en ese estado, sin embargo, cuando se esfuerza por salir de ese estado, se hace muy difícil para él. Como es muy difícil para nosotros entrar en ese estado, de la misma manera es muy difícil para ese *yogī* salir de él.

Pero ¿por qué querría salir? Quiere salir por el gusto de hacerlo, pero no puede. La intensidad de la Conciencia de Dios no le permite salir. Sin embargo, lucha por hacerlo. Luego, por un momento, surge, y después de eso, nuevamente, completamente intoxicado, permanece adentro. Luego, de nuevo, se esfuerza por salir. Continúa tratando de salir y lo logra brevemente pero luego nuevamente queda unido por dentro. Esto sucede una y otra vez y esto se llama *krama mudrā*.

—*Self Realization in Kashmir Shaivism*, 5.114.

Este es un proceso automático. No llega por su funcionamiento. No puedes hacer que funcione... *Krama mudrā* no es *mudrā*; *krama mudrā* es automático... *Krama mudrā* es solo para también observar el estado de *samādhi* en el mundo exterior. Cuando no se lo encuentra con claridad en el exterior, entra de nuevo en *samādhi* y sácalo con ese *samādhi* y mira de nuevo en el mundo exterior. Y una y otra vez, una y otra vez, tienes que experimentar esta forma de *krama mudrā* hasta obtener la entrada en *jagadānanda*. Cuando *jagadānanda* tiene lugar, entonces todo es divino, no hay más *krama mudrā*.

—*Tantrāloka* 3.263-264 (archivos USF).

Cuando estás establecido en el proceso de *krama mudrā*, entonces experimentas ese éxtasis en acción. Cuando comes, te encuentras en esa dicha. Cuando hablas, te encuentras en esa dicha. Cuando caminas, te encuentras en esa dicha. Hagas lo que hagas, permaneces en ese estado Universal. Este es el estado del *jīvanmukti*, liberado en la vida. Este estado no es experimentado por *yogīs* ordinarios, sino solo por grandes *yogīs*. Este es el estado real de *cit kuṇḍalinī*.

En la verdadera elevación de *cit kuṇḍalinī*, solo tendrás un vislumbre de ello y luego saldrás. La elevación completa de *cit kuṇḍalinī* tiene lugar solo por la gracia de tu maestro y por la gracia de tu propia fuerza de conciencia. La experiencia de establecer la elevación completa de *cit kuṇḍalinī* a través del proceso de *krama mudrā* puede tener lugar en un día, en una vida o en cien vidas.

—*Shaivismo de Cachemira, el supremo secreto*, capítulo 17.

El establecimiento de *krama mudrā* se llama *jagadānanda*, que significa "dicha universal". Este es el séptimo y último estado de *turya*. En este estado, la experiencia del Ser Universal Trascendental nunca se pierde y todo el universo es experimentado como uno con tu propia Conciencia Trascendental del "Yo".

—*Shaivismo de Cachemira, el supremo secreto*, capítulo 16.

14. Los siete perceptores

El primer estado se llama *sakala*. El estado *sakala* es aquel estado en que la percepción tiene lugar en el mundo objetivo y no en el mundo subjetivo. En otras palabras, llamaría a este estado el estado de *prameya*, el estado del objeto de percepción. Es realizado por su *pramātṛ*, el observador que reside en este estado, en el campo de la objetividad y su mundo.

El segundo estado se llama *pralayākala*. Este es el estado de la negación, en el que el mundo entero es negado. Aquel que reside en este mundo de negación es llamado *pralayākala pramātṛ*, el observador del estado *pralayākala*. Este *pramātṛ*, este perceptor, no experimenta el estado de este vacío porque en realidad es el estado de falta de conciencia. Este estado sería observado en el momento de *mūrcchā*, cuando uno está en estado de coma, que es como un sueño antinatural y pesado, como el sueño profundo carente de sueños. Y el observador, *pralayākala pramātṛ*, reside en esa falta de conciencia vacía.

Estos dos estados funcionan en el estado de la individualidad, no en el estado de tu verdadera naturaleza. Estos son estados de la gente mundana, no de los aspirantes espirituales.

El tercer estado se llama *vijñānākala* y el perceptor de este estado se llama *vijñānākala pramātṛ*. Este estado es experimentado por aquellos que están en el camino del *yoga*. Aquí el *yogī* experimenta la conciencia a veces, pero esta conciencia no es conciencia activa, y en otras ocasiones su conciencia está activa pero él no es consciente de esa conciencia activa. Por lo tanto, este *vijñānākala pramātṛ* tiene lugar de dos maneras: a veces está lleno de acción (*svātantrya*) sin conciencia y a veces está lleno de conciencia sin acción.

El cuarto estado del observador se llama *śuddhavidyā* y su observador se llama *mantra pramātṛ*. En este estado, el observador es siempre consciente con *svātantrya*.

El siguiente estado se llama *īśvara* y su observador se llama *mantreśvara pramātṛ*. La palabra *mantreśvara* significa "el que tiene soberanía sobre el *mantra* (*ahaṁ* - yo)". Este estado es como aquel de *mantra pramātṛ*, pleno de conciencia, pleno de dicha, pleno de voluntad, pleno de conocimiento y pleno de acción; sin embargo, este es un estado más estable. Aquí, el aspirante encuentra más estabilidad. El *mantra* para este estado es *idaṁ ahaṁ*. El significado de este *mantra* es que el aspirante siente que todo este universo no es falso; por el contrario, siente que todo el universo es la expansión de su propia naturaleza. En el estado de *mantra pramātṛ*, sintió que el universo era falso, que él era la verdad de esta realidad. Ahora une el estado del universo con el estado de su propia conciencia. Esto es en realidad la unificación de *jīva*, el individuo, con *Śiva*, lo universal.

El siguiente estado es el estado de *sadāśiva*. El observador de este estado se llama *mantra maheśvara*. En este estado, el observador se encuentra siendo absolutamente uno con el Ser Universal

Trascendental. Experimenta este estado como más válido, más sólido y digno de confianza. Una vez que entra en este estado, no hay posibilidades de caer de él. Este es el estado establecido de su Ser, su propia naturaleza Real. El *mantra* de este estado es *ahaṁ-idaṁ*. El significado de este *mantra* es: "Yo soy este universo". Aquí, encuentra su Ser en el universo, mientras que en el estado anterior de *mantreśvara* encontró el universo en su Ser. Esta es la diferencia.

El séptimo y último estado es el estado de Śiva, y el observador de este estado no es otro que el mismo Śiva. En los otros seis, el estado es una cosa y el observador es otra cosa diferente. En este último estado, el estado es Śiva y el observador también es Śiva. No hay nada fuera de Śiva. El *mantra* en este estado es *ahaṁ*, yo universal. La esto-idad ha desaparecido, fundida en la yo-idad. Este estado está completamente pleno de conciencia, dicha, voluntad, conocimiento y acción.

—*Shaivismo de Cachemira, el supremo secreto*, capítulo 8.

15. *Malas*

En nuestro sistema *śaiva* hay tres *malas* o impurezas. Estos *malas* residen en *māyā*. No residen en *svātantrya śakti*. Aunque *svātantrya śakti* y *māyā* son uno, sin embargo, son diferentes en el sentido en que *svātantrya śakti* es aquel estado de la energía que puede producir el poder de descender y ascender de nuevo, ambos a voluntad, mientras que *māyā* solo te dará la fuerza para descender y no la capacidad de ascender de nuevo. Una vez que has descendido no puedes ascender de nuevo. Esta es la realidad del estado de *māyā*. Te ata.

Māyā śakti es aquella energía universal que pertenece al ser individual, al alma individual. Cuando esa misma energía universal pertenece al ser universal se llama *svātantrya śakti*. *Svātantrya śakti* es energía universal pura. La energía universal impura es *māyā*. Es solo la formación la que cambia a través de una diferencia de visión. Cuando experimentas a *svātantrya śakti* de una manera falaz, se vuelve *māyā śakti* para ti. Y cuando te das cuenta de la misma *māyā śakti* en la Realidad, entonces esa *māyā śakti* se vuelve *svātantrya śakti* para ti. Por lo tanto, *svātantrya śakti* y *māyā śakti* son en realidad solo una, y las tres impurezas (*malas*), que serán explicadas aquí, residen en *māyā śakti*, no en *svātantrya śakti*.

Las tres impurezas (*malas*) son densa (*sthūla*), sutil (*sūkṣma*) y más sutil (*para*).

La impureza densa se llama *kārma mala*. Está conectada con las acciones. Es aquella impureza que inserta impresiones en la conciencia del ser individual, como las que se expresan en las afirmaciones: "Yo estoy feliz, yo no estoy bien, yo tengo dolor, yo soy un gran hombre, yo soy muy afortunado". Esta impureza de acción (*kārma mala*) es *śubhāsubhavāsanā*, las impresiones de placer y dolor. En realidad, estas impresiones de placer y dolor permanecen en tu conciencia individual.

La siguiente impureza se llama *māyīya mala*. Esta impureza crea diferenciación en la propia conciencia. Es la impureza de la ignorancia (*avidyā*), la impureza sutil. Los pensamientos "Esta casa es mía, esa casa no es mía; ese hombre es mi amigo, ese hombre es mi enemigo; ella es mi esposa, ella no es mi esposa", son todos creados por *māyīya mala*. *Māyīya mala* crea dualidad.

La tercera impureza se llama *āṇava mala*. Es la impureza más sutil. *Āṇava mala* es la impureza interna particular del individuo. Aunque alcance el estado más próximo de la conciencia de Śiva, no tiene la capacidad de sostenerse en ese estado. Esa incapacidad es creación de *āṇava mala*. Por ejemplo, si eres consciente de tu propia naturaleza y luego esa conciencia se desvanece, y se desvanece rápidamente, este desvanecimiento es causado por *āṇava mala*.

Āṇava mala es *apūrṇatā*, no plenitud. Es la sensación de estar incompleto. Debido a esta impureza, te sientes incompleto en todos los sentidos (...) Aunque te sientes incompleto, a sabiendas de que hay cierta carencia en ti, no sabes qué es esta carencia en realidad. Quieres tenerlo todo y, sin embargo, no importa qué tengas, no satisfaces tu sentido de carencia, tu hueco. No puedes llenar esta carencia a menos que el maestro te la señale y luego te lleve a ese punto.

De estas tres impurezas, *āṇava mala* y *māyīya mala* no están en la acción, solo se encuentran en la percepción, en la experiencia. Es *kārma mala* la que está en la acción.

—*Shaivismo de Cachemira, el supremo secreto*, capítulo 7.

Otros pensadores explican que toda esta existencia universal es por ignorancia, que es *māyā* (ilusión), dolor y tormentos. Nosotros los shaivitas no lo explicamos de este modo. Nosotros explicamos que este universo es la expansión de su propia naturaleza. *Mala* es nada, *mala* solo es tu libre albedrío de expandir tu propia naturaleza.

Así que hemos llegado a la conclusión de que *mala* no es una impureza real. Es tu propia elección, es la elección del Señor Śiva. La existencia de la impureza es solo la elección del Señor Śiva, no es una "cosa". Es *svarūpa svātantrya māṭraṁ*, es solo tu voluntad, solo tu gloria independiente.

Si te das cuenta de que es *svarūpa svātantrya māṭraṁ*, [que] es tu propio juego, entonces, ¿qué hará una cosa impura? Una cosa impura solo infundirá pureza en ti... si te das cuenta de que la impureza no existe en absoluto, es solo tu propio juego, solo tu propia expansión independiente.

Mala no es ni sin forma ni con forma. Es solo ignorancia. No permite que el conocimiento funcione, el conocimiento se detiene. *Mala* es la ausencia de conocimiento. *Mala* no es algo sustancial... Entonces, esta ausencia de conocimiento ocurre solo por ignorancia. De lo contrario, no hay *mala*. En el sentido real, *mala* no existe, la impureza no existe.

—*Tantrāloka*, 9.79-83 (archivos USF).

16. *Jagadānanda*

Este es el séptimo y último estado de *turya*. En este estado, la experiencia del Ser Universal Trascendental nunca se pierde y todo el universo es experimentado como uno con tu propia Conciencia Trascendental del "Yo".

—*Shaivismo de Cachemira, el supremo secreto*, capítulo 16.

17. *Unmīlanā samādhi* y *nimīlanā samādhi*

Nimīlanā samādhi es *samādhi* subjetivo interno. En tu movimiento a través de estos seis estados de *turya*, este *samādhi* es cada vez más firme. Con la aparición de *krama mudrā*, *nimīlanā samādhi* se transforma en *unmīlanā samādhi*, que luego se convierte en predominante. Este es el estado de *samādhi* extrovertido, en el que experimentas el estado de *samādhi* al mismo tiempo que experimentas el mundo objetivo. Y cuando *unmīlanā samādhi* se vuelve fijo y permanente, este es el estado de *jagadānanda*.

—*Shaivismo de Cachemira, el supremo secreto*, capítulo 16.

18. Poderes yóguicos

Los ocho poderes mundanos son: *aṇimā* (el poder de hacer que el propio cuerpo sea extremadamente pequeño), *mahimā* (el poder de hacer que el propio cuerpo sea infinitamente grande), *garima* (el poder de volverse infinitamente pesado), *laghimā* (el poder de volverse ingrávido), *prāpti* (el poder de estar en cualquier lugar), *prākāmya* (el poder de lograr cualquier deseo), *īśtva* (el poder de poseer soberanía absoluta) y *vaśitva* (el poder de subyugar). [Nota del editor]

4. garbhe cittavikaso'viśiṣṭa vidyāsvapnaḥ

Cuando la mente de un *yogī* está satisfecha con el cuerpo expansivo de la ilusión, cae en el mundo de las percepciones diferenciadas y su conocimiento del Ser es como el de los seres vivos ordinarios.

Aquí, la palabra sánscrita *garbhe* significa aquel cuerpo expansivo de la energía de la ilusión. Eso es *mahāmāyā*, la gran energía ilusoria del Señor Śiva.

El cuerpo de la ilusión al que se hace referencia son los poderes yóguicos limitados (por ejemplo, la creación de incienso divino o la materialización de ceniza sagrada para dar a los discípulos, caminar sobre el agua, volar en el aire, etc.). Todos estos poderes son existentes en el ámbito de *māyā*. Cuando el *yogī* exhibe el mundo de poderes limitados y su mente se vuelve satisfecha y no avanza, para él, su conocimiento del ser es como el mundo de los sueños: no es conocimiento en absoluto. Su conocimiento es igual al conocimiento de las personas mundanas ordinarias. Y así, como los seres vivientes ordinarios, cae y queda establecido en el mundo de la diferenciación con diferentes percepciones y pensamientos.

> Aquellas luces en el centro de las cejas y los sonidos divinos en el centro del corazón son obstáculos para el *samādhi*. (*Yoga Sūtra* 3.37)

(*Yoga Sūtra* de Pātañjali, 3.37)
—*Shiva Sutras, el despertar supremo*, 2.4.

La cuestión no es el logro del estado de *yoga*. El punto es lograr la cercanía de Dios. Cuando eres llevado cerca de Dios, eso es suficiente, eso es todo. ¿Qué más necesitas? Puede que no haya *yoga* en absoluto, solo unidad con la conciencia de Dios. Es suficiente.

Entonces, *māmeva*, él solo está enfocado hacia Mí. *Nānyatbhajate*, él no piensa en ninguna otra cosa relacionada con el *yoga*, por ejemplo, *aṣṭa siddhi*, los ocho grandes poderes del *yoga*. No se preocupa por ellos. Solo se preocupa por alcanzarme, por alcanzar mi personalidad. Él es el *yogī* más grande, *parameśvara saṁāviṣṭaḥ*, porque tiene plena entrada en la conciencia de Dios.

Entonces, el *jñāna* (conocimiento) del *yoga* con fe y apego por el Señor es el conocimiento más elevado. El conocimiento del *yoga* con los poderes del *yoga* no es lo más elevado. El conocimiento del *yoga* con la confianza de que "seré uno con el Señor Śiva, la conciencia de Dios", ese es el verdadero *yoga*.

—*Bhagavad Gītā*, 6.49 (archivos USF).

19. Eficacia del *mantra*

Oṁ padmni oṁ, oṁ namaḥ śivāya, svacchanda bhairavāya namaḥ; estas frases son grupos de palabras sagradas. Los grupos de palabras sagradas no son *mantras*, sino solo una pérdida de tiempo para el aspirante.

> Esos *mantras* que son recitados con los labios y con la mente en realidad no son *mantras*. Los *devatas* y los *gandharvas*, todas estas grandes almas, se han engañado a sí mismos al pensar que estos son en realidad *mantras*. Y, además, están llenos de un tremendo orgullo al pensar que están recitando verbalmente el nombre de Dios. (*Sarvajñānottara* 16-17)

La vida de todos los *mantras* es exclusivamente la energía de la conciencia de Dios. Cuando esa energía está ausente, todos esos grupos de palabras son inútiles, al igual que una masa de nubes en el cielo sin lluvias del otoño. (*Tantrasadbhāva*)

—*Shiva Sutras, el despertar supremo*, 2.1.

3. vidyāśarīrasattā mantrarahasyam

La esencia secreta del *mantra* es el establecimiento en el cuerpo del conocimiento de la unidad.

Aquí, "conocimiento" significa el conocimiento supremo de la unidad. En el sentido real, es el Dios supremo quien es la formación de la colección de todos los sonidos. Es a partir de este punto que todos los sonidos son creados y almacenados. Por lo tanto, en otro sentido, es el estado de la conciencia de Dios que es una con el universo y plena de suprema conciencia del yo.

Esta es la esencia de todos los *mantras*. Por las palabras "esencia de todos los *mantras*" no se refiere a *mantras* tales como *oṁ namaḥ śivāya*, *oṁ namo bhagavate vāsudevāya*, etc. Estos *mantras* no son *mantras* en el sentido real. *Mantra*, en el sentido real, es aquella conciencia suprema del yo. Este es el secreto de los *mantras*.

—*Shiva Sutras, el despertar supremo*, 2.3.

20. Eterno y no eterno

De hecho, los tres aspectos del Señor Śiva (omnipresencia, ser eterno y universalidad —consistente en formas universales—), estos tres aspectos tampoco están ocupados por el Señor Śiva porque Él no es universal, Él tampoco es omnipresente, Él tampoco es eterno. Si Él fuera omnipresente y no fuera no omnipresente, entonces la no omnipresencia quedaría excluida... Por lo tanto, no puedes decir que Él sea únicamente omnipresente. No puedes decir que Él sea únicamente eterno. No puedes decir que Él sea únicamente universal. Él también es la negación del universo, Él también es la negación de la omnipresencia, y Él es es la negación de la universalidad.

—*Tantrāloka*, 1.66 (archivos USF).

21. Percibiendo todo en todo

Sarvasarvātmakata, toma cualquier cosa, está lleno de todo. Toma solo una diminuta partícula de un germen, que no puedes experimentar con tus propios ojos sino solo con un microscopio. En el cuerpo de ese pequeño germen encontrarás ciento dieciocho mundos. Esta es la enseñanza de *Mālinī*... todo lo que existe en este mundo está lleno de todo, nada es ignorado, nada queda afuera.

—*Parātrīśikā Vivaraṇa* (archivos USF).

22. Sin cualificaciones para recibir la gracia

Nunca piensas cuando otorgas gracia (nunca piensas, *karhicit*). *Prāpta*, pero deberías haber pensado. Este "deberías" y "nunca", estas dos palabras declaran, indican, *anapekṣitvamūcivān*, este *śaktipāta* es *anapekṣitva*, no reconoce las cualificaciones. Allí no se reconocen las cualificaciones, ni la idoneidad, ni la capacidad, ni la habilidad; no se reconoce ante Él... *Bas*, Él simplemente otorga gracia.

—*Tantrāloka*, 13.291 (archivos USF).

23. *Saptadaśī kalā*

Saptadaśī kalā es la decimoséptima *kalā* porque esta decimoséptima *kalā* está por encima de *prameya bhāva*, el campo de la objetividad. Esa decimosexta *kalā* [*amākalā*] está en *prameya bhāva*. *Kalā saptadaśī tasmāt amṛtākāra rūpiṇī*, la decimoséptima *kalā* está llena de la formación de néctar.

Tantrāloka, 3.138 (archivos USF).

Entonces, cuando el mundo cognitivo y el mundo subjetivo se encuentran yaciendo en el mundo objetivo, esos dieciséis aspectos del mundo objetivo se convierten en diecisiete. Se vuelve *saptadaśī kalā*, el decimoséptimo movimiento.... El decimoséptimo movimiento está por encima de todo. Eso, en el sentido real, es la Diosa suprema, y *yājyā*, Ella debe ser adorada, poseída, debe ser poseída en la unidad.

—*Parātrīśikā Laghuvṛtti*, estrofa 32 con comentario (archivos USF).

24. Tres *guṇas*

En este mundo, desde el cielo a este mundo mortal, no encontrarás un individuo existente que no esté en las garras de los tres *guṇas*. Todo el mundo, cualquiera que exista en este mundo o en los cielos, está atrapado en el ciclo de tres *guṇas* que nacen de *prakṛti*.

Estas tres mareas de los tres *guṇas* son, en el sentido real, unas con la conciencia de Dios.

—Swami Lakshmanjoo, audio de la *Bhagavad Gītā*, archivo USF.

25. La nada

"La nada" es el Señor Śiva porque el Señor Śiva no es esto ni aquello. ¿Qué es el Señor Śiva? Ninguna cosa. Ninguna cosa es algo, algo que no sea pensable, inexpresable; lo que no se siente, lo que no puede ser sentido, lo que no se puede imaginar, lo que no se puede saber, lo que no se puede pensar. Eso es "ninguna cosa".

—*Vijñāna Bhairava* (archivos USF).

Cuando no hay nada, está lleno. Cuando hay algo, no está lleno, está incompleto. Esta es la manera de entender el estar completo y el estar incompleto. Cuando estás incompleto, eres algo. Cuando estás completo, no eres nada. "Ninguna cosa" está completo, "alguna cosa" está incompleto.

—*Tantrāloka*, 3.97 (archivos USF).

26. Sistema *Spanda*

El cuarto sistema que comprende la filosofía Trika se llama sistema Spanda. La palabra *Spanda* significa "movimiento". La escuela Spanda reconoce que nada puede existir sin movimiento. Donde hay movimiento hay vida, y donde no hay movimiento, aquello no tiene vida. Se percatan de que hay movimiento en la vigilia, en el sueño, en el sueño profundo y en *turya*. Aunque algunos pensadores sostienen que no hay movimiento en el sueño profundo, los filósofos del sistema Spanda sostienen que nada puede existir sin movimiento.

Las enseñanzas del sistema Spanda, que es un sistema práctico importante, se encuentran plasmadas en el *Vijñāna Bhairava Tantra*, en el *Svacchanda Tantra* y en el sexto capítulo del *Tantrāloka*.

—*Shaivismo de Cachemira, el supremo secreto*, capítulo 19.

Spanda se denomina *sphurattā* (vigor, vida, dador de vida, poder de existencia), *ūrmiḥ* (marea), *balam* (fuerza), *udyoga* (fuerza), *hṛdayam* (corazón), *sāram* (esencia) y *mālinī* (energía suprema). Estas son denominaciones que se atribuyen a este *spanda* en los *śāstras*.

—*Spanda Saṁdoha of Kṣemarāja*, traducción y comentario de Swami Lakshmanjoo (grabación de audio original, archivos de la USF, Los Ángeles, 1981).

Aquel que siempre está completamente consciente para aprehender la esencia de *spanda* en cada uno de los movimientos de la vida, rápidamente logra entrar en la conciencia de Dios en el mismo estado de vigilia.

—*Spanda Kārikā*, 1.21

Este universo, que es un mundo de conciencia, es pleno y es uno con el supremo estado de conciencia de Dios. La conciencia de Dios es *spanda*, una realidad única de movimiento supremo pleno de néctar y una efusión de la dicha suprema de la independencia.

—*Shiva Sutras, el despertar supremo*, 1.9

El elemento de *spanda* es ese Ser de conciencia de Dios en el que existe todo este universo y del cual surge todo este universo... Y la conciencia de Dios no es solo el lugar en el que yace el universo. Este es también el *prasara sthana*, la energía que fluye. Este universo sale de Eso... Tiene que existir en la conciencia de Dios y está surgiendo de la conciencia de Dios en la conciencia de Dios, porque no hay otro espacio para que exista el universo.

—*Parātrīśikā Vivaraṇa* (archivos de USF).

ÍNDICE DE TÉRMINOS SÁNSCRITOS

TEXTOS

Āgamas 24
Bhagavad Gītā xxiv, 27, 29, 51, 124, 339, 342, 362
Bhagavad Gītā in a Nutshell 27
Bhagavad Gītā in the Light of Kashmir Shaivism 29, 51, 124
Bhagavadgītārthasaṁgraha of Abhinavagupta 74
Bhairava tantras 31
Bhakti stotra 149, 229
Chowkhamba Sanskrit Series xii, 161, 317
History of Kashmir Shaivism xvii
Interview on Kashmir Shaivism 224
Īśvara-pratyabhijñā, Īśvara-pratyabhijñā Kārikā, Īśvara-pratyabhijñā Ṭīkā, Īśvara-pratyabhijñā Vimarśinī, Īśvara-pratyabhijñā Vivṛti Vimarśinī xvi, xvii, 3
Janma Maraṇa Vicāra of Bhaṭṭa Vāmadeva 203
Jaya stotra 149, 228
Kena Upaniṣad 23
Krama Sūtra 330
Mālinīvijaya Tantra 16
Paramārthasāra xxiii, 362
Parātrīśikā Laghuvṛtti xvii, 341
Parātrīśikā Vivaraṇa 19, 68, 310, 311, 324, 326, 328, 340, 343
Pratyabhijñāhṛdayam 184
Rahasya Śāstra 124
Saṁgraha Stotra xv, 149
Sarvajñānottara 339
Śatapatha Brāhmaṇa 312
Ṣaṭpadī Stotra 123
Self Realization in Kashmir Shaivism 47, 140, 209, 222, 324, 329, 330, 331
Shaivismo de Cachemira, el supremo secreto xvi, xx, 9, 16, 22, 30, 31, 57, 58, 59, 110, 114, 186, 230, 317, 318, 320, 323, 325, 326, 327, 332, 334, 336, 337, 342
Shiva Sutras, el despertar supremo 58, 279, 338, 339, 340, 343
Śivadṛṣṭi xviii, xx
Śivastotrāvalī i, v, vii, viii, ix, x, xi, xii, xiii, xiv, xv, xvii, xviii, xix, xx, xxi, 3, 12, 161, 215, 216, 217, 220, 221, 222, 223, 224, 225, 226, 227, 228, 229, 239, 252, 260, 270, 276, 282, 283, 284, 316, 317
Śiva Sūtras 10
Spanda Kārikā 59, 343, 362
Spanda Saṁdoha 343
Special Verses on Practice 328
Stava Cintāmaṇi 33, 292, 362
Svacchanda Tantra 342
Tantrāloka xix, 28, 31, 42, 45, 49, 97, 114, 143, 183, 194, 195, 196, 252, 301, 311, 318, 321, 326, 327, 331, 336, 340, 341, 342, 362
Tantras xix, 24, 31, 323
Tantrasadbhāva 339
Utpalastotrāvalī xxi
Vātūlanātha Sūtras 325
Vedas 10, 24
Vijñāna Bhairava 125, 174, 216, 342, 362
Yoga Sūtra 338

NOMBRES

Abhinavagupta xii, xvi, xvii, xix, xxiii, 3, 19, 27, 28, 74, 194, 310, 326, 362
Agni 214
Ananta 90, 301
Benares xviii, 285
Bhairava xxiv, 31, 125, 158, 174, 216, 219, 324, 342, 362
Brahmā, Brahmās 19, 27, 28, 32, 61, 62, 104, 147, 151, 157, 158, 214, 216, 218, 227, 255, 302, 311, 312, 313, 314
Dal ix, xi
Dr. B. N. Pandit xvii
Gaṅgā 210, 211
Haridwar xviii, 285
Indra 104, 214, 255, 312
Īśvara xvi, xvii, 3, 147, 151, 210, 214, 255
Jaideva Singh 184
Jehlum 225
Kāma 145
Kārkoṭa 301
Kṣemarāja xii, xiii, 3, 34, 35, 45, 46, 59, 161, 184, 194, 214, 215, 317, 326, 343, 362
Kṣīrabhavānī 225
Kubera 214
Kula 31, 324, 325
Kulikaḥ 301
Lakshmana ix, x
Lakṣmaṇagupta xvi, xix, 3, 194, 326
Lakṣmī 130, 136
Mahādeva 21, 161, 207, 261
Mahā-Padmaja-Nāgarāja 301
Maheśvara 21, 146, 150, 207
Mālinī 340
Mānasarovara 223
Mandāra 266
Nairitti 214
Nārāyaṇa 104, 147, 158, 218, 220, 227, 362
Nīlakaṇṭha 203
Parameśvara 190, 193, 291
Pārvatī 7, 8, 59, 74, 79, 80, 173, 198, 206, 207, 213, 216, 217, 234, 237, 252, 274, 299, 304
Pāśupāta Śaiva 308
Pātañjali 338
Pratyabhijñā v, ix, xii, xv, xvi, xvii, xx, 3, 31, 183, 194, 326
Rajanaka Gopala Razdan 233
Rājānaka Lakṣmaṇa xiv, 161, 317
Ram Ashram x
Rāvaṇa 145
Ṛṣibher 156
Rudra 147, 151, 207, 208, 214, 216, 217, 218, 255
Sadāśiva 147, 151
Saṁkha 301
Śaṅkara 21, 61, 67, 123, 158, 161
Saroja 301
Śeṣanāga 62
shaivismo de Cachemira i, vii, ix, x, xi, xv, xxi, xxiii, 1, 3, 30, 51, 317, 321, 330, 362
Shri Ram Trika Shaiva Ashram x
Śivarātri 74, 237
Somānanda xv, xvi
Spanda 31, 59, 342, 343, 362
Śrīkaṇṭha, Śrikaṇṭhanātha 157
Srimati Arnamali x
Srinagar ix, xi, xvii, xxiii, 51, 181, 225
Sumerū 223, 224
Swami Lakshmanjoo i, iii, ix, x, xi, xii, xiii, xiv, xvi, xvii, xix, xxiii, xxiv, 12, 19, 27, 28, 29, 33, 47, 58, 59, 74, 125, 161, 184, 203, 224, 317, 325, 342, 343, 361, 362
Swami Mahatabkak x, 201
Swami Ram ix, x
Takṣakaḥ 301
Trika x, 31, 184, 319, 321, 330, 342
Upamanyu 221
Utpala, Utpaladeva, Utpaladevācārya i, v, vii, viii, ix, xi, xiii, xiii, xiv, xv, xvi, xvii, xviii, xix, xx, 3, 12, 26, 29, 34, 38, 45, 46, 52, 54, 62, 79, 80, 102, 107, 109, 123, 126, 137, 161, 173, 189, 194, 195, 196, 207, 208, 209, 227, 228, 274, 278, 304, 310, 317, 326, 362
Varanasi xiiv xviii, 161, 285, 317

Varuṇa 214
Vāsuki 266, 301
Vāyu 214
Viṣṇu 19, 28, 62, 151, 157, 158, 214, 216, 255, 312, 313
Yama 145, 214

TÉRMINOS GENERALES

abheda 69, 70, 317
abhedopāya 317
abhimāna 271, 279
acalāḥ 161
acara 26
ācāra, *ācāras* 31
acha 113
advaita vii, 206, 209
aghora, *aghora panthis* 34, 35, 314
aghorīs 314
agni 19, 21, 22, 137
ahaṁ 25, 49, 124, 275, 277, 279, 310, 330, 333, 334
ahaṁbhāva 14
ahaṁ-idaṁ 334
ahaṁkāra 238
aiśvarya 215, 216, 323
akṛtrima 323
akṣa-mālā 52
akutobhayam 202
alakṣmī 38
ālocana 125
amākalā 211, 341
amaṅgala xix, 39
ānanda xxii, 6, 7, 30, 33, 45, 99, 114, 131, 189, 261, 322, 325, 327
ānanda śakti 114, 189, 327
ananta 7, 90
āṇava 68, 186, 229, 326, 327, 335, 336
anavacchinna 328
āṇava mala 68, 186, 229, 335, 336
āṇavopāya 242, 254, 317, 318
aṇimā 106, 107, 337
āntarikṣa lokaḥ 33
anubhavam 326
anugraha 168, 190, 252, 303, 310, 311
anukampā 218
anupāya 114, 254
aparā 209, 319, 327
aparā śakti 319
apūrṇatā 335
apūrva 30, 86, 219, 289
arcana 189, 191, 192, 204, 231, 278
āropaya 296, 297
āsana 62, 222, 309
asat 42, 52, 53, 217
āśram ix, x
āśrama 164
aṣṭa siddhi 338
asteya 163, 164
asuras 220
asvātantrya 43
ātman 14, 184
āvāhana 268
avasāne 308
avidyā 335
avyakta 215

balam 343
bauddha jñāna 3
bhaktas 241
bhakti vii, viii, xii, 7, 13, 15, 20, 35, 51, 84, 102, 103, 106, 109, 130, 132, 141, 232, 233, 235, 243, 248, 249, 258, 261, 267, 273, 279, 280, 282, 283, 296, 297, 305, 307, 313, 314, 315
bhaktimada 105, 227
bhakti rasa viii, 15, 130, 243
bhakti yoga 314
bhasma 301
bhava roga 43
bheda 99
bhedābhedopāya 317
bhedopāya 317
bhīṣma 219
bhoga 82, 130, 239, 257
bhṛtya 141, 142, 173
bhrūmadhya 88
bhūḥ, *bhūḥ loka* 33, 75, 217
bhūrloka 75, 113
bhuvaḥ, *bhuvaḥ loka* 33, 75, 217
bhuvarloka 75
brahmacarya 163, 164

caitanya 324
cakra 88
cāmaraṁ 44
candramā 137, 224
cara 26, 69, 182
cārvāka 139
ceṣṭā 178, 281
cetana 19
cidānanda xxiv, 45, 74
cidānanda rasa 45
cid-gagana 47, 331
cintāmaṇi 292
cit 28, 30, 45, 62, 187, 322, 323, 327, 332
cit-caitanya 323
cit kuṇḍalinī 28, 322, 332
cit prakāśa 30
cit śakti 327
cittapralayaḥ 327
cittasaṁbodhaḥ 327
cittaviśrāntiḥ 327

dakṣiṇa 31
dakṣiṇācāra 31
dayā 61, 157
deha 111, 222, 275
deha-bhūmi 111
devarṣijana 43
devas, devatas 124, 203, 312, 339
dhāraṇā 174, 309
dharma 218
dhūpa 260, 268
dhvaṁsa 227
dhyāna 47, 163, 254, 262, 304, 305, 309
dīpa 260, 268
duḥkha 49, 154, 249, 294, 309
dvaita 209
dvandvas 294
dveṣa 100, 102, 247

gaṁ gaṇapataye namaḥ 156
gandha 34, 86, 89, 166, 188, 189, 191, 192, 198, 200, 223, 265, 280, 281
gandharvas 339
gaṅgā 210
garima 107, 337
ghana 30
ghora, ghoratarī 34
gṛhasthya 164
guhā 222
guṇas 237, 238, 341, 342
guru 3, 34, 326

haṁsa 117, 223
haṁsavara 116
haṭha śaktipāta 57, 58
havan 49, 255, 263
hṛdaya, hṛdayam 47, 87, 88, 124, 231, 282, 323, 343

icchā śakti 114, 142, 189, 317, 327
icchayā 170, 209
icchopāya 97, 317
idaṁ 49, 100, 103, 113, 167, 333, 334
idaṁ ahaṁ 333
iṣṭadevās 126
īśtva 107, 337
īśvara 211, 217, 330, 333
itaradaśā 283

jaḍa 19, 26, 90
jagadānanda xxiv, 80, 83, 178, 274, 286, 331, 332, 337
jāgara 283
jāgrat 33, 59, 111, 198, 199
japa 52, 157, 225
jīva 222, 333
jīvan muktas 15
jīvanmukti 332
jñāna 3, 114, 189, 276, 279, 309, 314, 317, 327, 330, 338
jñāna śakti 114, 189, 317, 327
jñāna yoga 314
jñānīs 319, 320
jñānopāya 317

kalā 45, 199, 211, 301, 341
kāla 208, 230
kālāgnirudra 38
kālakūṭa 203
kali yuga xv
kalpataru 289
kalyāṇa 160
kāma 102, 238, 271

kāmadhenu 266
kamaṇḍalu 26
kaṇṭha 88
kañcukas 58, 230
kapāla 157, 302
kāpālika, kapāline 26
kāraṇas 147
kārma mala xx, 68, 186, 229, 335, 336
karmas 57, 62, 124, 275
kartṛtva 323
krama, krama mudrā 45, 47, 96, 102, 286, 330, 331, 332, 337
kriyā 48, 114, 189, 204, 219, 220, 254, 276, 310, 314, 317, 327, 330
kriyā śakti 114, 189, 310, 317, 327
kriyā yoga 314
kriyopāya 317
krodha 102, 238, 271
kṣīra 203
kṣīrasāgara 203, 210, 220, 266
kula 324
kuṇḍalinī 28, 44, 321, 322, 323, 325, 326, 332
kuṇḍalinī śakti 321

laghimā 106, 107, 337
laghu 113
lasya 220
latā 9, 292, 305
liṅga 126, 215
lobha 102, 238
lokapāla, lokapālas 214
lokas 241

mada 227, 238, 259
madhyamā 9
madhye 308
mahāmāyā 338
mahāpracaya 320
mahā puruṣa 50
mahā sattā 53
mahāvyāpti 183, 184
mahimā 106, 107, 337
makāras 31
mala, malas xx, 17, 57, 68, 75, 105, 186, 187, 200, 209, 214, 229, 280, 334, 335, 336
mālinī 343
mamatā 279, 280
mānasarovara 223
manasi 86, 111, 180, 181, 235
maṅgala 22, 29
mantra, mantras 4, 36, 44, 49, 52, 61, 89, 156, 213, 226, 264, 268, 279, 318, 329, 330, 333, 334, 339, 340
mantra maheśvara 333
mantra pramātṛ 333
mantra vīrya 279
mantreśvara 333, 334
mantreśvara pramātṛ 333
masṛṇa 113
mātṛkācakra 322, 326
māyā 30, 230, 314, 329, 334, 335, 336, 338
māyā śakti 335
māyīya xx, 68, 186, 229, 280, 335, 336
māyīya mala xx, 68, 186, 229, 280, 335, 336
moha 8, 102, 222, 238
mokṣa xv, 3, 15, 16, 30, 187, 188, 282, 307
mokṣa rasa 15
mudrā 47, 48, 286, 330, 331, 332, 337
mūla 308
mūlādhāra 88
munis 35, 225
mūrcchā 333

nadru, nadrus 116, 117
nāma 14, 118, 161, 220, 281, 291
nara 330
naraḥ 327
nīlakaṇṭha 203
nimīlanā 45, 82, 337
nimīlanā samādhi 45, 82, 337
nirācāra 31
nirantarānanda 33
nirvakalpa darśana 168
nirvāṇa 258, 259
nirvikalpa 36, 95, 125, 168, 174, 222, 326
nirvikalpa darśana 168

nityā sundarī 31
niyama 309
niyati 58, 230
nṛti 48, 86
nṛtya 220

oṁ 156, 330, 339, 340
oṁ namaḥ śivāya, namaḥ śivāya 156, 217, 220, 339, 340
oṁ namo bhagavate vāsudevāya 340
oṁ padmni oṁ 339

padmāsana 212
paṇḍits xiii, 229
pañcadaśavidyā 110
parā 9, 36, 59, 209, 283, 319, 321, 323, 324, 327
parā kuṇḍalinī 321
parām 157, 158
parāmarśa 49
parameṣṭhi guru 34, 326
parāparā 209, 319, 327
parā parameśvarī 324
parāparā śakti 319
parāparā visarga 327
paraprakṛti 313
parā śakti 59, 209, 319
parā vāk 9, 323
parā visarga 36, 327
pareta 26, 27
pārijāta 289, 292
paśyantī 9, 10
pauruṣa jñāna 3
phalam 151, 250, 267
phālguna 74
pidhāna 303
prabhāva 214
prākāmya 107, 337
prakāśa, prakāśām 20, 30, 45, 54, 117, 137, 146, 161, 309, 323, 324
prakṛti 165, 177, 199, 341
pralayākala 186, 332, 333
pralayākala pramātṛ 186, 332, 333
pramāṇa 73, 137, 157
pramāṇa bhāva 137, 157
pramātṛ 73, 111, 137, 157, 186, 332, 333
pramātṛ bhāva 111, 137
prameya 73, 137, 157, 332, 341
prameya bhāva 137, 157, 341
prāṇa 28, 111, 322
prāṇa kuṇḍalinī 28, 322
praṇālī 215
prāṇa vartmani 111
prāṇāyāma 110, 309
prāpti 107, 337
prārthana 282
prasāda 41, 199
prasara sthana 343
prathamābhāsa 125
pratibhā 179
pratyāhāra 12, 309
pratyaya 100, 307
pretas 26, 27
pṛthivī 329
pṛthvī tattva 325
pūjā xiv, 13, 32, 122, 126, 127, 130, 170, 201, 253, 254, 258, 260, 262, 263, 267, 268, 270, 276, 318
pūrṇa 24, 95, 125, 131
pūrṇāhuti 49
puruṣa 50, 58

rāga 15, 66, 100, 102, 230, 247
raja 238
rajoguṇa 237, 238
randras 315
rasa viii, 15, 17, 33, 34, 37, 45, 57, 70, 86, 89, 101, 110, 115, 121, 122, 127, 128, 130, 131, 159, 166, 169, 170, 188, 189, 191, 192, 198, 200, 223, 230, 231, 243, 257, 265, 280, 281, 294
rāśi 35
ṛṣis 35, 156, 225
rūdra śakti 16
rūdra śakti-samāveśaḥ 16
rūdra śakti-samāviṣṭaḥ 16
rūpātītā 165, 319

śabda 34, 67, 89, 90, 166, 188, 189, 191, 192, 198, 200, 223, 265, 280, 281
śabdarāśi 279
sadāśiva 330, 333
sādhakas 308, 309
sādhanā, sādhanās x, 7, 11, 60, 126

sādhu, sādhus 160, 176, 314
śaiva, śaivas ix, x, xi, xii, xv, xvi, 36, 38, 44, 276, 334
sakala 132, 186, 332
sakala pramatṛ 186
śākta 201, 326, 327
śakti 7, 16, 19, 34, 35, 37, 42, 58, 59, 114, 142, 179, 180, 181, 189, 202, 209, 216, 234, 310, 317, 319, 321, 324, 327, 328, 330, 334, 335
śaktipāta xxiv, 57, 58, 138, 166, 194, 195, 196, 218, 303, 341
śakti vikāsa 202
śāktopāya 44, 91, 242, 254, 317, 318
samādhi 9, 10, 23, 45, 52, 66, 76, 79, 80, 82, 165, 178, 296, 297, 309, 320, 331, 337, 338
sāmagrī 20, 263
samāna bhāva 211
samāveśa 47, 330, 331
śāmbhava 326, 327
śāmbhavopāya 7, 36, 242, 254, 265, 317, 318
saṁhāra 28, 34, 303, 313
saṁsāra 24, 51, 145, 233, 251, 267, 278
saṁvidaḥ pathiṣu 111
saṁvit 19, 124, 304, 305
saṇnyāsi 100
śāntā 202
saptadaśī kalā 211, 341
sāra 124, 171, 323
sāram 343
sarga 216
saroja 132
sarvācāra 31
sarvātītā 28
śāstra, śāstras xvii, 37, 85, 179, 229, 246, 247, 343
sat 42, 52, 305, 330
sattvaguṇa 237, 238
satya 163, 164
sauḥ 44, 329, 330
savyāpārā 319
shikara xi, 91
siddhi, siddhis 88, 158, 160, 167, 209, 292, 297, 338
sita 113
śītala, śītalaṁ 37, 113, 262
śiva agni 21, 22
śiva-bhakta xv
śiva bhāva 73, 186, 281
śivādhvani 72, 73
śivaliṅga 126
śivamārga xiv
śiva tattva 325
śiva vikāsa 202
śmaśāna agni 21, 22
so'ham 330
soma 44
spanda 286, 323, 343
sparśa 34, 75, 81, 89, 90, 131, 142, 159, 166, 188, 189, 191, 192, 198, 200, 223, 262, 265, 280, 281
sphuratta, sphurattā 323, 343
sṛṣṭi 303
sthāpana 268
sthiti 227, 303
sthūla 335
śubhāsubhavāsanā 335
śuddhām 45
śuddhavidyā 330, 333
sukha 48, 125, 185, 239, 294
sūkṣma 335
sūrya 19, 137
suṣupti 33, 58, 59, 111, 140, 198, 199, 283
sūtra 184
svacchanda bhairavāya namaḥ 339
svaḥ 33, 75, 217
svāhā 20, 49
svaḥ loka 33
svamudrā 215
svapna 33, 58, 59, 111, 140, 198, 199
svapna svātantrya 58, 59
svaprakāśa 44, 193
svarloka 75, 113
svarūpa 19, 29, 38, 43, 113, 118, 136, 151, 205, 245, 314, 336
svasampat 236
svatantratā 327
svātantrya 37, 43, 58, 59, 121, 128, 323, 324, 328, 329, 333, 334, 335, 336
svātantrya śakti 37, 59, 324, 328, 334, 335

tamoguṇa 237, 238
tāṇḍava 220, 302
tapas 226
tapasyā 306
tejas 137
tīvra tīvra śaktipāta 57
trailokya 21, 217
triloka, *trilokas* 33
triśūla 157, 158, 209, 279, 301
turya 22, 45, 111, 165, 283, 319, 320, 321, 332, 337, 342
turyānanda 22
turyātīta 45, 319, 320, 321

udyoga 343
unmīlanā 45, 82, 337
unmīlanā samādhi 45, 337
upalakṣaṇa 34
upāya, *upāyas* xvi, 7, 36, 44, 91, 97, 114, 163, 164, 216, 242, 265, 317, 318
ūrmiḥ 343
utpāta 224, 225

vaikharī 9, 49, 80
vāk latā 9
vāma 31
vāmācāra 31
vāsanā 86, 103, 296
vaśitva 107, 337
vedānta 30, 110, 145, 246
vibhūti 301
vijñānākala 59, 186, 333
vijñānākala pramātṛ 186, 333
vikalpa, *vikalpas* 42, 95, 101, 285, 326
vimarśa 49, 310, 323, 324
vīrya 278, 279, 325
viṣa 203
visarga 36, 311, 322, 324, 326, 327, 330
viṣuvat 254
viśvamaya 330
viśvarūpa 36
viśvottīrṇa 35, 142, 330
vṛttis 284
vyakta 215
vyutthāna 13

yājyā 341
yama 309
yoga xiv, xvi, xxiv, 7, 11, 12, 13, 48, 66, 88, 110, 128, 167, 168, 297, 309, 314, 320, 333, 338, 339
yoga siddhi 167
yogī, *yogīs* xx, 12, 47, 58, 76, 88, 100, 107, 174, 229, 236, 237, 308, 309, 314, 315, 319, 320, 321, 322, 330, 331, 332, 333, 337, 338
yoni 215

Enseñanzas de Swami Lakshmanjoo publicadas por The Lakshmanjoo Academy

Las enseñanzas de Swami Lakshmanjoo son una respuesta a la necesidad urgente de nuestro tiempo: la transformación de la conciencia y la evolución de una humanidad más iluminada.

La Universal Shaiva Fellowship y su rama educativa, Lakshmanjoo Academy, una organización sin fines de lucro, fueron establecidas bajo la inspiración directa de Swamiji, con el fin de llevar a cabo la visión de Swamiji de poner el Shaivismo de Cachemira a disposición de todo el mundo. Era el deseo de Swamiji que sus enseñanzas estuvieran disponibles sin restricciones de casta, credo y color. La Universal Shaiva Fellowship y Lakshmanjoo Academy han preservado las enseñanzas originales de Swamiji y progresivamente están haciendo estas enseñanzas disponibles en formato de libros, audio y video.

Este conocimiento es extremadamente valioso y estimulante para todo el género humano. En momentos de incertidumbre, ofrece a la humanidad una visión clara y certera. Nos muestra el camino a casa y nos da los medios para su logro.

Para obtener información sobre Shaivismo de Cachemira o para apoyar el trabajo de Universal Shaiva Fellowship y Lakshmanjoo Academy y su profunda labor consciente, visite el sitio web de Lakshmanjoo Academy o escriba a su dirección de correo.

info@lakshmanjooacademy.org

www.lakshmanjooacademy.org

ENSEÑANZAS DE SWAMI LAKSHMANJOO PUBLICADAS POR LAKSHMANJOO ACADEMY

EN CASTELLANO

· Shaivismo de Cachemira, el Supremo secreto
· Shiva Sutras, el despertar Supremo
. La esencia de la Realidad suprema. El Paramarthasara de Abhinavagupta
. Himnos a Shiva. Cantos de devoción en el shaivismo de Cachemira. La Shivastotravali de Utpaladeva

EN INGLÉS

· Bhagavad Gītā, In the Light of Kashmir Shaivism
· Festival of Devotion & Praise, Hymns to Shiva, Utpaladeva's Shivastotrāvali
· Vijñāna Bhairava, The Manual for Self-Realization
· Shiva Sūtras, The Supreme Awakening
· Kashmir Shaivism, The Secret Supreme
· Self-Realization in Kashmir Shaivism, The Oral Teachings of Swami Lakshmanjoo
· Esence of the Supreme Reality, Abhinavagupta's Paramārthasāra
· The Mystery of Vibrationless-Vibration in Kashmir Shaivism, Vasugupta's Spanda Kārikā & Kṣemarāja's Spanda Sandoha
· The Magical Jewel of Devotion in Kashmir Shaivism Bhaṭṭa Nārāyaṇa's Stava Cintāmaṇi
· Light on Tantra of Kashmir Shaivism, Abhinavagupta's Tantrāloka Chapter One - Volume 1
· Light on Tantra of Kashmir Shaivism, Abhinavagupta's Tantrāloka Chapter Two and Three - Volume 2
· Light on Tantra of Kashmir Shaivism, Abhinavagupta's Tantrāloka Chapter Four - Volume 3
· Light on Tantra of Kashmir Shaivism, Abhinavagupta's Tantrāloka Chapter Five - Volume 4
. The Wisdom of Kashmir Shaivism

INSTRUCCIONES PARA DESCARGAR LOS ARCHIVOS DE AUDIO

1. Abra este enlace para descargar el audio gratuito https://www.lakshmanjooacademy.org/request-audio-new

Busque “Hymns to Shiva - Audio” en la lista.

2. Seleccione “Add to basket” para pasar a la siguiente página.

3. Copie “Hymns” en la casilla “Add Gift Certificate or Coupon”.

4. Haga clic en “Checkout” y complete sus datos para procesar las descargas gratuitas.

Si tiene alguna dificultad, contáctenos en:
www.LakshmanjooAcademy.org/contact

www.ingramcontent.com/pod-product-compliance
Lightning Source LLC
Chambersburg PA
CBHW070125080526
44586CB00015B/1567